中国古代史

上册

夏曾佑 著

史学名家经典书系

世界知识出版社

图书在版编目（CIP）数据
中国古代史：全2册 / 夏曾佑著 .—北京：世界知识出版社，2018.9
（史学名家经典书系）
ISBN 978-7-5012-5793-5
Ⅰ.①中… Ⅱ.①夏… Ⅲ.①中国历史－古代史
Ⅳ.① K22
中国版本图书馆 CIP 数据核字（2018）第 167755 号

责任编辑 汪 琴
责任出版 王勇刚
责任校对 马莉娜
封面设计 石 璞

书 名 中国古代史
Zhongguo Gudaishi
作 者 夏曾佑

出版发行 世界知识出版社
地址邮编 北京市东城区干面胡同51号（100010）
电 话 010-65265923（发行） 010-85119023（邮购）
网 址 www.ishizhi.cn
经 销 新华书店
印 刷 三河市元兴印务有限公司
开本印张 710×1000毫米 1/16 31½印张
字 数 450千字
版次印次 2019年1月第一版 2023年1月第二次印刷
标准书号 ISBN 978-7-5012-5793-5
定 价 88.00元

目　　录 / CONTENTS

叙

智莫大于知来，来何以能知，据往事以为推而已矣。故史学者，人所不可无之学也。虽然，有难言者。神洲建国既古，往事较繁，自秦以前，其纪载也多歧，自秦以后，其记载也多仍，歧者无以折中，仍者不可择别。况史本王官，载笔所及，例止王事，而街谈巷语之所造，属之稗官，正史缺焉。治史之难，于此见矣。然此犹为往日言之也。洎乎今日，学科日侈，日不暇接，既无日力以读全史，而运会所遭，人事将变，目前所食之果，非一一于古人证其因，即无以知前途之夷险，又不能不亟读史，若是者将奈之何哉?是必有一书焉，文简于古人，而理富于往籍，其足以供社会之需乎！今兹此编，即本是旨，而学殖时日皆有不逮，疏谬之讥，知不可免，亦聊述其宗趣云尔。钱唐夏曾佑叙。

第一篇 凡例

讲堂演述，中学较西学为难，西学有途辙，中学无途辙也。是编有鉴于此，故于所引之书，皆于其下作一记号。如第三节一，检附卷中第三节（一），即可知其出处；其不作记号者，皆二十四史之文，因是编以二十四史为底本，故不复注其出处也。其正史与他书交错于一处者，仍注出处。其一节中征引过繁者，均注出处于本文之下，不复编号，以省错误。

是编分我国从古至今之事为三大时代，又细分之为七小时代。每时代中于其特别之事加详，而于普通之事从略。如言古代则详于神话，周则详于学派，秦则详于政术，是也。余类推。

书中所引人名、地名，各从其所本之书，而见于标题及案语中者，则以至通行之书为本。如包牺之名，即用《易》文也。余类推。

列史年表，与古人著述，有与史事关系极切，而其物又无可删节者，皆全篇附入，以供博考。

历史必资图画，然中国古图画不传，后人所补作者，甲造乙难，迄无定论，是编一概不录。

中国历史体段太大，仓猝编述，漏误必多，当俟将来加以厘正。

第二篇　凡例

第一篇中所见人名，大都年代久远，强半不知其字与何地人。本篇时代渐近，诸人之字号籍贯，大都可考，今皆随文注明，惟两汉不及添注，另作附录附于后。

第一篇中，中国尚为无数小国，其事并无统计，不能不以表明之。本篇两汉皆一统，三国虽分，尚不破碎，故无所用表。

本篇用意与第一篇相同，总以发明今日社会之原为主。文字虽繁，其纲只三端。一、关乎皇室者，如宫庭之变，群雄之战，凡为一代兴亡之所系者，无不详之。其一人一家之事，则无不从略，虽有名人，如与所举之事无关，皆不见于书。二、关乎外国者，如匈奴、西域、西羌之类，事无大小，凡有交涉，皆举其略，所以代表。三、关乎社会者，如宗教、风俗之类，每于有大变化时详述之，不随朝而举也。执此求之，则不觉其繁重矣。（第一章）

本章原拟自晋迄五代，今所述自晋迄隋而止。惟自晋迄五代之事，本多一贯，今既中止，其间种种情事，遂有不能结论之处，读者谅之。

本章所述时期，乃中国由单纯之种族、宗教，汉以前之种族、宗教，亦不得谓之单纯，惟较汉以后为单纯耳。转入复杂之种族、宗教时，故讲述当以此为急。本篇所详，即此二事。然种族之概，虽已略具，而宗教则已限于时日，未遑详述。

本章时事复杂，非表不明。惟作表则必不能简，将居全书之半，而事仍不能详，今竟不复作表。清嘉定徐文范，有《晋南北朝舆地表》，既志舆地，复详人事，即可作为本篇之表。

第二篇皆属中古史范围，故章数相承。（第二章）

第一篇　上古史

第一章 传疑时代（太古三代）

第一节 世界之初

人类之生，决不能谓其无所始。然言其所始，说各不同，大约分为两派。古言人类之始者，为宗教家；今言人类之始者，为生物学家。宗教家者，随其教而异，各以其本群最古之书为凭。世界各古国，如埃及（Egypt）、巴比伦（Babylon）、印度（India）、希伯来（Hebrew）等，各自有书，详天地剖判之形，元祖降生之事，其说尚在，为当世学者所知。而我神洲，亦其一也。顾各国所说，无一同者。昔之学人，笃于宗教，每多入主出奴之意，今幸稍衰，但用以考古而已。至于生物学家者，创于此百年以内，最著者英人达尔文（Darwin）之种源论（Origin of Species）。其说本于考察当世之生物，与地层之化石，条分缕析，观其会通，而得物与物相嬗之故。由古之说，则人之生为神造；由今之说，则人之生为天演，其学如水火之不相容。此二说者，若欲穷其指归，则自有专门之学在，非本篇所暇及。本篇所以首及此者，因讨论历史，几无事不与宗教相涉，古史尤甚，故先举此以告学者，庶几有所别择焉。

第二节　地之各洲人之各种

大地之陆，分为五洲。吾人所居，曰亚细亚洲（Asia）；其西曰欧罗巴洲（Europe），其西南曰亚非利加洲（Africa），再西曰南北亚美利加洲（South and North America）；亚洲之东南曰澳大利亚洲（Australia）。是为五大洲，其名皆欧罗巴人所命也。其居此五洲之种族，居亚洲者，曰蒙古利亚种（Mongolians）；居亚洲之南及各岛中者，曰马来种（Malays）；居欧罗巴洲者，曰高加索种（Caucasians）；居非洲者，曰内革罗种（Negroes）；居美洲者，曰印第安种（Indians）。是谓五种，其名亦皆欧罗巴人所命也。因与此五洲、五种相交涉，而有信史可传者，始于欧罗巴人，故泰东之言洲名与种名者，不得不用其所立之名也。此诸种人，在上古时，大约聚居亚细亚西北之高原，其后散之四方，因水土不同，生事各异，久之遂有形貌之殊，文化之别。然其语言文字之中，犹有同者，会而通之，以观其分合之迹，此今日之新科学也。中国位于亚洲之东，而属于蒙古利亚族，案亚细亚，本亚洲西方之一小地，而蒙古又胡人一分族之名也，殆不足以概中国。欧人云云，亦以偏概全之例尔。此种族之史，为吾人本国之史，本书所讲演者此也。

第三节　中国种族之原

种必有名，而吾族之名，则至难定，今人相率称曰支那。案支那之称，出于印度，其义犹边地也，此与欧人之以蒙古概吾种无异，均不得为定名。至称曰汉族，则以始通匈奴得名；称曰唐族，则以始通海道得名，其实皆朝名，非国名也。诸夏之称，差为近古，然亦朝名，非国名也。惟《左传》襄公十四年，引戎子驹支之言曰：“我诸戎饮食衣服，不与华同。”华非朝名，或者吾族之真名欤！至吾族之所从来，尤无定论。近人言吾族从巴比伦迁来，据下文最近西历一千八百七十余年后，法、德、美各国人，数次在巴比伦故墟掘地所发见之证据观之，则古巴比伦人与欧洲之文化相去近，而与吾族之文化相去远，恐非同种也。其古事，附录于后。

巴比伦有二种语，一南一北，南为文言（the pure language），北为妇人之言（the woman's language）。西元前六千年之砖文，凡书十二部。纪其国之古事。第一部云，无始之时，光明与黑暗相战，于是有大神出其间，名弥罗岱（Merodach）。当此之时，又有一龙底麦得（Tiamat），与神为敌，神以大力磔龙而分之，其首为天，尾为地。第十一部言二大神，一名吉而葛莫斯（Gilgames），一名衣本尼（Ea-bani）。上帝造衣神，本令其杀吉神，不料二神结为死党。二神协力杀一恶神，名克母伯（Khumbaba），此恶神本住一奇怪杉树之下。又杀一神牛，因杀神牛，遂有洪水之祸。后衣神忽死，而吉神又患重病，此病唯一神能医之，神住死水之外，名西苏诗罗斯（Xisuthros）。吉神往就医，从阿剌伯经过一日落之山，此山上本归一种怪人名蝎人者保护。海边有树，以宝石为果。又行四十五日而至死水，死水之中有群岛，有一岛名福岛，于此岛望见西神，西神始告以造洪水之故，又以生命树一枝授之。吉神即携树归巴比伦，于路偶渴，就泉而饮，泉中有一蛇出，窃其生命树，吉神大哭而无如何也。又大神弥罗岱，以土造人。第一人曰爱特巴（Adapa），偶因钓鱼，误折南风之翼。南风诉之于天，天神爱牛（Anu）召爱特巴而问之。有神名医（Ea），谓爱特巴曰："爱牛神处之物，不可饮食。"爱特巴遂不敢饮食，于是其子孙无不死者矣。盖爱牛之饮食，皆能使人不死者也。又有神纳格尔（Nergal），欲谋杀一女神名爱来得（Allat）。女神乃与之商，以地球上之权悉让之，遂得不死，而女神为阴司之神。又有神名衣登脑（Etanna），与鹰相商，欲至天至高之处，已过爱牛之室，又至一斯他（Istar）之室，鹰力已竭，遂弃于地上。有神司风潮，名苏（Zu），窃弥罗岱定数之簿，而弥罗岱之权遂失，久之始得夺回。巴比伦女子可受父母之遗产。在公庭，父子平权。奴隶亦有财产与讼狱之权。无用刑讯之事，又以诳言为重罪。商法甚详。

教育普及。女子亦讲学问。邮信极多。已知日月食。创十二宫。休息之日，以度岁为至要，倍尔神升座行福故也。人皆平等自由。供神之物，分为二种，有血者肉类，无血者香酒等类。税取十分之一以与庙。商亦最重，帝王亦经商。贷资有至二十分者，后减至十三分半。以金、银、铜三种条为币，一金门尼为六十悉克尔。

第四节　古今世变之大概

中国之史，可分为三大期。自草昧以至周末，为上古之世；自秦至唐，为中古之世；自宋至今，为近古之世。若再区分之，求与世运密合，则上古之世，可分为二期。由开辟至周初，为传疑之期，因此期之事，并无信史，均从群经与诸子中见之，经、史、子之如何分别，后详之。往往寓言、实事，两不可分，读者各信其所习惯而已，故谓之传疑期。由周中叶至战国为化成之期，因中国之文化，在此期造成，此期之学问，达中国之极端，后人不过实行其诸派中之一分，以各蒙其利害，故谓之化成期。中古之世，可分为三期。由秦至三国，为极盛之期，此时中国人材极盛，国势极强，凡其兵事，皆同种相战，而别种人则稽颡于阙廷。此由实行第二期人之理想而得其良果者，故谓之极盛期。由晋至隋，为中衰之期，此时外族侵入，握其政权，而宗教亦大受外教之变化，故谓之中衰期。唐室一代，为复盛之期，此期国力之强，略与汉等，而风俗不逮，然已胜于其后矣，故谓之复盛期。近古之世，可分为二期。五季、宋、元、明为退化之期，因此期中，教殖荒芜，风俗凌替，兵力、财力逐渐摧颓，渐有不能独立之象。此由附会第二期人之理想，而得其恶果者，故谓之退化期。清代二百六十一年为更化之期，此期前半，学问、政治集秦以来之大成，后半世局人心，开秦以来所未有。此盖处秦人成局之已穷，而将转入他局者，故谓之更化期。此中国历史之大略也。

第五节 历史之益

读我国六千年之国史，有令人悲喜无端，俯仰自失者。读上古之史，则见至高深之理想，如大《易》然。至完密之政治，如《周礼》然。至纯粹之伦理，如孔教然。灿然大备，较之埃及、迦勒底、印度、希腊，无有愧色。读中古之史，则见国力盛强，逐渐用兵，合闽、粤、滇、黔、越南诸地为一国，北绝大漠，西至帕米尔高原，裒然为亚洲之主脑，罗马、匈奴之盛，殆可庶几，此思之令人色喜自壮者也。洎乎读近今之史，则五代之间，我之佣贩、皂隶，与沙陀、契丹，狂噬交捽，衣冠涂炭，文物扫地，种之不灭者几希。赵宋建国，稍稍称治，然元气摧伤，不可猝起，而医国者又非其人。自此以还，对外则主优柔，对内则主压制，士不读书，兵不用命，名实相反，主客易位，天下愁叹，而不知所自始，其将蹈埃及、印度之覆辙乎！此又令人怅然自失者矣。虽然，及观清代二百余年间，道光以前，政治、风俗虽仍宋明之旧，而学问则已离去宋明，而与汉唐相合；道光以后，与天下相见，数十年来，乃骎骎有战国之势。于是识者知其运之将转矣，又未始无无穷之望也。夫读史之人，必悉其史中所陈，引归身受，而后读史乃有益，其大概如此。

第六节 上古神话

第一期传疑时代者，汉有三王、五帝、九皇，贬极为民之说[一]，此纯乎宗教家言，不可援以考实。其三皇、五帝之名，始见于周初[二]，古注以为其书即《三坟》《五典》，然《坟》《典》已亡，莫知师说。古又有泰古二皇之说，二皇谓包牺、神农[三]。又有古有天皇、地皇，有泰皇，泰皇最贵之说[四]。然皆异说，不常见。常见者，以天皇、地皇、人皇为多，而其所指者，各不同。纬候所传，言者非一，有以虙戏、燧人、神农为三皇者[五]，有以伏羲、女娲、神农为三皇者[六]，有以伏羲、神农、黄帝为三皇者[七]，有以伏羲、神农、祝融为三皇者[八]。大约异义，尚不止此，此其大略耳。五帝之说，亦甚不同。或用以配五人神，太昊配勾芒，炎帝配祝融，黄帝配后土，少昊配蓐收，颛顼配玄冥[九]。而其再变，则为青帝灵威仰，赤帝赤熛怒，黄帝含枢纽，白帝白招拒，黑帝汁光纪，为五感生帝[十]。异义亦不止此，此亦其大略耳。大抵皆秦汉间人，各本其宗教以为言，故抵牾如此。今纪录则自包牺始。

案世有盘古、天皇、地皇、人皇之说，非雅言也。今录之以备考。天地混沌，如鸡子，盘古生其中。万八千岁，天地开辟，阳清为天，阴浊为地，盘古在其中。一日九变，神于天，圣于地，天日高一丈，地日厚一丈，盘古日长一丈。如此万八千岁，天数极高，地数极厚，盘古极长。后乃有三皇。《御览》二引徐整《三五历》。天皇十二头，号曰天灵，治万八千岁，《御览》七十八引项峻《始学篇》。被迹在柱州昆仑山下。《御览》七十八引《遁甲开山图》。地皇十二头，治万八千岁，《御览》七十八引项峻《始学篇》。兴于熊耳、龙门山，皆蛇身兽足，生于龙门山中。《御览》七十八引《遁甲开山图》。人皇九头，治四万五千六百年，《御览》七十八引徐整《三五历》。起于形马，《御览》七十八引《遁甲开山图》。或云提地之国。《御览》三百九十六引《春秋命历序》。其说之荒诡如此。今案盘古之名，古籍不见，疑非汉族旧有之说。或盘古、槃瓠音近，槃瓠为南蛮之祖，《后汉书·南蛮传》。此为南蛮自说其天地开辟之文，吾人误用以为己有也。故南海独有盘古墓，桂林又有盘古祠。任昉《述异记》。不然，吾族古皇并在北方，何盘古独居南荒哉？至三皇之说，虽三皇、五帝之书，掌于故府，《周礼·春官·外史氏》。事自确有，然必即指包牺诸帝而言，非别有所谓三皇也。

案古又有十纪之说。一曰九头纪，二曰五龙纪，三曰摄提纪，四曰合雒纪，五曰连通纪，六曰序命纪，七曰循蜚纪，八曰因提纪，九曰禅通纪，十曰流讫纪。《史记·三皇本纪》。与巴比伦古砖文载洪水前有十皇相继，四十三万年之说合。

第七节　包牺氏

包牺氏蛇身人首，风姓，都于陈[一]。今河南陈州。华胥履迹，怪生皇牺[二]，华胥，包牺母。迹，灵威仰之迹也。结绳而为网罟，以畋以渔[三]；制以俪皮嫁娶之礼[四]，以木德王[五]；始作八卦[六]，以龙纪官，故为龙师而龙名[七]；在位一百一十年，或云一百一十六年[八]。案包牺之义，正为出渔猎社会，而进游牧社会之期，此为万国各族所必历。但为时有迟速，而我国之出渔猎社会为较早也。故制嫁娶，则离去知有母而不知有父之陋习，而变为家族，亦为进化必历之阶级。而其中至大之一端，则为作八卦。近世西人拉克伯里（Lacouperie）著书，言八卦即巴比伦之楔形文。今《易纬·乾凿度》解八卦，正作古文，☰为古天字，☷为古地字，☴为古风字，☶为古山字，☵为古水字，☲为古火字，☱为古泽字，☳为古雷字。夫水、火、风、雷、天、地、山、泽等物，均世间至大至常之现象，为初作记号者所必先。或包牺与巴比伦分支极早，其他之文均未作，而仅有此八文欤。

第八节　女娲氏

女娲氏，亦风姓也，承包牺制度，蛇身人首，是为女皇[一]，抟黄土作人[二]。有共工氏，任智刑以强伯[三]，以水纪，为水师而水名[四]。康回凭怒，康回，共工之名。地东南倾[五]，四极废，九州裂，天不兼覆，地不周载，火焰炎而不灭，水浩洋而不息，猛兽食颛民，鸷鸟攫老弱。于是女娲氏炼五色石以补苍天，断鳌足以立四极，杀黑龙以济冀州，积芦灰以止淫水。苍天补，四极正，淫水涸，冀州平，狡虫死[六]。女娲氏没，大庭氏作，次有柏皇氏、中央氏、栗陆氏、骊连氏、赫胥氏、尊卢氏、祝融氏、混沌氏、昊英氏、有巢氏、葛天氏、阴康氏、朱襄氏、无怀氏，凡十五代，并袭包牺之号[七]。案黄土抟人，与巴比伦之神话合，《创世记》亦出于巴比伦。其故未详。共工之役，为古人兵争之始，其战也，殆有决水灌城之举，补天、杀龙均指此耳[八]。大庭以下，不复可稽。然古书所引尚多，与此小异，总以见自包牺至神农，其时日必极久矣。《庄子·胠箧》与此不同。

第九节　神农氏

神农氏，姜姓。母曰任姒，有乔氏之女，名女登，为少典妃，游于华阳，有神龙首，感女登于常羊，生炎帝。人身牛首，长于姜水，以火德王，故谓之炎帝，都于陈，凡八世，帝承，帝临，帝明，帝直，帝来，帝衰，帝榆罔。诸侯夙沙氏叛，不用命，炎帝退而修德，夙沙氏之民，自攻其君而归炎帝。在位百二十年，葬长沙[一]。又名帝魁[二]，以火纪，故为火师而火名[三]。斫木为耜，揉木为耒，耒耜之利，以教天下[四]。乃始教民，播五谷，相土地，宜燥湿肥硗高下；尝百草之滋味，察水泉之甘苦，令民知所避就。当此之时，一日而遇七十毒[五]。神农纳奔水氏之女曰听诙为妃，生帝哀，哀生帝克，克生榆罔，凡八代，五百三十年[六]，而为黄帝所灭[七]。案此时代，发明二大事，一为医药，一为耕稼。而耕稼一端，尤为社会中至大之因缘。盖民生而有饮食，饮食不能无所取，取之之道，渔猎而已。然其得之也，无一定之时，亦无一定之数，民日冒风雨，蓦豀山，以从事于饮食，饥饱生死，不可预决，若是之群，其文化必不足开发。故凡今日文明之国，其初必由渔猎社会，以进入游牧社会。自渔猎社会，改为游牧社会，而社会一大进。盖前此之蚤暮不可知，巨细不可定者，至此皆俯仰各足，于是民无忧馁陟险之害，乃有余力以从事于文化。且以游牧之必须逐水草，避寒暑也，得以旷览川原之博大，上测天星，下稽道里，而其学遂不能不进矣。虽然，游牧之群，必须广土，若生齿大繁，地不加辟，则将无以为游牧之场。故凡今日文明之国，其初必又由游牧社会，以进入耕稼社会。自游牧社会，改为耕稼社会，而社会又一大进。盖前此栉甚风沐甚雨，不遑宁处者，至此皆可殖田园，长子孙，有安土重迁之乐，于是更有暇日，以扩其思想界。且以画地而耕，其生也有界，其死也有传，而井田、宗法、世禄、封建之制生焉。天下万国，其进化之级，莫不由此，而期有长短。若非洲、美洲、澳洲之土人，今尚滞于渔猎社会。亚洲北方及西方之土人，尚滞于游牧社会。我族则自包牺已出渔猎社会，神农已出游牧社会矣。

第十节　神话之原因

综观伏羲、女娲、神农，三世之记载，则有一理可明。大凡人类初生，由野番以成部落，养生之事，次第而备，而其造文字，必在生事略备之后。其初，族之古事，但凭口舌之传，其后乃绘以为画，再后则画变为字。字者，画之精者也。故一群之中，既有文字，其第一种书，必为纪载其族之古事，必言天地如何开辟，古人如何创制，往往年代杳邈，神人杂糅，不可以理求也。然既为其族至古之书，则其族之性情、风俗、法律、政治，莫不出乎其间。而此等书，常为其俗之所尊信。胥文明野蛮之种族，莫不然也。中国自黄帝以上，包牺、女娲、神农诸帝，其人之形貌、事业、年寿，皆在半人半神之间，皆神话也。故言中国信史者，必自炎黄之际始。

第十一节　炎黄之际中国形势

凡人群之迁徙也，常顺山川之形势以前进。中国之山带河流，皆为横列，与赤道平行，故各族之居其地者，亦用横列之法，以分占大地。当炎帝末造，居中国者，约分三族。最北以漠南北为界者，为荤粥；獯鬻、玁狁、匈奴，皆一音之转。西起昆仑，东渐大海，夹黄河两岸者，为诸夏；大江以外，及乎南溟，是为黎族。獯鬻之来不可考，然出于夏桀、淳维之说，必不足信。黎族与今之马来族相同，向疑其为神洲之土著。然近日有人发见猓猡古文书，中言洪水方舟之事，日本鸟居龙藏所引西人之说。则亦从西方来者，或较吾族早耳。当时诸夏虽为一族，然似有二支，一炎帝，一黄帝也。因《史记》称黄帝迁徙往来无常处，以兵师为营卫；而神农氏教民稼穑，农夫非可迁徙往来无常处者，故疑其为一族分二支也。古时黎族散处江湖间，先于吾族，不知几何年。其后吾族顺黄河流域而至，如此者又不知几何年。至黄帝之时，生齿日繁，民族竞争之祸，乃不能不起，遂有炎帝、黄帝、蚩尤之战事，而中国文化，藉以开焉。

第十二节　黄帝与炎帝之战

黄帝姓公孙，生于姬水，故姓姬，是本姓公孙，后改姬姓，原注。名曰轩辕[一]，少典之子[二]。此为炎帝同族之证，炎帝事见前。母曰附宝，感大电绕枢，生帝轩[三]。以土德王[四]，以云纪官，故为云师而云名[五]。案黄帝之时，荤粥在北，九黎在南，黄帝与炎帝，并居于黄河流域。而黄帝兴于阪泉、涿鹿之间，涿鹿，今直隶涿州。阪泉在涿州城东。地在北[六]。炎帝旧都陈，地在南[七]。故黄帝此时，欲兼并四方，首当合同种之国为一，而后南向以争殖民地。北徼荒寒，殖民非便，其于北狄，逐之使不内向而已，不穷之也。然此实黄帝之失策，此后北狄之害，遂与黄帝子孙相终始。中国之于四邻，大约自夏以前，则注意在南；自夏以后，则注意在北。注意于南，而江南遂永为中国殖民之地；注意于北，己国或时为他人殖民地焉。其我之有盛衰耶？其敌之有强弱耶？不可知矣。今姑舍是，但考黄帝与炎帝用兵之端，说各不同。一曰，诸侯相侵伐，虐百姓，而神农氏弗能征[八]；一曰，炎帝欲侵凌诸侯[九]；一曰，赤帝为火灾[十]；其义率相违戾，此殆当时藉以用兵之辞耳。及与炎帝战于阪泉之野，三战而后得其志[十一]。夫曰得其志，则黄帝之谋炎帝也久矣。盖普鲁士不合日耳曼列邦为一统，不能大胜法兰西也。

第十三节　黄帝与蚩尤之战

黄帝所战之炎帝，似必为帝榆罔矣。然或谓蚩尤即炎帝，古书之疑似者颇多。今案蚩尤之说，百家沸腾，然会而通之，亦可得其条理。且黄帝、蚩尤之役，为吾国民族竞争之发端，亦即吾今日社会之所以建立。周秦以前人，犹知此义。故涿鹿之战，百家均引之。今言其事，尤不可不详也。案蚩尤为九黎之君[一]，其少时曾学于中国，一仕于炎帝，使字少昊[二]，再仕于黄帝，为主金之官[三]，又为当时之官[四]。当时司天之官也。黄帝深器之，使佐少昊[五]。其时，黎民跼蹐江湖之外，为我所鄙贱。民字之义见后。蚩尤既久游外国，稔知诸夏、九黎，终不能并存于世。又默观神农世衰[六]，知事机不可失，乃潜铸金类，以为利器[七]，遂即率众北向，以反抗中国。未几，逐帝榆罔而自立，号炎帝，亦曰阪泉氏[八]，则日耳曼人自称该撒之例也。古称黄神与炎神，争斗涿鹿之野[九]，是黄帝所灭者，为榆罔，为蚩尤，虽若可疑，然当从《史记》，分而为二[十]。盖古史仅称蚩尤逐帝榆罔，而未言蚩尤杀帝榆罔也[十一]。殆当时榆罔都蚩尤、黄帝之间，先被逐于蚩尤，后见灭于黄帝。蚩尤所率九黎之民，先在江南，及战胜榆罔，自号炎帝，时则已逾河北，乃进而益西。与黄帝遇于阪泉、涿鹿之野，已在中国之西北偏。是当时神洲大陆，已为蚩尤所据，若涿鹿之战，而黄帝再败，则吾族尚失其自包牺、神农以来之殖民地，而仍回葱岭之高原，五千年间泰东之史事，无一同者矣。故涿鹿之战，诚诸夏之大事也。古人述此战者，言人人殊，所谓“百家言黄帝者，不雅驯”也。或云，黄帝使应龙杀蚩尤[十二]；或云，黄帝使女魃杀蚩尤[十三]；或云，黄帝受玄女兵符，杀蚩尤[十四]；皆古之神话，宜学者之谓为不雅驯也。夫蚩尤受金，作兵，伐黄帝，见前。是地质学家所谓铜刀期矣。中国秦汉以前之兵，均以铜，其说见后。而吾族剥林木以为兵[十五]，铜木之间，利钝殊焉。蚩尤胜而黄帝败，殆无疑义。然而成败相反，此何故哉？案黄帝时，吾族已发明弓矢之制。古称挥作弓，挥，黄帝臣也[十六]。又称倕之竹矢在西房[十七]，倕，亦黄帝臣也[十八]。而其矢以砮石为之[十九]，是弓矢均创于黄帝，而又无待乎金。中国形势，江南多洲渚林薮，故利在短兵，而长于用水；河北多平原大陆，故利在骑射，而便于野战。蚩尤率泽国之民，徒步短兵，以与黄帝控弦之士，相角于大野，虽有铜头、铁额之固[二十]，风伯、雨师之从[二十一]，亦无所用之。此不独蚩尤然也，千古以来，凡居中国之地者，南人之文化，必高于北人；南人之武勇，必劣于北人。故南人恒为北人所制，此殆地形、民族之公例然哉。蚩尤既死，黄帝迁其类之善者，于邹屠之乡；其不善者，以木械之[二十二]，而命之曰民[二十三]。己之族，则曰百姓[二十四]。民之言冥，言未见仁道也[二十五]。百姓，言天所生也[二十六]。故百姓与民，有亲疏贵贱之别[二十七]。盖战胜之族，治战败之族所必有之例矣。

第十四节　黄帝之政教

黄帝既灭炎帝，杀蚩尤，天下归于一，乃斋祓七日，游河洛之间。至翠沩之渊，有大鱼，溯流而至，左右莫见，黄帝跪而迎之，舒视之，名曰箓图[一]。今日中国所有之文化，尚皆黄帝所发明也，列之如下。

一、天文。黄帝使羲和占日，常仪占月，臾区占星气，伶伦造律吕，隶首作算，容成综此六术而作历[二]。推分星次，以定律度。自斗十一度，至婺女七度，名曰星纪之次，今吴越分野。自婺女八度，至危十六度，曰元枵之次，今齐分野。自危十七度，至奎四度，曰豕韦之次，今卫分野。自奎五度，至胃六度，曰降娄之次，今鲁分野。自胃七度，至毕十一度，曰大梁之次，今赵分野。自毕十二度，至东井十五度，曰实沈之次，今晋魏分野。自井十六度，至柳八度，曰鹑首之次，今秦分野。自柳九度，至张十七度，曰鹑火之次，今周分野。自张十八度，至轸十一度，曰鹑尾之次，今楚分野。自轸十二度，至氐四度，曰寿星之次，今韩分野。自氐五度，至尾九度，曰大火之次，今宋分野。自尾十度，至斗十度，百三十五分而终，曰析木之次，今燕分野。凡天有十二次，日月之所躔也； 地有十二分，王侯之所国也[三]。

二、井田。昔者，黄帝始经土设井，以塞争端；立步制亩，以防不足。使八家为井，井开四道，而分八宅，凿井于中，一则不泄地气，二则无费一家，三则同风俗，四则齐巧拙，五则通财货，六则存亡更守，七则出入相司，八则嫁娶相媒，九则有无相贷，十则疾病相救。是以性情可得而亲，生产可得而均，欺凌之路塞，斗讼之心弭。既牧之于邑，故井一为邻，邻三为朋，朋三为里，里五为邑，邑十为都，都十为师，师十为州。夫始分之于井，则地著；计之于州，则数详。迄乎夏殷，不易其制[四]。

三、文字。黄帝之史苍颉，见鸟兽蹄迒之迹，知分理之，可以别异也，初造书契。苍颉之初作书，盖依类象形，故谓之文；其后形声相益，即谓之字。文者，物象之本；字者，言孳乳而浸多也。著于竹帛之谓书。书者，如也[五]。或云苍颉，古之王者，在包牺前。又云在炎帝世。又云在神农、黄帝之间。然当以黄帝史官为信。又黄帝史官尚有沮诵。

四、衣裳。黄帝、尧、舜，垂衣裳而天下治[六]。黄帝作冕，垂旒，目不邪视也；充纩，耳不听谗言也[七]。黄帝始蚕故也。

五、岁名。容成作历，大挠作甲子，二人皆黄帝之臣。盖自黄帝以来，始用甲子纪日，每六十日，甲子一周[八]。

六、律吕。昔黄帝令伶伦作为律，伶伦自大夏之西，乃之阮隃之阴，取竹于嶰谿之谷，以生空窍厚钧者，断两节间，其长三寸九分，而吹之，以为黄钟之宫。制十二筒，以之阮隃之下，听凤凰之鸣，以别十二律。其雄鸣为六，雌鸣亦六，以比黄钟之宫。适合黄钟之宫，皆可以生之。故曰黄钟之宫，律吕之本[九]。案律有十二，阳六为律，阴六为吕。律以统气类物，一曰黄钟，二曰太簇，三曰姑洗，四曰蕤宾，五曰夷则，六曰亡射。吕以旅阳宣气，一曰林种，二曰南吕，三曰应钟，四曰大吕，五曰夹钟，六曰中吕。此乃专门之学，欲知其详，当通《汉书·历律志》。又近人言，西人以形色显成音之理，其数与律书合。此为新说，附记于此，以见中国古术之非诬也。

七、壬禽。黄帝将上天，次召其三子，而告之曰："吾昔受此《龙首经》于玄女，今以告汝。"其术以天一居中，而以大吉神后登明河魁所游，以占吉凶，是谓六壬[十]。原注言日辰阴阳，及所坐所养之御，三阴、三阳，故曰六壬也。案其详见《汉书·翼奉传》。

八、神仙。华山、首山、太室、泰山、东莱，此五山，黄帝之所常游，与神会。黄帝且战且学仙，百余岁，然后得与神通。采首山铜，铸鼎于荆山下，鼎既成，有龙垂胡髯，下迎黄帝，黄帝上骑，群臣后宫，从者七十余人，龙乃上去[十一]。古房中家亦始于容成，今家法亡，故不列此。

九、医经。黄帝问于岐伯，作《素问》八十一篇，《灵枢》八十一篇[十二]。案神农所创之医，为医之经验；黄帝所创之医，为医之原理，进化之级应如是也。

右中国文化作于黄帝者九，皆取汉以前之说，最雅驯者。

前所举九条，试读古人之典籍，游今日之社会，有能出于此九事以外者乎？则中国文化，自黄帝开之，可无疑义矣。然此犹其小节云尔，若论其宏纲巨旨，则莫如百姓与民之辨。盖凡优种人战胜劣种人，而占其地，奴其人，欲其彼此相安，视为定命，则必创一宗教，谓吾与若，所生不同，本非同类，原无平等之义。如是则一切人权，所享大殊，不啻皆天之所命，而无可质矣。故亚利安种据印度，必造婆罗门人，从大梵顶生；刹帝利人，从大梵臂生；吠奢人，从大梵股生；戍陀人，从大梵足生之说。百姓与民之义，亦正如此。姓为古之神圣，感天而生[十三]，如华胥履迹，生皇牺；任姒感龙，生帝魁；附宝出，降大电，生帝轩。此举前课曾讲者以起例，其后凡一姓受命，必有感生帝，可以类推。而华胥所履，为灵威仰之迹[十四]，准此以推，伏羲以木王，故华胥所感，为灵威仰。然则神农以火王，任姒所感，必赤熛怒。黄帝以土王，附宝所感，必含枢纽。少昊以金王，女节所感，必白招拒。颛顼以水王，女枢所感，必汁光纪。帝王皆上帝之子，故明堂大祭，祭其祖之所自出，而以其祖配之也[十五]。百姓者，王公之子孙[十六]，亦即天之子孙矣。百姓之义如此。至于民者冥也，言未见人道，因彼族三生凶恶，故著其事，而谓之民[十七]。故民字，专为九黎、有苗而设。如推其种所从出，则羌，羊种也；蛮，蛇种也；闽，亦蛇种也；貉，豸种也，谓长脊兽之种也。貉之言貉，貉，恶也；狄，犬种也，狄之为言淫辟也[十八]。其言异族之从出如此。百姓与民，既有天神与虫豸之别，故所享利权，因之大异，其纲要为礼不下庶人，刑不上大夫[十九]。案《礼经》所传者，莫完整于《仪礼》十七篇，皆为士礼，礼皆行于庙，庶人无庙，庶人即民。故无礼也。而《书·吕刑》，述民与刑之源流，最为详尽，其对民之处，皆称皇帝，与对本族称帝有别。盖所谓墨、劓、刵、宫、大辟诸刑，本黎民苗民之法，即以其人之法，还治其人之身。今欧人之驭殖民地之土人，莫不然也。中国古人，设此分人等级之法，原为黄帝与蚩尤战后，不得已之故，及后则种族淆而礼俗存，至今乃为社会之大碍矣。

第十五节　少昊氏颛顼氏

黄帝居轩辕之丘，其地无考。而娶于西陵之女，是为嫘祖。嫘祖为黄帝正妃，生二子，其一曰玄嚣，是为青阳；其二曰昌意。黄帝二十五子，其得姓者十四人[一]，为十二姓：姬、酉、祈、己、胜、葴、任、荀、僖、姞、嬛、依也[二]。玄嚣青阳，是为少昊，继黄帝立[三]。一说非也[四]，少昊名挚，母曰女节，黄帝时有大星如虹，下流华渚，女节意感，生少昊[五]，嬴姓，一作姬姓

[六]，以金德王[七]。其立也，凤鸟适至，故为鸟师而鸟名[八]。昌意生昌仆，昌仆生高阳，是为帝颛顼[九]。母曰女枢，瑶光之星，如蜺贯月，正白，感女枢，生黑帝颛顼[十]，妘姓[十一]，以水德王[十二]。自颛顼以来，不能纪远，乃为民官而命以民事[十三]。案此时代，与南方蛮族，又有征战，当少昊之衰，九黎乱德，民神杂糅，不可方物，颛顼受之，乃使南正重，司天以属神；命火正黎，司地以属民，使复旧常，无相侵渎，是谓绝地天通[十四]。其后三苗服九黎之德，谓三苗从九黎乱德。故二官咸废所职。畴人子弟分散，或在诸夏，或在夷狄，是以其机祥废而不统[十五]。是少昊之季之于九黎，颛顼之季之于三苗，其乱一也。

第十六节 帝喾氏

帝喾高辛者，黄帝之曾孙也。高辛父曰蟜极，蟜极父曰玄嚣[一]，姬姓，其母不见[二]，谓无可考。以木德王[三]。帝喾娶陈锋氏女，生放勋；娶娵訾氏女，生挚。帝喾崩，而挚代立。帝挚立，不善。崩，而弟放勋立，是为帝尧[四]。包牺、神农、黄帝、少昊、颛顼，是谓五帝，古人用以纪五行，盖宗教说也。自包牺至炎帝，自炎帝至黄帝，中间年纪旷邈，前已详之。其黄帝、少昊、颛顼、帝喾，据此说，则父子相承，厘然可考。然郑元以为黄帝传十世，二千五百二十岁。次曰帝宣，即少昊。则穷桑氏，传八世，五百岁。次曰颛顼，则高阳氏，传二十世，三百五十岁。次是帝喾，即高辛氏，传十世，四百岁[五]。司马迁为史家之巨擘，康成集汉学之大成，而其立说违反若此。然观迁所作《历书》，叙少昊、颛顼之衰，则其间必非一世可知矣。今姑用《本纪》说耳。案司马迁之说，出于《大戴礼》；郑元之说，出于《春秋历命序》。

第十七节　尧舜

孔子删书，断自唐虞，故儒家言政治者，必法尧舜，孟子所谓先王，由三代前推之。荀子所谓后王也。由五帝后数之。九流百家，托始不同，墨子言禹，道家言黄帝，许行言神农，各有其所宗。即六艺之文，并孔子所述作，而托始亦异。《诗》惟见禹、汤、文、武，《易》备五帝，《春秋》法文王，惟《书》首尧、舜，其义深矣。帝尧陶唐氏，母庆都，游三河之首，有赤龙负图出，庆都读之，风雨奄然，赤龙与庆都合婚，龙消不见。生尧[一]，祁姓，都平阳[二]，今山西临汾县。以火德王[三]。荣光起河，休气四塞，龙马衔甲，赤文绿地，临坛止，吐甲图[四]，复遂重黎之后[五]。命共工治事，命鲧治洪水[六]。七十载，举舜。又二十八载，崩[七]。帝舜有虞氏，名重华。父曰瞽叟，瞽叟父曰桥牛，桥牛父曰句望，句望父曰敬康，敬康父曰穷蝉，穷蝉父曰帝颛顼[八]。母握登，见大虹，意感而生舜[九]，姚姓，都于蒲坂[十]，今山西蒲州。以土德王[十一]。观河渚，有五老相谓曰："河图将来。"告帝期，五老化为流星，上入昴。有顷，赤龙负图出[十二]。命二十二人，各尽其职[十三]。禹、垂、益、伯夷、夔、龙六人，又四岳、十二牧，共二十二人。除稷、契、皋陶三人，其详见《尚书·舜典》。舜生三十登庸，言始见用。三十在位，摄政三十年。五十载，即帝位五十年。陟方乃死[十四]。巡狩至苍梧而崩。

第十八节　尧舜之政教

尧、舜二代之事，渐有可稽，非若颛顼以前之荒渺。其职官如司空、禹为之，掌平水土。后稷、弃为之，掌播百谷。司徒、契为之，掌敷五教。士、皋陶为之，掌刑。共工、垂为之，掌主百工。虞、益为之，掌驯草木、鸟兽。秩宗、伯夷为之，掌礼。典乐、夔为之，掌乐。纳言龙为之，掌出入王命。等官名，后世皆沿称之。祭祀之典，有上帝、昊天。六宗、星、辰、司中、司命、风、雨师也。六宗说最多，此引郑康成说。山川、地祇。群神，人、鬼、物、魁。则周礼之所出也。然此代尚有一大事，为古今所聚讼，则禅让是矣。案中国天子之位，自有可考以来，并系世及。前乎唐虞者，包牺、神农、黄帝、少昊、颛顼；后乎唐虞者，夏、商、周、秦、汉，以迄今，皆世及也。惟唐虞介乎其间，独以禅让闻，于是论者求其故而不得，率以臆见解之。有以为皆天意者，孟子。有以为鄙夷大宝而去之者，庄子。有以为与后世篡窃无异者，刘知几《史通》。有以为即民主政体者。近人。案一二两说，未免太空；刘知几说，以小人待天下，未可为训；近人说亦不合。民主必有下议院，而《帝典》无之。且列代总统，岂能全出一族，如尧、舜、禹者？求其近似，大约天子必选择于一族之中，必黄帝之后。而选举之权，则操之岳牧，四岳、十二牧。是为贵族政体。近世欧洲诸国，曾多有行之者，而中国则不行已久，故疑之也。至于孔、孟、老、庄之所以称尧、舜者，其托古之义欤！

第十九节　夏禹

夏禹名曰文命。禹之父曰鲧。鲧之父曰颛顼[一]，母曰修纪，命星贯昴，修纪梦接，生禹[二]。宋衷注：命使之星，谓流星也。尧之时，洪水滔天，求能治水者。四岳皆举鲧，尧不可，然卒以四岳意，用之，九年而水不息。舜摄政，殛鲧于羽山，于是举鲧子禹，而使续鲧之业。禹乃劳身焦思，居外十三年，《孟子》作八年，今从《禹贡》《史记》。随山刊木，定高山大川，自冀州始。一、冀州，今山西、直隶境。二、兖州，今直隶、山东境。三、青州，今山东境。四、徐州，今江苏、安徽境。五、扬州，今江苏、江西境。六、荆州，今江西、湖广境。七、豫州，今河南境。八、梁州，今四川境。九、雍州，今陕西境。是谓九州[三]。《尔雅·释地》九州与此异。各第其贡赋之数，水陆之程，皆前此所未有也。水土既平，舜荐禹于天，为嗣。十七年，舜崩。三年之丧毕，禹即天子位，都平阳，姓姒氏。会诸侯于涂山，执玉帛者万国[四]，而荐益于天。十年，东巡狩，至于会稽崩[五]。

第二十节　禹之政教

近人谓中国进化，始于禹，禹以前，皆宗教所托言，此说未可论定。然禹之与古帝异者，其端极多，盖禹之于黄帝、尧、舜，一如秦之于三代，亦古今之一大界也。凡此，皆治史学专科者，所宜分别。略疏之为四端。

一曰三苗至禹而结局。南蛮为神洲之土著，黄帝时蚩尤之难，几覆诸夏；少昊之衰，九黎乱德；颛顼媾三苗之乱，至于历数失序[一]。及尧战于丹水之浦[二]，在南阳浦岸。舜时迁三苗于三危[三]，三危，西裔也，谓逐之西去。稍以衰落。至禹，三危既宅，谓可居。三苗丕叙[四]，谓服教。于是洞庭、今湖南洞庭湖。彭蠡今江西鄱阳湖。之间[五]，皆王迹之所经，无旧种人之历史矣。盖吾族与土族之争，自黄帝至禹，上下亘千年，至此而兴亡乃定。呜呼，异种之争，存灭之感，岂独苗民也哉?

二曰洪水至禹而平。中国今日所有之书，最古者莫如《帝典》。《帝典》称洪水滔天，浩浩怀山襄陵，则其水之大可知矣。然不详起于何时，一若起于尧时者。然今案女娲氏时，四极废，九州裂，水浩溔而不息，于时女娲氏断鳌足以立四极，积炉灰以止淫水[六]。其后共工氏与颛顼争为帝，怒而触不周之山，共工氏振滔洪水，以薄穷桑，江淮流通，四海溟涬，民皆上邱陵，赴树木[七]。似洪水之祸，实起于尧以前，特至尧时，人事进化，始治之耳。考天下各族，述其古事，莫不有洪水。巴比伦古书，言洪水乃一神西苏诗罗斯所造。洪水前，有十王，凡四十三万年；洪水后，乃今世。希伯来《创世记》，言耶和华鉴世人罪恶贯盈，以洪水灭之，历百五十日，不死者惟挪亚一家[八]。最近发现云南猓猓古书，亦言洪水。言古有宇宙干燥时代，其后即洪水时代。有兄弟四人，三男一女，各思避水，长男乘铁箱，次男乘铜箱，三男与季女同乘木箱。其后唯木箱不没，而人类遂存[九]。观此则知洪水为上古之实事，而此诸族者，亦必有相连之故矣。

三曰五行至禹而传。包牺以降，凡一代受命，必有河图，前已历言之矣。然古书言河、洛事者，不知凡几，各纬固多，各经中亦有。《尚书·顾命》，天球、河图在东序。而孔子亦有河不出图之叹。亦可见古人言天命者，例以河图为证矣。至河图之由来，盖草昧之时，为帝王者，不能不托神权以治世。故必受河图，以为天命之据。且不但珍符而已，图书均有文字，观前数课所引已可见，河图必有文字，欲究其详当观胡渭《易图明辨》。列治国之法，与《洪范》等，惜其书均不传，惟《洪范》存于世。五行之说，殆为神洲学术之质干。鲧陻洪水，汩陈其五行，帝乃震怒，不畀《洪范》九畴，彝伦攸斁。鲧则殛死，禹乃嗣兴。天乃锡禹《洪范》九畴，彝伦攸叙，其诸西奈山之石版欤！

四曰传子至禹而定。黄帝以前，君统授受之制，不可知。黄帝、少昊、颛顼、喾、挚、尧、舜、禹八代，则同出于一族，而不必传子，是无定法也。至禹乃确立传位之定法。商虽传弟，然有定法则一也。盖专制之权渐固，亦世运进步使然，无所谓德之隆替也。

第二十一节　夏之列王

禹娶涂山氏女，生启。禹崩，启[一]即位，诸侯有扈氏不服，启伐之，大战于甘。王责以威侮五行，怠弃三正，即言有扈氏不遵《洪范》之道。遂灭有扈氏。启崩，子帝太康立，太康无道，有穷国名。后羿，因夏民以代夏政。羿既篡夏，委政寒浞，一作韩浞。浞行媚于内，而施赂于外，以取其国家。羿犹不悛，将归自田，家人逄蒙杀而烹之。浞因羿室，生浇即奡。及豷，使浇用师，灭斟灌及斟寻氏[二]，覆其舟取之[三]。即《论语》奡荡舟事。灭夏后相，太康崩，弟仲康立。仲康崩，子相立，依二斟同姓之国。盖太康以来，犹拥虚器，至此乃灭。后缗相之妻。方娠，逃出自窦，归于有仍，生少康焉。既长，使女艾谍浇，即《楚辞·天问》之女岐。使季杼诱豷，遂灭过、戈，复禹之绩[四]。帝少康崩，子帝予立。即季杼。帝予崩，子帝槐立。帝槐崩，子帝芒立。帝芒崩，子帝泄立。帝泄崩，子不降立。帝不降崩，弟扃立。帝扃崩，子帝廑立。帝廑崩，立帝不降之子孔甲，是为帝孔甲。帝孔甲崩，子帝皋立。帝皋崩，子帝发立。帝发崩，子帝履癸立，是为桀，为汤所灭。夏亡[五]，凡十七帝四百七十一年。

第二十二节　夏传疑之事

有夏一代可记之事，自禹而外，传者绝稀。惟有二事，古书多道之。一为益与启之事，一为羿与浞之事。益、启之事，一以为天命归启，不归益，《孟子》。一以为益为启所杀。《逸周书》。然观启代益作后，卒然离蠥，惟启何忧而能拘是达？《楚辞·天问》。则似其间必有一事矣。今既不得明证，存疑可也。羿、浞之事，《楚辞》《左传》，言之极详，似为古人之大事。然《尚书》无之，孔子又不答南宫适之问，《史记·夏本纪》亦削去其事。古人著书，其去取之际，必非偶然，恐别有大义，然不可知矣。自太康尸位起，至少康中兴止，其间至少亦六七十年，其间有水师之战，有间谍之用，皆前古所无，宜乎言战者必引之也。

第二十三节 商之自出

有娀氏二佚女，居九成之台。帝上帝也。令燕往视之，二女爱而争搏之，覆以玉筐。少选，发而视之，燕遗二卵飞去[一]，所谓“天命玄鸟，降而生商”也[二]。契母曰简狄，即有娀。为帝喾次妃。契为舜司徒，封于商，今河南睢州。姓子氏。契卒，子昭明立。昭明卒，子相土立。相土卒，子昌若立。昌若卒，子曹圉立。曹圉卒，子冥立。冥卒，子振立。振卒，子微立。微卒，子报丁立。报丁卒，子报乙立。报乙卒，子报丙立。报丙卒，子主壬立。主壬卒，子主癸立。主癸卒，子天乙立，是为成汤。自契至汤，八迁，汤始居亳，今河南偃师县。从先王居。帝喾都亳。时夏桀无道，伊尹负鼎俎，以滋味之道说汤[三]，汤得伊尹，祓之于庙[四]。伊尹五就汤，五就桀，卒归于汤[五]。汤乃伐夏，整兵鸣条，今山西安邑县。困夏南巢，今安徽庐江。放之历山[六]。今安徽和州东。汤既绌夏，于是诸侯服汤，践天子位[七]。即位十七年，而践天子位。践天子位，十三年而崩，寿百岁。

第二十四节 商之列王

汤崩，太子太丁未立而卒，于是乃立太丁之弟外丙。即位二年崩，乃立外丙之弟中壬。即位四年崩，伊尹乃立太丁之子太甲。太甲既立，三年，不遵汤法，伊尹放之于桐。三年，伊尹摄行政事，当国以朝诸侯。太甲居桐宫，三年，悔过自责，反于善，伊尹乃迎太甲而授之政。太甲修德，诸侯咸归殷。太甲称太宗。案此为庙号之始。太宗崩，子沃丁立。沃丁之时，伊尹卒，葬之亳。沃丁崩，弟太庚立。太庚崩，子小甲立。小甲崩，弟雍己立。雍己时，殷道衰。雍己崩，弟太戊立。太戊立伊陟为相，伊尹之子。案子字疑孙字之误。伊陟举巫咸，始以巫官者。巫咸乂王家，殷复兴。太戊称中宗。中宗崩，子仲丁立，仲丁迁于敖。今河南荥泽县。仲丁崩，弟外壬立。外壬崩，弟河亶甲立，河亶甲迁于相。今河南内黄县。河亶甲时，殷复衰。河亶甲崩，子祖乙立，祖乙迁于耿，今山西河津县。殷复兴，巫贤任职。祖乙崩，子祖辛立。祖辛崩，弟沃甲立。沃甲崩，兄祖辛之子祖丁立。祖丁崩，弟沃甲之子南庚立。南庚崩，祖丁之子阳甲立。阳甲之时，殷衰。自仲丁以来，废嫡而更立诸弟、子，弟、子或争相代立，比九世乱，于是诸侯莫朝。阳甲崩，弟盘庚立。盘庚之时，殷已都河北，盘庚渡河，复居成汤之故居。殷自成汤由南亳今河南府西北。迁西亳，今河南偃师县。仲丁迁敖，河亶甲居相，祖乙居耿，盘庚渡河南居西亳，凡五迁，无定处。殷民皆怨，不欲徙，盘庚乃告谕诸侯大臣，以不可不迁之故。遂涉河，南治亳，行汤之政，然后百姓得宁，殷道得兴，诸侯来朝。盘庚崩，弟小辛立，殷道复衰。小辛崩，弟小乙立。小乙崩，子武丁立。武丁思复兴殷，而未得其佐，三年不言，政事决于冢宰，以观国风。武丁夜梦得圣人，名曰说，以梦所见示群臣百吏，皆非也。于是使百工营求之野，得说于傅岩中。是时说为胥靡，筑于傅岩，见于武丁。武丁曰，是也。与之语，果圣人，举以为相，殷国大治，遂以傅险姓之，号曰傅说。于是百姓咸欢，殷道复兴。殷人嘉武丁之德，立其庙为高宗。高宗崩，子祖庚立。祖庚崩，弟祖甲立。祖甲淫乱，殷复衰。祖甲崩，子廪辛立，廪辛崩，弟庚丁立。庚丁崩，子武乙立，殷复去亳，徙河北。武乙无道，为偶人，谓之天神，与之博。令人为行，为天人行博。天神不胜，乃僇辱之，为革囊盛血，仰而射之，命曰射天。武乙猎于河渭之间，天暴雷，武乙震死，案武乙所为，乃反对当时之鬼神派耳。然当时则目为无道，且有震死之说矣。子太丁立。太丁崩，子帝乙立。帝乙时，殷益衰。帝乙崩，子辛立，是为纣。纣为不道，当是时，周室滋大，周武王东伐，至孟津，诸侯叛殷会周者八百国。于是武王遂率诸侯伐纣，纣拒之牧野。甲子日，纣兵败，走入，登鹿台，衣其宝玉衣，赴火而死。殷亡，凡三十一帝六百余年。周武王封纣子武庚，以续殷祀。后武庚作乱，周公诛之，而立微子于宋，纣兄庶。以续殷后。又七百余年，乃亡。

第二十五节　桀纣之恶

中国言暴君，必数桀、纣，犹之言圣君，必数尧、舜、汤、武也。今案各书中，所引桀、纣之事多同，可知其间必多附会。盖既亡之后，其兴者必极言前王之恶，而后己之伐暴为有名，天下之戴己为甚当，不如此不得也。今比而观之：桀宠妺嬉；《晋语》。纣宠妲已，《晋语》。一也。桀为酒池，可以运舟，一鼓而牛饮者三千人；刘向《新序》。纣以酒为池，悬肉为林，使男女倮，相逐其间，为长夜之饮，《史记·殷本纪》。二也。桀为琼台瑶室，以临云雨；刘向《列女传》。纣造倾宫瑶台，七年乃成，其大三里，其高千仞，《太平御览》八十四引《帝王世纪》。三也。桀杀关龙逢；《太平御览》八十二引《尚书·帝命验》。纣杀比干，《史记·殷本纪》。四也。桀囚汤于夏台，《史记·夏本纪》。汤行赂，桀释之；《太公金匮》。纣囚文王于羑里，西伯之徒，献美女、奇物、善马，纣乃赦西伯，《史记·殷本纪》。五也。桀曰“时日曷丧”；时日言生之时日，即命也，与纣称“有命在天”同意。前人以天上之日不丧解之，又讹为桀失日，恐非。《孟子》。纣曰“我生不有命在天”，《尚书·祖伊奔告》。六也。故一为内宠，二为沈湎，三为土木，四为拒谏，五为贿赂，六为信命，而桀纣之符合若此。夫天下有为善而相师者矣，未有为恶而相师者也，故知必有附会也。

第二十六节　周之关系

有周一代之事，其关系于中国者至深，中国若无周人，恐今日尚居草昧。盖中国一切宗教、典礼、政治、文艺，皆周人所创也。中国之有周人，犹泰西之有希腊。泰西文化，开自希腊，至基督教统一时，希腊之学中绝。洎贝根以后，希腊之学始复兴。中国亦有若此之象，文化虽沿自周人，然至两汉之后，去周渐远，大约学界之范围，愈趋于隘，而事物之实验，愈即于虚，所以仅食周人之弊，而不能受周人之福也。此等之弊，极于宋明，至清代始渐复古，殆可如泰西十八世纪希腊诸学之复兴矣。此义至后当详之。今所述周人历史，当分为三期。第一期自周开国，至东迁，此一期为传疑时代之尾；第二期自东迁至春秋末；第三期自战国至秦；《春秋》《国策》皆书名，后人即以书名名其时代。此二期为正属化成时代。每期皆先详其兴替治乱，而后讨论其宗教、典礼、政治、文艺诸事焉。

第二十七节　周之自出

周之先妣曰姜嫄，有邰氏女，为帝喾元妃。姜嫄出野，见巨人迹，悦而践之，居期而生子。以为不祥，弃之隘巷，马牛过者，皆避不践；徙置之林中，适会山林多人，迁之；而弃渠中冰上，飞鸟以其翼覆荐之。姜嫄以为神，遂收养之。因初欲弃，遂名曰弃。为儿时，其游戏好树艺；及成人，好耕农，相地之宜谷者，稼穑焉。为尧农师，天下得其利，封于有邰，今陕西武功县。号曰后稷，姓姬氏。后稷卒，子不窋立。不窋末年，夏太康失国，废稷之官，不复务农，不窋因失其官，奔于戎狄之间。不窋卒，子鞠立。鞠卒，子公刘立。公刘虽在戎狄之间，复修后稷之业，务耕种，行地宜，行者有资，居者有蓄积，百姓怀之，多徙而归焉，周道之兴自此始。公刘卒，子庆节立，国于豳。今陕西邠州。庆节卒，子皇仆立。皇仆卒，子差弗立。差弗卒，子毁隃立。毁隃卒，子公非立。公非卒，子高圉立。高圉卒，子亚圉立。亚圉卒，子公叔类立。公叔类卒，子古公亶父立。古公亶父复修后稷、公刘之业，积德行义，国人戴之。狄人来侵，古公亶父曰："君子不以其所以养人者害人。"遂去豳，至于岐山之下，今陕西岐山县。豳人举国归之，及他旁国，亦多归之。于是古公乃贬戎狄之俗，而营筑城郭宫室。诗称"后稷之孙，实惟太王。周受命追王。居岐之阳，实始翦商”是也。太王长子曰太伯，次曰虞仲。太姜太王之妃。生少子季历，季历娶太任，生子昌，有赤雀衔丹书之瑞。太伯、虞仲知太王欲立季历，以传昌，二人乃亡如荆蛮，文身断发，以让季历。太王卒，季历立，修太王遗道，笃于行义，诸侯顺之。季历卒，子昌立，是为西伯，及受命曰文王。西伯遵后稷、公刘之业，则太王、王季之法，笃仁，敬老，慈少。伯夷、叔齐在孤竹，闻西伯善养老，往归之。太颠、闳夭、散宜生、鬻子、辛甲大夫，皆往归之。纣信崇侯之谮，因西伯于羑里，西伯臣以美女、文马，因费仲献纣，纣乃赦西伯，赐以弓矢、斧钺，使专征伐。《史记·周本纪》。

第二十八节　周之列王

文王即位之四十二年，年九十岁。甲子日，赤雀衔丹书，止于户，是为文王受天命之始。古人受天命，必有符瑞。大约及身而王者，其符为河图、洛书；不及身而王者，其符为鸟书。孔子所谓“凤鸟不至，河不出图”是也。唐人尚明此义，至宋人始昧之。文王受命称王，一年断虞、芮之讼，二年伐邘，三年伐密须，四年伐犬戎，五年伐耆，六年伐崇，《周本纪》与此次序不同。七年而崩[一]。文王晚年作丰邑，今陕西鄠鄠县东，即崇之地。徙都之。文王崩，子发立，是为武王。即位九年，东观兵，至于盟，今河南孟县西南。为文王木主，载以东征。渡河中流，白鱼跃入王舟中，王取以祭，火自天流于王屋，化为赤乌。此即河出图，凤鸟至也。又还师，居二年，再伐纣。二月甲子，战于商郊牧野，今河南淇县。纣前徒倒戈，纣兵败，自焚死。天下归周。又二年，武王崩，子诵立，是为成王[二]。成王即位，年少，周公旦武王弟。相成王，摄政当国。二叔流言，管叔、蔡叔，周公兄弟。谓公将不利于孺子，与武庚以畔。周公东征，诛武庚、管叔，放蔡叔[三]，案周公东征一事，古人引之者多，《尚书》《诗》《小戴记》《逸周书》

《墨子》《列子》《史记》《管蔡世家》《宋微子世家》《鲁周公世家》均有其文，大同小异，今从《史记·周本纪》。封微子启于宋，今河南商县。三年而毕。七年，周公反政成王，北面就群臣之位。作洛邑，今河南河南府。为朝会之所。周公于是兴礼乐，改制度，封同姓。孔子之前，黄帝之后，于中国有大关系者，周公一人而已。成王崩，子康王钊立。成康之时，刑措四十余年不用，为中国古今极治之时。康王崩，子昭王瑕立。昭王时，王道微缺，王南巡，死于江。昭王崩，子穆王满立[四]。王作《吕刑》[五]，乘八骏登昆仑[六]，会西王母[七]。徐夷今江苏徐州。僭号，率九夷以伐宗周，诸侯朝者三十六国。穆王乃还，令楚灭徐偃王[八]。观此知汤、武之事已不能行于穆满之时，可以知社会之变迁矣。穆王崩，五十五年。子共王繄扈立。共王崩，子懿王囏立。懿王时，王室遂衰。懿王崩，共王弟辟方立，是为孝王。孝王崩，懿王子燮立，是为夷王[九]，始下堂而见诸侯[十]。夷王崩，子厉王胡立。王即位三十年，暴虐侈傲，民多谤，王得卫巫，使监谤者，神巫知人腹诽也。于是国莫敢言。三年，乃相与畔王，王出奔于彘[十一]，今山西霍州。共和行政焉。共和行政有二说：一说以为召公、周公，二相行政[十二]；一说以为共国之伯，名和者今河南卫辉府。摄政[十三]。二说未能定论。然以后说为长，因古人曾言共伯和得道也[十四]。共和十四年，厉王崩五十一年。于彘，子宣王静立。宣王能修文、武、成、康之遗风，诸侯复宗周。宣王崩，四十六年。子幽王宫涅立。幽王嬖褒姒，褒姒生子伯服，幽王欲废太子。太子母，申侯女也，为幽王后。太子既废，申侯今河南南阳府北二十里。与犬戎，今陕西西宁府。攻幽王，杀幽王于骊山下，今陕西临潼县东二十里。虏褒姒，取周赂重器也。而去。诸侯乃共立太子宜臼，是为平王，东迁于雒[十五]。此西周之大略也，凡二百五十三年。

第二十九节　周之政教

周公集黄帝、尧、舜、禹、汤、文、武之大成，其道繁博奥衍，毕生研之而不可尽，当别设专科，非历史科所能兼也。今特著其梗概于此，然微言大义，实已略具。大约古人政教不分，其职任皆属于天子，而天子所以操政教之原者，则为孝。故明堂大祭，为政教至重之事，至深之理。孔子言："人之行，莫大于孝，孝莫大于严父，严父莫大于配天。"则周公其人也。周公郊祀后稷以配天，宗祀文王于明堂，以配上帝。盖天者，祖之所自出；故王者，禘其祖之所自出，而以其祖配之也。周公摄政之六年，朝诸侯于宗周，遂率之以祀文王，以配上帝。此明堂无屋。洎乎作雒，又作明堂，亦所以朝诸侯，祀文王，配享功臣，亦谓之清庙。此明堂有屋。观天文于灵台。灵台，明堂也。尊师，养老，教胄，献俘，郊射，均于辟雍。辟雍，亦明堂也。盖文王、周公之道，尽于明堂、清庙而已。故孔子曰："郊社之礼，禘尝之义，知其说者之于天下也，其如视诸掌乎！"鬼神之说，原本三苗；至禹而有五行之说。自此以来，二说更为盛衰。夏后启则以威侮五行之故，而伐有扈[一]；孔甲则以信鬼神之故，而失诸侯[二]；纣又以不敬神祇之故，而父兄料其必亡[三]。是二说之不相容如此。至周则二说并重，分鬼神为四种。在天者为天神，即上帝；在地者，为地祇；即山川之神。人死曰鬼，即祖；百物曰彪。即魅，俗称妖怪。而即以鬼神之等级，见主祭者之贵贱。惟天子可祭天，诸侯祭其封内之山川，即地祇。大夫、士祭其先，即人鬼。庶人无庙而祭于寝[四]。然鬼神之情状，不可直接而知也。乃以五行之理，间接而知之。其术分为六：一曰天文，二曰历谱，三曰五行，四曰蓍龟，五曰杂占，六曰形法[五]。其说以为，无事不有鬼神之意向行乎其中；而鬼神有贵贱，惟天子为昊天上帝之子，斯可以主百神；主百神则天下之政令由之矣。

第二章　化成时代（春秋战国）

第一节　东周之列王

传疑时代之事已终，今当述化成时代矣。周自平王东迁，王室遂微，迄于亡，不复振。平王之四十九年，为鲁隐公元年。孔子托始于是年，以作《春秋》。孔子弟子左丘明亦始是年，为《春秋》作传。于是东周之事，遂显于后世，后遂目其时代，谓之春秋。入春秋之第三年，平王崩。入春秋后之时局，与古大异，列强并起，其迭为兴替，大半与王室无相关之理。故吾人讲演此期之事，亦不能如前数代之以王室为纲，惟王室当先叙而已。平王太子泄父早死，王崩，五十一年。孙桓王林立。桓王伐郑，郑人射伤王。桓王崩，二十三年。子庄王陀立。庄王崩，十五年。子釐王胡齐立。釐王崩，三年。子惠王阆立。惠王三年，叔父王子颓作乱，王奔温，周邑名，今河南温县。子颓僭立。郑伯、虢公杀子颓，王复位。惠王崩，二十五年。子襄王郑立。王立十七年，弟子带作乱，晋平之。襄王崩，三十二年。子顷王壬臣立。顷王崩，六年。子匡王班立。匡王崩，二十七年。子景王贵立。景王崩，二十年。子悼王猛立，为弟子朝所弑。晋人平其乱，立悼王弟丐，是为敬王。敬王四十一年，孔子卒，出春秋。

第二节 诸侯之大概

禹之时，涂山之会，执玉帛而朝者万国，汤之时三千，武王时犹有千八百国，知其残灭已多矣。夫古国能如是之多者，太抵一族即称一国，一国之君，殆一族之长耳。至入春秋之世，国之见于书者，仅一百四十余。然大半无事可纪，其可纪者十余国，何其少哉！盖群之由分而合也，世运自然之理，物竞争存，自相残贼，历千余年，自不能不由万数减至十数。然亦卒以此故，诸夏之国，以兼并而力厚，足以南拒百蛮，北捍胡虏，凡戎狄之错居内地者，悉芟薙之，此诸大国之力也。不然，周制王畿千里，公侯皆方百里，伯七十里，子、男五十里，聚无数弹丸黑子之国，以星罗棋布于黄河之两岸，其不为别族人所灭者几何？匈奴不大于东周之世，至西汉始大，真中国之天幸哉！今述春秋各国之大略如下。春秋始终二百四十年，迭兴之国有七：齐、晋、宋、秦、楚、吴、越是也。其间惟晋为周之懿亲，武王之子叔虞。齐为周之勋戚，武王娶太公女，列王之后多出于姜。故王室是赖，亦以此二国为多。宋虽上公，而微子之后；吴虽同姓，而泰伯之后，于周皆有代兴之意，不知有所谓尊王攘夷也。至于秦、楚、越，则于周更无与焉。五霸之称，或曰齐桓、晋文、宋襄、秦穆、楚庄，或曰齐桓、晋文、楚庄、吴夫差、越勾践，虽未可断言，然五霸桓、文为盛，则无可疑。桓公名小白。创霸，以尊王攘夷为名。案当时有一例：凡在夷创霸者，均自称王。穆王时之徐偃王，春秋之楚、吴、越是也。而于诸夏创霸者，则与之相反，非唯齐、晋以尊攘为名，即宋、秦亦不敢称王。而夏、夷之别，则在礼俗而不在种类。故曰用夷礼则夷之，用中国礼则中国之，即此例。桓公之兄襄公名诸儿。无道，鲍叔牙知乱将作，奉小白奔莒；管夷吾、召忽，奉小白兄公子纠奔鲁。襄公毙于乱，小白自莒入，先立，是为桓公。

鲁庄公伐齐，纳子纠，齐人败之。鲁乃杀子纠以与齐人平，归管仲于齐，齐以为相。伐楚，盟于召陵，楚邑名，今河南郾城县。会王太子于首止。宋地名，今河南睢州东南，皆釐王时事。桓公用管仲，实始变周礼，桓公九合诸侯，晚年，嘱子昭于宋襄公。名兹甫。公卒，宋襄公以兵纳昭。宋襄谋创霸，合诸侯于孟，宋地名，今河南睢州。为楚所执，既而释之。明年，宋楚战于泓，水名，在今河南柘县。又败，殆不成其为霸也。皆襄王时事。晋文公，名重耳。初，献公名诡诸。尝伐骊戎，姬姓之戎，居骊山。获骊姬，嬖之，卒杀太子申生，公子重耳奔白狄，公子夷吾奔梁。国名，今陕西韩城县。献公卒，晋乱，立二君，奚齐、卓子。皆被弑。夷吾求入立，以重赂许秦穆公及晋大夫，齐桓公使隰朋会秦师纳之，是为惠公。惠公入而背内外之赂，故秦伯伐晋，战于韩原，晋邑名，今陕西韩城县。虏晋侯，既而归之。重耳在外十九年，从狐偃、赵衰、贾佗、魏犨等，周游诸侯，秦伯召之于楚。及惠公卒，其子怀公立，秦伯纳重耳于晋，晋人杀怀公而奉之，是为文公。文公既立，时王子带攻襄王，王告急于晋。狐偃言于文公曰："求诸侯，莫如勤王。"文公从之，帅师纳王，杀子带。楚围宋，宋告急于晋，襄王二十年。晋以齐、宋、秦之师，败楚人于城濮。卫地，今山东濮州。合诸侯于践土，郑地，今河南荥泽县。王命晋侯为伯。文公卒，子襄公名欢。与秦战于崤，山名，今河南永宁县。覆秦师，襄公继霸。而秦穆公名任好。能用贤改过，遂霸西戎。秦由是兴，至始皇，遂有天下。此中原之大略也。三代惟夏之版图最大，自灭三苗，尽有南方地，涂山山名，今安徽寿州。之会，会稽山名，今浙江会稽县。之会，均在南方。夏启舞九招于天穆之野[一]，今安徽徽州府。夏桀与妹喜等渡江奔历山[二]，山名，今安徽和州。亦均南方。商兴于景亳，周肇于丰岐，皆在今河南、陕西之间。商之一代，以及周初，其会盟、征伐之事，无及南方者，至东周乃渐有南人之事，其事首见于楚，继之者吴、越。楚庄王名旅。为五霸之一，楚庄王伐陆浑之戎，今河南嵩县。遂至于洛，使人问鼎之大小、轻重，有窥王室之意。定王元年。伐郑，十旬克之，郑伯肉袒牵羊以降。晋人救郑，晋楚战于邲，郑地，今河南郑州东。晋师败绩，舟中之指可掬也。定王十年。楚申公巫臣得罪于楚而奔吴，简王七年。吴于是始大，至阖闾败越于夫椒。山名，今江苏无锡县太湖滨。敬王二十六年。夫差伐齐，齐人为弑其君以赴于吴。敬王三十五年。越勾践始为吴败，乃卧薪尝胆，以图复仇。当吴之伐齐也，遂伐吴，三年灭之。越至战国时自相分裂，为楚所灭。当楚、吴、越迭起之时，中原诸夏之族，其所见者，晋厉公名简。时，简王十一年。晋楚有鄢陵郑地名，今河南鄢陵县。之战，楚师败，然晋益不振。至悼公，名周。晋复霸，未几仍替。灵王时。其后宋向戎合晋、楚及诸侯之大夫盟于宋，灵王二十六年。此中国之弭兵会也，而不能久。政在世卿，又自相吞并。至春秋末，晋惟存范氏、中行氏、智氏、即荀氏。赵氏、韩氏、魏氏，既而智氏灭范、中行氏，而又为赵、韩、魏氏所灭，遂为春秋入战国之关键。齐自田氏奔齐以后，在春秋初。公厚敛焉，陈氏厚施焉，遂盗其政，至田常遂专齐国。敬王时。其他鲁、卫、宋、郑诸邦，亦均公室弱而私家强，然所凭借者薄，终不能为齐、晋之逐其君而盗其国。惟秦人自穆公以后，闭关自守，不与东诸侯通，独能保其元气精神，不染中夏之习。至战国，遂为天下主动之国，以至于代周焉。

附录　清顾栋高《春秋大事表五》列国爵姓及存灭

国	爵	姓	始封	都	存灭
鲁	侯	姬	周公子伯禽	国于曲阜，今山东兖州府曲阜县	获麟后二百三十二年，顷公二十四年，灭于楚。
蔡	侯	姬	文王子叔度	国于蔡，今河南汝宁府上蔡县。平侯迁新蔡，今汝宁府新蔡县。昭侯迁州来，今江南凤阳府寿州北三十里下蔡城是。	宣公二十八年，入春秋。灵公十二年，为楚所灭。（昭十一）后二年，平公复兴。（昭十三）成公十年，获麟后三十四年，蔡侯齐四年，灭于楚。
曹	伯	姬	文王子叔振铎	国于陶丘，今山东曹州府定陶县。	桓公三十五年，入春秋。曹伯阳十五年，灭于宋。（哀八）孟子时有曹交。赵注云：曹君之弟。疑曹地既入于宋，宋以封其大夫，如齐封田文为薛公之类。

（续表）

国	爵	姓	始封	都	存灭
卫	侯	姬	文王子康叔封	国于朝歌。今河南卫辉府淇县东北有朝歌城。戴公庐曹，今卫辉府滑县。文公迁楚丘，今滑县东六十里废卫南县是。成公迁帝丘，今直隶大名府开州。	桓公十三年，入春秋。出公十二年，获麟后二百七十二年，卫君角二十一年，为秦二世所灭。
滕	侯 后书子	姬	文王子叔绣	今山东兖州府滕县西南十四里有古滕城。	入春秋七年，始见《经》。终春秋世犹存。《世族谱》：春秋后六世，齐灭之。今案《战国策》：宋康王灭滕。疑宋亦寻灭，地入于齐，故谱云然。
晋	侯	姬	武王子叔虞	国于大夏。今山西太原府太原县北有古唐城。燮父改国号曰晋，穆侯徙绛，孝侯改绛曰翼，亦曰故绛。今山西平阳府翼城县东南十五里有故翼城。景公迁新田，仍称绛。今平阳府曲沃县西南二里有绛城。	鄂侯二年，入春秋。定公三十一年，获麟后一百五年，静公二年，为魏、韩、赵所灭。
郑	伯	姬	厉王子友	旧都咸林，今陕西同州府华州。武公迁于溱洧，今河南许州府新郑县。	庄公二十二年，入春秋。声公二十年，获麟后一百六年，康公二十一年，灭于韩。
吴	子 按《国语》本伯爵	姬	太王子太伯	国于梅里。今江南常州府无锡县东南三十里有太伯城。诸樊南徙吴，阖闾筑大城都之，今苏州府治是。	入春秋一百二十二年，始见《传》。（宣八）又十七年，寿梦二年，始见《经》。（成七）夫差十五年，获麟后八年，灭于越。
北燕	伯 《史记》作侯	姬	召公奭	国于蓟，今直隶顺天府治大兴县是。	穆侯七年，入春秋，献公十二年，获麟后二百五十九年，燕王喜三十三年，灭于秦。
齐	侯	姜	太公尚父	国于营丘，今山东青州府临淄县。	僖公九年，入春秋。简公四年，获麟后九十五年，田氏篡齐，迁康公于海上。又七年，康公二十六年，亡。

（续表）

国	爵	姓	始封	都	存灭
秦	伯	嬴	伯益后非子	国于秦，今陕西秦州清水县。庄公徙故西犬丘，秦州西南百二十里西县故城是。宁公迁平阳，在今陕西凤翔府郿县西四十六里。德公迁雍，今凤翔府治是。	文公四十四年，入春秋。悼公十一年，获麟后二百六十年，始皇初并天下。
楚	子	芈	颛顼后熊绎	国于丹阳，在今湖广宜昌府归州东南七里。武王迁郢，今荆州府城北十里纪南城是。昭王迁都，旋还郢。	武王十九年，入春秋。惠王八年，获麟后二百五十八年，楚王负刍五年，灭于秦。
宋	公	子	殷后微子启	国于商丘，今河南归德府治商丘县。	穆公七年，入春秋。景公三十六年，获麟后一百九十五年，宋王偃四十三年，灭于齐。
杞	侯 后书伯，或书子	姒	禹后东楼公	国于雍丘，今河南开封府杞县。成公迁缘陵，在今山东青州府昌乐县东南五十里。文公迁淳于，在今青州府安丘县东北三十里。其雍丘之地，不知何年入于宋。	武公二十九年，入春秋。闵公六年，获麟后三十六年，简公元年，灭于楚。
陈	侯	妫	舜后胡公	国于宛丘，今河南陈州府治淮宁县。	桓公二十三年，入春秋。哀公三十五年，为楚所灭。（昭八）后五年，惠公复兴。（昭十三）闵公二十一年，获麟后三年，灭于楚。《史记》先一年。
薛	侯 后书伯	任	黄帝后奚仲	今山东兖州府南四十里有薛城。	入春秋十一年，始见《经》。终春秋世犹存，后不知为谁所灭。或曰齐灭之。
郳	子 本附庸进爵	曹	颛顼苗裔挟	今山东兖州府邹县。文公迁绎。今邹县东南二十六里有古郳城。	仪父始入春秋，（隐元）终春秋世犹在。后改国号曰邹。杜《谱》：春秋后八世，楚灭之。

（续表）

国	爵	姓	始封	都	存灭
莒	子	己	兹舆期	旧都介根。今山东莱州府胶州西南五里有计斤城。春秋初徙于莒，今山东沂州府莒州。	入春秋二年，始见《经》。莒于狂（其廷反）卒之年，获麟后五十年，灭于楚。
小邾	子 本附庸进爵	曹	郳公子友	国于郳。今山东兖州府滕县东六里有郳城。	入春秋三十四年，始见《经》。（庄五）终春秋世犹存。杜《谱》：春秋后六世，楚灭之。
许	男	姜	伯夷后文叔	今河南许州府治东三十里故许昌城是。灵公迁于叶，今河南南阳府叶县。悼公迁夷，实城父，今江南颍州府亳州东南七十里有城父城，旋还叶。又迁于析，实白羽，今南阳府内乡县，许男斯迁容城，或曰在叶县西。	入春秋十一年，始见《经》，是年庄公奔卫。后十五年，穆公复立于许。（桓十五）许男斯十九年，为郑所灭。（定六）后十年，复见《经》。（哀元）或云楚复封之。许男秸元年，获麟。战国时灭于楚。
宿	男	风	太皞后	今山东泰安府东平州东二十里无盐城是。	隐元年见。庄十年，宋人迁宿。后入齐为邑。
祭	伯	姬	周公子	今河南开封府郑州东北十五里有祭亭。	隐元年见。
申	侯	姜	伯夷后	国于谢，今河南南阳府北二十里申城是。	隐元年见。庄六年《传》：楚文王伐申。后遂入楚为申邑。
东虢		姬	文王弟虢仲	今河南开封府汜水县是。	春秋前，为郑所灭，为制邑。隐元年见《传》。
共	伯			今河南卫辉府辉县是。	隐元年见，后地入于卫。
纪	侯	姜		今山东青州府寿光县东南有纪城。	隐元年见，庄四年灭于齐。
夷		妘		今山东莱州府即墨县西六十里有壮武故城，即其地。	隐元年见。

（续表）

国	爵	姓	始封	都	存灭
西虢	公	姬	文王弟虢叔	旧都在今陕西凤翔府宝鸡县东五十里。后随平王东迁，更封于上阳，今河南陕州东南有上阳城，其支庶留于故都者，为小虢。	隐元年见，僖五年灭于晋。其小虢，于庄七年为秦所灭。
向		姜		今江南风阳府怀远县东北四十五里有古向城。	隐二年见。
极	附庸	姬		今山东兖州府鱼台县西有极亭。	隐二年见。
邢	侯	姬	周公子	今直隶顺德府治邢台县。后迁夷仪。今山东东昌府西南十二里有夷仪城。	隐四年见，僖二十五年灭于卫。
郕	伯	姬	文王子叔武	今山东兖州府汶上县北二十里有成郕城。	隐五年见。文十二年，郕伯来奔。《传》云：郕人立君，则郕尚存也。战国时有城阳君，《括地志》云：古郕国。
南燕	伯	姞	黄帝后	今河南卫辉府东南三十五里废胙城县是。	隐五年见。
凡	伯	姬	周公子	今卫辉府辉县西南二十里有凡城。	隐七年见。
戴		子		今河南归德府考城县东南五里考城故城是。	隐十年见，不知何年灭于宋。
息	侯	姬		今河南光州息县	隐十一年见。庄十四年《传》：为楚所灭，为息邑。
郜	子	姬	文王子	今山东曹州府城武县东南二十里有郜城。	桓二年见。
芮	伯	姬		在今陕西同州府城南。	桓三年见，僖二十年灭于秦。《竹书》作二年，今从《史记》。

（续表）

国	爵	姓	始封	都	存灭
魏		姬		今山西解州芮城县东北七里有古魏城。	桓三年见，闵元年为晋所灭，以赐毕万为邑。
州	公	姜		国于淳于，在今山东青州府安丘县东北三十里。	桓五年，州公如曹。《传》云：度其国危，遂不复。后地入于杞，为杞都。
随	侯	姬		今湖广德安府随州。	桓六年见，终春秋世犹存。
穀	伯	嬴		今湖广襄阳府穀城县西北七里故穀城是。	桓七年见，后地入于楚。
邓	侯	曼		今河南南阳府邓州。	桓七年见，庄十六年灭于楚。
黄			嬴	今河南光州西十二里有黄城。	桓八年见，僖十二年灭于楚。
巴	子	姬		今四川重庆府治巴县。	桓九年见，至战国时，灭于秦。
鄾	子			今湖北襄阳府城东北十二里有鄾城。	桓九年见，不知何年灭于楚。
梁	伯	嬴		今陕西同州府韩城县南二十二里有少梁城。	桓九年见，僖十九年灭于秦，以其地为少梁邑。文十年，晋人取少梁，地遂入晋。
荀或云即郇国	侯	姬		在今山西绛州界。	桓九年见，后为晋所灭，以赐大夫原氏，是为荀叔。
贾	伯	姬		今陕西同州府蒲城县西南十八里有贾城。	桓九年见，不知何年灭于晋，后以赐狐射姑为邑。
虞	公	姬	仲雍后虞仲	国于夏墟。今山西解州平陆县东北四十五里有虞城。	桓十年见，僖五年灭于晋。

（续表）

国	爵	姓	始封	都	存灭
贰				在今湖广德安府应山县境。	桓十一年见，不知何年灭于楚。
轸				在今德安府应城县西。	
郧 即郧国	子			今德安府治安陆县即古郧城。	
绞				在今湖广郧阳府西北。	
州				今湖广荆州府监利县东三十里有州陵城。	
蓼				今河南南阳府唐县南九十里湖阳故城是。	
罗		熊		今湖广襄阳府宜城县西二十里有罗川城，又荆州府枝江县、岳州府平江县，皆其所迁处。	桓十二年见，不知何年灭于楚。
赖	子			今河南光州商城县南有赖亭。	桓十三年见，昭四年灭于楚。《公》、《穀》俱作灭厉，盖古厉、赖二字同音，故有此误。
牟	附庸			今山东泰安府莱芜县东二十里有牟城。	桓十五年见。
葛	伯	嬴		今河南归德府宁陵县北十五里有葛城。	桓十五年见。
於馀邱				未详其地，或曰在沂州境。	庄二年见。
谭	子	子		今山东济南府治东南七十里有谭城。	庄十年见，为齐所灭。
萧	附庸	子	萧叔大心	今江南徐州府萧县西北十里有萧。	庄十二年见，宣十二年灭于楚。后仍入宋为邑。

（续表）

国	爵	姓	始封	都	存灭
遂		妫		今山东兖州府宁阳县北有遂乡。	庄十三年见，为齐所灭。
滑	伯	姬		国于费，今河南河南府偃师县南二十里缑氏故城。	庄十六年见，僖三十三年灭于秦。旋入晋，后又属周。
原	伯	姬	文王子	今河南怀庆府济源县西北十五里有原乡。	庄十八年见，僖二十五年，王以其地赐晋，晋迁原伯贯于冀。此后原伯见于《传》者甚多。或曰：迁邑于河南，至隐十一年《传》，苏忿生之田亦有原邑。当是两地，《正义》合为一，误。
权		子		今湖广安陆府当阳县东南有权城。	庄十八年见，不知何年灭于楚。
郭				今山东东昌府东北有郭城。	庄二十四年，《经》书“郭公胡。”《传》：郭亡也。
徐	子	嬴	伯益后	今江南泗州北八十里有古徐城。	庄二十六年见，昭三十年灭于吴。徐子奔楚，楚城夷以处之，后仍为楚所灭。
樊	侯		仲山甫	国于阳。今河南怀庆府济源县西南十五里有阳城。	庄二十九年见，僖二十五年，王以其地赐晋，《晋语》仓葛曰：“阳有樊仲之官守。”知尚未绝封，盖迁于河南。昭二十二年，《传》有樊顷子。
鄣	附庸	姜		今山东泰安府东平州东六十里有鄣城集。	庄三十年，齐人降鄣。
耿		姬		今山西绛州河津县南十二里有耿城。	闵元年见，为晋所灭，以赐赵夙为邑。
霍	侯	姬	文王子叔处	今山西霍州西十六里有古霍城。	闵元年见，为晋所灭，所以赐先且居为邑。

（续表）

国	爵	姓	始封	都	存灭
阳	侯	姬		今山东沂州府沂水县南有阳都城。或曰：阳国本在今益都县东南，齐逼迁之于此。	闵二年，齐人迁阳。
江		嬴		今河南汝宁府正阳县东南有故江城。	僖二年见，文四年灭于楚。
冀				今山西绛州河津县东有冀亭。	僖二年见，后地入于晋，为郤氏食邑。
舒	子	偃		今江南庐州府舒城县。	僖三年，徐人取舒，后复见。至文十二年，楚子孔执舒子平，疑自后遂灭于楚。
弦	子	隗		今湖广黄州府蕲水县西北四十里有轪县古城，为弦国地。又河南光州西南有弦城，盖因光山县西有侨置轪县故城而误。或曰：弦子奔黄时所居也。	僖五年见，为楚所灭。宛溪氏曰：昭三十一年《传》，吴围弦。盖楚复其国也。
道				今河南汝宁府确山县北二十里有道城，或云在息县西南。	僖五年见。昭十一年，楚灵王迁之于荆。十三年，平王即位而复之，知此时尚存。杜注谓楚已灭之为邑，未详何据。
柏				今河南汝宁府西平县有柏亭。	僖五年见。
温	子	已	司寇苏公后	今河南怀庆府温县西南三十里有古温城。	春秋初，苏氏已绝封。隐十一年，王与郑人苏忿生之田十二，温居一焉，不知何时地复归王。苏氏续封，而仍居温。僖十年，为狄所灭。二十五年，王以其地赐晋。至文十年女筑之盟，复见苏子。杜注：盖王复之。或云，自是迁于河南。

（续表）

国	爵	姓	始封	都	存灭
鄫	子	姒	禹后	今山东兖州府峄县东八十里有鄫城。	僖十四年见，襄六年灭于莒。昭四年，地入于鲁。
厉		姜	厉山氏后	今湖广德安府随州北四十里有厉山，山下有厉乡。	僖十五年见。
英氏		偃	皋陶后	今江南六安州西有英氏城。	僖十七年见，后灭于楚。
项				今河南陈州府项城县。	僖十七年灭项，后为楚地。
密		姬		今河南许州府密县	僖十七年见。
任		风	太皞后	今山东兖州府济宁州是。	僖二十一年见。至孟子时，犹有任国。
须句	子	风	太皞后	今山东泰安府东平州是。	僖二十一年见，为邾所灭。二十二年，公伐邾，复其封，后复灭于邾。文七年，鲁再取之，卒为鲁地。
颛臾	附庸	风	太皞后	今山东沂州府费县西北八十里有颛臾城。	僖二十一年见。
顿	子	姬		今河南陈州府商丘县，即故南顿城。或曰，顿国本在今县北三十里，顿子迫于陈而奔楚，自顿南徙，故曰南顿。	僖二十三年见，定十四年灭于楚。
管		姬	文王子叔鲜	今河南开封府郑州，即故管城。	春秋前已绝封，其地属桧。桧灭，属郑。宣十二年《传》："晋师救郑，楚子次于管以待之"是也，战国时属韩。以下十三国，俱僖二十四年见。
毛	伯	姬	文王子叔郑	未详。或曰，在今河南府宜阳县境。	昭二十六年，毛伯奔楚。

（续表）

国	爵	姓	始封	都	存灭
聃		姬	文王子季载	国于那处，今湖广安陆府荆门州东南有那口城。	不知何年灭于楚。庄十八年《传》：迁权于那处。则聃之灭，又在权前矣。
雍		姬	文王子	今河南怀庆府修武县西有雍城。	
毕		姬	文王子	今陕西西安府咸阳县北五里有毕原。	春秋前，不知为谁所灭。毕万，其后也。
酆	侯	姬	文王子	今陕西西安府鄠县东五里有酆城。	酆本商崇侯虎地，文王灭崇，作丰邑。武王封其弟为酆侯。《竹书》成王十九年，黜酆侯。自是绝封，后其地复为崇国。
郇	侯	姬	文王子	今山西蒲州府临晋县东北十五里有古郇城。	不知何年灭于晋。
邘		姬	武王子	今河南怀庆府城西北三十里有邘台村。	《地名考略》："隐十一年《传》：王取邬、刘、芳、邘之田于郑。邘即武王子所封，据此则春秋初邘已并于郑矣。"然注疏无明文，当别是一邑。邘国不知为谁所灭，高氏误。
应	侯	姬	武王子	今河南汝州鲁山县东三十里有应城。	不知何年绝封，地入周，后入秦。《史记》："赧王四十五年，客谓周最，以应为秦太后养地"是也。
韩	侯	姬	武王子	今陕西同州府韩城县南十八里有古韩城。	春秋前为晋所灭，后以封大夫韩万为邑。
蒋		姬	周公子	今河南光州固始县西北七十里期思城是。	不知何年灭于楚，为期思邑。
茅		姬	周公子	今山东兖州府金乡县西北有茅乡。	后为邾邑。哀七年《传》："茅成子以茅叛"是也。

（续表）

国	爵	姓	始封	都	存灭
胙		姬	周公子	在今河南卫辉府废胙城县西南。	
鄀				国于商密，今河南南阳府内乡县西南百二十里丹水故城是。后迁于鄀。今湖广襄阳府宜城县东南九十里有鄀县故城。	僖二十五年见。文五年，秦人入鄀。盖自是南徙，为楚附庸。定六年《传》：迁郢于鄀。则楚已灭之为邑矣。
夔	子	芈	熊挚	今湖广宜昌府归州东二十里有夔子城。	僖二十六年见，为楚所灭。
桧		妘	祝融后	今河南许州府密县东北五十里有古桧城。	春秋前为郑所灭，僖三十三年见《传》。
沈	子	姬		今河南汝宁府东南有平舆城，其北有沈亭。	文三年见，定四年为蔡所灭。后属楚为平舆邑。
六		偃	皋陶后	今江南六安州。	文五年见，为楚所灭。下同。
蓼		偃	皋陶后	今江南颍州府霍丘县西北有蓼县故城。	
偪		姞			文六年见。
麇	子			国于赐穴，今陕西兴安州白河县是。	文十年见，不知何年灭于楚。
巢	伯			今江南庐州府巢县东北五里有居巢城。	文十二年见，昭二十四年灭于吴。
宗	子			见下注。	文十二年见。

（续表）

国	爵	姓	始封	都	存灭
舒蓼		偃	皋陶后	今江南庐州府舒城县为古舒城，庐江县东百二十里有古龙舒城。舒蓼、舒庸、舒鸠及宗四国，约略在此两城间。	文十四年见，宣八年灭于楚。
庸				今湖广郧阳府竹山县东四十里有上庸故城。	文十六年见，为楚所灭。
崇				见前酆国注。盖秦之与国，复居酆，而袭崇之旧号者。	宣元年见。
郯	子	己	少昊后	今山东沂州府郯城县西南百里有古郯城。	宣四年见，终春秋世犹存。《纪年》云：于越子朱句，三十五年灭郯。今按《史记·楚世家》，顷襄王十八年，犹有郯国，相去一百三十五年，《纪年》误。
莱	子	姜		今山东登州府黄县东南二十里有莱子城。	宣七年见，襄六年灭于齐。
越	子	姒	夏后少康子	国于会稽，今浙江绍兴府治山阴县。	
刘	子	姬	匡王子	今河南河南府偃师县南三十五里有刘聚。	宣十年见，至贞定王时绝封。
唐	侯	祁	尧后	今湖广德安府随州西北八十五里有唐城镇。	宣十二年见，定十五年灭于楚。
黎	侯			今山西潞安府黎城县东北十八里有黎侯城。	宣十五年见，尝为狄所灭，是年，晋复立之。《诗·旄丘序》：狄人迫逐黎侯。《诗谱》次于周桓王之世，误也。酆舒夺黎氏地，即当日罪案。岂有失国百年，而后复之乎？

（续表）

国	爵	姓	始封	都	存灭
邨	附庸			未详。或曰，在今山东沂州府郯城县东北。	成六年见，为鲁所灭。
州来				在今江南凤阳府寿州北三十里	成七年见，昭三年灭于吴。
吕	侯	姜		今河南南阳府城西三十里有吕城。	不知何年并于楚，为邑。成七年《传》：子重请取于申吕，以为赏田。即此。
檀	伯			在今河南怀庆府济源县境。	成十一年见。
钟离	子			今凤阳府临淮县东四里有钟离城。	成十五年见，昭二十四年灭于吴。
舒庸		偃		见舒蓼注。	成十七年见，为楚所灭
偪阳	子	妘		今山东兖州府峄县南五十里有偪阳城。	襄十年见，晋灭之以予宋，使周内史选其族嗣，纳诸霍人，以奉妘姓之祀。
邿				今山东兖州府济宁州东南有邿城。	襄十三年见，为鲁所灭。
铸		祁	尧后	今山东兖州府宁阳县西北有铸城。	襄二十三年见。
杜	伯	祁	尧后	今陕西西安府治东南十五里有杜陵故城。	春秋前已绝封，襄二十四年见《传》。
舒鸠	子	偃		见舒蓼注。	襄二十四年见，二十五年灭于楚。定二年，复见《传》，盖楚复之。
胡	子	归		今江南颍州府西北二里有胡城。	襄二十八年见，定十五年灭于楚。

（续表）

国	爵	姓	始封	都	存灭
焦		姬		今河南陕州南二里有焦城。	襄二十九年见，不知何年灭于晋。
杨	侯	姬		今山西平阳府洪洞县东南十八里有杨城。	襄二十九年见，不知何年灭于晋，以赐羊舌肸，为杨氏邑。
邶				今河南卫辉府东北有邶城。	襄二十九年见，不知何年并于卫。下同。
庸				今河南卫辉府新乡西南三十二里有鄘城。	
沈			金天氏苗裔，台骀之后。	封于汾州。下同。	昭元年见，不知何年灭于晋。下同。
姒			同上		
蓐			同上		
黄			同上		
不羹				今河南许州府襄城县东南有西不羹城，南阳府舞阳县西北有东不羹城。按旧说如此，疑有误。	昭十一年见，不知何年灭于楚。
房				今河南汝宁府遂平县是。	昭十三年见。前二年，楚灵王迁之于荆，至是平王复之，不知何年并于楚。《汉志》吴房县，孟康注：楚封吴夫概于此，故曰吴房。

（续表）

国	爵	姓	始封	都	存灭
鄅	子	妘		国于启阳，今山东沂州府治北十五里有开阳城。	昭十八年，邾人入鄅。十九年，宋公伐邾，尽归鄅俘。知鄅复存，不知何年地入于鲁。哀三年，城启阳，即此。
钟吾	子			今江南徐州府宿迁县西北有司吾乡。	昭二十七年见，三十年，吴子执钟吾子，疑遂亡。
桐		偃		今江南安庆府桐城县。	定二年见。
戎				今山东曹州府曹县东南四十里楚丘城是。	隐二年见，后地入于卫，所谓戎州也。以下四裔。
北戎				在今直隶永平府境。	隐九年、庄三十年，齐人伐山戎，即此。
卢戎	子		南蛮	今湖广襄阳府南漳县东北五十里有中卢镇。	桓十三年见，后灭于楚，为卢邑。文十六年《传》："自卢以往，振廪同食"是也。
大戎		姬	唐叔后	在今陕西延安府境。	庄二十八年见。下同。
小戎		允	四岳后	今陕西肃州西八百六里敦煌废县是，后迁伊川。	
骊戎	男	姬		今陕西西安府临潼县东二十四里有骊戎城。	庄二十二年，为晋所灭。二十八年见，后入秦为侯郦地。
山戎			即北戎		
狄			有白狄、赤狄二种。		庄三十二年见。

（续表）

国	爵	姓	始封	都	存灭
犬戎			西戎之别在中国者	在今陕西凤翔府境，其本国则今陕西西宁府西北树敦城是也。	闵二年见。
东山皋落氏			赤狄别种	今山西绛州垣曲县西北六十里有皋落镇，又山西平定州乐平县东七十里有皋落山，未详孰是。	闵二年见，后灭于晋。
杨、拒、泉、皋、伊、雒、之戎				在今河南府境。	僖十一年，杨、拒、泉、皋、伊、雒之戎同伐王城。按文八年，公子遂及雒戎盟于暴。《国语》：北有洛、泉、徐、蒲。知其类不一。
淮夷				在今江南徐州府邳州境。	僖十三年见。
陆浑之戎，又名险戎	子	允	即小戎之徙于中国者	陆浑即瓜州地名，后迁伊川，今河南府嵩县北三十里有古陆浑城。	僖二十二年，秦、晋迁之伊川，仍以陆浑为名。昭十七年，为晋所灭，陆浑子奔楚，其余服属于晋，曰九州戎。
廧咎如		隗	赤狄别种		僖二十三年见。
介			东夷国	今山东莱州府胶州南有介亭。	僖二十九年见。
姜戎	子	姜	四岳后，陆浑之别部。		僖三十三年见，襄十四年，晋执戎子驹支，即此。

（续表）

国	爵	姓	始封	都	存灭
白狄				《传》云：白狄及君同州。当与秦相近，在今陕西延安府境。	僖三十三年见。
鄋瞒		漆	防风氏后	古防风氏，国于封禺之山，在今浙江湖州府武康县。春秋时为长狄，在今山东济南府北境。	文十一年见，宣十五年灭于晋。
群蛮				在今湖广辰州、沅州二府之境。	文十六年见，战国时灭于楚。
百濮			西南夷	在今云南曲靖府境。或曰，湖广常德、辰州二府境。	文十六年见。
赤狄				赤狄种类至多。	宣三年见。
根牟			东夷国	今山东沂州府沂水县东南有牟乡。	宣九年见，为鲁所灭。
潞氏	子		赤狄别种	今山西潞安府潞城县。	宣十五年见，为晋所灭。
甲氏			赤狄别种	在今直隶广平府鸡泽县境。	宣十六年见，为晋所灭。下同。
留吁			赤狄别种	今潞安府屯留县东南十里纯留城是。	
铎辰			赤狄别种	在潞安府境。	
茅戎			戎别种	今山西解州平陆县东南有茅城。	成元年见。
戎蛮即蛮氏	子		戎别种	今河南汝州西南有蛮城。	成六年见，哀四年灭于楚。

（续表）

国	爵	姓	始封	都	存灭
无终	子		山戎国	今直隶永平府玉田县西有无终城。	襄四年见。
肃慎			东北夷	今兴京所属地。	昭九年见。
亳			西夷。《史记索引》：盖成汤之胤。	在今陕西北境。	隐十年为秦所灭，昭九年见《传》。
鲜虞 一名中山		姬	白狄别种	今直隶真定府西北四十里有鲜虞亭。	昭十二年见，获麟后一百八十六年，灭于赵。
肥	子		白狄别种	今直隶真定府藁城县西南七里有肥累城。	昭十二年见，为晋所灭。
鼓	子	祁	白狄别种	今直隶真定府晋州是。	昭十五年见，二十二年灭于晋。
有莘			夏、商时国		僖二十八年见。以下古国。
有穷			夏时国。下同		襄四年见。下同。
寒				今山东莱州府潍县东北三十里有寒亭。	
有鬲		偃		今山东济南府德平县东十里有故鬲城。	
斟灌		姒		今山东青州府寿光县东北四十里有斟灌城，又有灌亭。	

（续表）

国	爵	姓	始封	都	存灭
斟鄩		姒		今山东莱州府潍县西南五十里有斟城。	
过				今山东莱州府掖县北有过乡。	
戈				地在宋、郑之间。	
豕韦		彭	夏、商时国	今河南卫辉府滑县东南有韦城镇。	襄二十四年见。按昭二十九年《传》云：夏后孔甲嘉刘累，赐氏曰御龙，以更豕韦之后。杜注：以刘累代彭姓之豕韦，累寻迁鲁县，豕韦复国，至商而灭。累之后世复承其国，为豕韦氏。
观		姒	夏时国	今山东曹州府观城县。	昭元年见。下同。
扈		姒	同上	在今陕西西安府鄠县北。	
姺			商时国。下同		
邳				今江南徐州府邳州。	
奄		嬴		今山东兖州府曲阜县东二里有奄城。	
仍			夏时国。下同		昭四年见。下同。
有缗					

（续表）

国	爵	姓	始封	都	存灭
骀				今陕西乾州武功县西南二十二里有斄城。	后稷封于邰，即此。以下俱昭九年见。
岐				今陕西凤翔府岐山县。	太王迁于岐，即此。
蒲故			商时国	今山东青州府博兴县东北十五里有蒲姑城。	成王灭之，以其地益封齐。
逢		姜	商时国		昭十年见，其地后为齐国。
昆吾		己	夏时国	在今河南许州府，又直隶大名府开州东二十五里有昆吾城。按《正义》曰：盖昆吾居此二处。未知孰为先后。	昭十二年见，春秋时，其地属许、卫二国。
密须		姞	商时国	今陕西平凉府灵台县西五十里有阴密城。	文王伐密，即此。昭十五年见，下同。
阙巩			古国		
甲父			同上	今山东兖州府金乡县有甲父亭。	昭十六年见。
飂			古国		昭二十九年见，其地后为州蓼之蓼。
飂夷		董	虞夏时国	封于飂川。	昭二十九年见，其地后为曹国。
封父			古国	今河南开封府封丘县。	定四年见。
有虞		姚	夏、商时国	今河南归德府虞城县。	哀元年见。武王封其后于陈。

第三节　孔子以前之宗教上

此代至要之事，乃孔子生于此代也。孔子一身，直为中国政教之原，中国之历史，即孔子一人之历史而已。故谈历史者，不可不知孔子。然欲考孔子之道术，必先明孔子道术之渊源。孔子者，老子之弟子也。孔子之道，虽与老子殊异，然源流则出于老，故欲知孔子者，不可不知老子。然老子生于春秋之季，欲知老子，又必知老子以前天下之学术若何。老子以前之学术明，而后老子之作用乃可识；老子之宗旨见，而后孔子之教育亦可推。至孔子教育之指要，既有所窥，则自秦以来，直至目前，此二千余年之政治盛衰，人材升降，文章学问，千枝万条，皆可烛照而数计矣。此春秋前半期学派之所以为要也。案前第二十九节，曾言中国自古以来，即有鬼神、五行之说，而用各种巫、史、卜、祝之法，以推测之，此为其学问宗教之根本。而国家政治，则悉寄于礼乐、文物之间，明堂、清庙、瞽宗、辟雍是也。此等社会，沿自炎黄，至周公而备，至老子而破，中间事迹，有可言焉。

有神，人面、白毛、虎爪，执钺，是为蓐收，天之刑神也。《周语》。有神，鸟身，素服三绝，面正方，曰：“予为勾芒。”《墨子·明鬼》。此界神与非神之间者。《礼记·祭法》注，谓之人神。至其名位，则吴天上帝最贵，化而为青帝灵威仰，赤帝赤嫖怒，白帝白招拒，黑帝汁光纪，黄帝含枢纽，为王者之所自出，而佐以日、月、星、辰、司中、司命、风师、雨师，则天神备矣。《周礼·春官》疏。

右天神。

《山海经》十三篇以前真禹书，十四篇以后汉人所作。所列鬼神，殆将数百，其状如鸟身、龙首等，《南山经》。其名如泰逢、熏池、武罗等，《中山经》。

其体如白狗、猬稌等，《南山经》。而《楚词》所引湘君、湘夫人、河伯、雒嫔亦数十见，皆地亓也，惟《左传》《国语》无明文耳。

右地亓。

齐侯田于贝丘，齐邑名，今青州府博兴县东北十五里。见大豕，从者曰："公子彭生也。"《左》庄八年。狐突适下国，晋邑名，今山西闻喜县东。遇太子，太子曰："帝上帝也。许我罚有罪谓惠公。矣。"《左》僖十一年。大事祫也。于太庙，夏父弗忌曰："吾见新鬼大，故鬼小。"《左》文二年。魏颗见老人结草以亢杜回，杜回踬而颠，故获之，夜梦之曰："余，而所嫁妇人之父也。"《左》宣十六年。郑人相惊以伯有，曰："伯有至矣"，则皆走。子产曰："鬼有所归，乃不为厉。"《左》昭七年。本文下云："用物精多，则魂魄强。伯有三世为卿，而执其政柄，其用物宏矣，其取精多矣。强死为鬼，不亦宜乎！"案此即庶人无鬼之理也。又《墨子·明鬼》：周宣王杀杜伯，而不辜。三年，杜伯乘素车白马，朱衣冠，执朱弓矢射王，殪之车中。燕简公杀庄子仪，而不辜。三年，庄子仪荷朱杖，而击燕简公，殪之车上。诟观辜从事于厉祭，不以法，袾子举楫而槁之，殪之坛上。墨子虽在老子后，而所引皆古事，杜伯事亦见《国语》。

右人鬼。

方相氏掌傩，以殴方良；即魍魉。庭氏射妖鸟。《周礼》。涸泽之精曰庆忌，若人，长四寸，衣黄衣，冠黄冠，戴黄盖，乘小马，好疾驰，可使千里外，一日返报。涸川之精曰蟡，一头而两身，其形若蛇，长八尺，呼其名，可取鱼鳖。《管子·水地篇》。又《庄子·达生篇》引此，而物怪更多。此皆物彪也。

右物彪。

以上所言，乃举古人言神、亓、鬼、彪之分见者；其合见之处，则莫如《周礼》之《春官》。《大宗伯》曰："掌建邦之天神、人鬼、地亓之礼。中略。凡祀大神，享大鬼，祭大亓，诏相王之大礼。"《司服》曰："王之吉服：祀昊天上帝，则服大裘而冕；祀五帝亦如之；享先王，则衮冕；享先公，飨射，则鷩冕；祀四望山川，则毳冕；祭社稷五祀，则希冕；祭群小祀，则玄冕。"《大司乐》曰："乐一变而致羽物，及川泽之亓；再变而致祼物，及山林之示；三变而致鳞物，及丘陵之示；四变而致毛物，及坟衍之示；五变而致介物，及土示；六变而致象物，及天神。郑注：此大蜡之礼。若乐六变则天神皆降，乐八变则地示皆出，乐九变则人鬼可得而礼。”郑注：此大禘之礼。《大祝》曰：“辨六号：一曰神号，二曰鬼号，三曰示号。”后略。而终篇则曰：“凡以神仕者，掌三辰之法，以犹郑注：图也。鬼神示之居，辨其名物。以冬至日致天神、人鬼，以夏至日致地示、物鬽。”古人之分天神、人鬼、地示、物鬽，其明画若此。然亦有不甚分明者，如社稷五祀，皆地示也。《春官》郑注。而社即后土，是为勾龙，共工氏之子。稷为柱，烈山氏之子。木正勾芒，是为重；金正蓐收，是为该；水正玄冥，是为熙及修。此三官，皆少皞氏之子。火正祝融，是为黎，颛顼之子。土正即勾龙，是以一体而兼神、鬼、示矣。此名之至糅杂者。《左传》昭二十九年。

第四节　孔子以前之宗教下

鬼神位矣。世间之事，无一不若有鬼神主宰乎其间，于是立术数之法，以探鬼神之意，以察祸福之机。术数者，一天文，二历谱，三五行，四蓍龟，五杂占，六形法。《汉书·艺文志》。今即由此六术，以证古人之事，往往相合。惟《汉志》所列之书，今不传者十之九，故其为术，今人无能通者。今之术数，虽源于古之术数，而不尽为古之术数也。详见后。术既无师，则观古人之已事，不能知其用何家之学说。然大略亦可分矣，大约可分四类，其天文、历谱、五行三家之说，不甚可分，今列之为一类；其蓍龟、杂占、形法三家，尚分明，如其家分之为三。

楚灭陈，晋侯问于史赵曰：“陈其遂亡乎？”对曰：“未也。岁在鹑火，是以卒灭。今在析木之津，犹将复出。”《左》昭八年。春正月，有星出于婺女。郑裨灶曰：“七月戊子，晋君将死。”《左》昭十年。春，将禘于武公，梓慎望氛曰："吾见赤黑之祲，非祭祥也，丧氛也，其在莅事乎！"《左》昭十五年。冬，有星孛于大辰，西及汉，申须曰："诸侯其有火灾乎？"梓慎曰："其宋、卫、陈、郑乎！其丙子若壬午作乎！"裨灶曰："若我用瓘、斝、玉、瓒，郑必不火。"《左》昭十七年。春二月乙卯，周毛得杀毛伯过而代之，苌弘曰："毛得必亡，是昆吾夏伯也。稔之日也。"《左》昭十八年。春二月己丑，日南至，梓慎望氛曰："今兹宋有乱，国几亡，三年而后弭。蔡有大丧。"《左》昭二十年。天王将铸无射，泠州鸠曰："王其将以心疾死乎！"《左》昭二十一年。夏五月乙未朔，日有食之，梓慎曰："将水。"昭子曰："旱也。"《左》昭二十四年。夏，吴伐越，史墨曰："不及四十年，越其有吴乎！越得岁而吴伐之，必受其凶矣。"《左》昭三十二年。

右天文、历谱、五行。

初，懿氏卜妻敬仲，其妻占之，曰："吉。是谓凤凰于飞，和鸣锵锵。有妫之后，将育于姜。五世其昌，并为正卿。八世之后，莫之与京。"周史有以《周易》见陈侯者，陈侯使筮之，遇《观》䷓之《否》䷋。曰："是谓观国之光，利用宾于王。"《左》庄二十二年。初，毕万筮仕于晋，遇《屯》䷂之《比》䷇。辛廖占之，曰："吉。中略。公侯之卦也，公侯之子孙，必复其始。"《左》闵元年。成季之将生也，桓公使卜楚丘之父卜之，曰："男也，其名曰友，间于两社，为公室辅。季氏亡，则鲁不昌。"又筮之，遇《大有》䷍之《乾》䷀。曰："同复于父，敬如君所。"《左》闵二年。又《昭》三十二年。秦伯伐晋，卜徒父筮之，曰："吉。涉河，侯车败。"诘之，对曰："乃大吉也，三败，必获晋君。"其卦遇《蛊》䷑，曰："千乘三去，三去之余，获其雄狐。"初，晋献公筮嫁伯姬于秦，遇《归妹》䷵之《睽》䷥。史苏占之，曰："不吉。其繇曰：士刲羊，亦无衁也。女承筐，亦无贶也。西邻责言，不可偿也。《归妹》之《睽》，犹无相也。为雷为火，为嬴败姬，车脱其辕，火焚其旗，不利行师，败于宗丘。《归妹》《睽》孤，寇张之弧，侄其从姑，六年其逋，逃归其国，而弃其家，明年其死于高梁之墟。”《左》僖十五年。

惠公之在梁也，梁伯妻之梁嬴。孕过期，卜招父与其子卜之。其子曰：“将生一男一女。”招曰：“然。男为人臣，女为人妾。”《左》僖十七年。晋将伐楚，公筮之。史曰：“吉。其卦遇《复》䷗，曰：南国蹙，射其元，王中厥目。”《左》成十六年。穆姜薨于东宫，始往而筮之，遇《艮》之八䷳。史曰：“是谓《艮》之《随》䷐。《随》，其出也，君必速出。”姜曰：“亡，中略。必死于是，勿得出矣。”《左》襄九年。郑皇耳帅师侵卫，孙文子卜追之，献兆于定姜。姜氏问繇，曰：“兆如山陵，有夫出征，而丧其雄。”《左》襄十年。崔武子将娶棠姜，筮之，遇《困》䷮之《大过》䷛。陈文子曰：“妻不可娶也。其繇曰：困于石，据于蒺藜，入于其宫，不见其妻，凶。”《左》襄二十五年。初，穆子之生也，庄叔以《周易》筮之，遇《明夷》䷣之《谦》䷎。卜楚丘曰：“是将行，出奔也。而归为子祀，奉祭祀也。以谗人入，其名曰牛，卒以馁死。”《左》昭五年。

卫襄公夫人姜氏，无子，孔成子梦康叔谓己：“立元，余使羁之孙圉与史苟相之。”史朝亦梦康叔谓己：“余将命而子苟与孔烝钮成子名。之曾孙圉相元。”史朝见成子，告之梦，梦协。晋韩宣子为政，聘于诸侯之岁，婤姶生子，命之曰元。孔成子以《周易》筮之，遇《屯》䷂之《比》䷇。史朝曰：“元亨，又何疑焉？”《左》昭七年。南蒯之将叛也，枚筮之，不指其事，泛卜吉凶。遇《坤》䷁之《比》䷇。子服惠伯曰：“忠信之事则可，不然必败。”《左》昭十二年。晋赵鞅卜救郑，遇水适火，占诸史赵、史墨、史龟。史龟曰：“是谓沈阳，可以兴兵，利以伐姜，不利子商。”史墨曰：“前略。水胜火，伐姜则可。”史赵曰：“前略。救郑则不吉，不知其他。”阳虎以《周易》筮之，遇《泰》䷊之《需》䷄，曰：“宋方吉，不可与也。”《左》哀九年。案卜、筮分为二术。卜者，龟也。《周礼》太卜掌三兆之法：一曰玉兆，二曰瓦兆，三曰原兆。其经兆之体，皆百有二十；其繇皆千有二百。盖以火灼龟，观其璺罅，各从其形以占之。所谓使某卜之，其繇曰云云，皆卜也。筮者，蓍也。《周礼》筮人掌三易：一曰《连山》，二曰《归藏》，三曰《周易》，其经卦皆八，其别皆六十有四。盖用蓍草四十九枚，揲之成卦，以观吉凶。所谓使某筮之，遇某卦之某卦云云，皆筮也。其不言《周易》者，皆《连山》《归藏》。

右蓍龟。

初，晋穆公之夫人以条晋邑名，今山西安邑县北。之役，生太子，命之曰仇。其弟以千亩晋邑名，今山西介休县南。之战生，命之曰成师。师服曰："异哉，君之名子也。中略。始兆乱矣，兄其替乎！"《左》桓二年。初，内蛇与外蛇斗于郑南门中，内蛇死。六年而厉公入。申繻曰："人之所忌，其气焰以取之。妖由人兴也。人无衅焉，妖不自作；人弃常，则妖兴，故有妖。"《左》庄十四年。八月甲午，晋侯围上阳。虢地名，今河南陕州东南。问于卜偃曰："吾其济乎？"对曰："克之。"公曰："何时？"对曰："童谣云：丙之晨，龙尾伏辰，均服振振；取虢之旂，鹑之贲贲；天策焞焞，火中成军，虢公其奔。其九月十月之交乎！丙子旦，日在尾，月在策，鹑火中，必是时也。"《左》僖五年。秋八月辛卯，沙鹿山名，今直隶元城县境。崩，晋卜偃曰："期年，将有大咎，几亡国。"《左》僖十四年。晋侯梦与楚子搏，楚子伏己而盬其脑。子犯曰："吉！吾得天，楚伏其罪，吾且柔之矣。"《左》僖二十八年。楚子玉自为琼弁、玉缨，未之服也。先战，梦河神谓己曰："畀余，余赐汝孟诸泽名，今河南归德府治东。之麋。"弗致也。大心与子西使荣黄谏，弗听。出告二子曰："非神败令尹，令尹实自败也。"《左》僖二十八年。赵婴梦天使谓己："祭余，余必福汝。"中略。士贞伯曰："神福善而祸淫，淫而无罚，福也，祭其得亡乎！"祭之明日而亡。《左》成五年。晋侯梦大厉，被发及地，搏膺而踊，曰："杀余孙，不义，余得请于帝矣。"坏大门及寝门而入。公惧，入于室。又坏户。公觉，召桑田巫，巫言如梦。公曰："何如？"曰："不食新矣。"公疾病，求医于秦，秦伯使医缓为之。未至，公梦疾为二竖子，曰："彼良医也，惧伤我，焉逃之？"其一曰："居肓之上，膏之下，若我何？"医至，曰"疾不可为也，在肓之上，膏之下，攻之不可，达之不及，药不至焉，不可为也。"中略。六月丙午，晋侯欲麦，甸人献麦，馈人为之。召桑田巫，示而杀之。将食，张，如厕，陷而卒。小臣有晨梦负公登天，及日中，负晋侯出诸厕，遂以为殉。《左》成十年。初，声伯梦涉洹，水名，今河南安阳县北。或与己琼瑰，食之，泣而为琼瑰，盈其怀。从而歌之，曰："济洹之水，赠我以琼瑰。归乎归乎，琼瑰盈吾怀乎！"惧，不敢占也。三年，占之，暮而卒。《左》成十七年。中行献子将伐齐，梦与厉公厉公，献子所弑者。讼，弗胜。公以戈击之，首队于前，跪而戴之，奉之以走，见梗阳之巫皋。他日，见诸道，与之言，同。巫曰："今兹主必死。"《左》襄十八年。有鸜鹆来巢，师己曰："异哉。吾闻文武之世，童谣有之，曰：'鸜之鹆之，公出辱之。鸜鹆之羽，公在外野。往馈之马，鸜鹆跦跦。公在乾侯，征褰与襦。鸜鹆之巢，远哉遥遥。稠父丧劳，宋父以骄。鸜鹆鸜鹆，往歌来哭。'童谣有是。今鸜鹆来巢，其将及乎！"《左》昭二十五年。十二月辛亥，朔，日有食之。是夜也，赵简子梦童子裸而转以歌，占诸史墨，曰："吾梦如是，今而日食，何也？"对曰："六年，及是月也，吴其入郢楚都，今湖北江陵县。乎！终亦弗克。"《左》昭三十一年。曹人或梦众君子立于社宫，而谋亡曹。曹叔振铎曰："请待公孙强为政。"许之。旦而求之曹，无之。戒其子曰："我死，尔闻公孙强为政，必去之。"《左》哀七年。卫侯梦于北宫，见人登昆吾之观，被发，北面而噪曰："登此昆吾之虚，绵绵生之瓜。余为浑良夫，叫天无辜。"卫侯贞卜，其繇曰："如鱼竀尾，衡流而方羊。裔焉大国，灭之，将亡。阖门塞窦，乃自后逾。"《左》哀十七年。

右杂占。

王使内史叔服来会葬，公孙敖闻其能相人也，见其二子焉。叔服曰："穀也食子，难也收子。穀也丰下，必有后于鲁国。"《左》文元年。案《左》文元年，子上曰："是蜂目而豺声，忍人也。"《周语中》："叔孙侨如方上而锐下，宜其触冒人。"并以相定人之善恶。其以相定人之祸福始此。又《荀子·非相篇》："古有姑布子卿，今之世，梁有唐举，相人之形状、颜色，而知其吉凶妖祥。"知此术盛于战国也。

右形法。

以上所言鬼神术数之事，今人不能不笑古人之愚。然非愚也，盖初民之意，观乎人类，无不各具知觉。然而人之初生，本无知觉者也，其知觉不知从何而来。人之始死，本有知觉者也，其知觉又不知从何而去。于是疑肉体之外，别有一灵体存焉。其生也，灵体与肉体相合，而知觉显；其死也，灵体与肉体相分，而知觉隐。有隐现而已，无存亡也，于是有人鬼之说。既而仰观于天，日月升沉，寒暑迭代，非无知觉者所能为也，于是有天神之说。俯观乎地，出云雨，长草木，亦非无知觉者所能为也，于是有地祇之说。人鬼、天神、地祇，均以生人之理，推之而已。其他庶物之变，所不常见者，则谓之物魅，亦以生人之理，推之而已。此等思想，太古已然，逮至算术既明，创为律历，天文诸事，渐可测量，推之一二事而合，遂谓推至千万事而无不合，乃创立法术，以测未来之事，而术数家兴。此社会自古至今，未尝或变，非但中国尚居此社会中，即外国亦未离此社会也。所异者，春秋以前，鬼神术数之外无他学；春秋以后，鬼神术数之外，尚有他种学说耳。

第五节　新说之渐

鬼神术数之学，传自炎黄，至春秋而大备。然春秋之时，人事进化，骎骎有一日千里之势，鬼神术数之学，遂不足以牢笼一切。春秋之末，明哲之士，渐多不信鬼神术数者。《左传》所引，如史嚚曰："国将兴，听于民；国将亡，听于神。"庄公三十二年。子产曰："天道远，人道迩，非所及也，何以知之？"昭公十八年。仲几曰："薛征于人，宋征于鬼，宋罪大矣。"定公元年。自此以来，障蔽渐开。至老子遂一洗古人之面目，九流百家，无不源于老子。老子楚人，史称老子姓李，名耳，恐此为后人所窜入也。周守藏室之史也[一]。周制，学术、艺文、朝章、国故，凡寄于语言文字之物，无不掌之于史[二]。故世人之谘异闻，质疑事者，莫不于史。观前十课所引可见。史之学识，于通国为独高，亦犹之埃及、印度之祭司也。老子以犹龙之资，读藏室之富，而丁蜕化之时，乃著书上下篇，言道德之意五千余言而去，莫知所终[三]。后世言老子者甚多，然皆出于神仙家。

第六节　老子之道

老子之书，于今具在。讨其义蕴，大约以反复申明鬼神、术数之误为宗旨。“万物芸芸，各归其根，归根则静，是为复命。”是知鬼神之情状，不可以人理推，而一切祷祀之说破矣。“有物浑成，先天地生。”则知天地、山川、五行、百物之非原质，不足以明天人之故，而占验之说废矣。“祸兮福所倚，福兮祸所伏。”则知祸福纯乎人事，非能有前定之者，而天命之说破矣。鬼神、五行、前定既破，而后知天地不仁，以万物为刍狗；圣人不仁，以百姓为刍狗。闷宫、清庙、明堂、辟雍之制，衣裳、钟鼓、揖让、升降之文之更不足言也。虽然，老子为九流之初祖，其生最先。凡学说与政论之变也，其先出之书，所以矫前代之失者，往往矫枉过正。老子之书，有破坏而无建立，可以备一家之哲学，而不可以为千古之国教，此其所以有待于孔子欤！

第七节　孔子世系及形貌

孔子生鲁昌平乡陬邑，今山东曲阜县。其先宋人也[一]。宋襄公生弗父何，何生宋父周，周生世子胜，胜生正考父，正考父生孔父嘉。五世亲尽，别为公族，姓孔氏。孔父生木金父，木金父生睾夷，睾夷生防叔，畏华氏之逼而奔鲁，为鲁人。防叔生伯夏，伯夏生叔梁纥[二]，梁纥娶鲁之施氏，生九女；其妾生孟皮，孟皮病足，乃求婚于颜氏[三]。颜氏有三女，小女名徵在，嫁叔梁纥，时叔梁纥年六十四矣[四]。孔子母徵在，游于大泽之陂，梦黑帝使请己，己往，梦交。语曰："汝乳必于空桑之中。"觉则若感，生丘于空桑之中，故曰玄圣[五]。案此文，学者毋以为怪。因古人谓受天命之神圣人，必为上帝之所生。孔子虽不有天下，然实受天命，比于文王，故亦以王者之瑞归之。虽其事之信否，不烦言而喻，然古义实如此，改之则六经之说不司通矣。凡解经者必兼纬，非纬则无以明经，此汉学所以胜于宋学也。孔子生于鲁襄公二十二年。《公羊传》。孔子以襄公二十一年十一月庚子生，即周灵王二十一年。生而首上圩顶[六]，如屋宇之反，中低而四旁高[七]，身长九尺六寸，人皆谓之长人[八]。古称孔子仪表者非一，如孔子反宇，是谓尼丘[九]。孔子之胸，有文曰"制作定，世符运"[十]。孔子长十尺，大九围，坐如蹲龙，立如牵羊，就之如昴，望之如斗[十一]。孔子海口，言若含泽[十二]。仲尼斗唇，舌理七重，吐教陈机受度[十三]。仲尼虎掌，是谓威射[十四]。胸应矩，是谓仪古[十五]。龟脊[十六]。辅喉[十七]。骈齿[十八]。面如蒙倛[十九]。其颡似尧，其项似皋陶，其肩类子产，自腰以下，不及禹三寸[二十]。

第八节　孔子之事迹

孔子为儿，嬉戏常陈俎豆，设礼容。孔子母死，乃殡五父之衢。在山东曲阜县西南二里。郰人今山东曲阜县与邹县相接处。挽父之母，诲孔子父墓，然后合葬于防。今山东费县东北六十里。孔子少贫贱，及长，尝为季氏史，料量平；尝为司职吏，而畜蕃息。南宫适言于鲁君，请与孔子适周，鲁君与之一乘车，两马，一竖子，俱适周问礼，盖见老子云。孔子自周反于鲁，弟子益进。孔子年三十五，鲁三家共攻昭公，昭公出居乾侯。今直隶成安县东南。其后顷之，鲁乱。孔子适齐，为高氏家臣，在齐闻《韶》。齐景公问政于孔子，为晏婴所沮，不果用，孔子遂行，反乎鲁。孔子年四十二，鲁昭公卒于乾侯，定公立。是时阳虎为政，自大夫以下皆僭，离于正道，故孔子不仕，退而修

《诗》《书》《礼》《乐》，弟子弥众，至自远方，莫不受业焉。定公八年，阳虎欲废三桓，不克，奔于齐。孔子年五十，公山不狃畔季氏，使人召孔子，孔子卒不行。定公十年，会齐侯于夹谷，孔子摄相事。定公十四年，将堕三都。叔孙氏先堕郈，叔孙氏邑名，今山东平度州东南十里。季孙氏堕费，季孙氏邑名，今山东鱼台县东南。孟孙氏不肯堕成。孟孙氏邑名，今山东宁阳县东北九十里。公围成，未克。定公十五年，孔子五十六，由大司寇摄行相事，鲁国大治。齐人惧，遗鲁君女乐，以沮孔子。季桓子与鲁君为周道游，往观终日，三日不听政，又不致膰俎于大夫，孔子遂行。孔子适卫，或谮孔子于灵公，孔子去卫。将适陈，过匡，卫地名，今直隶长垣县境。阳虎尝暴于匡，孔子貌类阳虎，匡人拘孔子。孔子使从者通于甯武子，然后得去。反乎卫，见夫人南子，灵公与夫人同车，宦者雍渠骖乘出，使孔子为次乘，招摇市过之。孔子丑之，去卫，适曹。复去曹，适宋，与弟子习礼大树下，宋司马桓魋欲杀孔子，拔其树，孔子去，适郑。遂至陈，居陈三年。过蒲，卫地名，今直隶长垣县治。蒲人止孔子，弟子公良孺与疾斗，蒲人惧，盟而出之。遂复适卫，灵公不能用。将西见赵简子，临河不济，而返乎卫。灵公问陈，孔子行。复如陈，明年自陈迁于蔡。三岁，楚使人聘孔子，孔子将往，陈、蔡人围之于野，不得行。使子贡至楚，楚兴师迎孔子，然后得免。楚昭王将用孔子，子西沮之。于是孔子自楚反乎卫，年六十三矣，鲁哀公六年也。居卫久之，季康子以币迎孔子，孔子反鲁。孔子去鲁，凡十四年，而反乎鲁。然鲁卒不能用孔子，孔子亦不求仕，乃述《诗》《书》《礼》《乐》《易象》《春秋》之文。孔子将病，负杖逍遥于门，歌曰："太山其颓乎，梁木其摧乎，哲人其萎乎！"子贡请见，孔子谓子贡曰；"夏人殡于东阶，周人于西阶，殷人两柱间。昨梦予坐奠两柱之间，天下无道久矣，孰能宗予？予殷人也，殆将死。"后病七日卒，年七十三，时鲁哀公十六年四月己丑也。

第九节　孔子之异闻

孔子生平，至大之事，为制定六经，此事为古今所聚讼，至于近年，争之弥甚，此中国宗教中一大关键也。今略述之。汉人言得麟之后，天降血书鲁端门内，曰：“趍作法，孔圣没。周姬亡，彗东出。秦政起，胡破术。书记散，孔不绝。”子夏明日往视之，血书飞为赤鸟，化为白书，署曰“演孔图”，中有作法制图之状。孔子仰推天命，俯察时变，却观未来，豫解无穷，知汉当继大乱之后，故作拨乱之法以授之[一]。孔子作《春秋》，制《孝经》，既成，使七十二弟子向北辰，磬折而立；使曾子抱《河》《洛》书北向；孔子斋戒，簪缥笔，衣绛单衣，向北辰而拜，告备于天曰：“《孝经》四卷，《春秋》《河》《洛》凡八十一卷，谨已备。”天乃洪郁起白雾摩地，赤虹自上下，化为黄玉，长三尺，上有刻文。孔子跪受而读之，曰：“宝文出，刘季握。卯金刀，在轸北。字禾子，天下服。”[二]汉儒之说，大率类此，此举其两条耳。大抵上古天子之事有三：一曰感生，二曰受命，三曰封禅。感生者，如华胥履迹之类；受命者，如龙马负图之类；前已与诸生言及矣。惟封禅一事，前节未言。案封泰山、禅梁甫之说，至汉而多。六艺之文，未详其事，故后人有疑其不经者。然求之六经，其证尚多，不过未用封禅二字耳，其实则封禅也。《诗·周颂·时迈》序云：“巡守祭告，柴望也。”《书·帝典》：“岁二月东巡守，至于岱宗，柴望秩于山川，遍于群神。”《礼记·礼器》：“因名山升中于天，而凤凰降，龟龙假。”三者皆言封禅，故《时迈》郑笺云：“巡守告祭者，天子巡行邦国，至于方岳之下，而封禅也。”《正义》引《白虎通》曰：“王者易姓而起，必升封太山何？告之也。始受天命之时，改制应天，天下太平功成，封禅以告太平。所以必于太山何？万物交代之处也。”据此证之，知封禅为上古之典礼，非不经之事。《史记·封禅书》引管仲言：“古者封太山、禅梁甫者七十二家。”盍足怪乎！聚土曰封，除地曰蝉。变蝉言禅者，神之也。盖感生者，明天子实天之所生；受天命者，天立之为百神之主，使改制以应天；封禅者，天子受天明命，致太平，以告成于天。三事一贯，而其事惟王者能有之明矣。故上自包牺，凡一姓兴起，无不备此三端。而孔子布衣，非王者，然自汉儒言之，则恒以天子待之。徵在游于大泽，梦感黑龙，感生也；天下血书于鲁端门，化为赤鸟，即文王赤鸟衔书之例。受命也；绛衣缥笔，告备于天，天降赤虹、白雾，封禅也；三者皆天子之事。更曲为之说曰：帝出乎震，故包牺以木德王；木生火，故神农以火德王；火生土，故黄帝以土德王；土生金，故少昊以金德王；金生水，故颛顼以水德王；水生木，故帝喾以木德王；木生火，故帝尧以火德王；火生土，故帝舜以土德王；土生金，故禹以金德王；金生水，故汤以水德王；水生木，故文王以木德王[三]。木当生火，而丘为制法主，黑绿不代苍黄[四]。言孔子黑龙之精，不合代周家木德之苍也。此所以既比之以文王[五]，又号之以素王欤[六]！而赤帝子之名，则归之汉高帝矣[七]。此等孔子继周而王，为汉制法之说极盛于前汉，至后汉渐有不信其说者。然至郑康成为群经作注，仍用此说。自此至唐作注疏，无甚大异。洎乎宋儒，乃毅然废之，似于圣门，有摧陷廓清之功；然以解群经之制度名物，微言大义，无一能合。然则宋学所持，其具之胜劣，姑不必言，而其非孔子之道，则断然也。元、明二代，不越乎宋学之范围。清代诸儒，稍病宋学之空疏，而又畏汉学之诡诞，于是专从训诂名物求之，所发明者颇多，而于人之身心，渺不相涉，其仍非宗教之真可知也。今平心论之，各为一时社会所限耳。盖自上古至春秋，原为鬼神、术数之世代，乃合蚩尤之鬼道，与黄帝之阴阳以成之，皆初民所不得不然。三苗信鬼，乃最初之思想。黄帝明历律，乃有术数，则稍进矣。其后乃合二派而用之。至老子骤更之，必为天下所不许，书成身隐，其避祸之意耶！孔子虽学于老子，而知教理太高，必与民智不相适而废，于是去其太甚，留其次者，故去鬼神而留术数。《论语》言“未知生，焉知死”；又言“不知命，无以为君子”，即其例也。然孔子所言虽如此，而社会多数之习，终不能改。至汉儒乃以鬼神、术数之理解经，此以上诸说之由来也。

第十节　孔子之六经

中国之圣经，谓之六艺，一曰《诗》，二曰《书》，三曰《礼》，四曰《乐》，五曰《易象》，六曰《春秋》。其本原皆出于古之圣王，而孔子删定之，笔削去取，皆有深义。自古至今，绎之而不尽，经学家聚讼焉。今略述其概如左。

一、《易》。六经之次第有二：《七略》以前，首《诗》，次《书》，次《礼》，次《乐》，次《易》，次《春秋》，此法周秦诸子悉遵之；《七略》以后，首《易》，次《书》，次《诗》，次《礼》，次《乐》，次《春秋》，此法用之至今。此为经学中一大问题，本编本从周之义，以《易》为首。包牺始画八卦，因而重之为六十四卦。文王作卦辞。周公作爻辞。孔子作《彖辞》《象辞》《文言》《系辞》《说卦》《序卦》《杂卦》，是为十翼，以授鲁商瞿子木，凡《易》十二篇。

二、《书》。《书》本王之号令，右史所记。孔子删订，断自唐虞，下讫秦穆，典、谟、训、诰、誓、命之文，凡百篇，而为之序。及秦禁学，孔子之孙惠，壁藏之，凡《书》二十九篇。

三、《诗》。诗者，所以言志，吟咏性情，以讽其上者也。古有采诗之官，王者巡守，则陈诗，以观民风，知得失，自考正也。动天地，感鬼神，厚人伦，美教化，莫近乎诗。是以孔子最先删录，既取周诗，上兼商颂，以授子夏，凡三百一十一篇。

四、《礼》。帝王质文，世有损益。至于周公，代时转浮，周公居摄，曲为之制，故曰经礼三百，威仪三千。及周之衰，诸侯始僭，将逾法度，恶其害已，皆灭去其籍，自孔子时而不具矣。孔子反鲁，乃始删定。值战国交争，秦氏坑焚，故惟《礼》经，崩坏为甚。今所存者，惟《仪礼》至为可信，《周礼》《礼记》，皆汉人所掇拾耳，凡《礼》经十七篇。

五、《乐》。自黄帝下至三代，乐各有名。孔子曰："安上治民，莫善于礼；移风易俗，莫善于乐。"二者相与并行，周衰俱坏。孔子自卫反鲁，然后乐正。然乐尤微眇，以音律为节，又为郑、卫所乱，故无遗法。

六、《春秋》。古之王者，必有史官，君举必书，所以慎言行，昭法式也。诸侯亦有国史，《春秋》即鲁之史记也。孔子应聘不遇，自卫而归，西狩获麟，伤其虚应，乃因鲁旧史，而作《春秋》，上述周公遗制，下明将来之法，勒成十二公之经，以授子夏，凡《春秋》十二篇。

右为六经，皆孔子所手定也。此外犹有二经，与六经并重，皆门人记录孔子言行之所作也。

一、《论语》。《论语》者，孔子应答弟子时人，及弟子相与言，而接闻于夫子之语也。当时弟子各有所记，夫子既卒，门人相与辑而论纂，故谓之《论语》，凡二十篇。

一、《孝经》。《孝经》者，孔子为曾子陈孝道也，凡一篇。

右二经，六经之总汇。至宋儒乃取《论语》二十篇，及《礼记》中之《大学》一篇，《中庸》一篇，而益以《孟子》七篇，谓之《四书》，于今仍之不改，非孔子之旧矣。

附录　唐陆德明《经典释文·叙录》

鲁商瞿子木受《易》于孔子，以授鲁桥庇子庸，子庸授江东馯臂子弓，子弓授燕周丑子家，子家授东武孙虞子乘，子乘授齐田何子庄。《高士传》云，字庄；《汉书·儒林传》云，临淄人。及秦燔书，《易》为卜筮之书，独不禁，故传授者不绝。汉兴，田何以齐田徙杜陵，号杜田生，授东武王同子中，及洛阳周王孙，梁人丁宽，字子襄，事田何，复从周王孙受古义，作《易说》三万言，训故，举大谊而已。《艺文志》云，《易说》八篇，为梁孝王将军。齐服生，刘向《别录》云，齐人，号服先。皆著《易传》。汉初，言《易》者本之田生。同授淄川杨何，字叔，一本作字叔元，太中大夫。宽授同郡砀田王孙，王孙授施雠，及孟喜、梁丘贺。由是有施、孟、梁丘之学焉。施雠字长卿，沛人，为博士。传《易》，授张禹，字子文，河内轵人，徙家莲勺，以《论语》授成帝，官至丞相、安昌侯。及琅邪鲁伯。会稽太守。禹授淮阳彭宣，字子佩，大司空、长平侯，作《易传》。及沛戴崇。字子平，少府，作《易传》。伯授太山毛莫如，字少路，常山太守。及琅邪邴丹。字曼容。后汉刘昆，字桓公，陈留东昏人，侍中、弘农太守、光禄勋。受施氏《易》于沛人戴宾，其子轶。字君文，官至宗正。孟喜字长卿，东海兰陵人，曲台署长，丞相掾。父孟卿，喜为《礼》《春秋》，孟卿以《礼》经多，《春秋》烦杂，乃使喜从田王孙受《易》。喜为《易章句》，授同郡白光，字少子。及沛翟牧。字子况。后汉洼丹、字子玉，南阳育阳人，世传孟氏《易》，作《易通论》七篇，官至大鸿胪。觟阳鸿、字孟孙，中山人，少府。任安，字定祖，广汉绵竹人。皆传孟氏《易》。梁丘贺字长翁，琅邪诸人，少府。本从太中大夫京房受《易》，房，淄川杨何弟子。后更事田王孙，传子临。黄门郎、少府。临传五鹿充宗字君孟，代郡人，少府、玄菟太守。及琅邪王骏。王吉子，御史大夫。充宗授平陵士孙张，字仲方，博士、扬州牧、光禄大夫、给事中，家世传业。及沛邓彭祖、字长夏，真定太守。齐衡咸。字长眉，王莽讲学大夫。后汉范升，代郡人，博士。传梁丘《易》，一本作传孟氏《易》。以授京兆杨政。字子行，左中郎将。又颍川张兴，字君上，太子少傅。传梁丘《易》，弟子著录，且万人；子鲂传其业。鲂官至张掖属国都尉。京房字君明，东郡顿丘人，本姓李，推律自定为京，至魏郡太守。受《易》梁人焦延寿，字延寿，名赣。延寿云，尝从孟喜问《易》。会喜死，房以延寿《易》即孟氏学。翟牧白生不肯，曰："非也。"延寿尝曰："得我术以亡身者，京生也。"房为《易章句》，说长于灾异，以授东海段嘉，《汉书·儒林传》作殷嘉。及河东姚平，河南乘弘，一本作桑弘。皆为郎、博士。由是前汉多京氏学。后汉戴冯、字次仲，汝南平舆人，侍中、兼领虎贲中郎将。孙期、字仲奇，济阴成武人，兼治《古文尚书》，不仕。魏满，字叔牙，南阳人，弘农太守。并传之。费直字长翁，东莱人，单父令。传《易》，授琅邪王璜，字平仲，又传《古文尚书》。为费氏学，本以古字，号古文《易》，无章句，徒以《彖》《象》《系辞》《文言》，解说上下经。《七录》云，直《易章句》四卷，残缺。汉成帝时，刘向典校书，考《易》说，以为诸《易》家说，皆祖田何、杨叔元、丁将军，大义略同，唯京氏为异，向又以中古文《易经》，校施、孟、梁丘三家之《易经》，或脱去"无咎悔亡"，唯费氏经与古文同。范晔《后汉书》云，京兆陈元，字长孙，司空、南阁祭酒，兼传《左氏春秋》。扶风马融，字季长，茂陵人，南郡太守、议郎，为《易传》，又注《尚书》《毛诗》《礼记》《论语》。河南郑众，字仲师，大司农，兼传《毛诗》《周礼》《左氏春秋》。北海郑玄，字康成，高密人，师事马融，大司农征，不至，还家。凡所注《易》《尚书》《三礼》《论语》《尚书大传》，《五经中候》；笺毛氏，作《毛诗谱》；驳许慎《五经异议》，针何休《左氏膏肓》，去《公羊墨守》，起《穀梁废疾》，休见大惭。颍川荀爽，字慈明，官至司空，为《易言》。并传费氏《易》。沛人高相治《易》，与此同时，其《易》亦无章句，专说阴阳灾异，自言出于丁将军，传至相，相授子康，康以明《易》为郎。及兰陵毋将永，豫章都尉。为高氏学。汉初，立杨氏《易》博士，宣帝复立施、孟、梁丘之《易》，元帝又立京氏《易》。费、高二家不得立，民间传之。后汉费氏兴，而高氏遂微。永嘉之乱，施氏、梁丘之《易》亡，孟、京、费之《易》，人无传者，惟郑康成、王辅嗣所注行于世，江左中兴，《易》唯置王氏博士。太常荀崧奏请置郑《易》博士，诏许。值王敦乱，不果立。而王氏为世所重。

济南伏生，名胜，故秦博士。授《书》于济南张生，千乘欧阳生。字和伯，千乘人。生授同郡兒宽，御史大夫。宽又从孔安国受业，以授欧阳生之子。欧阳、大小夏侯《尚书》，皆出于宽。欧阳氏世传业，至曾孙高，作《尚书章句》，为欧阳氏学。高孙地馀字长宾，侍中、少府。以书授元帝。传至欧阳歙，字正思，后汉大司徒。歙以上八世，皆为博士。济南林尊，字长宾，为博士，论石渠，官至少府、太子太傅。受《尚书》于欧阳高，以授平当，字子思，下邑人，徙平陵，官至丞相，封侯。子晏亦明经，至大司徒。及陈翁生。梁人，信都太傅，家世传业。翁生授殷崇，琅邪人，为博士。及龚胜。字君宾，楚人，右扶风。当授朱普，字公文，九江人，为博士。及鲍宣。字子都，渤海人，官至司隶。后汉济阴曹曾，字伯山，谏大夫。受业于欧阳歙，传其子祉。河南尹。又陈留陈弇，字叔明，受业于丁鸿。乐安牟长，字君高，河内太守、中散大夫。并传欧阳《尚书》。沛国桓荣，字春卿，太子太傅，太常，五更，关内侯。受《尚书》于朱普。《东观汉纪》云，荣事九江朱文，文即普字。以授汉明帝，遂世相传，东京最盛。《汉纪》云，门生为公卿者甚众，学者慕之，以为法。荣子郁，以书授章帝，官至侍中、太常。郁子焉复以书授安帝，官至太子太傅、太尉。张生济南人，为博士。授夏侯都尉，鲁人。都尉传族子始昌，始昌通五经，以齐《诗》《尚书》教授，为昌邑太傅。始昌传族子胜。字长公，后汉东平长，信少府，太子太傅。胜从始昌受《尚书》，及《洪范·五行传》，说灾异；又事同郡简卿，卿者，兒宽门人；又从欧阳氏问，为学精熟。所问非一师，善说《礼·服》，受诏撰《尚书论语说》，《艺文志》：夏侯胜《尚书章句》二十九卷。号为大夏侯氏学。传齐人周堪，堪字少卿，太子少傅、光禄勋。及鲁国孔霸。字次孺，孔子十三世孙，为博士，以书授元帝，官至大中大夫、关内侯，号褒成君。霸传子光，字子夏，丞相，博山侯，光又事牟卿。堪授鲁国牟卿，为博士。及长安许商。字伯长，四至九卿，善算，著《五行论》。商授沛唐林，字子高，王莽时为九卿。及平陵吴章，字伟君，王莽时博士。重泉王吉，字少音，王莽时为九卿。齐炔钦。字幼卿，王莽时博士。后汉北海牟融，亦传大夏侯《尚书》。夏侯建字长卿，胜从父兄子，为博士、议郎、太子少傅。师事夏侯胜及欧阳高，左右采获；又从五经诸儒问，与《尚书》相出入者，牵引以次章句，为小夏侯氏学。传平陵张山拊，字长宾，为博士，论石渠，官至少府。山拊授同县李寻，字子长，骑都尉。及郑宽中，字少君，为博士，授成帝，官至光禄大夫、领尚书事、关内侯。山阳张无故，字子孺，广陵太傅。信都秦恭，字延君，城阳内史，增师法至百万言。陈留假仓。字子骄，以谒者论石渠，至胶东相。宽中授东郡赵玄，御史大夫。无故授沛唐尊，王莽太傅。恭授鲁冯宾。为博士。后汉东海王良，亦传小夏侯《尚书》。汉宣帝本始中，河内女子得《泰誓》一篇，献之，与伏生所诵，合三十篇，汉世行之。然《泰誓》年月，不与序相应，又不与《左传》《国语》《孟子》众书所引《泰誓》同，马、郑、王肃诸儒，皆疑之。《汉书·儒林传》云，《百两篇》者，出东莱张霸，分析合二十九篇，以为数十；又采《左传》《书序》，为作首尾，凡百二篇，篇或数简，文意浅陋。成帝时刘向校之，非是，后遂黜其书。《古文尚书》者，孔惠之所藏也。鲁恭王坏孔子旧宅，汉景帝程姬之子，名馀，封于鲁，谥恭王。于壁中得之，并《礼》《论语》《孝经》，皆科斗文字。博士孔安国，字子国，鲁人，孔子十二世孙，受《诗》于鲁申公，官至谏议大夫，临淮太守。以校伏生所诵，为隶古写之，增多伏生二十五篇。《艺文志》云，多十六篇。又伏生误合五篇，凡五十九篇，为四十六卷。《艺文志》云，《尚书》古文经四十六卷，五十七篇。安国又受诏，为《古文尚书》传，值武帝末巫蛊事起，经籍道息，不获奏上，藏之私家，安国并作古文《论语》，古文《孝经》传。《艺文志》云，安国献《尚书》传，遭巫蛊事，未列于学官。以授都尉朝。司马迁亦从安国问故，迁书多古文说。刘向以中古文校欧阳、大小夏侯三家经文，脱误甚众。《艺文志》云，《酒诰》脱简一，《召诰》脱简二，文异者七百有余，脱字数十。都尉朝授胶东庸生，名谭，亦传《论语》。庸生授清河胡常，字少子，以明《穀梁春秋》为博士，至部刺史，又传《左氏春秋》。常授虢徐敖，右扶风掾，又传《毛诗》。敖授琅邪王璜，及平陵涂恽，字子真。恽授河南乘钦。字君长，一本作桑钦。王莽时诸学皆立，恽、璜等贵显。范晔《后汉书》云，中兴，扶风杜林传《古文尚书》，贾逵字景伯，扶风人，中郎将、侍中。为之作训，马融作传，郑玄注解，由是《古文尚书》遂显于世。案今马、郑所注，并伏生所诵，非古文也。孔氏之本绝，是以马、郑、杜预之徒，皆谓之逸书。王肃亦注今文，而解大与古文相类，或肃私见孔传，而秘之乎？江左中兴，元帝时，豫章内史枚赜，字仲真，汝南人。奏上孔传《古文尚书》，亡《舜典》一篇，购不能得，乃取王肃注《尧典》，从“慎徽五典”以下分为《舜典》篇以续之，《孔序》谓：伏生以《舜典》合于《尧典》，《孔传》：《尧典》止于“帝曰往钦哉”。而马、郑、王之本同为《尧典》，故取为《舜典》。学徒遂盛。后范宁字武子，顺阳人，东晋豫章太守，兼注《穀梁》。变为今文集注，俗间或取《舜典》篇以续孔氏。齐明帝建武中，吴兴姚方兴采马、王之注，造孔传《舜典》一篇，云于大航头买得，上之。梁武时为博士，议曰：“《孔序》称伏生误合五篇，皆文相承接，所以致误。《舜典》首有‘曰若稽古’，伏生虽昏耄，何容合之。”遂不行用。汉始立欧阳《尚书》，宣帝复立大小夏侯博士，平帝立古文。永嘉丧乱，众家之书并灭亡，而古文《孔传》始兴，置博士，郑氏亦置博士一人。近唯崇古文，马、郑、王注遂废。今以孔氏为正，其《舜典》一篇，仍用王肃本。

汉兴，传《诗》者有四家。鲁人申公，亦谓申培公，楚王太傅，武帝以安车蒲轮征之，时申公年八十余，以为太中大夫。受《诗》于浮丘伯，以《诗经》为训故以教，无传，疑者则阙不传，号曰《鲁诗》。弟子为博士者十余人，郎中令王臧，兰陵人。御史大夫赵绾，代人。临淮太守孔安国，胶西内史周霸，城阳内史夏宽，东海太守鲁赐，砀人。长沙内史缪生，兰陵人。胶西中尉徐偃，胶东内史阙门庆忌，邹人。皆申公弟子也。申公本以《诗》《春秋》授瑕丘江公，尽能传之，徒众最盛。鲁许生，免中徐公，皆守学教授。丞相韦贤，受《诗》于江公及许生，传子玄成。贤字长孺，玄成字少翁，父子并为丞相，封扶阳侯。又治《礼》《论语》，玄成兄子赏，以《诗》授哀帝，大司马、车骑将军。又王式字翁思，东平新姚人，昌邑王师。受《诗》于免中徐公及许生，以授张生长安，名长安，字幼君，山阳人，为博士，论石渠，至淮阳中尉。及唐长宾、东平人，为博士，楚王太傅。褚少孙。沛人，为博士。《褚氏家传》云，即续《史记》褚先生。张生兄子游卿，谏大夫。以《诗》授元帝，传王扶，琅邪人，泗水中尉。扶授许晏。陈留人，为博士。又薛广德字长卿，沛国相人，御史大夫。受《诗》于王式，授龚舍。字君倩，楚国人，太山太守。齐人辕固生汉景帝时为博士，至清河太守。作《诗》传，号《齐诗》，传夏侯始昌，始昌授后苍，字近君，东海郯人，通《诗》《礼》，为博士，至少府。苍授翼奉，字少君，东海下邳人，为博士、谏大夫。及萧望之、字长倩，东海兰陵人，御史大夫、前将军，兼传《论语》。匡衡。字稚圭，东海承人，丞相、乐安侯，子咸亦明经，历九卿，家世为博士。衡授师丹字公仲，琅邪人，大司空。及伏理、字游君，高密太傅，家世传业。满昌。字君都，颍川人，詹事。昌授张邯九江人。及皮容。琅邪人。皆至大官，徒众尤盛。后汉陈元方，亦传《齐诗》。燕人韩婴汉文帝时为博士，至常山太傅。推《诗》之意，作内、外《传》数万言，号曰《韩诗》，淮南贲生受之。武帝时，婴与董仲舒论于上前，仲舒不能难。婴又为《易传》，燕、赵间好《诗》，故其《易》微，惟韩氏自传之。其孙商为博士，孝宣时，涿韩生，其后也。河内赵子，事燕韩生，授同郡蔡谊，谊以《诗》授昭帝，至丞相，封侯。谊授同郡食子公，为博士。及琅邪王吉。字子阳，王骏父，昌邑中尉、谏大夫。吉兼五经，能为邹氏《春秋》，以《诗》《论》教授。子公授太山栗丰，部刺史。吉授淄川长孙顺。为博士。丰授山阳张就，顺授东海发福，并至大官。《艺文志》云，齐、韩《诗》，或取《春秋》，采杂说，咸非其本义；鲁最为近之。《毛诗》者，出自毛公，河间献王好之。徐整字文操，豫章人，吴太常卿。

云，子夏授高行子，高行子授薛仓子，薛仓子授帛妙子，帛妙子授河间人大毛公。毛公为《诗》故训，传于家，以授赵人小毛公。名苌。小毛公为河间献王博士，以不在汉朝，故不列于学。一云，子夏传曾申，字子西，鲁人曾参之子。申传魏人李克，克传鲁人孟仲子，郑玄《诗谱》云，子思之弟子。孟仲子传根牟子，根牟子传赵人孙卿子，孙卿子传鲁人大毛公。《汉书·儒林传》云，毛公赵人，治《诗》，为河间献王博士，授同国贯长卿，长卿授解延年，为阿武令，《诗谱》云，齐人。延年授虢徐敖，敖授九江陈侠。王莽讲学大夫。或云，陈侠传谢曼卿，元始五年，公车征说《诗》。后汉郑众、贾逵传《毛诗》，马融作《毛诗》注，郑玄作《毛诗》笺，申明毛义，难三家，于是三家遂废矣。魏太常王肃，更述毛非郑。荆州刺史王基字伯舆，东莱人。驳王肃，申郑义。晋豫州刺史孙毓，字休朗，北海平昌人，长沙太守。为《诗评》，评毛、郑、王肃三家同异，朋于王。徐州从事陈统，字元方。难孙，申郑，宋征士雁门周续之。字道祖，及雷次宗俱事庐山惠远法师。豫章雷次宗，字仲伦，宋通直郎，征不起。齐沛国刘瓛，并为《诗序义》。前汉鲁、齐、韩三家《诗》，列于学官，平帝世，《毛诗》始立，《齐诗》久亡，《鲁诗》不过江东，《韩诗》虽在，人无传者，惟《毛诗》郑《笺》，独立国学，今所遵用。

汉兴，有鲁高堂生，传《士礼》十七篇，即今之《仪礼》也。而鲁徐生善为容，孝文时，为礼官大夫。景帝时，河间献王好古，得古《礼》，献之。郑《六艺论》云：后得孔氏壁中，河间献王古文《礼》五十六篇，《记》百三十一篇，《周礼》六篇，其十七篇，与高堂生所传同，而字多异。刘向《别录》云：古文《记》二百四篇。《艺文志》曰：《礼》古经五十六篇，出于鲁淹中。苏林云：淹中，里名。或曰，河间献王开献书之路，时有李氏上《周官》五篇，失《冬官》一篇，乃购千金，不得，取《考工记》以补之。瑕丘萧奋以《礼》至淮阳太守，授东海孟卿，孟喜父。卿授同郡后苍，及鲁闾丘卿。其古《礼》经五十六篇，苍传十七篇，所余三十九篇，以付书馆，名为《逸礼》。苍说《礼》数万言，号曰《后苍曲台记》。在曲台校书著记，因以为名。孝宣之世，苍为最明，苍授沛闻人通汉，字子方，以太子舍人论石渠，至中山中尉。及梁戴德、字延君，号大戴，信都太傅。戴圣、字次君，号小戴，以博士论石渠，至九江太守。沛庆普，字孝公，东平太傅。由是《礼》有大小戴、庆氏之学。普授鲁夏侯敬，又传族子咸。豫章太守。大戴授琅邪徐良，字斿卿，为博士、州牧、郡守，家世传业。小戴授梁人桥仁，字季卿，大鸿胪，家世传业。及杨荣。字子孙，琅邪太守。王莽时，刘歆为国师，始建立《周官》经，以为《周礼》。河南缑氏杜子春，受业于歆，还家，以教门徒。好学之士郑兴父子兴字少赣，河南人，后汉大中大夫，子众，已见前，并作《周礼解诂》。等，多往师之。贾景伯亦作《周礼解诂》。《礼记》者，本孔子门徒共撰所闻，以为此记，后人通儒，各有损益。故《中庸》是子思伋所作，《缁衣》是公孙尼子所制。郑玄云，《月令》是吕不韦所撰。卢植字子干，涿郡人，后汉北中郎将、九江太守。云，《王制》是汉时博士所为。陈邵字节良，下邳人，晋司空长史。《周礼论序》云：戴德删古《礼》二百四篇，为八十五篇，谓之《大戴礼》；戴圣删《大戴礼》，为四十九篇，是为《小戴礼》。汉刘向《别录》有四十九篇，其篇次与今《礼记》同名，为他家书拾撰所取，不可谓之《小戴礼》。后汉马融、卢植，考诸家同异，附戴圣篇章，去其繁重，及所叙略，而行于世，即今之《礼记》是也。郑玄亦依卢、马之本而注意。范晔《后汉书》云：中兴，郑众传《周官》经，后马融作《周官》传，授郑玄，玄作《周官》注。郑注引杜子春、郑大夫、郑司农之义。郑玄《三礼目录》云：二郑信同宗之大儒，今赞而辩之。玄本治《小戴礼》，后以古经校之，取其于义长者顺者，故为郑氏学。玄又注小戴所传《礼记》四十九篇，通为三《礼》焉。汉初，立高堂生《礼》博士，后又立大小戴、庆氏三家。王莽又立《周礼》。后汉三《礼》皆立博士。今庆氏、曲台久亡，大戴无传学者，惟郑注《周礼》《仪礼》《礼记》并列学官；而《丧服》一篇，又别行于世；今三《礼》俱以郑为主。

《春秋》有公羊、名高，齐人，子夏弟子，受经于子夏。穀梁、名赤，鲁人。麋信云：与秦孝公同时。《七录》云：名淑，字元始。《风俗通》云：子夏门人。邹氏、王吉善《邹氏春秋》。夹氏之传，邹氏无师，夹氏有录无书，故不显于世。汉兴，齐人胡母生，字子都，景帝时为博士，年老，归教于齐，齐之言《春秋》者宗事之，公孙弘亦颇受焉。赵人董仲舒，官至江都、胶西相。并治《公羊春秋》。兰陵褚大，梁相。东平嬴公，谏大夫。广川殷仲温、吕步舒，步舒，丞相长史。皆仲舒弟子。嬴公守学，不失师法，授东海孟卿，及鲁眭弘。字孟，符节令。弘受严彭祖，字公子，东海下邳人，为博士，至左冯翊、太子太傅。及颜安乐，字翁孙，鲁国薛人也，孟姊子也，为鲁郡太守丞。由是《公羊》有严、颜之学。弘弟子百余人，常曰《春秋》之意，在二子矣。彭祖授琅邪王中，少府，家世传业。中授同郡公孙文，东平太傅，徒众甚盛。及东门云。荆州刺史。安乐授淮阳冷丰字次君，淄川太守。及淄川任翁。少府。丰授大司徒马宫字游卿，东海戚人，封扶德侯。及琅邪左咸。郡守、九卿，徒众甚盛。始，贡禹字少翁，琅邪人，御史大夫。事嬴公，而成于眭、孟，以授颍川堂谿惠，惠授泰山冥都。丞相史。又疏广字仲翁，东海兰陵人，太子太傅。事孟卿，以授琅邪筦路。筦路及冥都，又事颜安乐，路授大司农孙宝。字子严，颍川鄢陵人。瑕丘江公受《穀梁春秋》及《诗》于鲁申公，武帝时，为博士，传子至孙，皆为博士。使与董仲舒论。江公呐于口，而丞相公孙弘本为《公羊》学，比辑其义，卒用董生。于是上因尊《公羊》家，诏太子受。卫太子复私问《穀梁》而善之，其后浸微，惟鲁荣广、字王孙。浩星公二人受焉。广尽能传其《诗》《春秋》，蔡千秋、字少君，谏大夫，郎中、户将。梁周庆、字幼君。丁姓，字子孙，至中山太傅。皆从广受。千秋又事浩星公，为学最笃。宣帝即位，闻卫太子好《穀梁》，乃诏千秋与《公羊》家并说，上善《穀梁》说。后又选郎十人，从千秋受。会千秋病死，征江公孙为博士，诏刘向受《穀梁》，欲令助之。江博士复死，乃征周庆、丁姓待诏，使卒授十人。十余岁，皆明习，乃召五经名儒，太子太傅萧望之等，大议殿中，平《公羊》《穀梁》同异。时《公羊》博士严彭祖、侍郎申挽、伊推、宋显，《穀梁》议郎尹更始、待诏刘向、周庆、丁姓并论。望之等多从《穀梁》，由是大盛，庆、姓皆为博士，姓授楚申章昌曼君。为博士，至长沙太傅。初，尹更始字翁君，汝南邵陵人，议郎、谏大夫、长乐户将。事蔡千秋，又受《左氏传》，取其变理合者，以为章句，传子咸大司农。及翟方进、字子威，汝南上蔡人，丞相，封侯。房凤。字子元，琅邪不其人，光禄大夫、五官中郎将、青州牧。始，江博士授胡常，常授梁萧秉，字君房。王莽时，为讲学大夫。

左丘明作《传》以授曾申，申传卫人吴起，魏文侯将。起传其子期，期传楚人铎椒，楚太傅。椒传赵人虞卿，赵相。卿传同郡荀卿，名况，况传武威张苍，汉丞相，北平侯。苍传洛阳贾谊，长沙梁王太傅。谊传至其孙嘉，嘉传赵人贯公，《汉书》云：贾谊授贯公，为河间献王博士。贯公传其少子长卿，荡阴令。长卿传京兆尹张敞字子高，河东平阳人，徙杜陵。及侍御史张禹。字长子，清河人。禹数为御史大夫萧望之言《左氏》，望之善之，荐禹，征待诏。未及问，会病死。禹传尹更始，更始传其子咸及翟方进、胡常。常授黎阳贾护，字季君，哀帝时待诏为郎。护授苍梧陈钦。字子佚，以《左氏》授王莽，至将军。《汉书·儒林传》云："汉兴，北平侯张苍，及梁太傅贾谊，京兆尹张敞，大中大夫刘公子，皆修《春秋左氏传》。始刘歆字子骏，向之子，王莽国师。从尹咸及翟方进受《左氏》，哀帝时，歆与房凤、王龚欲立《左氏》，为师丹所奏，不果，平帝世始得立。由是言《左氏》者，本之贾护、刘歆。歆授扶风贾徽，字元伯，后汉颍阴令，作《春秋条例》二十一卷。徽传子逵。逵受诏，列《公羊》《穀梁》不如《左氏》四十事，奏之，名曰《左氏长义》，章帝善之。逵又作《左氏训诂》，司空、南阁祭酒陈元作《左氏同异》，大司农郑众作《左氏条例章句》，南郡太守马融为三家同异之说。京兆尹延笃，字叔坚，南阳人。受《左氏》于贾逵之孙伯升，因而注之，汝南彭汪，字仲博。记先师奇说及旧注。大中大夫许淑，字惠卿，魏郡人。九江太守服虔，字子慎，河南人。侍中孔嘉，字山甫，扶风人。魏司徒王朗，字景兴，肃之父。荆州刺史王基，大司农董遇，征士敦煌周生烈，并注解《左氏传》。梓潼李仲钦著《左氏指归》，陈郡颍容字子严，后汉公车征，不就。作《春秋条例》。又何休字邵公，任城人，后汉谏大夫。作《左氏膏肓》《公羊墨守》《穀梁废疾》，郑康成《针膏肓》《发墨守》《起废疾》，自是《左氏》大兴。汉初，立《公羊》博士，宣帝又立《穀梁》，平帝始立《左氏》。后汉建武中，以魏郡李封为《左氏》博士，群儒蔽固者，数廷争之，及封卒，因不复补。和帝元兴十一年，郑兴父子奏上，《左氏》乃立于学官，仍行于世，迄今遂盛行，二《传》渐微。江左中兴，立《左氏传》，杜氏、服氏博士。太常荀崧奏请立二《传》博士，诏许立《公羊》，云《穀梁》肤浅，不足立博士，王敦乱，竟不果立。《左氏》今用杜预注，《公羊》用何休注，《穀梁》用范宁注。

河间人颜芝传《孝经》，是为今文。长孙氏博士江翁，少府后苍，谏大夫翼奉，安昌侯张禹传之，各自名家，凡十八章。又有古文，出于孔氏壁中，别有《闺门》一章，自余分析十八章，总为二十二章，孔安国作传。刘向校书，定为十八。后汉马融亦作《古文孝经传》，而世不传，世所行郑注，相承以为郑玄。案《郑志》及《中经簿》无，惟中朝穆帝集《讲孝经》云：以郑玄为主。检《孝经》注，与康成注五经不同，未详是非。江左中兴，《孝经》《论语》共立郑氏博士一人。古文《孝经》世既不行，今随俗用郑注十八章本。

汉兴，传《论语》者，则有三家。鲁《论语》者，鲁人所传，即今所行篇次是也。常山都尉龚奋，长信少府夏侯胜，丞相韦贤，及其子玄成，鲁扶卿，太子少傅夏侯建，前将军萧望之，并传之，各自名家。齐《论语》者，齐人所传，别有《问王》《知道》二篇，凡二十二篇。其二十篇中，章句颇多于《鲁论》。昌邑中尉王吉，少府宋畸，琅邪王卿，御史大夫贡禹，尚书令五鹿充宗，胶东庸生，并传之，惟王阳名家。古《论语》者，出自孔氏壁中，凡二十一篇，有两《子张》，如淳云：分《尧曰》篇后“子张问何如可以从政”以下为篇名，曰《从政》。篇次不与齐、鲁《论》同，《新论》云：文异者四百余字。孔安国为传，后汉马融亦注之。安昌侯张禹，受《鲁论》于夏侯建，又从庸生、王吉受《齐论》，择善而从，号曰《张侯论》，最后而行于汉世。禹以《论》授成帝，后汉包咸、字子长，吴人，大鸿胪。周氏，不详何人。并为章句，列于学官。郑玄就《鲁论》张、包、周之篇章，考之齐古，为之注焉。魏吏部尚书何晏，集孔安国、包咸、周氏、马融、郑玄、陈群、字长文，颍川人，魏司空。王肃、周生烈敦煌人，《七录》云：字文逢，本姓唐，魏博士、侍中。之说，并下己意，为《集解》，正始中上之，盛行于世，今以为主。

案此篇，皆唐人之学，至宋学兴，而其说一变。至近日今文学兴，而其说再变。年代久远，书缺简脱，不可详也，然以今文学为是。

第十一节　墨子之道

墨子名翟，宋人，孔子之弟子也[一]，或史角之弟子也[二]。其学与老子、孔子，同出于周之史官，而其说与孔子相反。惟修身、亲士，为宗教所不可无，不能不与孔子同。其他则孔子亲亲，墨子尚贤；孔子差等，墨子兼爱；孔子繁礼，墨子节用；孔子重丧，墨子节葬；孔子统天，《春秋》称“以元统天”，《文言》称“先天而天不违”。盖孔子不尚鬼神，故有此说。墨子天志；孔子远鬼，《论语》称“未知生焉知死。敬鬼神而远之。”墨子明鬼；孔子正乐，墨子非乐；孔子知命，《论语》“道之将行也与，命也。道之将废也与，命也。不知命无以为君子也。”墨子非命；孔子尊仁，墨子贵义。殆无一不与孔子相反。然求其所以然之故，亦非墨子故为与孔相戾，特其中有一端不同，而诸端遂不能不尽异。宗教之理，如算式然，一数改，则各数尽改。墨子学于孔子，以为其礼烦扰而不脱，厚葬糜财而贫民，服伤生而害事[三]。丧礼者，墨子与孔子不同之大原也。儒家丧礼之繁重，为各宗教所无，然儒家则有精理存焉。儒家以君父为至尊无上之人，以人死为一往不返之事，无鬼神，则身死而神亦死矣。以至尊无上之人，当一往不返之事，而孝又为政教全体之主纲，丧礼乌得而不重？墨子既欲节葬，必先明鬼，有鬼神，则身死犹有其不死者存，故丧可从杀。天下有鬼神之教，如佛教、耶教、回教，其丧礼无不简略者。既设鬼神，则宗教为之大异。有鬼神则生死轻，而游侠犯难之风起，异乎儒者之尊生；有鬼神则生之时暂，不生之时长，肉体不足计，五伦非所重，而平等、兼爱之义伸，异乎儒者之明伦。其他种种异义，皆由此起，而孔、墨遂成相反之教焉。墨子曾仕宋，为大夫，其生卒年月无可考，以《墨子》书考之，《非攻篇》言墨子与公输般相辨，是与公输般同时；《檀弓》载季康子之母死，公输般请以机封，康子卒在哀公二十七年，则哀公时，墨子年已长，宜其逮事孔子也。墨子后，其教分为三支，见《韩非子·显学篇》。至西汉间而微。《墨子》书十五篇，今存。

第十二节　三家总论

老、孔、墨三大宗教，皆起于春秋之季，可谓奇矣，抑亦世运之有以促之也。其后孔子之道，成为国教，道家之真不传，今之道家，皆神仙家。墨家遂亡。兴亡之故，固非常智所能窥，然亦有可浅测之者。老子于鬼神、术数，一切不取者也，其宗旨过高，非神洲多数之人所解，故其教不能大。孔子留术数而去鬼神，较老子为近人矣，然仍与下流社会不合，故其教只行于上等人，而下等人不及焉。墨子留鬼神而去术数，似较孔子更近，然有天志而无天堂之福，有明鬼而无地狱之罪，是人之从墨子者，苦身焦思而无报；违墨子者，放辟邪侈而无罚也。故上下之人，均不乐之，而其教遂亡。至佛教西来，兼老、墨之长，而去其短，遂大行于中国，至今西人皆以中国为佛教国也。

附《史记·十二诸侯年表》

	庚申				甲子		
周	共和元年 以宣王少，大臣共和行政。	二 厉王子，居召公宫，是为宣王。	三	四	五	六	七
鲁 真公濞	十五年，一云十四年。	十六	十七	十八	十九	二十	二十一
齐 武公寿	十年	十一	十二	十三	十四	十五	十六
晋 靖侯 宜臼	十八年	釐侯司徒元年	二	三	四	五	六
秦 秦仲	四年	五	六	七	八	九	十
楚 熊勇	七年	八	九	十	熊严 元年	二	三
宋 釐公举	十八年	十九	二十	二十一	二十二	二十三	二十四
卫 釐侯	十四年	十五	十六	十七	十八	十九	二十
陈 幽公宁	十四年	十五	十六	十七	十八	十九	二十
蔡 武侯	二十三年	二十四	二十五	二十六	夷侯 元年	二	三
曹 夷伯	二十四年	二十五	二十六	二十七	二十八	二十九	三十
郑							
燕 惠侯	二十四年	二十五	二十六	二十七	二十八	二十九	三十
吴							

（续表）

							甲戌		
八	九	十	十一	十二	十三	十四 宣王即位，共和罢。	宣王元年 厉王子。	二	三
二十二	二十三	二十四	二十五	二十六	二十七	二十八	二十九	三十	武公敖元年
十七	十八	十九	二十	二十一	二十二	二十三	二十四	二十五	二十六
七	八	九	十	十一	十二	十三	十四	十五	十六
十一	十二	十三	十四	十五	十六	十七	十八	十九	二十
四	五	六	七	八	九	十	熊霜元年	二	三
二十五	二十六	二十七	二十八	惠公觋元年	二	三	四	五	六
二十一	二十二	二十三	二十四	二十五	二十六	二十七	二十八	二十九	三十
二十一	二十二	二十三	陈釐公孝元年	二	三	四	五	六	七
四	五	六	七	八	九	十	十一	十二	十三
幽伯彊元年	二	三	四	五	六	七	八	九	戴伯解元年
三十一	三十二	三十三	三十四	三十五	三十六	三十七	三十八	釐侯庄元年	二

（续表）

							甲申		
四	五	六	七	八	九	十	十一	十二	十三
二	三	四	五	六	七	八	九	十	懿公戏元年
齐历公无忌元年	二	三	四	五	六	七	八	九	文公赤元年
十七	十八	晋献侯籍元年	二	三	四	五	六	七	八
二十一	二十二	二十三	庄公元年	二	三	四	五	六	七
四	五	六	熊狗元年	二	三	四	五	六	七
七	八	九	十	十一	十二	十三	十四	十五	十六
三十一	三十二	三十三	三十四	三十五	三十六	三十七	三十八	三十九	四十
八	九	十	十一	十二	十三	十四	十五	十六	十七
十四	十五	十六	十七	十八	十九	二十	二十一	二十二	二十三
二	三	四	五	六	七	八	九	十	十一
三	四	五	六	七	八	九	十	十一	十二

（续表）

							甲午
十四	十五	十六	十七	十八	十九	二十	二十一
二	三	四	五	六	七	八	九
二	三	四	五	六	七	八	九
九	十	十一	穆侯弗生元年	二	三	四 取齐女为夫人	五
八	九	十	十一	十二	十三	十四	十五
八	九	十	十一	十二	十三	十四	十五
十七	十八	十九	二十	二十一	二十二	二十三	二十四
四十一	四十二	武公和元年	二	三	四	五	六
十八	十九	二十	二十一	二十二	二十三	二十四	二十五
二十四	二十五	二十六	二十七	二十八	釐侯所事元年	二	三
十二	十三	十四	十五	十六	十七	十八	十九
十三	十四	十五	十六	十七	十八	十九	二十

（续表）

二十二	二十三	二十四	二十五	二十六	二十七
孝公称元年 伯御立为君，称为诸公子云，伯御，武公孙。	二	三	四	五	六
十	十一	十二	成公说元年	二	三
六	七 以伐条生太子仇。	八	九	十 以千亩战，生仇弟成师。二子名反，君子讥之。后乱。	十一
十六	十七	十八	十九	二十	二十一
十六	十七	十八	十九	二十	二十一
二十五	二十六	二十七	二十八	二十九	三十
七	八	九	十	十一	十二
二十六	二十七	二十八	二十九	三十	三十一
四	五	六	七	八	九
二十	二十一	二十二	二十三	二十四	二十五
郑桓公友元年 始封，周宣王母弟。	二	三	四	五	六
二十一	二十二	二十三	二十四	二十五	二十六

			甲辰				
二十八	二十九	三十	三十一	三十二	三十三	三十四	三十五
七	八	九	十	十一 周宣王诛伯御，立其弟称，是为孝公。	十二	十三	十四
四	五	六	七	八	九	齐庄公赎元年	二
十二	十三	十四	十五	十六	十七	十八	十九
二十二	二十三	二十四	二十五	二十六	二十七	二十八	二十九
二十二	熊鄂元年	二	三	四	五	六	七
三十一 惠公薨	宋戴公立元年	二	三	四	五	六	七
十三	十四	十五	十六	十七	十八	十九	二十
三十二	三十三	三十四	三十五	三十六	陈武公灵元年	二	三
十	十一	十二	十三	十四	十五	十六	十七
二十六	二十七	二十八	二十九	三十	曹惠伯雉元年	二	三
七	八	九	十	十一	十二	十三	十四
二十七	二十八	二十九	三十	三十一	三十二	三十三	三十四

					甲寅			
三十六	三十七	三十八	三十九	四十	四十一	四十二	四十三	四十四
十五	十六	十七	十八	十九	二十	二十一	二十二	二十三
三	四	五	六	七	八	九	十	十一
二十	二十一	二十二	二十三	二十四	二十五	二十六	二十七 穆侯卒，弟殇叔自立，太子仇出奔。	晋殇叔元年
三十	三十一	三十二	三十三	三十四	三十五	三十六	三十七	三十八
八	九	楚若敖元年	二	三	四	五	六	七
八	九	十	十一	十二	十三	十四	十五	十六
二十一	二十二	二十三	二十四	二十五	二十六	二十七	二十八	二十九
四	五	六	七	八	九	十	十一	十二
十八	十九	二十	二十一	二十二	二十三	二十四	二十五	二十六
四	五	六	七	八	九	十	十一	十二
十五	十六	十七	十八	十九	二十	二十一	二十二	二十三
三十五	三十六	燕顷侯元年	二	三	四	五	六	七

（续表）

						甲子		
四十五	四十六	幽王元年	二 三川震。	三 王取褒姒。	四	五	六	七
二十四	二十五	二十六	二十七	二十八	二十九	三十	三十一	三十二
十二	十三	十四	十五	十六	十七	十八	十九	二十
二	三	四 仇攻杀殇叔，立为文侯。	晋文侯仇元年	二	三	四	五	六
三十九	四十	四十一	四十二	四十三	四十四	秦襄公元年	二	三
八	九	十	十一	十二	十三	十四	十五	十六
十七	十八	十九	二十	二十一	二十二	二十三	二十四	二十五
三十	三十一	三十二	三十三	三十四	三十五	三十六	三十七	三十八
十三	十四	十五	陈夷公说元年	二	三	陈平公燮元年	二	三
二十七	二十八	二十九	三十	三十一	三十二	三十三	三十四	三十五
十三	十四	十五	十六	十七	十八	十九	二十	二十一
二十四	二十五	二十六	二十七	二十八	二十九	三十	三十一	三十二
八	九	十	十一	十二	十三	十四	十五	十六

（续表）

							甲戌
八	九	十	十一 幽王为犬戎所杀。	平王元年 东徙雒邑。	二	三	四
三十三	三十四	三十五	三十六	三十七	三十八	鲁惠公弗生元年	二
二十一	二十二	二十三	二十四	二十五	二十六	二十七	二十八
七	八	九	十	十一	十二	十三	十四
四	五	六	七 始列为诸侯。	八 初立西畤，祠白帝。	九	十	十一
十七	十八	十九	二十	二十一	二十二	二十三	二十四
二十六	二十七	二十八	二十九	三十	三十一	三十二	三十三
三十九	四十	四十一	四十二	四十三	四十四	四十五	四十六
四	五	六	七	八	九	十	十一
三十六	三十七	三十八	三十九	四十	四十一	四十二	四十三
二十二	二十三	二十四	二十五	二十六	二十七	二十八	二十九
三十三	三十四	三十五	三十六 以幽王故，为犬戎所杀。	郑武公元年	二	三	四
十七	十八	十九	二十	二十一	二十二	二十三	二十四

（续表）

五	六	七	八	九	十	十一	十二	十三
三	四	五	六	七	八	九	十	十一
二十九	三十	三十一	三十二	三十三	三十四	三十五	三十六	三十七
十五	十六	十七	十八	十九	二十	二十一	二十二	二十三
十二 伐戎，至岐而死。	秦文公元年	二	三	四	五	六	七	八
二十五	二十六	二十七	楚宁敖元年	二	三	四	五	六
三十四	宋武公司空元年	二	三	四	五	六	七	八
四十七	四十八	四十九	五十	五十一	五十二	五十三	五十四	五十五
十二	十三	十四	十五	十六	十七	十八	十九	二十
四十四	四十五	四十六	四十七	四十八	蔡共侯兴元年	二	蔡戴侯元年	二
三十	三十一	三十二	三十三	三十四	三十五	三十六	曹穆侯元年	二
五	六	七	八	九	十 取申侯女武姜。	十一	十二	十三
燕哀侯元年	二	燕郑侯元年	二	三	四	五	六	七

（续表）

甲申							
十四	十五	十六	十七	十八	十九	二十	二十一
十二	十三	十四	十五	十六	十七	十八	十九
三十八	三十九	四十	四十一	四十二	四十三	四十四	四十五
二十四	二十五	二十六	二十七	二十八	二十九	三十	三十一
九	十 作鄜畤。	十一	十二	十三	十四	十五	十六
楚蚡冒元年	二	三	四	五	六	七	八
九	十	十一	十二	十三	十四	十五	十六
卫庄公杨元年	二	三	四	五	六	七	八
二十一	二十二	二十三	陈文公圉元年生桓公鲍、厉公他。他母，蔡女。	二	三	四	五
三	四	五	六	七	八	九	十
三	曹桓公终生元年	二	三	四	五	六	七
十四 生庄公寤生。	十五	十六	十七 生太叔段。	十八	十九	二十	二十一
八	九	十	十一	十二	十三	十四	十五

（续表）

		甲午			
二十二	二十三	二十四	二十五	二十六	二十七
二十	二十一	二十二	二十三	二十四	二十五
四十六	四十七	四十八	四十九	五十	五十一
三十二	三十三	三十四	三十五	晋昭侯元年 封季弟成师于曲沃，曲沃大于国，君子讥曰："晋人乱自曲沃始矣。"	二
十七	十八	十九 作祠陈宝。	二十	二十一	二十二
九	十	十一	十二	十三	十四
十七	十八 生鲁桓公母。	宋宣公力元年	二	三	四
九	十	十一	十二	十三	十四
六	七	八	九	十 陈文公卒。	陈桓公元年
蔡宣侯措父元年	二	三	四	五	六
八	九	十	十一	十二	十三
二十二	二十三	二十四	二十五	二十六	二十七
十六	十七	十八	十九	二十	二十一

（续表）

二十八	二十九	三十	三十一	三十二
二十六	二十七	二十八	二十九	三十
五十二	五十三	五十四	五十五	五十六
三	四	五	六	潘父杀昭侯，纳成师，不克。昭侯子立，是为孝侯。
二十三	二十四	二十五	二十六	二十七
十五	十六	十七	楚武王立。	二
五	六	七	八	九
十五	十六	十七 爱妾子州吁，州吁好兵。	十八	十九
二	三	四	五	六
七	八	九	十	十一
十四	十五	十六	十七	十八
母欲立段，公不听。郑庄公寤生元年。祭仲生。	二	三	四	五
二十二	二十三	二十四	二十五	二十六

（续表）

	甲辰						
三十三	三十四	三十五	三十六	三十七	三十八	三十九	四十
三十一	三十二	三十三	三十四	三十五	三十六	三十七	三十八
五十七	五十八	五十九	六十	六十一	六十二	六十三	六十四
二	三	四	五	六	七	八	九 曲沃桓叔成师卒，子代立，为庄伯。
二十八	二十九	三十	三十一	三十二	三十三	三十四	三十五
三	四	五	六	七	八	九	十
十	十一	十二	十三	十四	十五	十六	十七
二十	二十一	二十二	二十三	夫人无子，桓公立。卫桓公完元年。	二 弟州吁骄，桓黜之，出奔。	三	四
七	八	九	十	十一	十二	十三	十四
十二	十三	十四	十五	十六	十七	十八	十九
十九	二十	二十一	二十二	二十三	二十四	二十五	二十六
六	七	八	九	十	十一	十二	十三
二十七	二十八	二十九	三十	三十一	三十二	三十三	三十四

（续表）

			甲寅			
四十一	四十二	四十三	四十四	四十五	四十六	四十七
三十九	四十	四十一	四十二	四十三	四十四	四十五
齐釐公禄父元年	二 同母弟夷仲年，生公孙毋知也。	三	四	五	六	七
十	十一	十二	十三	十四	十五	十六 曲沃庄伯杀孝侯，晋人立孝侯子却为鄂侯。
三十六	三十七	三十八	三十九	四十	四十一	四十二
十一	十二	十三	十四	十五	十六	十七
十八	十九 公卒，命立弟和，为穆公。	宋穆公和元年	二	三	四	五
五	六	七	八	九	十	十一
十五	十六	十七	十八	十九	二十	二十一
二十	二十一	二十二	二十三	二十四	二十五	二十六
二十七	二十八	二十九	三十	三十一	三十二	三十三
十四	十五	十六	十七	十八	十九	二十
三十五	三十六	燕穆侯元年	二	三	四	五

（续表）

四十八	四十九	五十	五十一
四十六	鲁隐公息姑元年 母声子。	二	三 三月，日蚀。
八	九	十	十一
晋鄂侯却元年曲沃强于晋。	二	三	四
四十三	四十四	四十五	四十六
十八	十九	二十	二十一
六	七	八	九 公属孔父立殇公，冯奔郑。
十二	十三	十四	十五
二十二	二十三	二十四	二十五
二十七	二十八	二十九	三十
三十四	三十五	三十六	三十七
二十一	二十二 段作乱，奔。	二十三 公悔，思母不见，穿地相见。	二十四 侵周，取禾。
六	七	八	九

（续表）

		甲子		
桓王元年	二 使虢公伐晋之曲沃。	三	四	五
四	五 公观鱼于棠，君子讥之。	六 郑人来渝平。	七	八 易许田，君子讥之。
十二	十三	十四	十五	十六
五	六 鄂侯卒。曲沃庄伯复攻晋。立鄂侯子光为哀侯。	晋哀侯光元年	二 庄伯卒，子称立，为武公。	三
四十七	四十八	四十九	五十	秦宁公元年
二十二	二十三	二十四	二十五	二十六
宋殇公与夷元年	二 郑伐我。我伐郑。	三	四	五
十六 州吁弑君自立。	卫宣公晋元年 晋共立之，讨州吁。	二	三	四
二十六 卫石碏来告，故执州吁。	二十七	二十八	二十九	三十
三十一	三十二	三十三	三十四	三十五
三十八	三十九	四十	四十一	四十二
二十五	二十六	二十七 始朝王，王不礼。	二十八	二十九 与鲁祊，易许田。
十	十一	十二	十三	十四

（续表）

六	七	八	九
九 三月，大雨雹，电。	十	十一 大夫翚请杀桓公，求为相，公不听，即杀公。	鲁桓公允元年 母宋武公女，生，手文，为鲁夫人。
十七	十八	十九	二十
四	五	六	七
二	三	四	五
二十七	二十八	二十九	三十
六	七 诸侯败我。我师与卫人伐郑。	八	九
五	六	七	八
三十一	三十二	三十三	三十四
蔡桓侯封人元年	二	三	四
四十三	四十四	四十五	四十六
三十	三十一	三十二	三十三 以璧加鲁，易许田。
十五	十六	十七	十八

（续表）

			甲戌
十	十一	十二	十三 伐郑。
二 宋赂以鼎，入于太庙，君子讥之。	三 翚迎女，齐侯送女，君子讥之。	四	五
二十一	二十二	二十三	二十四
八	晋小子元年	二	三
六	七	八	九
三十一	三十二	三十三	三十四
华督见孔父妻好，悦之。华督杀孔父及杀殇公。宋公冯元年。华督为相。	二	三	四
九	十	十一	十二
三十五	三十六	三十七	三十八
五	六	七	八
四十七	四十八	四十九	五十
三十四	三十五	三十六	三十七 伐周，伤王。
燕宣侯元年	二	三	四

（续表）

十四	十五	十六	十七	十八	十九
六	七	八	九	十	十一
二十五 山戎伐我	二十六	二十七	二十八	二十九	三十
曲沃武公杀小子，周伐曲沃，立晋哀侯弟湣为晋侯。晋侯湣元年。	二	三	四	五	六
十	十一	十二	秦出公元年	二	三
三十五	三十六	三十七 伐随，弗拔，但盟，罢兵。	三十八	三十九	四十
五	六	七	八	九	十 执祭仲。
十三	十四	十五	十六	十七	十八 太子伋、弟寿争死。
弟他杀太子免，代立，国乱，再赴。陈厉公他元年。	二 生敬仲完	三 周史卜完后世王齐。	四	五	六
九	十	十一	十二	十三	十四
五十一	五十二	五十三	五十四	五十五	曹庄公射姑元年
三十八 太子忽救齐，齐将妻之。	三十九	四十	四十一	四十二	四十三
五	六	七	八	九	十

（续表）

			甲申	
二十	二十一	二十二	二十三	庄王元年 生子颓。
十二	十三	十四	十五 天王求车，非礼。	十六 公会晋，谋伐郑。
三十一	三十二 毋知釐公令秩服如太子。	三十三	齐襄公诸儿元年 贬毋知秩服，毋知怨。	二
七	八	九	十	十一
四	五	六 三父杀出公，立其兄武。	秦武公元年 伐彭，至华山。	二
四十一	四十二	四十三	四十四	四十五
十一	十二	十三	十四	十五
十九	卫惠公朔元年	二	三 朔奔齐，立黔牟。	卫黔牟元年
七 公淫蔡，蔡杀公。	陈庄公林元年 桓公子。	二	三	四
十五	十六	十七	十八	十九
二	三	四	五	六
郑厉公突元年	二	三 诸侯伐我，报宋故。	四 祭仲立忽，公出居栎。	郑昭公元年 忽母，邓女，祭仲取之。
十一	十二	十三	燕桓公元年	二

（续表）

二 有兄弟。	三	四 周公欲杀王而立子克，王诛周公，克奔燕。	五	六
十七 日食，不书日，官失之。	十八 公与夫人如齐，齐侯通焉，使彭生杀公于车上。	鲁庄公同元年	二	三
三	四 杀鲁桓公，诛彭生。	五	六	七
十二	十三	十四	十五	十六
三	四	五	六	七
四十六	四十七	四十八	四十九	五十
十六	十七	十八	十九	宋湣公捷元年
二	三	四	五	六
五	六	七	陈宣公杵臼元年 杵臼，庄公弟。	二
二十	蔡哀侯献舞元年	二	三	四
七	八	九	十	十一
二 渠弥杀昭公。	郑子亹元年 齐杀子亹，昭公弟。	郑子婴元年 子亹之弟。	二	三
三	四	五	六	七

（续表）

			甲午	
七	八	九	十	十一
四	五 与齐伐卫，纳惠公。	六	七 星陨如雨，与雨偕。	八 子纠来奔，与管仲俱避毋知乱。
八 伐纪，去其都邑。	九	十	十一	十二 毋知弑君自立。
十七	十八	十九	二十	二十一
八	九	十	十一	十二
五十一 王伐随，夫人心动，王卒军中。	楚文王赀元年 始都郢。	二 伐申，过邓，人曰："楚可取。"邓侯不许。	三	四
二	三	四	五	六
七	八	九	十 齐立惠公，黔牟奔周。	卫惠公朔复入。十四年。
三	四	五	六	七
五	六	七	八	九
十二	十三	十四	十五	十六
四	五	六	七	八
燕庄公元年	二	三	四	五

（续表）

十二	十三	十四	十五
九 鲁欲与纠入，后小白。齐拒鲁，使生致管仲。	十 齐伐我，为纠故。	十一 臧文仲吊宋水。	十二
齐桓公小白元年 春，齐杀毋知。	二	三	四
二十二	二十三	二十四	二十五
十三	十四	十五	十六
五 息夫人，陈女，过蔡，蔡不礼，恶之。	六 伐蔡，获哀侯以归。	七	八
七	八	九 宋大水，公自罪。鲁使臧文仲来吊。	十 万杀君，仇牧有义。
十五	十六	十七	十八
八	九	十	十一
十	十一 楚虏我侯。	十二	十三
十七	十八	十九	二十
九	十	十一	十二
六	七	八	九

（续表）

釐王元年	二	三	四
十三 曹沫劫桓公，反所亡地。	十四	十五	十六
五 与鲁人会柯。	六	七 始霸，会诸侯于鄄。	八
二十六	二十七	二十八 曲沃武公灭晋侯湣，以宝献周，周命武公为晋君，并其地。	晋武公称并晋，已立二十八年，不更元，因其元年。
十七	十八	十九	二十 葬雍，初以人从死。
九	十	十一	十二 伐邓，灭之。
宋桓公御说元年 庄公子。	二	三	四
十九	二十	二十一	二十二
十二	十三	十四	十五
十四	十五	十六	十七
二十一	二十二	二十三	二十四
十三	十四	郑厉公元年 厉公亡，后十七岁复入。	二 诸侯伐我。
十	十一	十二	十三

（续表）

甲辰					
五	惠王元年 取陈后。	二 燕、卫伐王，王奔温，立子颓。	三	四 诛颓，入惠王。	五 太子母早死，惠后生叔带。
十七	十八	十九	二十	二十一	二十二
九	十	十一	十二	十三	十四 陈完自陈来奔，田常始此也。
二十九 武公卒，子诡诸立，为献公。	晋献公诡诸元年	二	三	四	五 伐骊戎，得姬。
秦德公元年 武公弟。	二 初作伏，祠社，磔狗邑四门。	秦宣公元年	二	三	四 作密畤。
十三	堵敖囏元年	二	三	四	五 弟恽杀堵敖自立。
五	六	七 取卫女。文公弟。	八	九	十
二十三	二十四	二十五	二十六	二十七	二十八
十六	十七	十八	十九	二十	二十一 厉公子完奔齐。
十八	十九	二十	蔡穆侯肸元年	二	三
二十五	二十六	二十七	二十八	二十九	三十
三	四	五	六	七 救周乱，入王。	郑文公捷元年
十四	十五	十六 伐王，王奔温，立子颓。	十七 郑执我仲父。	十八	十九

（续表）

				甲寅		
六	七	八	九	十 赐齐侯命。	十一	十二
二十三 公如齐，观社。	二十四	二十五	二十六	二十七	二十八	二十九
十五	十六	十七	十八	十九	二十	二十一
六	七	八 尽杀故晋侯群公子。	九 始城绛，都之。	十	十一	十二 太子申生居曲沃，重耳居蒲城，夷吾居屈，骊姬故。
五	六	七	八	九	十	十一
楚成王恽元年	二	三	四	五	六	七
十一	十二	十三	十四	十五	十六	十七
二十九	三十	三十一	卫懿公赤元年	二	三	四
二十二	二十三	二十四	二十五	二十六	二十七	二十八
四	五	六	七	八	九	十
三十一	曹釐公夷元年	二	三	四	五	六
二	三	四	五	六	七	八
二十	二十一	二十二	二十三	二十四	二十五	二十六

（续表）

十三	十四	十五	十六
三十	三十一	三十二 庄公弟叔牙鸩死子般，季友奔陈，立湣公。	鲁湣公开元年
二十二	二十三 伐山戎，为燕也。	二十四	二十五
十三	十四	十五	十六 伐魏、耿、霍。始封赵夙耿，毕万魏，始此。
十二	奉成公元年	二	三
八	九	十	十一
十八	十九	二十	二十一
五	六	七	八 翟伐我。公好鹤，士不战，灭我国。
二十九	三十	三十一	三十二
十一	十二	十三	十四
七	八	九	曹昭公元年
九	十	十一	十二
二十七	二十八	二十九	三十

（续表）

			甲子
十七	十八	十九	二十
二 庆父杀湣公。季友自陈立申，为釐公。杀庆父。	鲁釐公申元年 哀姜丧，自齐至。	二	三
二十六	二十七 杀女弟鲁庄公夫人，淫故。	二十八 为卫筑楚丘，救狄戎伐。	二十九 与蔡姬共舟，荡公，公怒，归蔡姬。
十七 申生将军，君子知其废。	十八	十九 荀息以币假道于虞，以伐虢，灭下阳。	二十
四	秦穆公任好元年	二	三
十二	十三	十四	十五
二十二	二十三	二十四	二十五
国怨，惠公乱，灭其后更立黔牟弟。卫戴公元年。	卫文公毁元年 戴公弟也。	二 齐桓公率诸侯为我城楚丘。	三
三十三	三十四	三十五	三十六
十五	十六	十七	十八 以女故，齐伐我。
二	三	四	五
十三	十四	十五	十六
三十一	三十二	三十三	燕襄公元年

（续表）

二十一	二十二	二十三	二十四	二十五 襄王立，畏太叔。
四	五	六	七	八
三十 率诸侯伐蔡，蔡溃，遂伐楚，责包茅贡。	三十一	三十二 率诸侯伐郑。	三十三	三十四
二十一 申生以骊姬谗，自杀。重耳奔蒲，夷吾奔屈。	二十二 灭虞、虢。重耳奔翟。	二十三 夷吾奔梁。	二十四	二十五 伐翟，以重耳故。
四 迎归于晋。	五	六	七	八
十六 齐伐我，至陉，使屈完盟。	十七	十八 伐许，许君肉袒谢，楚释之。	十九	二十
二十六	二十七	二十八	二十九	三十 公疾，太子兹父让兄目夷贤，公不听。
四	五	六	七	八
三十七	三十八	三十九	四十	四十一
十九	二十	二十一	二十二	二十三
六	七	八	九	曹共公元年
十七	十八	十九	二十	二十一
二	三	四	五	六

（续表）

襄王元年 诸侯立王。	二	三 戎伐我，太叔带召之。欲诛叔带，奔齐。
九 齐率我伐晋乱，至高梁还。	十	十一
三十五 夏，会诸侯于葵丘。天子使宰孔赐胙，命无拜。	三十六 使隰朋立晋惠公。	三十七
二十六 公卒，立奚齐，里克杀之，及卓子。立夷吾。	晋惠公夷吾元年 诛里克，倍秦约。	二
九 夷吾使郤芮赂，求入夷吾。	十 丕郑子豹亡来。	十一 救王伐戎，戎去。
二十一	二十二	二十三 伐黄。
三十一 公薨，未葬，齐桓会葵丘。	宋襄公兹父元年 目夷相。	二
九	十	十一
四十二	四十三	四十四
二十四	二十五	二十六
二	三	四
二十二	二十三	二十四 有妾梦天与之兰，生穆公兰。
七	八	九

（续表）

	甲戌		
四	五	六	七
十二	十三	十四	十五 五月，日有食之。不书，史官失之。
三十八 使管仲平戎于周，欲以上卿礼，让，受下卿。	三十九 使仲孙请王，言叔带，王怒。	四十	四十一
三	四 饥，请粟，秦与我。	五 秦饥请粟，晋倍之。	六 秦虏惠公，复立之。
十二	十三 丕豹欲无与，公不听，输晋粟，起雍至绛。	十四	十五 以盗食善马士得破晋。
二十四	二十五	二十六 灭六、英。	二十七
三	四	五	六
十二	十三	十四	十五
四十五	陈穆公款元年	二	三
二十七	二十八	二十九	蔡庄公甲午元年
五	六	七	八
二十五	二十六	二十七	二十八
十	十一	十二	十三

（续表）

八	九	十	十一	十二	十三
十六	十七	十八	十九 灭梁。梁好城，不居，民罢，相惊，故亡。	二十	二十一
四十二 王以戎寇告齐，齐征诸侯戍周。	四十三	孝公昭元年	二	三	四
七 重耳闻管仲死，去翟之齐。	八	九	十	十一	十二
十六 为河东置官司。	十七	十八	十九	二十	二十一
二十八	二十九	三十	三十一	三十二	三十三 执宋襄公，复归之。
七 陨五石。六鹢退飞，过我都。	八	九	十	十一	十二 召楚盟。
十六	十七	十八	十九	二十	二十一
四	五	六	七	八	九
二	三	四	五	六	七
九	十	十一	十二	十三	十四
二十九	三十	三十一	三十二	三十三	三十四
十四	十五	十六	十七	十八	十九

（续表）

	甲申		
十四 叔带复归于周。	十五	十六 王奔氾。氾，郑地也。	十七 晋纳王
二十二	二十三	二十四	二十五
五 归王弟带。	六 伐宋，以其不同盟。	七	八
十三 太子圉质秦，亡归。	十四 圉立，为怀公。	晋文公元年 诛子圉。魏武为魏大夫，赵衰为原大夫。咎犯曰："求伯莫如内王。"	二
二十二	二十三 迎重耳于楚，厚礼之，妻之女，重耳愿归。	二十四 以兵送重耳。	二十五
三十四	三十五 重耳过，厚礼之。	三十六	三十七
十三 泓之战，楚败之。	十四 公疾，死泓战。	宋成公王臣元年	二
二十二	二十三 重耳从齐过，无礼。	二十四	二十五 欲内王，军河上。
十	十一	十二	十三
八	九	十	十一
十五	十六 重耳过，无礼，僖负羁私善。	十七	十八
三十五 君如梦，宋伐我。	三十六 重耳过，无礼，叔詹谏。	三十七	三十八
二十	二十一	二十二	二十三

（续表）

十八	十九	二十 王狩河阳。	二十一
二十六	二十七	二十八 公如践土会朝。	二十九
九	十 孝公薨，弟潘因卫子开方杀孝公子，立潘。	齐昭公潘元年 会晋败楚，朝周王。	二
三 宋服。	四 救宋，报曹、卫耻。	五 侵曹伐卫，取五鹿，执曹伯。诸侯败楚，而朝河阳。周命赐公土地。	六
二十六	二十七	二十八 会晋伐楚，朝周。	二十九
三十八	三十九 使子玉伐宋。	四十 晋败子玉于城濮。	四十一
三 倍楚亲晋。	四 楚伐我，我告急于晋。	五 晋救我，楚兵去。	六
卫成公郑元年	二	三 晋伐我，取五鹿。公出奔，立公子瑕。会晋朝，复归晋。	四 晋以卫与宋。
十四	十五	十六 会晋伐楚，朝周王。	陈共公朔元年
十二	十三	十四 会晋伐楚，朝周王。	十五
十九	二十	二十一 晋伐我，执公，复归之。	二十二
三十九	四十	四十一	四十二
二十四	二十五	二十六	二十七

（续表）

			甲午	
二十二	二十三	二十四	二十五	二十六
三十	三十一	三十二	三十三 僖公薨。	鲁文公兴元年
三	四	五	六 狄侵我。	七
七 听周归卫成公。与秦围郑。	八	九 文公薨。	晋襄公驩元年 破秦于殽。	二 伐卫，卫伐我。
三十 围郑，有奇言即去。	三十一	三十二 将袭郑，蹇叔曰："不可。"	三十三 袭郑，晋败我殽。	三十四 败殽，三将归。公复其官。
四十二	四十三	四十四	四十五	四十六 王欲杀太子，立职。太子恐，与傅潘崇弑王。王欲食熊蹯死，不听。自立为王。
七	八	九	十	十一
五 周入成公，复卫。	六	七	八	九 晋伐我，我伐晋。
二	三	四	五	六
十六	十七	十八	十九	二十
二十三	二十四	二十五	二十六	二十七
四十三 秦、晋围我，以晋故。	四十四	四十五 文公薨	郑穆公兰元年 秦袭我，弦高诈之。	二
二十八	二十九	三十	三十一	三十二

（续表）

二十七	二十八	二十九	三十
二	三 公如晋。	四	五
八	九	十	十一
三 秦报我殽，败于汪。	四 秦伐我，取王官，我不出。	五 伐秦，围邧、新城。	六 赵成子、乐贞子、霍伯、臼季皆卒。
三十五 伐晋报殽，败我于汪。	三十六 以孟明等伐晋，晋不敢出。	三十七 晋伐我，围邧、新城。	三十八
楚穆王商臣元年 以其太子宅赐崇，为相。	二 晋伐我。	三 灭江。	四 灭六、蓼。
十二	十三	十四	十五
十	十一	十二 公如晋	十三
七	八	九	十
二十一	二十二	二十三	二十四
二十八	二十九	三十	三十一
三	四	五	六
三十三	三十四	三十五	三十六

（续表）

三十一	三十二	三十三 襄王崩。	顷王元年
六	七	八 王使卫来求金以葬，非礼。	九
十二	十三	十四	十五
七 公卒。赵盾为太子少，欲更立君，恐诛，遂立太子为灵公。	晋灵公夷皋元年赵盾专政。	二 秦伐我，取武城，报令狐之战。	三 率诸侯救郑。
三十九 缪公薨，葬殉以人，从死者百七十人。君子讥之，故不言卒。	秦康公罃元年	二	三
五	六	七	八 伐郑，以其服晋。
十六	十七 公孙固弑成公。	宋昭公杵臼元年襄公之子。	二
十四	十五	十六	十七
十一	十二	十三	十四
二十五	二十六	二十七	二十八
三十二	三十三	三十四	三十五
七	八	九	十 楚伐我。
三十七	三十八	三十九	四十

（续表）

甲辰			
二	三	四	五
十	十一 败长翟于咸而归，得长翟。	十二	十三
十六	十七	十八	十九
四 伐秦，拔少梁。 秦取我北徵。	五	六 秦取我羁马。与秦战河曲，秦师遁。	七 得随会。
四 晋伐我，取少梁。 我伐晋，取北徵。	五	六 伐晋，取羁马。怒，与我大战河曲。	七 晋诈得随会。
九	十	十一	十二
三	四 败长翟长丘。	五	六
十八	十九	二十	二十一
十五	十六	十七	十八
二十九	三十	三十一	三十二
曹文公寿元年	二	三	四
十一	十二	十三	十四
燕桓公元年	二	三	四

（续表）

六 顷王崩公卿争政，故不赴。	匡王元年	二	三
十四 彗星入北斗。周史曰：“七年，齐、宋、晋君死。”	十五 六月辛丑，日蚀，齐伐我。	十六	十七 齐伐我。
二十 昭公卒，弟商人弑太子自立，是为懿公。	齐懿公商人元年	二 不得民心。	三 伐鲁。
八 赵盾以车八百乘纳捷菑，平王室。	九 我入蔡。	十	十一 率诸侯平宋。
八	九	十	十一
楚庄王昭元年	二	三 灭庸。	四
七	八	九 襄夫人使卫伯杀昭公，弟鲍立。	宋文公鲍元年 昭公弟。晋率诸侯伐我。
二十二	二十三	二十四	二十五
陈灵公平国元年	二	三	四
三十三	三十四 晋伐我。庄公薨。	蔡文侯申元年	二
五	六 齐入我郛。	七	八
十五	十六	十七	十八
五	六	七	八

（续表）

		甲寅
四	五	六 匡王崩。
十八 襄仲杀嫡，立庶子为宣公。	鲁宣公倭元年 鲁立宣公，不正，公室卑。	二
四 公刖邴歜父而夺阎职妻，二人共杀公，立桓公子惠公。	齐惠公元年 取鲁济西之田。	二 王子成父败长翟。
十二	十三 赵盾救陈、宋，伐郑。	十四 赵穿弑灵公，赵盾使穿迎公子黑臀于周，立之。赵氏赐公族。
十二	秦共公和元年	二
五	六 伐宋、陈，以倍我服晋故。	七
二	三 楚、郑伐我，以我倍楚故也。	四 华元以羊羹陷于郑。
二十六	二十七	二十八
五	六	七
三	四	五
九	十	十一
十九	二十 与楚，侵陈，遂侵宋。晋使赵盾伐我，以倍晋故。	二十一 与宋师战，获华元。
九	十	十一

（续表）

定王元年	二	三	四	五
三	四	五	六	七
三	四	五	六	七
晋成公黑臀元年 伐郑。	二	三 中行桓子、荀林父救郑，伐陈。	四 与卫侵陈。	五
三	四	五	秦桓公元年	二
八 伐陆浑，至雒，问鼎轻重。	九 若敖氏为乱，灭之。伐郑。	十	十一	十二
五 赎华元，亡归。围曹。	六	七	八	九
二十九	三十	三十一 楚伐郑，与我平。晋中行桓子拒楚。救郑，伐我。	三十二 与晋侵陈。	三十三
八	九	十	十一 晋、卫侵我。	十二
六	七	八	九	十
十二 宋围我。	十三	十四	十五	十六
二十二 华元亡归。	郑灵公夷元年 公子归生以鼋故，杀灵公。	郑襄公坚元年 灵公庶弟。楚伐，晋来救。	二	三
十二	十三	十四	十五	十六

（续表）

六	七	八	九
八 七月，日蚀。	九	十 四月，日蚀。	十一
八	九	十 惠公卒。崔杼有宠。高、国奔卫。	齐顷公无野元年
六 与鲁伐秦，获秦谍，杀之绛市，六日而苏。	七 使桓子伐楚。以诸侯师伐陈，救郑。成公薨。	景公据元年 与宋伐郑。	二
三 晋伐我，获谍。	四	五	六
十三 伐陈，灭舒蓼。	十四 伐郑，晋郤缺救郑，败我。	十五	十六 率诸侯诛陈夏舒，立陈灵公子午。
十	十一	十二	十三
三十四	三十五	卫穆公遬元年 齐高、国来奔。	二
十三 楚伐我，灭舒蓼。	十四	十五 夏征舒以其母辱，弑灵公。	陈成公午元年 灵公太子。
十一	十二	十三	十四
十七	十八	十九	二十
四	五 楚伐我，晋来救，败楚师。	六 晋、宋、楚伐我	七
燕宣公元年	二	三	四

（续表）

甲子					
十	十一	十二	十三	十四	十五
十二	十三	十四	十五 初税亩	十六	十七 日蚀
二	三	四	五	六	七 晋使郤克来齐，妇人笑之。克怒，归去。
三 救郑，为楚败于河上。	四	五 伐郑。	六 救宋，执解扬，有使节，秦伐我。	七 随会灭赤翟。	八 使郤克于齐，妇人笑之。克怒，归。
七	八	九	十 伐晋。	十一	十二
十七 围郑，郑伯肉袒谢，释之。	十八	十九 围宋，为杀使者。	二十 围宋。五月，华元告子反以诚，楚罢。	二十一	二十二
十四 伐陈。	十五	十六 杀楚使者，楚围我。	十七 华元告楚，楚去。	十八	十九
三	四	五	六	七	八
二	三	四	五	六	七
十五	十六	十七	十八	十九	二十 文侯薨。
二十一	二十二	二十三 文公薨。	曹宣公卢元年	二	三
八	九	十 晋伐我。	十一 佐楚伐宋，执解扬。	十二	十三
五 楚围我，我卑辞以解。	六	七	八	九	十

（续表）

十六	十七	十八	十九
十八 宣公薨。	鲁成公黑肱元年 春，齐取我隆。	二 与晋伐齐，齐归我汶阳，窃与楚盟。	三 会晋、宋、卫、曹伐楚、郑。
八 晋伐，败我。	九	十 晋郤克败公于鞍，虏逢丑父。	十一 顷公如晋，欲王晋，晋不敢受。
九 伐齐，执子强，兵罢。	十	十一 与鲁败齐。	十二 始置六卿。率诸侯伐郑。
十三	十四	十五	十六
二十三 庄王薨。	楚共王审元年	二 秋，申公巫臣窃征舒母奔晋，以为邢大夫。冬，伐卫、鲁，救齐。	三
二十	二十一	二十二	宋共公瑕元年
九	十	十一 穆公薨。与诸侯败齐，反侵地。楚伐我。	卫定公臧元年
八	九	十	十一
蔡景侯固元年	二	三	四 伐郑。
四	五	六	七
十四	十五	十六	十七 晋率诸侯伐我。
十一	十二	十三	十四

（续表）

甲戌			
二十	二十一 定王崩。	简王元年	二
四 公如晋，晋不敬，公欲倍晋，合于楚。	五	六	七
十二	十三	十四	十五
十三 鲁公来，不敬。	十四 梁山崩。伯宗隐其人而用其言。	十五 使栾书救郑，遂侵蔡。	十六 以巫臣始通于吴，而谋楚。
十七	十八	十九	二十
四 子反救郑。	五 伐郑，倍我故也。郑悼公来讼。	六	七 伐郑。
二	三	四	五
二	三	四	五
十二	十三	十四	十五
五	六	七 晋侵我。	八
八	九	十	十一
十八 晋栾书取我氾。襄公薨。	郑悼公费元年 公如楚讼。	二 悼公薨。楚伐我，晋使栾书来救。	郑成公睔元年 悼公弟也。楚伐我。
十五	燕昭公元年	二	三
		吴寿梦元年	二 巫臣来，谋伐楚。

（续表）

三	四	五	六	七	八
八	九	十 公如晋送葬。	十一	十二	十三 会晋伐秦。
十六	十七 顷公薨。	齐灵公环元年	二	三	四 伐秦。
十七 复赵武田邑。侵蔡。	十八 执郑成公，伐郑。秦伐我。	十九	晋厉公寿曼元年	二	三 伐秦，至泾，败之，获其将成差。
二十一	二十二 伐晋。	二十三	二十四 与晋侯夹河盟，归，倍盟。	二十五	二十六 晋率诸侯伐我。
八	九 救郑。冬，与晋成。	十	十一	十二	十三
六	七	八	九	十	十一 晋率我伐秦。
六	七	八	九	十	十一
十六	十七	十八	十九	二十	二十一
九 晋侯伐我。	十	十一	十二	十三	十四
十二	十三	十四	十五	十六	十七 晋率我伐秦。
二	三 与楚盟。公如晋，执公伐我。	四 晋率诸侯伐我。	五	六	七 伐秦。
四	五	六	七	八	九
三	四	五	六	七	八

（续表）

甲申				
九	十	十一	十二	十三
十四	十五 始与吴通，会钟离。	十六 宣伯告晋，欲杀季文子，文子得以义脱。	十七	十八 成公薨。
五	六	七	八	九
四	五 三郤谗伯宗，杀之，伯宗好直谏。	六 败楚鄢陵。	七	八 栾书、中行偃弑厉公，立襄公孙为悼公。
二十七	秦景公元年	二	三	四
十四	十五 许畏郑，请徙叶。	十六 救郑，不利。子反醉，军败，杀子反归。	十七	十八 为鱼石，伐宋彭城。
十二	十三 宋华元奔晋，复还。	宋平公成元年	二	三 楚伐彭城，封鱼石。
十二 定公薨。	卫献公衎元年	二	三	四
二十二	二十三	二十四	二十五	二十六
十五	十六	十七	十八	十九
曹成公负刍元年	二 晋执我公以归。	三	四	五
八	九	十 倍晋盟楚，晋伐我，楚来救。	十一	十二 与楚伐宋。
十	十一	十二	十三 昭公薨。	燕武公元年
九	十 与鲁会钟离。	十一	十二	十三

（续表）

十四 简王崩。	灵王元年 生有髭。	二	三	四
鲁襄公午元年 围宋彭城。	二 会晋，城虎牢。	三	四 公如晋。	五 季文子卒。
十 我不救郑。晋伐我。使太子光质于晋。	十一	十二 伐吴	十三	十四
晋悼公元年 围宋彭城。	二 率诸侯伐郑，城虎牢。	三 魏绛辱杨干。	四 魏绛说和戎、狄，狄朝晋。	五
五	六	七	八	九
十九 侵宋，救郑。	二十	二十一 使子重伐吴，至衡山。使何忌侵陈。	二十二 伐陈。	二十三 伐陈。
四 楚侵我，取犬丘。晋诛鱼石，归我彭城。	五	六	七	八
五 围宋彭城。	六	七	八	九
二十七	二十八	二十九 倍楚盟，楚侵我。	三十 楚伐我。	成公薨。 陈哀公弱元年。
二十	二十一	二十二	二十三	二十四
六	七	八	九	十
十三 晋伐我，兵次洧上，楚来救。	十四 成公薨。晋率诸侯伐我。	郑釐公恽元年	二	三
二	三	四	五	六
十四	十五	十六 楚伐我。	十七	十八

（续表）

甲午				
五	六	七	八	九 王叔奔晋。
六	七	八 公如晋。	九 与晋伐郑，会河上，问公年十一，可冠，[冠]于卫。	十 楚、郑侵我西鄙。
十五	十六	十七	十八 与晋伐郑。	十九 令太子光、高厚会诸侯钟离。
六	七	八	九 率齐、鲁、宋、卫、曹伐郑。秦伐我。	十 率诸侯伐郑。荀罃伐秦。
十	十一	十二	十三 伐晋，楚为我援。	十四 晋伐我。
二十四	二十五 围陈。	二十六 伐郑。	二十七 伐郑师于武城，为秦。	二十八 使子囊救郑。
九	十	十一	十二 晋率我伐郑师。	十三 郑伐我，卫来救。
十	十一	十二	十三 晋率我伐郑。师曹鞭公幸妾。	十四 救宋。
二	三 楚围我，为公亡归。	四	五	六
二十五	二十六	二十七 郑侵我。	二十八 晋率我伐郑。	二十九
十一	十二	十三	十四	十五
四	五 子驷使贼夜弑釐公，诈以病卒赴诸侯。	郑简公嘉元年釐公子。	二 诛子驷。晋率诸侯伐我，我与盟。楚怒，伐我。	三 晋率诸侯伐我，楚来救。子孔作乱，子产攻之。
七	八	九	十	十一
十九	二十	二十一	二十二	二十三

（续表）

十	十一	十二	十三
十一 三桓分为三军，各将军。	十二 公如晋。	十三	十四 日蚀。
二十	二十一	二十二	二十三 卫献公来奔。
十一 率诸侯伐郑，秦败我栎。公曰："吾用魏绛，九合诸侯。"赐之乐。	十二	十三	十四 率诸侯大夫伐秦，败棫林。
十五 我使庶长鲍伐晋救郑，败之栎。	十六	十七	十八 晋诸侯大夫伐我，败棫林。
二十九 郑、晋伐我。	三十	三十一 吴伐我，败之。共王薨。	楚康王招元年 共王太子出奔吴。
十四 楚、郑伐我。	十五	十六	十七
十五	十六	十七	十八 孙文子攻公，公奔齐，立定公弟狄。
七	八	九	十
三十	三十一	三十二	三十三
十六	十七	十八	十九
四 与楚伐宋。晋率诸侯伐我，秦来救。	五	六	七
十二	十三	十四	十五
二十四	二十五 寿梦卒。	吴诸樊元年 楚败我。	二 季子让位，楚伐我。

（续表）

	甲辰		
十四	十五	十六	十七
十五 日蚀。齐伐我。	十六 齐伐我，地震。齐复伐我北鄙。	十七 齐伐我北鄙。	十八 与晋伐齐。
二十四 伐鲁。	二十五 伐鲁。	二十六 伐鲁。	二十七 晋围临淄，晏婴大破之。
十五 悼公薨。	晋平公彪元年 伐楚，败于湛坂。	二	三 率鲁、宋、卫、郑围齐，大破之。
十九	二十	二十一	二十二
二	三 晋伐我，败湛坂。	四	五 伐郑。
十八	十九	二十 伐陈。	二十一 晋率我伐齐。
卫殇公狄元年 定公弟。	二	三 伐曹。	四
十一	十二	十三 宋伐我。	十四
三十四	三十五	三十六	三十七
二十	二十一	二十二 伐卫。	二十三 成公薨。
八	九	十	十一 晋率我围齐。楚伐我。
十六	十七	十八	十九 武公薨。
三	四	五	六

（续表）

十八	十九	二十	二十一	二十二
十九	二十 日蚀。	二十一 公如晋，日再蚀。	二十二 孔子生。	二十三
二十八 废光，立子牙为太子。光与崔杼弑牙自立。晋、卫伐我。	齐庄公元年	二	三 晋栾逞来奔，晏婴曰："不如归之。"	四 欲遣栾逞入曲沃，伐晋，取朝歌。
四	五	六 鲁襄公来。杀羊舌虎。	七 栾逞奔齐。	八
二十三	二十四	二十五	二十六	二十七
六	七	八	九	十
二十二	二十三	二十四	二十五	二十六
五 晋率我伐齐。	六	七	八	九 齐伐我。
十五	十六	十七	十八	十九
三十八	三十九	四十	四十一	四十二
曹武公胜元年	二	三	四	五
十二 子产为卿。	十三	十四	十五	十六
燕文公元年	二	三	四	五
七	八	九	十	十一

（续表）

		甲寅	
二十三	二十四	二十五	二十六
二十四 侵齐。日再蚀。	二十五 齐伐我北鄙，以报孝伯之师。	二十六	二十七 日蚀。
五 畏晋通楚，晏子谋。	六 晋伐我，报朝歌。崔杼以庄公通其妻，弑之，立其弟为景公。	齐景公杵臼元年 如晋，请归卫献公。	二 庆封欲专，诛崔氏，杼自杀。
九	十 伐齐至高唐，报太行之役。	十一 诛卫殇公，复入献公。	十二
二十八	二十九 公如晋，盟不结。	三十	三十一
十一 与齐通。率陈、蔡伐郑救齐。	十二 吴伐我，以报舟师之役，射杀吴王。	十三 率陈、蔡伐郑。	十四
二十七	二十八	二十九	三十
十	十一	十二 齐、晋杀殇公，复内献公。	卫献公衎后元年
二十 楚率我伐郑。	二十一 郑伐我。	二十二 楚率我伐郑。	二十三
四十三 楚率我伐郑。	四十四	四十五	四十六
六	七	八	九
十七 子产曰："范宣子为政，我请伐陈。"	十八 伐陈，入陈。	十九 楚率陈、蔡伐我。	二十
六	燕懿公元年	二	三
十二	十三 诸樊伐楚，迫巢门，伤射以薨。	吴馀祭元年	二

（续表）

二十七	景王元年	二
二十八 公如楚，葬康王。	二十九 吴季子来观周乐，尽知乐所为。	三十
三 冬，鲍、高、栾氏谋庆封，发兵攻庆封，庆封奔吴。	四 吴季札来使，与晏婴欢。	五
十三	十四 吴季札来，曰："晋政卒归韩、魏、赵"。	十五
三十二	三十三	三十四
十五 康王薨。	楚熊郏敖元年	二
三十一	三十二	三十三
二	三	卫襄公恶元年
二十四	二十五	二十六
四十七	四十八	四十九 为太子取楚女，公通焉。太子弑公自立。
十	十一	十二
二十一	二十二 吴季札来，谓子产曰："政将归于子，以礼，幸脱于厄矣。"	二十三 诸公子争宠，欲杀子产。子皮止之。
四 懿公薨。	燕惠公元年 齐高止来奔。	二
三 齐庆封来奔。	四 守门阍弑馀祭。季札使诸侯。	五

（续表）

三	四	五	六
三十一 襄公薨。昭公年十九，有童心。	鲁昭公稠元年	二 公如晋，至河，晋谢还之。	三
六	七	八 齐田无宇送女。	九 晏婴使晋，见叔向，曰："齐政归田氏。"叔向曰："晋公室卑。"
十六	十七 秦后子来奔。	十八 齐田无宇来送女。	十九
三十五	三十六 公弟后子奔晋，车千乘。	三十七	三十八
三 王季父围为令尹。	四 令尹围弑郏敖，自立为灵王。	楚灵王围元年共王子，肘玉。	二
三十四	三十五	三十六	三十七
二	三	四	五
二十七	二十八	二十九	三十
蔡灵侯班元年	二	三	四
十三	十四	十五	十六
二十四	二十五	二十六	二十七 夏，如晋。冬，如楚。
三	四	五	六 公欲杀公卿立幸臣，公卿诛幸臣，公恐，出奔齐。
六	七	八	九

（续表）

	甲子		
七	八	九	十
四 称病，不会楚。	五	六	七 季武子卒。 日蚀。
十	十一	十二 公如晋，请伐燕，入其君。	十三 入燕君。
二十	二十一 秦后子归秦。	二十二 齐景公来，请伐燕人其君。	二十三 入燕君。
三十九	四十 公卒，后子自晋归。	秦哀公元年	二
三 夏，合诸侯宋地，盟。伐吴朱方，诛庆封。冬，报我，取五城。	四 率诸侯伐吴。	五 伐吴，次乾溪。	六 执芋尹亡人入章华。
三十八	三十九	四十	四十一
六 称病，不会。	七	八	九 夫人姜氏无子。
三十一	三十二	三十三	三十四
五	六	七	八
十七 称病，不会楚。	十八	十九	二十
二十八 子产曰："三国不会。"	二十九	三十	三十一
七	八	九 齐伐我。	惠公归至卒。 燕悼公元年。
十 楚诛庆封。	十一 楚率诸侯伐我。	十二 楚伐我，次乾溪。	十三

（续表）

十一	十二	十三	十四
八 公如楚，楚召之，贺章华台。	九	十 四月，日蚀。	十一
十四	十五	十六	十七
二十四	二十五	二十六 春，有星出婺女。十月，公薨。	晋昭公夷元年
三	四	五	六
七 就章华台，内亡人实之。灭陈。	八 弟弃疾将兵定陈。	九	十 醉杀蔡侯，使弃疾围之。弃疾居之，为蔡公。
四十二	四十三	四十四 平公薨。	宋元公佐元年
卫灵公元年	二	三	四
三十五 弟昭作乱，哀公自杀。	陈惠公吴元年 哀公孙也。楚来定我。	二	三
九	十	十一	十二 灵侯如楚，楚杀之，使弃疾居之为蔡侯。
二十一	二十二	二十三	二十四
三十二	三十三	三十四	三十五
二	三	四	五
十四	十五	十六	十七

（续表）

			甲戌
十五	十六	十七	十八 后太子卒。
十二 朝晋至河，晋谢之，归。	十三	十四	十五 日蚀。
十八 公如晋。	十九	二十	二十一
二	三	四	五
七	八	九	十 王为太子取秦女，好，自取之。
十一 王伐徐以恐吴，次乾溪。民罢于役，怨王。	十二 弃疾作乱，自立，灵王自杀。复陈、蔡。	楚平王居元年 共王子，抱玉。	二
二	三	四	五
五 公如晋，朝嗣君。	六	七	八
四	五 楚平王复立陈惠公。	六	七
蔡侯庐元年 晋侯子。	二 楚平王复我，立景侯子庐。	三	四
二十五	二十六	二十七	曹平公须元年
三十六 公如晋。	郑定公宁元年	二	三
六	七	燕共公元年	二
吴馀眛元年	二	三	四

（续表）

十九	二十	二十一	二十二	二十三
十六 公如晋，晋留之葬，公耻之。	十七 五月朔，日蚀。彗星见辰。	十八	十九 地震。	二十 齐景公与晏子狩，入鲁问礼。
二十二	二十三	二十四	二十五	二十六 猎鲁界，因入鲁。
六 公卒。六卿强，公室卑矣。	晋顷公弃疾元年	二	三	四
十一	十二	十三	十四	十五
三	四 与吴战。	五	六	七 诛伍奢、尚，太子建奔宋，伍胥奔吴。
六	七	八 火	九	十 公毋信，诈杀诸公子。楚太子建来奔，见乱，之郑。
九	十	十一 火	十二	十三
八	九	十 火	十一	十二
五	六	七	八	九 平公薨。灵公孙东国弑平侯子而自立。
二	三	四 平公薨。	曹悼公午元年	二
四 火，欲禳之。子产曰："不如修德。"	五	六 火	七	八 楚太子建从宋来奔。
三	四	五 共公薨。	燕平公元年	二
吴僚元年	二 与楚战。	三	四	五 伍员来奔。

（续表）

				甲申
二十四	二十五	敬王元年	二	三
二十一 公如晋，至河，晋谢之，归。日蚀。	二十二 日蚀。	二十三 地震。	二十四 鸜鹆来巢。	二十五 公欲诛季氏，三桓氏攻公，公出居郓。
二十七	二十八	二十九	三十	三十一
五	六 周室乱，公平乱，立敬王。	七	八	九
十六	十七	十八	十九	二十
八 蔡侯来奔。	九	十 吴伐败我。	十一 吴卑梁人争桑，伐取我钟离。	十二
十一	十二	十三	十四	十五
十四	十五	十六	十七	十八
十三	十四	十五 吴败我兵，取胡沈。	十六	十七
蔡悼侯东国元年 奔楚。	二	三	蔡昭侯申元年 悼侯弟。	二
三	四	五	六	七
九	十	十一 楚建作乱，杀之。	十二	十三
三	四	五	六 公如晋，请内王。	七
六	七	八 公子光败楚。	九	十

（续表）

四	五	六	七
二十六 齐取我郓以处公。	二十七	二十八 公如晋，求入晋，弗听，处之乾侯。	二十九 公自乾侯如郓。齐侯曰："主君。"公耻之，复之乾侯。
三十二 彗星见。晏子曰："田氏有德于齐，可畏。"	三十三	三十四	三十五
十 知跞赵鞅内王于王城。	十一	十二 六卿诛公族，分其邑，各使其子为大夫。	十三
二十一	二十二	二十三	二十四
十三 欲立子西，子西不肯。秦女子为昭王。	楚昭王珍元年 诛无忌，以说众。	二	三
宋景公头曼元年	二	三	四
十九	二十	二十一	二十二
十八	十九	二十	二十一
三	四	五	六
八	九	曹襄公元年	二
十四	十五	十六	郑献公虿元年
八	九	十	十一
十一	十二 公子光使专诸杀僚，光立。	吴阖闾元年	二

（续表）

八	九	十 晋使诸侯为我筑城。	十一
三十	三十一 日蚀。	三十二 公卒乾侯。	定公宋元年 昭公丧自乾侯至。
三十六	三十七	三十八	三十九
十四 顷公薨。	晋定公元年	二 率诸侯为周筑城。	三
二十五	二十六	二十七	二十八
四 吴三公子来奔，封以扞吴。	五 吴伐我六、潜。	六	七 囊瓦伐吴，吴败我豫章。蔡侯来朝。
五	六	七	八
二十三	二十四	二十五	二十六
二十二	二十三	二十四	二十五
七	八	九	十 朝楚，以丧故留。
三	四	五 平公弟通弑襄公自立。	曹隐公元年
二	三	四	五
十二	十三	十四	十五
三 三公子奔楚。	四 伐楚，取六、潜。	五	六 楚伐我，迎击，败之，取楚之居巢。

（续表）

	甲午			
十二	十三	十四 与晋率诸侯侵楚。	十五	十六
二	三	四	五 阳虎执季桓子，与盟，释之。日蚀。	六
四十	四十一	四十二	四十三	四十四
四	五	六 周与我率诸侯侵楚。	七	八
二十九	三十	三十一 楚包胥请救。	三十二	三十三
八	九 蔡昭侯留三岁，得裘，故归。	十 吴、蔡伐我，入郢，昭王亡。伍子胥鞭平王墓。	十一 秦救至，吴去，昭王复入。	十二 吴伐我番，楚恐，徙都鄀。
九	十	十一	十二	十三
二十七	二十八	二十九 与蔡争长。	三十	三十一
二十六	二十七	二十八	陈怀公柳元年	二
十一	十二 与子常裘，得归，如晋，请伐楚。	十三 与卫争长。卫侵我，吴与我伐楚郢。	十四	十五
二	三	四	曹靖公路元年	二
六	七	八	九	十 鲁侵我。
十六	十七	十八	十九	燕简公元年
七	八	九 与蔡伐楚，入郢。	十	十一 伐楚，取番。

（续表）

十七 刘子迎王，晋入王。	十八	十九	二十
七 齐伐我。	八 阳虎欲伐三桓，三桓攻阳虎，虎奔阳关。	九 伐阳虎，虎奔齐。	十 公会齐侯于夹谷，孔子相。齐归我地。
四十五 侵卫，伐鲁。	四十六 鲁伐我，我伐鲁。	四十七 囚阳虎，虎奔晋。	四十八
九 入周敬王。	十 伐卫。	十一 阳虎来奔。	十二
三十四	三十五	三十六 哀公薨。	秦惠公元年 彗星见。
十三	十四 子西为民泣，民亦泣，蔡昭侯恐。	十五	十六
十四	十五	十六 阳虎来奔。	十七
三十二 齐侵我。	三十三 晋、鲁侵伐我。	三十四	三十五
三	四 公如吴，吴留之，因死吴。	陈湣公越元年	二
十六	十七	十八	十九
三	四 靖公薨。	曹伯阳元年	二
十一	十二	十三 献公薨。	郑声公胜元年 郑益弱。
二	三	四	五
十二	十三 陈怀公来，留之，死于吴。	十四	十五

（续表）

		甲辰	
二十一	二十二	二十三	二十四
十一	十二 齐来归女乐，季桓子受之，孔子行。	十三	十四
四十九	五十 归鲁女乐。	五十一	五十二
十三	十四	十五 赵鞅伐范、中行。	十六
二 生躁公、怀公、简公。	三	四	五
十七	十八	十九	二十
十八	十九	二十	二十一
三十六	三十七 伐鲁。	三十八 孔子来，禄之如鲁。	三十九 太子蒯聩出奔。
三	四	五	六 孔子来。
二十	二十一	二十二	二十三
三 国人有梦众君子立社宫，谋亡曹，振铎请待公孙强，许之。	四 卫伐我。	五	六 公孙强好射，献雁，君使为司城，梦者之子亡去。
二	三	四	五 子产卒。
六	七	八	九
十六	十七	十八	十九 伐越，越败我，伤阖闾指，以死。

（续表）

二十五	二十六	二十七	二十八	二十九
十五 定公薨。日蚀。	鲁哀公蒋元年	二	三 地震。	四
五十三	五十四 伐晋。	五十五 轮范、中行氏粟。	五十六	五十七 田乞救范氏。
十七	十八 赵鞅围范、中行朝歌。齐伐我。	十九 赵鞅围范、中行，郑来救，我败之。	二十	二十一 赵鞅拔邯郸、柏人，有之。
六	七	八	九	十 惠公薨。
二十一 灭胡。以吴败，我倍之。	二十二 率诸侯围蔡。	二十三	二十四	二十五
二十二 郑伐我。	二十三	二十四	二十五 孔子过宋，桓魋恶之。	二十六
四十	四十一 伐晋。	四十二 灵公薨。蒯聩子辄立。晋纳太子蒯聩于戚。	卫出公辄元年	二
七	八 吴伐我。	九	十	十一
二十四	二十五 楚伐我，以吴怨故。	二十六 畏楚，私召吴人，乞迁于州来，州来近吴。	二十七	二十八 大夫共诛昭侯。
七	八	九	十 宋伐我。	十一
六 伐宋。	七	八 救范、中行氏，与赵鞅战于铁，败我师。	九	十
十	十一	十二	燕献公元年	二
吴王夫差元年	二 伐越。	三	四	五

（续表）

三十	三十一	三十二
五	六	七 公会吴王于缯。吴征百牢，季康子使子贡谢之。
五十八 景公薨。立嬖姬子为太子。	齐晏孺子元年 田乞诈立阳生，杀孺子。	齐悼公阳生元年
二十二 赵鞅败范、中行，中行奔齐。代卫。	二十三	二十四 侵卫。
秦悼公元年	二	三
二十六	二十七 救陈，王死城父。	楚惠王章元年
二十七	二十八 伐曹。	二十九 侵郑、卫、曹。
三 晋伐我，救范氏故。	四	五 晋侵我。
十二	十三 吴伐我，楚来救。	十四
蔡成公朔元年	二	三
十二	十三 宋伐我。	十四 宋围我，郑救我。
十一	十二	十三
三	四	五
六	七 伐陈。	八 鲁会我缯。

（续表）

甲寅			
三十三	三十四	三十五	三十六
八 吴为邾伐我，至城下，盟而去。齐取我三邑。	九	十 与吴伐齐。	十一 齐伐我。冉有言，故迎孔子，孔子归。
二 伐鲁，取三邑。	三	四 吴、鲁伐我。齐鲍子弑悼公，齐人立其子壬为简公。	齐简公元年鲁与吴败我。
二十五	二十六	二十七 使赵鞅伐齐。	二十八
四	五	六	七
二 子西召建子胜于吴，为白公。	三 伐陈，陈与吴故。	四 伐郑。	五
三十 曹倍我，我灭之。	三十一 郑围我，败之于雍丘。	三十二 伐郑。	三十三
六	七	八 孔子自陈来。	九 孔子归鲁。
十五	十六 倍楚，与吴成。	十七	十八
四	五	六	七
十五 宋灭曹，虏伯阳。			
十四	十五 围宋，宋败我师雍丘，伐我。	十六	十七
六	七	八	九
九 伐鲁。	十	十一 与鲁伐齐，救陈。诛伍员。	十二 与鲁败齐。

（续表）

三十七	三十八	三十九	四十
十二 与吴会橐皋。用田赋。	十三 与吴会黄池	十四 西狩获麟。卫出公来奔。	十五 子服景伯使齐，子贡为介。齐归我侵地。
二	三	四 田常弑简公，立其弟为平公，常相之，专国权。	齐平公骜元年 景公子也。齐自是称田氏。
二十九	三十 与吴会黄池，争长。	三十一	三十二
八	九	十	十一
六 白公胜数请子西伐郑，以父怨故。	七 伐陈。	八	九
三十四	三十五 郑败我师。	三十六	三十七 荧惑守心。子韦曰："善。"
十 公如晋，与吴会橐皋。	十一	十二 父蒯聩入，辄出亡。	卫庄公蒯聩元年
十九	二十	二十一	二十二
八	九	十	十一
十八 宋伐我。	十九	二十	二十一
十	十一 败宋师。	十二	十三
十三 与鲁会橐皋。	十四 与晋会黄池。	十五	十六

（续表）

		甲子
四十一	四十二	四十三 敬王崩。
十六 孔子卒	十七	十八 二十七卒。
二	三	四 二十五卒。
三十三	三十四	三十五 三十六卒。
十二	十三	十四 卒，子厉公立。
十 白公胜杀令尹子西，攻惠王。叶公攻白公，白公自杀。惠王复国。	十一	十二 五十七卒。
三十八	三十九	四十 六十四卒。
二	三 庄公辱戎州人，戎州人与赵简子攻庄公，出奔。	卫君起元年石傅逐起出，辄复入。
二十三 楚灭陈，杀湣公。		
十二	十三	十四 十九卒。
二十二	二十三	二十四 三十八卒。
十四	十五	十六 二十八卒。
十七	十八 楚败我。	十九 二十三卒。

第十三节　晚周之列王

敬王徙居成周，周都，今河南洛阳县东二十里。敬王崩，四十二年。子元王仁立。八年。元王崩，子定王介立。一作贞定王，二十八年。王时，三晋灭智伯，分有其地。定王崩，长子去疾立，是为哀王。哀王立三月，弟叔袭杀哀王而自立，是为思王。思王立五月，少弟嵬攻杀思王而自立，是为考王。考王崩，十五年。子威烈王午立。考王封弟揭于河南，即王城，今河南洛阳县西偏。是为西周桓公。桓公卒，子惠公立。名年皆无考。惠公封少子于巩周邑名。今河南巩县。以奉王，号东周惠公。威烈王时，始命韩、魏、赵为诸侯。威烈王崩，二十四年。子安王骄立。王时，田和始立为诸侯。安王崩，二十四年。子烈王喜立。烈王崩，十年。弟显王扁立。王时，秦始强盛，僭称王，其后诸侯皆称王。显王崩，四十八年。子慎靓王定立。慎靓王崩，六年。子赧王延立。王时，东西周分治，王寄住而已。王复居王城。秦日益强，五十九年，秦昭王使将军摎攻西周，周君奔秦，顿首受罪，尽献其邑三十六，口三万。秦受其献，归其君于周。周君赧王继卒，周民遂东亡。秦取九鼎、宝器，而迁西周公于𢡊狐。周地名，今河南伊阙县。后七岁，秦庄襄王灭东、西周，东、西周地皆入于秦。周既不祀，凡三十七王，八百六十七年。

第十四节　韩魏赵

晋至春秋末，由六卿并为四卿。范氏、中行氏亡，所存者智氏、即荀氏。魏氏、赵氏、韩氏而已。时智氏最强，智伯名瑶。尝伐郑，门于桔秩之门。智伯谓赵孟入焉，名无恤，即襄子。不从。智伯曰："恶而无勇，何以为子？"子卿也。襄子由是惎智伯。智伯与韩康子、名虎。魏桓子，名驹。宴于蓝台。智伯戏康子，而侮段规。康子之相。智伯又求地于韩康子，康子致万家之邑。又求地于魏，桓子亦致万家之邑。智伯益骄，又求地于赵襄子，襄子弗与。智伯怒，帅魏、韩之甲以攻赵氏，襄子走晋阳。赵邑名，今山西太原府。三家以国人，围而灌之，城不浸者三版。智伯行水，魏桓子御，韩康子骖乘。兵车，尊者居左，执弓矢；御者居中；有力者居右，持矛，以备倾侧。三人同车，故曰骖乘。智伯曰："吾今乃知水可以亡人国也。"二子惧。盖晋水出晋阳西。可以灌晋阳，则汾水出山西汾阳县。可以灌安邑，魏邑名，今山西安邑县。绛水出山西绛州。可以灌平阳也。韩邑名，今山西临汾县。乃潜与赵襄子立约，共图智伯。襄子使人夜杀守隄之吏，决水灌智伯军，智伯军救水而乱，三家乘之，大败智氏之众，杀智伯，尽灭智氏之族，而分晋地。时周定王十六年也。然晋犹有君，三家尚为大夫，至周威烈王二十三年，始命晋大夫魏斯、韩虔、赵籍为诸侯。

第十五节　田齐

齐起太公，姜氏也。至战国时，为大夫田氏所篡。田氏之先，出于陈厉公他。厉公为其弟庄公林所弑，故厉公子完不得立。久之，陈乱，奔齐，时桓公十四年矣。遂仕齐为大夫，以田为氏。即陈氏之省。历田稚、田滑、田须无，皆不显。须无子无宇，始有宠于齐庄公。名光。无宇子乞，乞始以小斗收民，大斗予民，以市齐民。齐景公病，命其相国子、高子，立子荼为太子。公卒，二子立荼。乞乃嗾齐民，攻杀国子、高子，弑荼，立景公子阳生，而相之。乞子常再弑君，遂专齐柄。常之子盘，见三家分晋，乃尽使其宗人为齐都邑大夫，盘子白，白子和。和之季年，魏文侯名斯。为请于周，立和为诸侯，姜氏不祀。

第十六节　七国并立

吴起泰伯，湮于南荒者数百年，至阖庐称霸。阖庐季年伐越，战于檇李。越地名，今浙江嘉兴县。阖庐伤指，且死，立太子夫差，谓曰："尔而忘句践杀汝父乎？"对曰："不敢。"三年乃报越。二年，伐越，大败之夫椒。山名，见前。越王勾践请为臣，夫差许之。子胥谏，不听。勾践苦身焦思，卧薪尝胆，以图雪耻。又二十二年，复伐吴，夫差自杀，遂灭吴。勾践称霸。时周敬王四十三年也。至周显王三十五年，越王无强伐齐，齐王使人说之，以伐齐不如伐楚之利。越王遂伐楚。楚人大败之，乘胜尽取吴地。越遂散，公族争立，或为王，或为君，滨于海上，朝服于楚。其他宋分于齐、魏、楚三国，鲁、陈、蔡、杞灭于楚，郑灭于韩，曹灭于宋，皆在战国之中叶。惟卫最后亡，至秦始皇始灭。此十二诸侯所以变为七国也。

第十七节　秦之自出

灭六国者，秦也。秦于中国，其关系之大，列代无可比伦。秦以前为古人之世界，秦以后为今日之世界，皆秦为之钤键，不徒为战国之主动者而已。秦之先，帝颛顼之苗裔，曰女脩。女脩织，玄鸟陨卵，女脩吞之，生子大业。大业生大费，大费佐禹平水土，舜赐以皂游，使调驯鸟兽，是为柏翳，舜赐姓嬴。大费有二子，一曰大廉，二曰若木。若木玄孙曰费昌，当夏桀之时，去夏归商，为汤御，以败桀于鸣条。大廉玄孙曰孟戏、中衍，中衍为帝太戊御，自是世有功，故嬴姓多显，遂为诸侯。其玄孙曰中潏，在西戎，保西垂，生蜚廉。蜚廉生恶来，恶来有力，蜚廉善走，父子俱以材力事纣。武王伐纣，杀恶来，时蜚廉为纣治石椁于北方，不与乱。蜚廉复有子曰季胜，季胜生孟增，幸于周成王。孟增生衡父。衡父生造父，幸于周穆王，得八骏，以御王西狩。徐偃王作乱，造父御穆王归周，一日千里。穆王以赵城封之，遂为赵氏。即晋卿赵氏之祖。恶来子曰女防，女防生旁皋，旁皋生太几，太几生大骆，大骆生非子，以造父之宠，皆为赵氏。非子好马及畜，为周孝王主马于汧、渭之间，二水皆在今陕西东境。马大蕃息，孝王乃分以土，为附庸，邑之秦，使复续嬴祀。非子生秦侯，十年。秦侯生公伯，三年。公伯生秦仲。时西戎渐盛，周宣王命秦仲诛西戎，为戎所杀。二十三年。有子五人，其长曰庄公。周宣王召庄公昆弟五人，与兵七千，使伐戎，破之。四十四年。庄公生襄公，襄公时，西戎、犬戎、申侯伐周，杀幽王。襄公将兵救周，战甚力，有功。周室东迁，襄公以兵送周平王，平王封襄公为诸侯，赐之岐以西之地，命之曰："戎无道，侵夺我岐、丰之地。秦能攻逐戎，即有其地。"襄公于是始国，与诸侯通使聘享之礼。十二年。襄公生文公，文公伐戎，戎败走，遂收周遗民有之，地至岐，岐以东献之周。始有史以纪事。五十年。文公生靖公，文公前卒。靖公生宁公。宁公有子三人：长武公，次德公，次出子。宁公卒，十二年。诸臣三父等立出子，六年又弑之，立武公。武公立三年，讨三父等，夷三族。此为族诛之始。武公卒，二十年。弟德公立。德公卒，二年。子宣公立。宣公卒，十二年。弟成公立。成公卒，四年。弟穆公立，名任好，秦君至此始有名。穆公始霸西戎。穆公卒，三十九年。子康公罃立。康公卒，十二年。子共公猳立。共公卒，五年。子桓公立。秦君自此又失名。桓公卒，二十七年。子景公立。景公卒，四十年。子哀公立。哀公卒，三十六年。孙惠公立。惠公卒，十年。子悼公立。悼公卒，十四年。子厉共公立。厉共公卒，三十四年。子躁公立。躁公卒，十四年。弟怀公立。怀公立四年，大臣叛，怀公自杀，孙灵公立。灵公卒，十三年。简公立，怀公子也。简公卒，十六年。子惠公立。惠公卒，十三年。子出子立。二年，大臣杀之，立献公，灵公子也。名师隰。

第十八节　秦之列王上

秦自献公以前，国家内忧，未遑外事。献公二十一年，周显王五年。与晋战于石门，晋地名，今陕西高陵县西北。斩首六万，天子贺以黼黻，此为秦用兵于诸侯之始。献公卒，二十四年。子孝公立，名渠梁。年二十一矣。孝公元年，河山以东强国六，淮泗之间小国十余。宋、鲁等国。楚、魏与秦接界，魏筑长城。自郑滨洛，以北有上郡。楚自汉中，南有巴、黔中。周室微，诸侯力政，争相并。秦僻处雍州，不与中国诸侯之会盟，夷翟遇之。孝公于是布惠，振孤寡，明功赏，下令国中，曰："宾客群臣，有能出奇计强秦者，吾且尊官，与之分土。"于是卫鞅闻是令下，西入秦，因景监求见孝公。鞅，卫之诸庶孽公子也，少好刑名之学，事魏相公叔痤，公叔痤知其贤，未及进。会痤病，魏惠王亲往问病，曰："公叔病，如有不可讳，将奈社稷何？"公叔曰："痤之中庶子官名，掌公族。公孙鞅，年虽少，有奇才，愿王举国而听之。"王默然。且去，痤屏人言曰："王即不听用鞅，必杀之，无令出境。"王许诺而去。公叔痤召鞅曰："今者王问可以为相者，我言若，王色不许。我方先君后臣，因谓王，即弗用鞅，当杀之。王许我，君可疾去矣，且见禽。"鞅曰："彼王不能用君之言任臣，又安能用君之言杀臣乎？"卒不去。惠王既去，谓左右曰："公叔病甚，悲乎！欲令寡人以国听公孙鞅也，岂不悖哉？"公叔既死，公孙鞅闻秦孝公下令国中，求贤者，遂西入秦，因孝公宠臣景监以求见孝公。既见，语良久，孝公时时睡。罢，孝公怒景监曰："子之客，妄人耳。"景监以让鞅，鞅曰："吾说公以帝道，其志不开悟矣。"后五日，复求见鞅。鞅复见，未中旨。罢，孝公复让景监，景监亦让鞅。鞅曰："吾说公以王道，未入也。"请复见鞅，鞅复见孝公，孝公善之，未用也。孝公谓景监曰："汝客善，可与语矣。"鞅曰："吾说公以霸道，其意欲用之矣。诚复见我，我知之矣。"鞅复见孝公，公与语，不自知膝之前于席也，语数日不厌。景监曰："子何以中吾君？吾君之欢甚也。”鞅曰：“吾以强国之术说君，君大悦之耳，然亦难以比德于殷周矣。”孝公平画，讨论治国之法。公孙鞅、甘龙、杜挚三大夫御于君。公曰：“今吾欲变法以治，更礼以教百姓，恐天下之议我也。”公孙鞅曰：“疑行无成，疑事无功，民不可与虑始，而可与乐成。是以圣人，苟可以强国，不法其故；苟可以利民，不循其礼。”孝公曰：“善”。甘龙曰：“不然。因民而教者，不劳而成功；据法而治者，吏习而民安之。今若变法，不循秦国之故，臣恐天下之议君，愿熟察之。”公孙鞅曰：“夫常人安于故习，学者溺于所闻，此两者，所以居官而守法，非所与论于法之外也。三代不同礼而王，五霸不同法而霸。故智者作法，愚者制焉；贤者更礼，而不肖者拘焉。拘礼之人，不足与言事；制法之人，不足与论变。吾无疑矣。”杜挚曰：“臣闻之：利不百，不变法；功不十，不易器。法古无过，循礼无邪，君其图之！”公孙鞅曰：“汤、武之王也，不修古而兴。言惟其不修古，故兴。殷、夏之灭也，不易礼而亡。言惟其不易礼，故亡。然则反古者未必可非，循礼者未足多是也，君无疑也矣。”孝公曰：“善”。卒定变法之令，令民为什伍，五家为保，十家相连。而相收司连坐。收司谓相纠发也，一家有罪，而九家连举发，若不收举，则十家连坐。不告奸者腰斩，告奸者与斩敌首同赏，告奸一人，则得爵一级。匿奸者与降敌同罚。降敌者，诛其身，没其家，匿奸者与同。民有二男以上，不分异者倍其赋。民有二男不别为治者，一人出两课。有军功者，各以率受上爵；为私斗者，各以轻重受刑。大小僇力本业，耕织致粟帛多者，复其身；事末利及怠而贫者，举以收孥。末利为工商也，不事事而贫者，纠举而收录其妻子为官奴婢。宗室非有军功论，不得为属籍。无功不及爵秩。明尊卑、爵秩、等级，各以差次；名田宅、臣妾、衣服，以家次。各随其家爵秩之班次，不得僭逾。有功者荣显，无功者，虽富无所芬华。令既具，未布，恐民之不信也，乃立三丈之木于国都市南门，募民有能徙置北门者，予十金。民怪之，莫敢徙。复曰：“能徙者，予五十金。”有一人徙之，辄予五十金，以明不欺。卒下令，令行于民。期年，秦民之国都，言初令之不便者，以千数。于是太子犯法，卫鞅曰：“法之不行，自上犯之。”将法太子。太子，嗣君也，不可施刑，刑其傅公子虔，黥其师公孙贾。明日，秦人皆趋令。行之十年，秦民大悦，道不拾遗，山无盗贼，家给人足；民勇于公战，怯于私斗，乡邑大治。秦民初言令不便者，有来言令便者，卫鞅曰："此皆乱化之民也。"尽迁之于边城，其后民莫敢议令。案商鞅，军国社会主义之发明家也。

自变法以还，国势勃兴，征伐四克。十二年，作为咸阳，秦都，今陕西咸阳县。筑冀阙，宫庭之名。秦徙都之。非子居犬丘，文公居郿，宁公徙平阳，献公居栎阳，皆今陕西西境。并诸小乡聚，犹言村落。集为大县，县一令，四十一县。为田开阡陌，南北曰阡，东西曰陌。东地渡洛。十四年，初为赋。军赋也。十九年，天子致伯。二十年，诸侯毕贺。二十二年，卫鞅击魏，虏魏将公子卬。梁惠王叹曰："恨不用公叔痤之言也！"卫鞅还，秦封以商於十五邑，秦邑名，今河南商州。号商君。二十四年，与晋战岸门，今河南许州。虏其将魏错。孝公卒，子惠文君立。名驷。时宗室多怨商鞅，鞅亡。因以为反，车裂以殉秦国。七年，公子卬与魏战，虏其将龙贾，斩首八万。八年，魏纳河西地。今河南、陕西二省相接处。九年，渡河取汾阴、皮氏。魏邑名。汾阴，今河南荥河县；皮氏，今河南河津县。十年，魏纳上郡十五县。今陕西延安府鄜州、葭州。十一年，县义渠。古戎国，今甘肃兰州与平凉府至西宁卫皆是。十四年，更为元年。二年，韩、赵、魏、燕、齐帅匈奴共攻秦，秦使庶长疾与战修鱼，韩邑，无考。虏其将申差，败赵公子渴、韩太子奂，斩首八万二千。九年，司马错伐蜀，国名，今四川省。其君昌意之后，至战国称王。灭之。伐赵，取中都西阳。今山西汾州。十年，伐取义渠二十五城。十一年，庶长疾攻赵，虏其将庄张。十三年，庶长章击楚于丹阳，此丹阳在汉中。虏其将屈匄，斩首八万。又攻楚汉中，今陕西汉中府。取地六百里。十四年，惠王卒。二十八年。案秦当此时称王。惠王卒，子武王立。名荡。二年，初置丞相。四年，伐韩，拔宜阳，韩邑名，今河南宜阳县。斩首六万。八月，武王举鼎绝膑死，无子，立异母弟昭襄王。名稷。

第十九节　秦之列王下

昭襄王十年，楚怀王朝秦，秦留之。十一年，韩、魏、赵攻秦，秦与魏封陵，今山西蒲州之东。与韩武遂，今山西临汾县。以和。怀王死于秦。十四年，白起攻韩、魏于伊阙，山名，今河南伊阙县。斩首二十四万。十九年，王为西帝，齐为东帝，旋复去之。二十二年，蒙武伐齐，取河东，为九县。其地无考。二十七年，司马错攻楚黔中，拔之。楚地，今四川东境、湖北西境、湖南西北境。二十九年，白起伐楚，取郢。楚都，今湖北荆州府。三十年，张若伐楚，取巫，楚地，今四川夔州府。及江南。三十二年，魏冉攻魏，至大梁，魏都，今河南开封府。斩首四万。魏入三县请和。三十三年，胡伤攻魏卷、魏邑，今河南郑州西北。蔡阳、魏邑，今河南郑州东北。长社，魏邑，今河南许州西。取之；击芒卯，破之，斩首十五万，魏入南阳今河南修武县。以和。四十七年，攻韩上党。韩地，今山西潞安府泽州、沁州。上党降赵，秦因攻赵。赵使赵括击秦，白起击赵括，大破之长平，赵地名，今山西高平县。杀人四十余万，北定太原，今山西太原府。尽有上党。五十一年，将军摎攻韩，取阳城、负黍，韩邑名，今河南登封县。斩首四万。攻赵，取二十余县，首虏九万。是年，西周君与诸侯约纵攻秦，秦使将军摎攻西周，西周尽献其邑，秦取九鼎，周亡。五十六年，昭襄王卒，子孝文王立。名柱。即位三日卒，子庄襄王立。名子楚。元年，灭东周。四年，蒙骜伐韩，韩献成皋、韩邑名，今河南汜水县。巩，韩邑名，今河南巩县。秦界至大梁。二年，蒙骜攻赵，定太原。再定之也。三年，蒙骜攻魏高都、汲，魏地，今河南汲县。拔之；攻赵榆次、赵邑名，今山西榆次县。新城、赵邑名，今在未详。狼孟，赵邑名，今山两阳曲县。取三十七城。四年，王龁攻上党，取之。再定上党也。是年，魏将无忌率五国兵击秦，蒙骜败走。五月，庄襄王卒，四年。子政立，是为秦始皇帝。初，秦孝文王为太子时，有子二十余人，中子子楚为秦质子于赵。子楚，秦之庶孽孙，质于诸侯，居处困，不得意。吕不韦者，大贾人也，家富累千金。会贾邯郸，见子楚，曰：此奇货可居。乃往见子楚曰："吾能大子之门。"子楚笑曰："且自大君之门，而乃大吾门也。"吕不韦曰："子不知也，吾门待子门而大。"子楚心知所谓，乃引与坐，深语。吕不韦曰："秦王老矣，谓昭襄王。安国君得为太子，谓孝文王，即子楚父。安国君爱幸华阳夫人，华阳夫人无子，能立嫡嗣者，独华阳夫人耳。今子兄弟二十余人，子又居中，不甚见幸，久质诸侯。大王百岁后，安国君立为王，子无几得与诸子争为太子矣。不韦请以千金，为子西游，立子为嫡嗣。"子楚顿首曰："必如君策，请得分秦国，与子共之。"吕不韦乃以五百金与子楚，为进用结宾客，而复以五百金，买奇物玩好，自奉而西游秦。因华阳夫人姊，以说夫人，夫人以为然。承太子间，从容言子楚质于赵者绝贤，乃因涕泣曰："愿得子楚，立以为下嗣，以托妾身。"安国君许之，乃立子楚为嫡嗣，而以吕不韦为傅。吕不韦取邯郸姬，绝好，善舞者，与居，知有身，遂献其姬于子楚，生子政，子楚遂立姬为夫人。孝文王立时，子楚及政归秦。至是，政即位。《战国策》录吕不韦事，与此不同，今从《史记》。又《战国策》载楚春申君与李园事，与吕不韦事绝相类。盖宗法专制之朝，至是而其流弊已极矣。王初立，年十三矣，国事皆决于文信侯，即吕不韦。号称仲父。秦连攻各国不已，六年，楚、赵、魏、韩、卫合从以伐秦，楚王为从长，至函谷。秦之东关，今河南灵宝县。秦师出，五国之师皆败走。楚徙寿春，秦拔魏朝歌。魏邑，今河南淇县。七年，伐魏，取汲。魏邑名，今河南汲县。九年，伐魏，取垣、魏邑名，今山西垣曲县。蒲。魏邑名，在垣曲东。夷嫪毐三族。嫪毐，太后嬖人也，相国文信侯所进。王以文信侯奉先王功大，不忍诛。明年，文信侯免相，出就国。于是宗室大臣议逐客，客卿楚人李斯，亦在逐中，上书谏王，乃召李斯，复其官，除逐客之令。王卒用李斯之谋，阴遣辩士赍金玉，游说诸侯名士，可下以财者，厚遗结之；不肯者，利剑刺之；离其君臣之计，然后使良将随其后。数年之间，卒兼天下。十一年，将军王翦、桓齮、杨端和伐赵，攻邺，取九城。赵地，今河南临漳县。王翦攻阏。赵地，今山西潞州。与轑阳，赵地，今山西辽州。桓齮取邺、安阳。赵地，今河南安阳县。十二年，文信侯饮鸩死。十四年，桓齮伐赵，取宜安、平阳、武城。赵三城，直隶正定府境。韩王纳地效玺为藩。十五年，大兴师伐赵，遇李牧而还。十七年，内史腾灭韩，虏韩王安。十八年，赵受秦间，杀李牧。十九年，王翦灭赵，虏赵王迁。二十二年，王贲引河沟以灌大梁，魏都，今河南开封府。三月城坏，魏王假降，遂灭魏。二十三年，王翦大破楚师于蕲南，楚地，今江南徐州之境。杀其将项燕。二十四年，王翦、蒙武虏楚王负刍，遂灭楚。二十五年，王贲灭燕，虏燕王喜。王翦悉定江南地。楚、吴、越之地，今江苏、江西、浙江。二十六年，王贲自燕南攻齐，猝入临淄，齐都，今山东临淄县。民莫敢格者。秦使人诱齐王，约封以五百里之地，齐王遂降，秦人处之松柏之间，饿而死。于是天下皆并于秦，遂从上古时代而转入中古时代。案如上所言，则秦人并天下之故，不难知也。大约内则殖实业，奖战功，此策自卫鞅发之。此策与目今列强所谓军国民主义相同。而鞅之大蔽，则在告讦、连坐，而民德扫地矣。外则离间诸侯，沮其君臣之谋，而以良兵随其后，此策自李斯发之。此策尤与今之外交政策合。今之强国，所以兼并坐大者，不外此法。而斯之大蔽，则在外交用此法，内政亦用此法，君臣、观其矫始皇命立胡亥可知，事见后。朋友观其杀韩非可知，事见后。之间，均有敌国之道焉。商君、李相，其术之薄劣若此，宜乎秦用之，才并天下而即亡。汉以下历代用之，而我之民德民智，遂有今日，其详入后当论之。若夫秦并天下之次第，则不外乎“远交近攻”一语，最先灭韩、魏；东面略定，而后北举赵；赵灭，然后作两军：一北灭燕，一南灭楚；即以灭燕之军，南面袭齐，而六王毕矣。此战法当是兵家素定，非漫然而为之也。

第二十节　六国对秦之政策

秦之待六国如此，而六国当时，初非一无预备也。列强并立，而外交之术出焉。纵横古书作从衡，义同。家者，九流之一。外交专门之学也，纵横家之初祖，为鬼谷子。姓名不传，隐鬼谷山中，或作王诩。苏秦、张仪，俱事鬼谷子，学纵横之术。南北为纵，其政策在六国联盟以拒秦；东西为横，其政策在六国解散联盟而与秦和，此为当时之二大政策。故外交之术，即以此为名。苏秦先见秦惠文王，陈并诸侯之道，惠王不用。苏秦归而深思，乃北说燕文公，谓宜合六国以摈秦，文公从之，资之车马，以使于诸侯。于是赵肃侯、韩宣惠王、魏襄王、齐宣王、楚威王皆许之。约秦攻一国，则五国救之，不如约者，五国伐之，事在周显王三十六年。约定以苏秦为约纵长，并相六国，秦兵为之不出函谷者凡数年。其后秦使公孙衍欺齐、魏以伐赵，纵约解。及苏秦死，而张仪相秦，连横之策大盛，秦卒并诸侯。二策之利害，亦可知矣。惟其时游说之士，不止秦、仪，苏代、苏厉、公孙衍、陈轸之徒，纷纭扰攘，遍于天下，而其策则止于纵横二端耳。

第二十一节　戎狄灭亡

当此之时，列强之相逼如此，则与中国杂处之戎狄，自无可自存。考春秋时，戎狄与中国杂居，自古已然，但至春秋始可考。冀州有山戎、赤狄及众狄，皆在今直隶、山西之间。雍州有白狄，今陕西鄜州以北。及大荔、今陕西朝邑县。义渠，今甘凉西境。豫州有伊洛之戎，晋有瓜州之戎。今甘肃北境。来至中国，为姜戎、阴戎、陆浑之戎。皆在河南西北境。惟此诸戎，不尽与中国异种，以其风俗同戎，故谓之戎耳。故其后化合，遂绝无踪迹可考。春秋中，戎狄渐衰，晋襄公败白狄，获其君，景公灭诸赤狄，悼公服山戎，昭公灭肥，今直隶藁城县。顷公灭鼓，今直隶晋州。皆白狄别种也。陆浑之戎，亦为顷公所灭。其别部蛮氏，今河南汝州。楚昭王灭之。战国初，秦厉公伐大荔，取其王城；伐义渠，虏其王。赵襄子北略狄土，韩、魏灭伊洛阴戎，余种西走。淮徐诸夷及南蛮，皆并于吴楚。至秦惠文并巴蜀，昭襄王灭义渠，赵武灵王破林胡、楼烦，今山西边外蒙古。燕将秦开却东胡，今盛京。至秦并天下，中国已无夷狄。惟南岭之南，巫黔之西南，陇蜀之西，尚存种落，不足复为中国患。然匈奴则以此时大矣。

第二十二节　周秦之际之学派

周秦之际，至要之事，莫如诸家之学派。大约中国自古及今，至美之文章，至精之政论，至深之哲理，并在其中，百世之后，研穷终不能尽，亦犹欧洲之于希腊学派也。然诸子并兴，群言淆乱，欲讨其源流，寻其得失，甚不易言。自古以来，即无定论。著录百家之书，始于《汉书·艺文志》，《汉书》，汉班固撰，而《艺文志》则刘向、刘歆之成说也。后人皆遵用其说，然《艺文志》实与古人不合。案《艺文志》分古今自上古至汉初。学术为六大类：一曰六艺，即儒家所传之经。二曰诸子，即周、秦诸子。三曰诗赋，四曰兵，中分四派：一权谋，二形势，三阴阳，四技巧。五曰术数，中分六派：一天文，二历谱，三五行，四蓍龟，五杂占，六形法。六曰方技。中分四派：一医经，二经方，三房中，四神仙。此六者，加以提要一类，名为《七略》，而其精粹，则皆在六艺、诸子二略之中。六艺前已言之，今但当言诸子。案向、歆父子，分诸子为十家：一儒家，五十三家，八百三十六篇。二道家，三十七家，九百九十三篇。三阴阳家，二十一家，三百六十九篇。四法家，十家，二百二十七篇。五名家，七家，三十六篇。六墨家，六家，八十六篇。七纵横家，十二家，百七篇。八杂家，二十家，四百三篇。九农家，九家，百一十四篇。十小说家。十五家，千三百八十篇。其间除去小说家，儒、道、阴阳、法、名、墨、纵横、杂、农，谓之九流，此周、秦诸子之纲要也。向、歆父子，又一一溯九流所自出，而谓其皆六艺之支流余裔。儒家出于司徒之官，道家出于史官，阴阳家出于羲和之官，法家出于理官，名家出于礼官，墨家出于清庙之官，纵横家出于行人之官，杂家出于议官，农家出于农稷之官，小说家出于稗官。其初皆王官也，王道既微，官失其职，散在四方，流为诸子。此说自古通儒皆宗之。近人分诸子为南、北派，儒、墨、名、法、阴阳为北，道、农为南。然此说求之古书，绝无可证；且又何以处纵横家、杂家乎？其说不足从也。然其中有一大蔽存焉，盖六艺皆儒家所传，授受渊源，明文具在，既为一家之言，必不足以概九流之说。而向、歆云尔者，因向、歆之大蔽，在以经为史。古人以六艺为教书，故其排列之次，自浅及深，而为《诗》《书》《礼》《乐》《易象》《春秋》。向、歆以六艺为史记，故其排列之次，自古及今，而为《易》《书》《诗》《礼》《乐》《春秋》。此宗教之一大变也。既已视之为史，自以为九流之所共矣。然又何以自解于附《论语》《孝经》于其后乎？其不通如此。分别各家之说，见于周、秦、西汉间人者，言人人殊。《庄子·天下篇》，名周，楚人，道家。所引凡六家：一墨翟、宋人，墨家之初祖。禽滑厘，墨翟弟子。二宋钘、即《孟子》中之宋牼。尹文，齐宣王时人，今《尹文子》书尚在。三彭蒙、未详。田骈、齐人，游稷下，著书十五篇。慎到，又名广，韩非称之。四关尹、名喜，老子弟子。老聃，即老子。五庄周，自表其家。六惠施。名车，庄子之友。《荀子·非十二子篇》，所引凡六家：一它嚣、疑是楚人。魏牟，魏公子，有书四篇。二陈仲、即《孟子》书中陈仲子，或作田仲。史鳝，卫大夫，字子鱼。三墨翟、宋钘，见前。四田骈、慎到，见前。五惠施、见前。邓析，郑大夫，书一卷，今存。六子思、名伋，孔子孙，有《中庸》二篇。孟轲。字子舆，子思弟子，有书七篇。皆胪其学说，而不著其所自出。今案其学说，文繁不录，在《庄子》第十卷，《荀子》第三卷中。则庄子所言，第一为墨家，第二亦墨家，第三道而近于法家，第四道家，第五亦道家，第六名家。荀子所言，第一道家，第二墨家之一派，第三墨家，第四道家，第五名法家，第六儒家。总之不过道、儒、墨三家名法出于道家、儒家之间。而已。其他周、秦间书，所引学者之名，其分合之间，亦粗有以类相从之例，大约亦与此相似。至司马迁，则分为六家：一阴阳，二儒，三墨，四法，五名，六道。则于《庄》《荀》所举之外，增入一阴阳家；惟不举其人，无从证其同异。观此则可知，诸子虽号十家，其真能成宗教者，老、孔、墨三家而已，而皆为师弟子，同导源于史官，亦可见图书之府之可贵也。然周、秦之际之学术，出于周之史者，又不仅此三家。儒、道、名、法、墨，固已证其同源矣。若阴阳家，老子未改教以前之旧派也，此即周史之本质。纵横家，出于时势之不得不然，初无待于师说；然鬼谷子、苏秦、张仪并周人，而《鬼谷子》书，义兼道德。杂家号为调停，实皆以道家为主。农家传书最少，然据许行之遗说以推之，亦近道家也。小说家即史之别体。是诸子十家之说，同出一源。其他诗赋略，固不能于六艺九流之外，别有所谓文章义理。兵略别为一事，与诸学无与。术数、方技，事等阴阳，皆老子以前之旧教。此七略之大概也。其后儒、墨独盛，皆有可为国教之势。周、秦间人，以儒、墨对举之文，殆数百见，而其后卒以儒为国教，而墨教遂亡。兴亡之际，虽因缘繁复，然至大之因，总不外吾民之与儒家相宜耳。然而自此以还，遂成今日之局。墨蹶儒兴，其涿鹿之战后之第一大事哉！

第二十三节　春秋制度之大概

中国五千年之历史，以战国为古今之大界。故战国时之制度，学者不可不知其梗概也。然欲明战国之所以变古，必当先明古法为如何。古法不可悉知，今录其可信者如左。《左传》为主，间引他书。

一曰官制。周官有宰、隐元年。卜正、隐十一年。太史、桓十七年。膳夫、庄十九年。御士、僖二十四年。虎贲、僖二十八年。宗伯、文二年。司寇、文十八年。虞人、襄四年。行人、襄二十一年。尉氏、襄二十一年。司徒、襄二十一年。侯、襄二十一年。司马、昭四年。县大夫昭九年。鲁官有司空、隐二年。太宰、隐十一年。卜士、桓六年。卜人、桓六年。史、桓六年。太史、桓十七年。圉人、庄三十二年。傅、闵二年。巫、僖二十一年。县人、僖二十五年。宗伯、文二年。行人、文四年。司寇、文十八年。虞人、襄四年。隧正、襄七年。马正、襄二十三年。御驺、襄二十三年。工、襄二十八年。御、昭四年。司徒、昭四年。司马、昭四年。工正、昭四年。御、右、昭九年。祝史、昭十七年。饔人、昭二十五年。贾正、昭二十五年。宰人、哀三年。校人、哀三年。巾车。哀三年。宋官有司马、隐三年。太宰、桓二年。司城、桓六年。右师、僖九年。左师、僖九年。门尹、僖二十八年。司徒、文七年。司寇、文七年。御、右、文十一年。帅甸、文十六年。司里、襄九年。隧正、襄九年。校正、襄九年。工正、襄九年。司宫、襄九年。巷伯、襄九年。乡正、襄九年。祝、襄九年。宗、襄九年。舞师、襄十八年。褚师、襄二十年。封人、昭二十一年。行人、定六年。迹人。哀十四年。晋官有九宗五正、隐六年。司徒、桓二年。御戎、右、桓三年。大司空、庄二十六年。卜人、闵元年。寺人、僖五年。县大夫、僖二十五年。中军将佐、上军将佐、下军将佐、并僖二十七年。执秩、僖二十七年。司马、僖二十八年。医、僖三十年。中军大夫、上军大夫、下军大夫、并僖三十三年。太傅、文六年。太师、文六年。宰夫、宣二年。公族、宣二年。馀子、宣二年。公行、宣二年。候正、成二年。仆大夫、成六年。巫、成十年。宗、成十七年。乘马御、成十八年。六驺、成十八年。仆人、襄三年。司寇、襄三年。工、襄四年。行人、襄四年。理、昭十四年。祭史。昭十七年。齐官有太宰、《国语》。工正、庄二十二年。寺人、僖二年。饔人、僖十七年。御戎、右、成二年。锐司徒、成二年。辟司徒、成二年。士、成十八年。司寇、成十八年。傅、襄十九年。史、襄二十五年。祝、襄二十五年。侍渔、襄二十七年。左相、襄二十五年。太史、襄二十五年。虞人、昭二十年。宰、昭二十七年。仆。哀二十二年。楚官有莫敖、桓十一年。令尹、庄四年。县尹、庄十八年。大阍、庄十九年。师、僖二十二年。大司马、僖二十六年。太师、文元年。环列之尹、文元年。巫、文十年。司败、文十年。工尹、文十年。左司马、文十年。右司马、文十年。箴尹、宣四年。左尹、宣十一年。司徒、宣十一年。沈尹、宣十二年。御戎、右、宣十二年。连尹、宣十二年。清尹、成七年。泠人、成九年。右尹、成十六年。宫厩尹、襄十五年。扬豚尹、襄十八年。医、襄二十一年。御士、襄二十二年。司宫、昭五年。嚣尹、昭十二年。陵尹、昭十二年。郊尹、昭十三年。正仆、昭十三年。芈尹、昭十二年。卜尹、昭十三年。莠尹、昭二十七年。

王尹、昭二十七年。王马之属、昭二十七年。右领、昭二十七年。中厩尹、昭二十七年。监马尹、昭三十年。针尹、定四年。蓝尹、定五年。乐尹、定五年。尹门。哀十六年。郑官有封人、隐元年。宗人、庄十四年。执讯、文十七年。宰夫、宣四年。御、右、成十年。司马、襄二年。司空、襄十年。太宰、襄十一年。行人、襄十一年。师、襄十一年。少正、襄二十二年。令正、襄二十六年。外仆、襄二十八年。马师、襄三十年。太史、襄三十年。冢宰、昭元年。褚师、昭二年。司寇、昭二年。执政、昭十六年。杜预注:掌班位之官。祝史。昭十八年。卫官有右宰、隐四年。御、右、闵二年。太史、闵二年。大士、僖二十六年。宗、襄十四年。少师、襄二十七年。司寇、昭二十年。褚师、昭二十年。祝史、定四年。寺人、哀十五年。司徒、哀十五年。占梦、哀十六年。卜人、哀十六年。秦官有右大夫、成二年。不更、成十三年。庶长。襄十一年。吴官有阍、襄二十八年。太宰、定四年。司马。哀十一年。陈官有司败、《论语》。司马、襄二十五年。司空襄二十五年。蔡官有司马、襄八年。封人昭十九年。是为春秋职官之大概。

二曰赋税。兵制并见于此,春秋以上,二事不可分也。鲁制之可见者,税亩之法,宣公十五年,初税亩。杜预注:公田之法,十取其一。今又履其余亩,复十收其一。故哀公曰:"二,吾犹不足。"遂以为常,故日初。丘甲之法,成公元年,作丘甲,杜预注:《周礼》九夫为井,四井为邑,四邑为丘,丘十六井,出戎马一匹,牛三头,四丘为甸,甸六十四井,出长毂一乘,戎马四匹,牛十二头;甲士三人,步卒七十二人。此甸所赋,今鲁使丘出之。三军之法,襄公十一年,作三军。《传》云:三分公室,而各有其一,三子各毁其乘。季氏使其乘之人,以其役邑入者无征,不入者倍征。孟孙氏使半为臣,若子若弟。叔孙氏使尽为臣。杜预注:鲁本无中军,惟上、下二军,皆属于公,有事三卿更率以征伐。季氏欲专其民人,故假立中军,因以改作。四军之法,昭公五年《传》云:初作中军,三分公室,而各有其一。季氏尽征之,叔孙氏臣其子弟,孟孙氏取其半焉。及其舍之也,四分公室,季氏择二,二子各一,皆尽征之,而贡于公。田赋之法。哀公十二年,用田赋。杜预注:丘赋之法,因其田财,通出马一匹、牛三头。今欲其田及家财各为一赋,故言田赋。孔颖达《正义》引贾逵说,以为欲令一井之间出一丘之税。未知孰是。郑制之可见者,偏伍之法,桓公五年《传》云:王以诸侯伐郑,郑伯御之,曼伯为右拒,祭仲为左拒,原繁、高渠弥以中军奉公,为鱼丽之陈，先偏后伍，伍承弥缝。杜预注：战车二十五乘为偏，以车居前，以伍次之，承偏之隙而弥缝阙漏也，五人为伍。此盖鱼丽阵法。丘赋之法。昭公四年《传》云：郑子产作丘赋。杜预注：丘十六井，当出马一匹，牛三头。今子产别赋其田，如鲁之田赋。晋制之可见者，州兵之法，僖十五年《传》云：晋于是乎作州兵。杜预注：五党为州，州二千五百家也，使州长各缮甲兵。毁车崇卒之法。昭公元年《传》云：晋魏舒请毁车以为行。杜预注：为步陈也。又云：五乘为三伍。杜预注：乘车者，车三人，五乘十五人。今改去车，更以五人为伍，分为三伍也。又云：为五陈以相离，两于前，伍于后，专为右角，参为左角，偏为前拒。孔颖达《正义》：五陈者，即两伍、专、参、偏是也。相离者，布置使相远也。其人数不可得知。案此即废车战之渐矣。楚制之可见者，有乘广之制。宣公十二年《传》云：广有一卒，卒偏之两。齐制之可见者，有轨里连乡之法。《国语》。总诸事观之，知其时田赋、军旅，互相关系，而各以车为主，其战术为极拙也。僖公十八年《传》：郑伯始朝于楚，楚子赐金。既而悔之，与之盟曰："无以铸兵。"遂铸以为三钟。是其时以铜为兵。而《史记·范睢传》云：铁剑利而勇士拙。则知战国已用铁为兵矣，即西人所谓铜刀期与铁刀期也。是为春秋田赋、军政之大概。

三曰刑法。春秋之刑法，不甚可知，大抵仍西周《吕刑》之旧。盖古人之立国，分全国之人为二等：一为贵族，一为贱族。此二族者，所享权利大不相同，所谓"礼不下庶人，刑不上大夫"也。《吕刑》述五刑之法，而推原于蚩尤。《士礼》十七篇，自天子以至大夫，皆概之于士，此其证矣。故其时劓、刵、椓、黥之法，惟行之于民，而贵族无之。贵族有罪，止于杀而已，其次则为执，为放。春秋时之以杀见者，卫人杀州吁，隐四年。蔡人杀陈陀，桓六年。齐人杀无知，庄九年。陈人杀其公子御寇，庄二十二年。曹杀其大夫，庄二十六年。晋杀其世子申生，僖五年。郑杀其大夫申侯，僖七年。晋杀其大夫里克，僖十年。晋杀其大夫丕郑父，僖十一年。宋杀其大夫，僖二十五年。楚杀其大夫得臣，僖二十八年。卫杀其大夫元咺及公子瑕，僖三十年。晋杀其大夫阳处父，文六年。宋人杀其大夫，文七年。宋人杀其大夫司马，文八年。晋人杀其大夫先都，文九年。晋人杀其大夫士縠及箕郑父，文九年。楚杀其大夫宜申，文十年。陈杀其大夫洩冶，宣九年。楚人杀陈夏征舒，宣十一年。晋杀其大夫先縠，宣十三年。卫杀其大夫孔达，宣十四年。王札子杀召伯、毛伯，宣十五年。晋杀其大夫赵同、赵括，成八年。宋杀其大夫山，成十五年。楚杀其大夫公子侧，成十六年。晋杀其大夫郤锜、郤犨、郤至，成十七年。晋杀其大夫，成十八年。齐杀其大夫国佐，成十八年。楚杀其大夫公子申，襄二年。楚杀其大夫壬夫，襄五年。齐杀其大夫高厚，襄十九年。郑杀其大夫公子嘉，襄十九年。蔡杀其大夫公子燮，襄二十年。楚杀其大夫公子追舒，襄二十二年。陈杀其大夫庆虎、庆寅，襄二十三年。晋人杀栾盈，襄二十三年。宋杀其世子痤，襄二十六年。卫杀其大夫宁喜，襄二十七年。天王杀其佞夫，襄三十年。郑杀其大夫公孙黑，昭二年。诸侯执齐庆封杀之，昭四年。楚杀其大夫屈申，昭五年。陈侯之弟杀陈世子偃师，昭八年。楚子虔诱蔡侯般杀之，昭十一年。楚公子弃疾杀公子比，昭十三年。莒杀其公子意恢。昭十四年。春秋时以执见者，宋人执祭仲，桓十一年。齐人执郑詹，庄十七年。齐人执陈辕、涛涂，僖四年。晋人执虞公，僖五年。宋人执滕子婴齐，僖十九年。晋侯执曹伯，僖二十八年。晋人执卫侯，僖二十八年。齐人执单伯，文十四年。晋人执郑伯，成九年。晋侯执曹伯，成十五年。晋人执季孙行父，成十六年。楚人执郑行人良霄，襄十一年。晋人执邾子，襄十六年。晋人执卫行人石买，襄十八年。晋人执邾子，襄十九年。晋人执宁喜，襄二十六年。楚人执徐子，昭四年。楚人执陈行人干征师，昭八年。晋人执季孙意如，昭十三年。晋人执我行人叔孙婼，昭二十三年。晋人执仲几，定元年。晋人执宋行人乐祈犂，定六年。齐人执卫行人北宫结，定七年。晋人执戎蛮子赤。哀四年。春秋时之以放见者，晋放其大夫胥甲父于卫，宣元年。楚灭陈，执陈公子招，放之于越；昭八年。蔡人放其大夫公孙猎于吴。哀三年。以上所录，属辞彼此不同，此《春秋》褒贬之例，别有专科，非历史科所详。其以奔见者极多，然奔非刑也，故不备列。其杀人之法，书虽不详，然考成十七年，晋杀其大夫郤锜、郤犨、郤至，胥童以甲劫栾书、中行偃于朝，长鱼矫曰："不杀二子，忧必及君。"公曰："一朝而尸三卿，余不忍益也。"则知卿亦尸诸市朝矣。襄二十八年，齐人迁庄公殡于大寝，以其棺尸崔杼于市。昭十四年。尸雍子与叔鱼于市。此皆戮尸之法也。又有醢刑，庄十二年，南宫万、猛获弑宋闵公，宋人皆醢之。又有杀人以祭之刑，僖十九年，宋公使邾文公用鄫子于次睢之社，欲以属东夷；杜预注：此水有妖神，东夷皆社祠之，盖杀人而用祭。昭十一年，楚人灭蔡，用隐太子于冈山，杜预注：此时楚人以牲畜用之。则夷风矣。又考此时虽无灭族之刑，而有降族之法，昭三年，叔向曰："栾、郤、胥、原、狐、续、庆、伯，降在皂隶。"八氏为晋世卿，皆有罪被杀，或出奔者，而其子孙，遂不得列于贵族。以昭十七年，申无宇曰："天有十日，杜预注：甲至癸。人有十等。故王臣公，公臣大夫，大夫臣士，士臣皂，皂臣舆，舆臣隶，隶臣僚，僚臣仆，仆臣台"证之，即可知其所降之等级。至战国以后，世无贵族，而此制亦除。而此时之刑书、昭六年。刑鼎、二十年。仆区之法、昭七年。杜预注：刑书名。被庐之法，昭二十九年。皆已失传。或他年掘地得之，可为历史要证也。是为春秋刑法之大概。

第二十四节　战国之变古

古今人群进化之大例，必学说先开，而政治乃从其后。春秋之季，老子、孔子、墨子兴，新理大明，天下始晓然于旧俗之未善。至战国时，社会之一切情状，无不与古相离，而进入于今日世局焉。

一曰宗教之改革。此为社会进化之起原，即老、孔、墨三大宗是也。

二曰族制之改革。此为改革中至大之实事，此事既改，则其他无不改者矣。案春秋之世，天下皆封建，其君为天子之同姓者十之六，天子之勋戚者十之三，前代之遗留者十之一。国中之卿大夫，皆公族也，皆世官也，无由布衣以跻卿相者。故其时有姓有氏，姓为君主所独有，乃其出于天子之符号。国之大臣，皆与君同姓，难于识别，乃就其职业居处之异，以为之氏。至战国时，竞争既急，需材自殷，不复能拘世及之制，于是国君以外无世禄，而姓氏遂无辨矣。

三曰官制之改革。战国官制与三代相去远，而与今日相去近。其可考者，已见前者不录。秦官有相、《国策·秦一》。丞相、《史记·秦本纪》。相国、《史记·穰侯传》。师、《史记·商君传》。傅、《史记·商君传》。客卿、《史记·秦本纪》。中大夫令、《史记·秦始皇本纪》。五大夫、《史记·秦本纪》。尉、《史记·秦本纪》。国尉、《史记·白起传》。廷尉、《史记·李斯传》。都尉、《史记·王翦传》。卫尉、《史记·秦始皇本纪》。长史、《史记·李斯传》。大良造、《史记·秦本纪》。庶长、《史记·秦本纪》。守、《史记·秦本纪》。县官、《史记·范雎传》。县令、《史记·商君传》。县丞、《史记·商君传》。郎、《史记·李斯传》。郎中、《史记·荆轲传》。中车府令、《史记·蒙恬传》。主铁官、《汉书·司马迁传》。舍人、《史记·李斯传》。中庶子。《史记·荆轲传》。秦官凡见《汉书·百官表》者，皆附见汉事后，此节不录。齐官有相、《国策·齐一》。司马、《国策·齐六》。师、《史记·田敬仲世家》。太傅、《国策·齐四》。御史、《史记·淳于髡传》。右师、《孟子》。祭酒、《史记·荀卿传》。学士、《史记·田敬仲世家》。客卿、《史记·苏秦传》。驸驾、《韩非子·外储说右》。主客、《史记·淳于髡传》。谒者、《国策·齐四》。五官。《国策·齐一》。楚官有上柱国、《史记·楚世家》，又《国策·东周》。大将军、《史记·楚世家》。案将军之称，始见于《左传·昭公二十九年》，其来已久。盖至此始于将军之外，又加以识别焉。裨将军、《史记·楚世家》。太子太傅、《史记·楚世家》。太子少傅、《史记·楚世家》。相国、《国策·楚四》。新造盩、《国策·楚一》。三闾大夫、《史记·屈原传》。执珪、《国策·楚四》。左徒、《史记·屈原传》。令、《史记·荀卿传》。郎中、《国策·楚四》。谒者。《国策·楚三》。赵官有丞相、《国策·赵三》。相国、《国策·赵三》。左师、《国策·赵四》。国尉、《史记·赵奢传》。尉文、《史记·赵世家》。一说地名，非官名。官帅将、《汉书·冯奉世传》。中侯、《史记·赵奢传》。御史、《国策·赵二》。博闻师、《史记·赵世家》。司过、《史记·赵世家》。黑衣、《国策·赵四》。田部吏、《史记·赵奢传》。魏官有相、《国策·赵一》。师、《史记·魏世家》。傅、《史记·魏世家》。犀首、《史记·魏世家》。上将军、

《史记·魏世家》。御庶子、《国策·魏一》。博士、《汉书·贾山传》。韩官有相国、《国策·韩三》。守、《史记·赵世家》。县令、《史记·赵世家》。中庶子。《国策·韩二》。燕官有相国、《韩非子·外储说左上》。太傅、《史记·荆轲传》。御书。《国策·燕二》。总而观之，其官名与今日同者，大半矣。案故书中所引七国官名，似不尽为当时事实，疑有称他国之官而以己国相当之官名代之者。如今日日本称欧美武官谓之将、佐、尉之类。除秦官外，不能如春秋官名之可信也，此就其特异者录之而已。

四曰财政之改革。井田之制，为古今所聚讼，据汉、唐儒者所言，则似古人真有此事，且为古人致治之根本。以近人天演学之理解之，则似不能有此，社会之变化，千因万缘，互为牵制，安有天下财产，可以一时匀分者？井田不过儒家之理想。此二说者，迄今未定。兹据秦、汉间非儒家之载籍证之，似古人实有井田之制，而为教化之大梗，其实情盖以土地为贵人所专有，而农夫皆附田之奴，此即民与百姓之分也。至秦商君，乃克去之，此亦为社会进化之一端。昔秦孝公用商鞅，制辕田，开阡陌，鞅以为三晋地狭人贫，秦地广人寡，故草不尽垦，地利不尽出，于是诱三晋之人，利其田地，复三代，无知兵事，务本于内，而使秦人应敌于外。故废井田，开阡陌，任其所耕，不限多少，数年之间，天下无敌。《通典·食货》。案秦人此制，实仍即分人等级之法，然而民得蓄私产之法，即起于此，此亦从族制改革而来也。至于各国租赋之数，与民生日用之道，今皆无考。惟李悝尽地力之教，尚有可征。其言曰：“今一夫挟五口，治田百亩。岁收，亩一石半，为粟百五十石，除什一之税十五石，余百三十五石。食，人月一石半，五人终岁，为粟九十石，余有四十五石。石三十，为钱千三百五十，除社闾尝新、春秋之祠，用钱三百，余千五十。衣，人率用钱三百，五人终岁，用千五百，不足四百五十。不幸疾病死丧之费，及上赋敛，又未与此。此农所以困，有不劝耕之心，而令籴至于甚贵也。”后略。观此则可得战国时民生日用之大凡矣。《汉书．食货志》。

五曰军政之改革。此事于家族社会与国家社会不同之界，较他事为尤甚。战国之于春秋，军政之异，当分三途言之，一军额之异，二战术之异，三征发之异。军额之异者，周制万有二千五百人为军，天子六军，大国三军，次国二军，小国一军。《周礼·大司马》。其后五霸迭兴，此制遂见破坏。齐桓公作内政，以寄军令，其法以五家为轨，故五人为伍；十轨为里，故五十人为小戎；四里为连，故二百人为卒；十连为乡，故二千人为旅；五乡一帅，故万人为一军。国有三军。《齐语》。晋文公城濮之战，有兵车七百乘。《左传》僖公二十八年。杜预注：五万二千五百人。楚庄王邲之战，为乘广三十乘，分为左右，广有一卒，卒偏之两。《左传》宣公十二年。杜预注：十五乘为一广，百人为卒，二十五人为两。十五乘为大偏，言一广十五乘，有百二十五人从之。《左传》成公七年：楚申公巫臣以两之一卒适吴，舍偏两之一焉。杜注引《司马法》云：百人为卒，二十五人为两，车九乘为小偏，十五乘为大偏。与此同。案以此计之，军队之数未免太寡，不足以临大敌，注或误引《司马法》，楚制未必如是也。观《左传》僖公二十八年晋楚城濮之役，子玉以若敖之六卒将中军，似楚人军制，一卒之数为甚多矣。统以上所引观之，知春秋时霸国全军，皆不及十万人。至战国之世，则燕带甲数十万，车六百乘，骑六千匹；赵带甲数十万，车千乘，骑万匹；韩带甲数十万；魏武士即荀子所称武卒，见下文。二十万，苍头谓以青巾裹头。二十万，奋击二十万，厮徒谓炊烹供养杂役。十万，车六百乘，骑五千匹；齐带甲数十万；楚带甲百万，车千乘，骑万匹；是其数皆十倍于春秋也。《史记·苏秦列传》。战术之异者，周制六尺为步，步百为亩，亩百为夫，夫三为屋，屋三为井，四井为邑，四邑为丘；丘有戎马一匹，牛三头，是曰匹马丘牛；四丘为甸，甸六十四井，出长毂一乘，马四匹，牛十二头，甲士三人，步卒七十二人，戈楯具，谓之乘马。《司马法》。大约一车，甲士步卒，总七十五人，而必以车为主要。至战国时，乃废乘而骑。赵武灵王之胡服习骑射，《史记·赵世家》。此为古今战术之一大转关。其后魏之武卒，以度取之，度，程也，下文所云是也。衣三属上身一，髀裈一，胫缴一，谓之三属。之甲，操十二石之弩，负服矢五十个，置戈其上，冠胄带剑，赢三日之粮，日中而趋百里，中试，则复其户，利其田宅。秦使天下之民，所以要利于上者，非斗无由也，五甲首而隶五家。获得五甲首，则役隶乡里之五家也。案秦法以客民任耕，而秦民任战，此制即以秦民属役客民，如希腊斯巴达之法。战术既异，故杀人之数亦多，每战以斩首五六万为常，此春秋时所未闻也。征发之异者，春秋以前为征兵，战国以后为召募。观上二节，即可明矣。

六曰刑法之改革。刑出于苗民，礼制于黄帝，故礼不下庶人，刑不上大夫，五帝三王之制然也。春秋之世，尚守此例。至战国时，族制既改，刑遂为贵贱普及之事，而残酷又加甚焉。其见于战国者，秦刑有三族、《史记·秦本纪》。七族、《汉书·邹阳传》。十族、《韩诗外传》。先具五刑而后腰斩、《史记·李斯传》。连坐、《史记·商君传》。腰斩、《史记·商君传》。车裂、《史记·商君传》。弃市、《史记·秦本纪》。枭首、《史记·秦始皇本纪》。凿颠、《汉书·刑法志》。抽肋、《汉书·刑法志》。黥、《史记·商君传》。劓、《史记·商君传》。士伍、《史记·白起传》。鬼薪、《史记·秦始皇本纪》。迁。《史记·商君传》。齐刑有烹。《史记·田敬仲世家》。楚刑有冥室椟棺、《古文苑·诅楚文》。案此即活葬之法。灭家。《国策·楚四》。赵刑有夷。《史记·赵世家》。魏刑有《法经》。桓谭《新论》引李悝《法经·正律》略曰：杀人者诛，籍其家及其妻氏；杀二人，及其母氏。大盗，戍为守卒，重则诛。窥宫者膑，拾遗者刖，曰为盗心焉。其《杂律》略曰：夫有一妻二妾，其刑聝；夫有二妻，则诛。妻有外夫则宫，曰淫禁。盗符者诛，籍其家；盗玺者诛，议国法令者诛，籍其家及其妻氏，曰狡禁。越城一人，则诛十人以上，夷其乡及族，曰城禁。博戏罚金三市，太子博戏则笞，不止则特笞，不止则更立。曰嬉禁。群相居，一日以上则问，三日、四日、五日则诛，曰徒禁。丞相受金，左右伏诛；犀首以下受金，则诛；金自镒以下罚，不诛也，曰金禁。大夫之家有侯物，自一以上者族。其《减律》略曰：罪人年十五以下，罪高，三减；罪卑，一减。年六十以上，小罪情减，大罪理减。案此即商君所从出也。韩刑有《刑符》。《论衡》引申不害《刑符》，亦极刻深。案此韩非所从出也。燕刑之特别者，尚未得详。民生之困，以此时为至甚矣。盖神洲自古以来，无平民革命之事，故其时之君相，以为无所加而不可也。战国之刑，不得谓之国律，皆独夫民贼，逞臆为之者耳。

第二十五节 自上古至秦中国幅员之大略

九州之制，创于黄帝。《史记》称黄帝，迁徙往来无常处，以师兵为营卫，东至于海，登丸山；山名，在今山东胶州。西至于空桐，山名，在今甘肃平凉府。登鸡头；山名，在今甘肃平凉府。南至于江，登熊、湘；二山名，在今湖南长沙府。北逐荤粥。即匈奴之转音。此可见黄帝时之版图也。尧命禹治洪水冀州，济河惟兖州，举山川以定州界，下同。海岱惟青州，海岱及淮惟徐州，淮海惟扬州，荆及衡阳惟荆州，荆河惟豫州，华阳黑水惟梁州，黑水西河惟雍州。总九州之地，为五服之制。距王城五百里为甸服，又五百里为侯服，又五百里为绥服，又五百里为要服，又五百里为荒服。东渐于海，西被于流沙，朔南暨，声教讫于四海，此《禹贡》之版图也。《山海经》之幅员，大于《禹贡》。

舜代尧践帝位，肇十二州。分冀州为幽州、并州，分青州为营州。

禹即天子位，又复九州。禹平水土，故中国有禹域之称。

殷因夏制，无所变更。武丁伐鬼方，楚地。《竹书纪年》称“高宗伐鬼方”，下有“次荆”之文，则鬼方属楚可知。封箕子于朝鲜。古朝鲜，今辽东以东之地。

周人复建九州，东南曰扬州，其山镇曰会稽，其泽薮曰具区，其川三江，其浸五湖；正南曰荆州，其山镇曰衡山，其泽薮曰云梦，其川江汉，其浸颍湛；河南曰豫州，其山镇曰华山，其泽薮曰圃田，其川荥洛，其浸波溠；正东曰青州，其山镇曰沂山，其泽薮曰望诸，其川淮泗，其浸沂沭；河东曰兖州，其山镇曰岱山，其泽薮曰大野，其川河泲，其浸庐维；正西曰雍州，其山镇曰岳山，其泽薮曰弦蒲，其川泾汭，其浸渭洛；东北曰幽州，其山镇曰医无闾，其泽薮曰豯养，其川河泲，其浸菑时；河内曰冀州，其山镇曰霍山，其泽薮曰杨纡，其川漳，其浸汾潞；正北曰并州，其山镇曰恒山，其泽薮曰昭馀祈，其川虖池呕夷，其浸涞易。乃辨九服之邦国，方千里曰王畿，其外方五百里，曰侯服；又其外方五百里，曰甸服；又其外方五百里，曰男服；又其外方五百里，曰采服；又其外方五百里，曰卫服；又其外方五百里，曰蛮服；又其外方五百里，曰夷服；又其外方五百里，曰镇服；又其外方五百里，曰藩服。此周之制也。五服、九服之说，过于整齐，与建都地形不合。古人多设想之词，未可据以为实也。

周末诸侯，分为七国，始有疆界可定。赵、造父封赵城，今山西平阳府。赵夙邑耿，今山西蒲州府。成子居原，今河南怀庆府。简子居晋阳，今山西太原府。献侯都中牟，今河南汤阴县西，后复居晋阳。肃公徙邯郸，今直隶广平府。魏、晋封毕万于魏城，今山西芮城县东北。悼子迁霍，今山西霍州。庄子迁安邑，今山西安邑县。惠王迁大梁，今河南开封府，因称梁。韩，晋封韩武子于韩原，今陕西韩城县。宣子迁居州，今河南怀庆府东南。贞子迁平阳，今山西平阳府。景侯迁阳翟，今河南禹州。哀侯迁新郑，今河南新郑县。列为诸侯，分晋地。安王十六年，田和亦为诸侯，篡齐。都临淄，今山东临淄县。于是秦、都见下。楚、周武王封熊绎于丹阳，今湖北枝江县。文王都郢，今湖北江陵县北。考烈王迁寿春，今安徽寿州，亦曰郢。燕，都蓟，今直隶蓟州。共为强国七。

淮泗之间，小国十余。宋、卫、郑、滕、薛、郳等。周室惟有河南七城河南、洛阳、榖城、平阴、偃师、巩、缑氏，皆在今河南河南府。而已。

齐威王击赵、卫，破魏于浊泽，今山西解州境。魏献观今山东观城县。以和；又救赵，败魏于桂陵，今山东朝城县。称王令天下。子宣王，又破魏于马陵，今直隶大名府东南。杀庞涓；伐燕，入其都。子湣王灭宋，分其地；南割楚之淮北，侵三晋；泗上诸侯邹、鲁等。皆称臣。

魏惠王败赵于怀，今河南武陟县。败韩于浍，浍水，在山西曲沃县。鲁、卫、宋、郑皆来朝。筑长城，自郑今陕西华州。滨于洛，出怀庆府东南，流入渭水，春秋时与泾、渭并曰三川。北有上郡。

韩文侯伐郑，取阳城；今河南登封县。伐宋，到彭城，今江南徐州府。执宋君。子哀侯遂灭郑，因徙都郑。昭侯用申不害，国治兵强，诸侯不敢侵伐。韩、魏稍攻伊洛诸戎，灭之，其遗脱者，皆西走，逾汧陇，自是中原无复戎寇。

赵襄子之时，北有代，南并知氏，强于韩、魏。至肃侯，伐卫，取都鄙七十三。苏秦说六国，侯为从约长。子武灵王，胡服变俗，西取云中、九原，东灭中山，北破林胡、楼烦；筑长城，自代并阴山之下，至高阙在塞外黄河北，距大碛口凡三百里。为塞；置代、云中、雁门三郡。

燕昭王即位，承子哙之乱，卑身招贤，国内殷富；命乐毅伐齐，下诸城，入临淄；东击胡，却之千余里。亦筑长城，自造阳今直隶宣化府南。至襄平；今盛京辽阳州北。置上谷、渔阳、右北平、辽东诸郡。

楚灭江汉之国数十，邓、英、夔、江、六、蓼、庸、唐、顿、胡、陈、蔡、莒等。有汉中及巴、黔中之地。至威王，败越，尽取故吴地，至浙江；破齐于徐州，又遣庄跻伐滇池，今云南。后道不通，跻留王滇。子怀王，与五国共伐秦，至函谷关。寻为张仪所诳，与齐绝；又伐秦，大败，失汉中，遂为秦所虏。子顷襄王立，乘齐乱，复淮北。至考烈王灭鲁。春申君城吴故墟，今江苏苏州府。以为都邑。

秦惠公伐蜀，取南郑。今陕西汉中府。孝公击獂，斩其王。卫鞅入秦，王用之，富国强兵，始筑宫廷于咸阳，今陕西咸阳县。徙都之；并诸小乡聚，集为大县，有四十一县；废井田开阡陌。惠文王立，魏纳阴晋今陕西华阴县。以请和，三晋之亡，实始于此；寻纳河西地，及上郡。又伐蜀，灭之，益富强，遂取楚汉中，置汉中郡。昭襄王攻楚，取郢，为南郡；取巫及江南，为黔中郡；又置南阳郡。义渠强盛，屡为秦患，王灭之，置陇西、北地二郡。戎本无君长，夏后氏末及商周之际，或从侯伯征伐有功，天子爵之，以为藩服。春秋之时，陆浑蛮氏戎称子，战国之时，大荔义渠称王，及其衰亡，余种皆反旧为酋豪。

盖七国盛时，其幅员秦、楚最大，齐、赵次之，魏、燕又次之，韩最小。秦南有巴、蜀、汉中，北及上郡、北地，西跨陇右，东至崤函。楚西有巫、黔中，东包吴、越至海，南至洞庭、苍梧，北至陉、即陉山，在河南新郑县西南。郇阳。今陕西洵阳县。齐南至宋、鲁，北临渤海，西接大河，东斗入海。赵北有代、常山，南跨河、漳，东拥清河，西越汾水。魏东及淮、颍，西逾河，至固阳，今陕西榆林府北。北及太行，南至鸿沟。即汴河也。旧自荥阳东南至泗州入海。燕东邻朝鲜，北接东胡，西邻赵、代，南及滹沱、易水。韩北自成皋，逾河，兼上党，南至宛，今河南南阳府。西距宜阳、今河南宜阳县。商阪，即商洛山，在今陕西商州东南。东临洧水。水名，出河南禹州，至陈州入颍水。各方数千里，合从连衡，相攻伐殆百八十年。周分为东、西，西周居河南，东周居巩。秦昭襄王降西周君，庄襄王并东周，周亡。

秦庄襄王既灭周，取韩成皋、荥阳，置三川郡；定赵太原，韩上党，置河东、太原、上党三郡。始皇立，用李斯谋，阴使辩士游说诸侯，离其君臣，然后使良将随其后伐之。五年，取魏地，置东郡。十七年，灭韩，置颍川郡。十九年，灭赵。二十一年，破燕，燕王奔辽东。二十二年，灭魏。二十四年，灭楚，为楚郡。后盖改长沙郡。二十五年，攻辽东，灭燕。又灭代。赵亡，公子嘉为代王。定楚江南地，降百越君，置会稽郡。二十六年，灭齐，初并天下。于是称皇帝，都咸阳，以京师为内史，废封建之制，分天下以为三十六郡。三川、河东、太原、上党、东郡、颍川、陇西、北地、上郡、黔中、南阳、南郡、会稽、汉中、长沙、盖楚郡。以上见上。云中、雁门、代郡、因赵旧。上谷、渔阳、右北平、辽西、辽东、因燕旧、九江、鄣郡、灭楚置之。邯郸、钜鹿、灭赵置之。齐郡、琅邪、灭齐置之。蜀郡、巴郡、灭蜀置之。泗水、九原、砀郡、薛郡、盖新置。郯郡。分薛置之。其后又废闽越王，以其地为闽中，开岭南为桂林、象郡、南海三郡，于是有四十郡。始皇三十三年，蒙恬斥逐匈奴，收河南地，自榆中今甘肃兰州府西。并河以东，属之阴山，以为三十四县。筑长城，起临洮，今甘肃狄道州。至辽东，凡万余里，十八省之规模具矣。

附录《史记·六国年表》

周	秦	魏献子	韩宣子	赵简子	楚	燕	齐
元王元年	厉共公元年	卫出公辄后元年		四十二	楚惠王章十三年吴伐我。	燕献公十七年	齐平公骜五年
二	二 蜀人来赂。	晋定公卒。		四十三	十四 越围吴，吴怒。	十八	六
三	三	晋出公错元年		四十四	十五	十九	七 越人始来
四	四			四十五	十六 越灭吴。	二十	八
五	五 楚人来赂。			四十六	十七 蔡景侯卒。	二十一	九 晋知伯瑶来伐我。
六	六 义渠来赂。 繇诸乞援。			四十七	十八 蔡声侯元年	二十二	十
七	七 彗星见。	卫庄公饮，大夫不解履，公怒，即攻公，公奔宋。		四十八	十九 王子英奔秦。	二十三	十一
八	八			四十九	二十	二十四	十二
定王元年	九			五十	二十一	二十五	十三
二	十 庶长将兵拔魏城。 彗星见。			五十一	二十二 鲁哀公卒。	二十六	十四

（续表）

周	秦	魏献子	韩宣子	赵简子	楚	燕	齐
三	十一			五十二	二十三 鲁悼公元年。三桓胜，鲁如小侯。	二十七	十五
四	十二			五十三	二十四	二十八	十六
五	十三		知伯伐郑，驷桓子如齐求救。	五十四 知伯谓简子，欲废太子襄子，襄子怨知伯。	二十五	燕孝公元年	十七 救郑，晋师去。中行文子谓田常："乃今知以亡。"
六	十四 晋人、楚人来赂。		郑声公卒。	五十五	二十六	二	十八
七	十五		郑哀公元年	五十六	二十七	三	十九
八	十六 堑阿旁。伐大荔。补庞戏城。			五十七	二十八	四	二十
九	十七			五十八	二十九	五	二十一
十	十八			五十九	三十	六	二十二
十一	十九			六十	三十一	七	二十三
十二	二十 公将师与绵诸战。			襄子元年。未除服，登夏屋，诱代王，以金斗杀代王。封伯鲁子周为代成君。	三十二 蔡声侯卒	八	二十四

（续表）

周	秦	魏献子	韩宣子	赵简子	楚	燕	齐
十三	二十一	晋哀公忌元年		二	三十三 蔡元侯元年	九	二十五
十四	二十二	卫悼公黔元年		三	三十四	十	齐宣公就匜元年
十五	二十三			四 与知伯分范、中行地。	三十五	十一	二
十六	二十四	魏桓子败知伯于晋阳。	韩康子败知伯于晋阳。	五 襄子败知伯晋阳，与魏、韩三分其地。	三十六	十二	三
十七	二十五 晋大夫知开率其邑人来奔。			六	三十七	十三	四
十八	二十六 左庶长城南郑。			七	三十八	十四	五 宋景公卒。
十九	二十七	卫敬公元年		八	三十九 蔡侯齐元年	十五	六 宋昭公元年
二十	二十八 越人来迎女。			九	四十	燕成公元年	七
二十一	二十九 晋大夫知伯宽率其邑人来奔。			十	四十一	二	八
二十二	三十			十一	四十二 楚灭蔡。	三	九
二十三	三十一			十二	四十三	四	十

（续表）

周	秦	魏献子	韩宣子	赵简子	楚	燕	齐
二十四	三十二			十三	四十四 灭杞。杞，夏之后。	五	十一
二十五	三十三 伐义渠，虏其王。			十四	四十五	六	十二
二十六	三十四 日蚀，昼晦，星见。			十五	四十六	七	十三
二十七	秦躁公元年			十六	四十七	八	十四
二十八	二 南郑反。			十七	四十八	九	十五
考王元年	三			十八	四十九	十	十六
二	四			十九	五十	十一	十七
三	五			二十	五十一	十二	十八
四	六	晋幽公柳元年。服韩魏。		二十一	五十二	十三	十九
五	七			二十二	五十三	十四	二十
六	八 六月，雨雪。日、月蚀。			二十三	五十四	十五	二十一
七	九			二十四	五十五	十六	二十二
八	十			二十五	五十六	燕湣公元年	二十三
九	十一			二十六	五十七	二	二十四
十	十二	卫昭公元年		二十七	楚简王仲元年 灭莒。	三	二十五

（续表）

周	秦	魏献子	韩宣子	赵简子	楚	燕	齐
十一	十三 义渠来伐，侵至渭阳。			二十八	二	四	二十六
十二	十四			二十九	三 鲁悼公卒。	五	二十七
十三	秦怀公元年 生灵公。			三十	四 鲁元公元年	六	二十八
十四	二			三十一	五	七	二十九
十五	三			三十二	六	八	三十
威烈王元年	四 庶长鼂杀怀公。太子蚤死，大臣立太子之子为灵公。	卫悼公亹元年		三十三 襄子卒。	七	九	三十一
二	秦灵公元年 生献公。	魏文侯斯元年	韩武子元年	赵桓子元年	八	十	三十二
三	二	二	二 郑幽公元年，韩杀之。	赵献侯元年	九	十一	三十三
四	三 作上下畤。	三	三 郑立幽公子为繻公，元年。	二	十	十二	三十四
五	四	四	四	三	十一	十三	三十五
六	五	五 盗杀晋幽公，立其弟止。	五	四	十二	十四	三十六

（续表）

周	秦	魏献子	韩宣子	赵简子	楚	燕	齐
七	六	六 晋烈公止元年。魏城少梁。	六	五	十三	十五	三十七
八	七 与魏战少梁。	七	七	六	十四	十六	三十八
九	八 城堑河濒。初以君主妻河。	八 复城少梁。	八	七	十五	十七	三十九
十	九	九	九	八	十六	十八	四十
十一	十 补庞城，城籍姑。灵公卒，立其季父悼子，是为简公。	十	十	九	十七	十九	四十一
十二	秦简公元年	十一 卫慎公元年	十一	十 中山武公初立	十八	二十	四十二
十三	二 与晋战，败郑下。	十二	十二	十一	十九	二十一	四十三 伐晋，毁黄城，围阳狐。
十四	三	十三 公子击围繁庞，出其民人。	十三	十二	二十	二十二	四十四 伐鲁、莒及安阳。
十五	四	十四	十四	十三 城平邑。	二十一	二十三	四十五 伐鲁，取都。
十六	五 日蚀。	十五	十五	十四	二十二	二十四	四十六
十七	六 初令吏带剑。	十六 伐秦，筑临晋、元里。	十六	十五	二十三	二十五	四十七

（续表）

周	秦	魏献子	韩宣子	赵简子	楚	燕	齐
十八	七 堑洛，重泉。初租禾。	十七 击宋、中山。伐秦至郑，还筑洛阳。	韩景侯虔元年 伐郑，取雍丘。郑城京。	赵烈侯籍元年 魏使太子伐中山。	二十四 简王卒。	二十六	四十八 取鲁郕。
十九	八	十八 文侯受经子夏，过段干木之闾常式。	二 郑败韩于负黍。	二	楚声王当元年 鲁穆公元年。	二十七	四十九 与郑会于西城，伐卫，取毋丘。
二十	九	十九	三	三	二	二十八	五十
二十一	十	二十 卜相，李克、翟璜争。	四	四	三	二十九	五十一 田会以廪丘反。
二十二	十一	二十一	五	五	四	三十	齐康公贷元年
二十三 九鼎震。	十二	二十二 初为侯。	六 初为侯。	六 初为侯。	五 魏、韩、赵始列为诸侯。	三十一	二 宋悼公元年
二十四	十三	二十三	七	七 烈侯好音，欲赐歌者田。徐越侍以仁义，乃止。	六 盗杀声王。	燕釐公元年	三
安王元年	十四 伐魏，至阳狐。	二十四 伐秦，至阳狐。	八	八	楚悼王类元年	二	四
二	十五	二十五 太子罃生。	九 郑围阳翟。	九	二 三晋来伐我，至桑丘。	三	五

（续表）

周	秦	魏献子	韩宣子	赵简子	楚	燕	齐
三 王子定奔晋。	秦惠公元年	二十六 虢山崩，壅河。	韩烈侯元年	赵武公元年	三 归榆关于郑。	四	六
四	二	二十七	二 郑杀其相驷子阳。	二	四 败郑师，围郑。郑人杀子阳。	五	七
五	三 日蚀。	二十八	三 郑人杀君。三月，盗杀韩相侠累。	三	五	六	八
六	四	二十九	四 郑相子阳之徒，杀其君缥公。	四	六	七	九
七	五 伐诸繇。	三十	五 郑康公元年	五	七	八	十 宋休公元年
八	六	三十一	六 救鲁。郑负黍反。	六	八	九	十一 伐鲁，取最。
九	七	三十二 伐郑，城酸枣。	七	七	九 伐韩，取负黍。	十	十二
十	八	三十三 晋孝公倾元年。	八	八	十	十一	十三
十一	九 伐韩宜阳，取六邑。	三十四	九 秦伐宜阳，取六邑。	九	十一	十二	十四

（续表）

周	秦	魏献子	韩宣子	赵简子	楚	燕	齐
十二	十 与晋战武城。县陕。	三十五 齐伐取襄陵。	十	十	十二	十三	十五 鲁败我平陆。
十三	十一 太子生。	三十六 秦侵晋。	十一	十一	十三	十四	十六 与晋、卫会浊泽。
十四	十二	三十七	十二	十二	十四	十五	十七
十五	十三 蜀取我南郑。	三十八	十三	十三	十五	十六	十八
十六	秦出子元年	魏武侯元年 袭邯郸，败焉。	韩文侯元年	赵敬侯元年 武公子朝作乱，奔魏。	十六	十七	十九 田常曾孙田和始列为诸侯，迁康公海上，食一城。
十七	二 庶长改迎灵公太子，立为献公，杀出子。	二 城安邑、王垣。	二 伐郑，取阳城，伐宋，到彭城，执宋君。	二	十七	十八	二十 伐鲁，破之。田和卒。
十八	秦献公元年	三	三	三	十八	十九	二十一 田和子桓公午立。
十九	二 城栎阳。	四	四	四 魏败我兔台。	十九	二十	二十二
二十	三 日蚀，昼晦。	五	五	五	二十	二十一	二十三
二十一	四 孝公生。	六	六	六	二十一	二十二	二十四

（续表）

周	秦	魏献子	韩宣子	赵简子	楚	燕	齐
二十二	五	七 伐齐，至桑丘。	七 伐齐，至桑丘。郑败晋。	七 伐齐，至桑丘。	楚肃王臧元年	二十三	二十五 伐燕，取桑丘。
二十三	六 初县蒲、蓝田、善明氏。	八	八	八 袭卫，不克。	二	二十四	二十六 康公卒，田氏遂并齐而有之，太公望之后绝祀。
二十四	七	九 翟败我浍。伐齐，至灵丘。	九 伐齐，至灵丘。	九 伐齐，至灵丘。	三	二十五	齐威王因齐元年 自田常至威王，威王始以齐强天下。
二十五	八	十 晋静公俱酒元年	十	十	四 蜀伐我兹方。	二十六	二
二十六	九	十一 魏、韩、赵灭晋，绝无后。	韩哀侯元年 分晋国。	十一 分晋国。	五 鲁共公元年	二十七	三 三晋灭其君。
烈王元年	十 日蚀。	十二	二 灭郑。康公二十年灭，无后。	十二	六	二十八	四
二	十一 县栎阳。	十三	三	赵成侯元年	七	二十九	五
三	十二	十四	四	二	八	三十 败齐林营。	六 伐鲁入阳关。晋伐我，至鲋陵。

（续表）

周	秦	魏献子	韩宣子	赵简子	楚	燕	齐
四	十三	十五 卫声公元年。败赵北蔺。	五	三 伐卫。取都鄙七十三。魏败我蔺。	九	燕桓公元年	七 宋辟公元年
五	十四	十六 伐楚，取鲁阳。	六 韩严杀其君。	四	十 魏取我鲁阳	二	八
六	十五	惠王元年	庄侯元年	五 伐齐于甄。魏败我怀。	十一	三	九 赵伐我甄。
七	十六 民大疫。日蚀。	二 败韩马陵。	二 魏败我马陵。	六 败魏涿泽，围惠王。	楚宣王良夫元年	四	十 宋剔成元年
显王元年	十七 栎阳雨金，四月至八月。	三 齐伐我观津。	三	七 侵齐，至长城。	二	五	十一 伐魏，取观。赵归我长城。
二	十八	四	四	八	三	六	十二
三	十九 败韩、魏洛阳。	五 与韩会宅阳。城武都。	五	九	四	七	十三
四	二十	六 伐宋、取仪台。	六	十	五	八	十四
五 贺秦。	二十一	七	七	十一	六	九	十五
六	二十二	八	八	十二	七	十	十六
七	二十三 与魏战少梁，虏其太子。	九 与秦战少梁，虏我太子。	九 魏败我于浍。大雨三月。	十三 魏败我于浍。	八	十一	十七

（续表）

周	秦	魏献子	韩宣子	赵简子	楚	燕	齐
八	秦孝公元年。彗星见西方。	十 取赵皮牢。卫成侯元年	十	十四	九	燕文公元年	十八
九 致胙于秦	二 天子致胙。	十一	十一	十五	十	二	十九
十	三	十二 星昼堕，有声。	十二	十六	十一	三	二十
十一	四	十三	韩昭侯元年 秦败我西山。	十七	十二	四	二十一 邹忌以鼓琴见威王。
十二	五	十四 与赵会鄗。	二 宋取我黄池。魏取我朱。	十八 赵孟如齐。	十三 君尹黑迎女秦。	五	二十二 封邹忌为成侯。
十三	六	十五 鲁、卫、宋、郑侯来。	三	十九 与燕会阿。与齐、宋会平陆。	十四	六	二十三 与赵会平陆。
十四	七 与魏王会杜平。	十六 与秦孝公会杜平。侵宋黄池，宋复取之。	四	二十	十五	七	二十四 与魏会，田于郊。
十五	八 与魏战元里，斩首七千，取少梁。	十七 与秦战元里，秦取我少梁。	五	二十一 魏围我邯郸。	十六	八	二十五

（续表）

周	秦	魏献子	韩宣子	赵简子	楚	燕	齐
十六	九	十八 邯郸降。齐败我桂陵。	六 伐东周，取陵观、廪丘。	二十二 魏拔邯郸	十七	九	二十六 败魏桂陵。
十七	十 卫公孙鞅为大良造，伐安邑，降之。	十九 诸侯围我襄陵。筑长城，塞固阳。	七	二十三	十八 鲁康公元年	十	二十七
十八	十一 城商塞。卫鞅围固阳，降之。	二十 归赵邯郸。	八 申不害相。	二十四 魏归邯郸与魏盟漳水上。	十九	十一	二十八
十九	十二 初取小邑，为三十一县。令为田开阡陌。	二十一 与秦遇彤。	九	二十五	二十	十二	二十九
二十	十三 初为县，有秩吏。	二十二	十 韩姬弑其君悼公。	赵肃侯元年	二十一	十三	三十
二十一	十四 初为赋。	二十三	十一 昭侯如秦。	二	二十二	十四	三十一
二十二	十五	二十四	十二	三 公子范袭邯郸，不胜，死。	二十三	十五	三十二
二十三	十六	二十五	十三	四	二十四	十六	三十三 杀其大夫牟辛。
二十四	十七	二十六	十四	五	二十五	十七	三十四

（续表）

周	秦	魏献子	韩宣子	赵简子	楚	燕	齐
二十五 诸侯会。	十八	二十七 丹封名会。丹，魏大臣也。	十五	六	二十六	十八	三十五 田忌袭齐，不胜。
二十六 致伯秦。	十九 城武城，从东方。壮丘来归。天子致伯。	二十八	十六	七	二十七 鲁景公偃元年	十九	三十六
二十七	二十 诸侯毕贺。会诸侯于泽。朝天子。	二十九 中山君为相。	十七	八	二十八	二十	齐宣王辟强元年
二十八	二十一 马生人。	三十 齐虏我太子申，杀将军庞涓。	十八	九	二十九	二十一	二 败魏马陵。田忌、田婴、田盼将，孙子为师。
二十九	二十二 封大良造商鞅。	三十一 秦商君伐我，虏我公子卬。	十九	十	三十	二十二	三 与赵会，伐魏。
三十	二十三 与晋战岸门。	三十二 公子赫为太子。	二十	十一	楚威王熊商元年	二十三	四
三十一	二十四 秦大荔围合阳。孝公薨。商君反，死彤地。	三十三 卫鞅亡归我，怒弗内。	二十一	十二	二	二十四	五

（续表）

周	秦	魏献子	韩宣子	赵简子	楚	燕	齐
三十二	秦惠文王元年 楚、韩、赵、蜀人来。	三十四	二十二 申不害卒。	十三	三	二十五	六
三十三 贺秦。	二 天子贺。行钱。宋太丘社亡。	三十五 孟子来，王问利国，对曰："君不可言利。"	二十三	十四	四	二十六	七 与魏会平阿南。
三十四	三 王冠。拔韩宜阳。	三十六	二十四 秦拔我宜阳。	十五	五	二十七	八 与魏会于甄。
三十五	四 天子致文武胙。魏夫人来。	魏襄王元年 与诸侯会徐州，以相王。	二十五 旱。作高门，屈宜臼曰："昭侯不出此门。"	十六	六	二十八 苏秦说燕。	九 与魏会徐州，诸侯相王。
三十六	五 阴晋人犀首为大良造。	二 秦败我雕阴。	二十六 高门成，昭侯卒不出此门。	十七	七 围齐于徐州。	二十九	十 楚围我徐州。
三十七	六 魏以阴晋为和，命曰宁秦。	三 伐赵。卫平侯元年。	韩宣惠王元年	十八 齐、魏伐我，我决河水浸之。	八	燕易王元年	十一 与魏伐赵。
三十八	七 义渠内乱，庶长操将兵定之。	四	二	十九	九	二	十二

（续表）

周	秦	魏献子	韩宣子	赵简子	楚	燕	齐
三十九	八 魏入少梁、河西地于秦。	五 与秦河西地、少梁。秦围我焦、曲沃。	三	二十	十	三	十三
四十	九 度河，取汾阴、皮氏。围焦，降之。与魏会应。	六 与秦会应。秦取汾阴、皮氏。	四	二十一	十一 魏败我陉山。	四	十四
四十一	十 张仪相。公子桑围蒲阳，降之。魏纳上郡。	七 入上郡于秦。	五	二十二	楚怀王槐元年	五	十五 宋君偃元年
四十二	十一 义渠君为臣。归魏焦、曲沃。	八 秦归我焦、曲沃。	六	二十三	二	六	十六
四十三	十二 初腊。会龙门。	九	七	二十四	三	七	十七
四十四	十三 四月戊午，君为王。	十	八 魏败我韩举。	赵武灵王元年。魏败我赵护。	四	八	十八
四十五	相张仪将兵取陕。初更元年。	十一 卫嗣君元年	九	二 城鄗。	五	九	十九

（续表）

周	秦	魏献子	韩宣子	赵简子	楚	燕	齐
四十六	二 相张仪。与齐、楚会啮桑。	十二	十 君为王。	三	六 败魏襄陵。	十 君为王。	齐湣王地元年
四十七	三 张仪免相，相魏。	十三 秦取曲沃。平周女化为丈夫。	十一	四 与韩会区鼠。	七	十一	二
四十八	四	十四	十二	五 取韩女为夫人。	八	十二	三 封田婴于薛。
慎靓王元年	五 王北游戎地，至河上。	十五	十三	六	九	燕王哙元年	四 迎妇于秦。
二	六	十六	十四 秦来击我，取鄢。	七	十 城广陵。	二	五
三	七 五国共击秦，不胜而还。	魏哀王元年。击秦不胜。	十五 击秦不胜。	八 击秦不胜。	十一 击秦不胜。	三 击秦不胜。	六 宋自立为王。
四	八 与韩、赵战，斩首八万。张仪复相。	二 齐败我观泽。	十六 秦败我修鱼，得韩将鲠申差。	九 与韩、魏击秦。齐败我观泽。	十二	四	七 败魏、赵观泽。
五	九 击蜀，灭之。取赵中都、西阳、安邑。	三	十七	十 秦取我中都、西阳、安邑。	十三	五 君让其臣子之国，愿为臣。	八

（续表）

周	秦	魏献子	韩宣子	赵简子	楚	燕	齐
六	十	四	十八	十一 秦败我将军英。	十四	六	九
周赧王元年	十一 侵义渠，得二十五城。	五 秦拔我曲沃，归其人。走犀首岸门。	十九	十二	十五 鲁平公元年	七 君哙及相子之皆死。	十
二	十二 樗里子击蔺阳，虏赵将。公子繇通封蜀。	六 秦来，立公子政为太子。与秦王会临晋。	二十	十三 秦拔我蔺，虏将赵庄。	十六 张仪来相。	八	十一
三	十三 庶长章击楚，斩首八万。	七 击齐，虏声子于濮。与秦击燕。	二十一 秦助我攻楚，围景痤。	十四	十七 秦败我将屈丐。	九 燕人共立公子平。	十二
四	十四 蜀相杀蜀侯。	八 围卫。	韩襄王元年。	十五	十八	燕昭王元年	十三
五	秦武王元年 诛蜀相壮。张仪、魏章皆死于魏。	九 与秦会临晋。	二	十六 吴广入女，生子阿，立为惠王后。	十九	二	十四
六	二 初置丞相，樗里子、甘茂为丞相。	十 张仪死。	三	十七	二十	三	十五
七	三	十一 与秦会应。	四 与秦会临晋。秦击我宜阳。	十八	二十一	四	十六

（续表）

周	秦	魏献子	韩宣子	赵简子	楚	燕	齐
八	四 拔宜阳城，斩首六万。涉河，城武遂。	十二 太子往朝秦。	五 秦拔我宜阳，斩首六万。	十九 初胡服。	二十二	五	十七
九	秦昭王元年	十三 秦击皮氏，未拔而解。	六 秦复与我武遂。	二十	二十三	六	十八
十	二 彗星见。桑君为乱，诛。	十四 秦武王后来归。	七	二十一	二十四 秦来迎妇。	七	十九
十一	三	十五	八	二十二	二十五 与秦王会黄棘，秦复归我上庸。	八	二十
十二	四 彗星见。	十六 秦拔我蒲坂、晋阳、封陵。	九 秦取武遂。	二十三	二十六 太子质秦。	九	二十一
十三	五 魏王来朝。	十七 与秦会临晋，复我蒲坂。	十 太子婴与秦王会临晋，因至咸阳而归。	二十四	二十七	十	二十二
十四	六 蜀反，司马错往诛蜀守辉，定蜀。日蚀，昼晦。伐楚。	十八 与秦击楚。	十一 秦取我穰。与秦击楚。	二十五 赵攻中山。惠后卒。	二十八 秦、韩、魏、齐败我将军唐昧于重丘。	十一	二十三 与秦击楚，使公子将，大有功。

（续表）

周	秦	魏献子	韩宣子	赵简子	楚	燕	齐
十五	七 樗里疾卒。击楚，斩首三万。魏冉为相。	十九	十二	二十六	二十九 秦取我襄城，杀景缺。	十二	二十四 秦使泾阳君来为质。
十六	八 楚王来，因留之。	二十 与齐王会于韩。	十三 齐、魏王来。立咎为太子。	二十七	三十 王入秦，秦取我八城。	十三	二十五 泾阳君复归秦。薛文入相秦。
十七	九	二十一 与齐、韩共击秦于函谷。河、渭绝一日。	十四 与齐、魏共击秦。	赵惠文王元年 以公子胜为相，封平原君。	楚顷襄王元年 秦取我十六城。	十四	二十六 与魏、韩共击秦。孟尝君归，相齐。
十八	十 楚怀王亡之赵，赵弗内。	二十二	十五	二 楚怀王亡来，弗纳。	二	十五	二十七
十九	十一 彗星见。复与魏封陵。	二十三	十六 与齐、魏击秦。秦与我遂和。	三	三 怀王卒于秦，来归葬。	十六	二十八
二十	十二 楼缓免。穰侯魏冉为丞相。	魏昭王元年 秦尉错来击我襄城。	韩釐王咎元年	四 围杀主父。与齐、燕共灭中山。	四 鲁文侯元年	十七	二十九 佐赵灭中山。
二十一	十三 任鄙为汉中守。	二 与秦战，解不利。	二	五	五	十八	三十 田甲劫王，相薛文走。
二十二	十四 白起击伊阙，斩首二十四万。	三 佐韩击秦，秦败我兵伊阙。	三 秦败我伊阙，二十四万虏将喜。	六	六	十九	三十一

（续表）

周	秦	魏献子	韩宣子	赵简子	楚	燕	齐
二十三	十五 魏冉免相。	四	四	七 迎妇秦。	七	二十	三十二
二十四	十六	五	五 秦拔我宛。	八	八	二十一	三十三
二十五	十七 魏入河东四百里。	六 芒卯以诈见重。	六 与秦武遂地，方二百里。	九	九	二十二	三十四
二十六	十八 客卿错击魏，至积，取城大小六十一。	七 秦击我，取城大小六十一。	七	十	十	二十三	三十五
二十七	十九 十月为帝，十二月复为王。任鄙卒。	八	八	十一 秦拔我桂阳。	十一	二十四	三十六 为东帝，二月，复为王。
二十八	二十	九 秦拔我新垣、曲阳之城。	九	十二	十二	二十五	三十七
二十九	二十一 魏纳安邑及河内。	十 宋王死我温。	十 秦败我兵夏山。	十三	十三	二十六	三十八 齐灭宋。
三十	二十二 蒙武击齐。	十一	十一	十四 与秦会中阳。	十四 与秦会宛。	二十七	三十九 秦拔我列城九。
三十一	二十三 尉斯离与韩、魏、燕、赵共击齐，破之。	十二 与秦击齐济西。与秦王会西周。	十二 与秦击齐济西。与秦王会西周。	十五 取齐昔阳。	十五 取齐淮北。	二十八 与秦、三晋击齐，燕独入至临淄，取其宝器。	四十 五国共击湣王，王走莒。

（续表）

周	秦	魏献子	韩宣子	赵简子	楚	燕	齐
三十二	二十四 与楚会穰。	十三 秦拔我安城，兵至大梁而还。	十三	十六 与秦王会穰。	十六	二十九	齐襄王法章元年
三十三	二十五	十四 大水。卫怀君元年。	十四 与秦会两周间。	十七 秦拔我两城。	十七	三十	二
三十四	二十六 魏冉复为丞相。	十五	十五	十八 秦拔我石城。	十八	三十一	三
三十五	二十七 击赵，斩首二万。地动，坏城。	十六	十六	十九 秦败我军，斩首三万。	十九 秦击我，与秦汉北及上庸地。	三十二	四
三十六	二十八	十七	十七	二十 与秦会渑池，蔺相如从。	二十 秦拔鄢、西陵 。	三十三	五 杀燕骑劫。
三十七	二十九 白起击楚，拔郢，更东至竟陵，以为南郡。	十八	十八	二十一	二十一 秦拔我郢，烧夷陵，王亡走陈。	燕惠王元年	六
三十八	三十 白起封为武安君。	十九	十九	二十二	二十二 秦拔我巫、黔中。	二	七
三十九	三十一	魏安釐王元年 秦拔我两城。封弟公子无忌为信陵君。	二十	二十三	二十三 秦所拔我江旁反秦。	三	八

（续表）

周	秦	魏献子	韩宣子	赵简子	楚	燕	齐
四十	三十二	二 秦拔我两城，军大梁下，韩来救，与秦温以和。	二十一 暴鸢救魏，为秦所败，走开封。	二十四	二十四	四	九
四十一	三十三	三 秦拔我四城，斩首四万。	二十二	二十五	二十五	五	十
四十二	三十四 白起击魏华阳军，芒卯走，得三晋将，斩首十五万。	四 与秦南阳以和。	二十三	二十六	二十六	六	十一
四十三	三十五	五 击燕。	韩桓惠王元年	二十七	二十七 击燕。鲁顷公元年。	七	十二
四十四	三十六	六	二	二十八 蔺相如攻齐，至平邑。	二十八	燕武成王元年	十三
四十五	三十七	七	三	二十九 秦拔我阏与。赵奢将击秦，大败之，赐号曰马服。	二十九	二	十四 秦击我刚寿。
四十六	三十八	八	四	三十 秦击我阏与，城不拔。	三十	三	十五
四十七	三十九	九 秦拔我怀。	五	三十一	三十一	四	十六

（续表）

周	秦	魏献子	韩宣子	赵简子	楚	燕	齐
四十八	四十 太子质于魏者死，归葬芷阳。	十	六	三十二	三十二	五	十七
四十九	四十一	十一 秦拔我廪丘。	七	三十三	三十三	六	十八
五十	四十二 宣太后薨，安国君为太子。	十二	八	赵孝成王元年 秦拔我三城，平原君相。	三十四	七 齐田单拔中阳。	十九
五十一	四十三	十三	九 秦拔我陉。城汾旁。	二	三十五	八	齐王建元年
五十二	四十四 秦攻韩，取南阳。	十四	十 秦击我太行。	三	三十六	九	二
五十三	四十五 秦攻韩，取十城。	十五	十一	四	楚考烈王元年 秦取我州。黄歇为相。	十	三
五十四	四十六 王之南郑。	十六	十二	五 使廉颇拒秦于长平。	二	十一	四
五十五	四十七 白起破赵长平，杀卒四十五万。	十七	十三	六 使赵括代廉颇将，白起破括四十五万。	三	十二	五
五十六	四十八	十八	十四	七	四	十三	六
五十七	四十九	十九	十五	八	五	十四	七

（续表）

周	秦	魏献子	韩宣子	赵简子	楚	燕	齐
五十八	五十 王龁、郑安平围邯郸，及龁还军，拔新中。	二十 公子无忌救邯郸，兵解去。	十六	九 秦围我邯郸，楚、魏救我。	六 春申君救赵。	燕孝王元年。	八
五十九	五十一	二十一 韩、魏楚救赵新中，秦兵罢。	十七 秦击我阳城。救赵新中。	十	七 救赵新中。	二	九
	五十二 取西周王。	二十二	十八	十一	八 取鲁，鲁君封于莒。	三	十
	五十三	二十三	十九	十二	九	燕王喜元年	十一
	五十四	二十四	二十	十三	十 徙于钜阳。	二	十二
	五十五	二十五 卫元君元年	二十一	十四	十一	三	十三
	五十六	二十六	二十二	十五 平原君卒。	十二 柱国景伯死。	四 伐赵，赵破我军，杀栗腹。	十四
	秦孝文王元年	二十七	二十三	十六	十三	五	十五
	秦庄襄王楚元年	二十八	二十四 秦拔我成皋、荥阳。	十七	十四 楚灭鲁，顷公迁下邑，为家人，绝祀。	六	十六
	二 蒙骜击赵榆次、新城、狼孟，得三十七城。日蚀。	二十九	二十五	十八	十五 春申君徙封于吴。	七	十七

（续表）

周	秦	魏献子	韩宣子	赵简子	楚	燕	齐
	三 王齮击上党。初置太原郡。魏公子无忌率五国却我军河外，蒙骜解去。	三十 无忌率五国兵，败秦军河外。	二十六 秦拔我上党。	十九	十六	八	十八
	始皇帝元年	三十一	二十七	二十 秦拔我晋阳。	十七	九	十九
	二	三十二	二十八	二十一	十八	十	二十
	三 蒙骜击韩，取十三城。王齮死。	三十三	二十九 秦拔我十二城。	赵悼襄王偃元年	十九	十一	二十一
	四 七月，蝗蔽天下。百姓纳粟千石，拜爵一级。	三十四 信陵君死。	三十	二 太子从质秦归。	二十	十二 赵拔我武遂、方城。	二十二
	五 蒙骜取魏酸枣二十城。初置东郡。	魏景湣王元年 秦拔我二十城。	三十一	三 赵相、魏相会鲁柯，盟。	二十一	十三 剧辛死于赵。	二十三
	六 五国共击秦。	二 秦拔我朝歌。卫从濮阳徙野王。	三十二	四	二十二 王东徙寿春，命曰郢。	十四	二十四
	七 彗星见北方、西方。夏太后薨。蒙骜死。	三 秦拔我汲。	三十三	五	二十三	十五	二十五

（续表）

周	秦	魏献子	韩宣子	赵简子	楚	燕	齐
	八 嫪毐封长信侯。	四	三十四	六	二十四	十六	二十六
	九 彗星见，竟天。嫪毐为乱，迁其舍人于蜀。彗星复见。	五 秦拔我垣、蒲阳衍。	韩王安元年	七	二十五 李园杀春申君。	十七	二十七
	十 相国吕不韦免。齐、赵来，置酒。太后入咸阳。大索。	六	二	八 入秦置酒。	楚幽王悼元年	十八	二十八 入秦置酒。
	十一 吕不韦之河南。王翦击阏与、邺，取九城。	七	三	九 秦拔我阏与、邺，取九城。	二	十九	二十九
	十二 发四郡兵助魏击楚。吕不韦卒。复嫪毐舍人迁蜀者。	八 秦助我击楚。	四	赵王迁元年	三 秦、魏击我。	二十	三十
	十三 桓齮击平阳，杀赵扈辄，斩首十万，因东击赵。王之河南。彗星见。	九	五	二 秦拔我平阳，败扈辄，斩首十万。	四	二十一	三十一

（续表）

周	秦	魏献子	韩宣子	赵简子	楚	燕	齐
	十四 桓齮定平阳、武城，宜安。韩使非来，我杀非。韩王请为臣。	十	六	三 秦拔我宜安。	五	二十二	三十二
	十五 兴军至邺。军至太原，取狼孟。	十一	七	四 秦拔我狼孟、鄱吾，军邺。	六	二十三 太子丹质于秦，亡来归。	三十三
	十六 置丽邑。发卒受韩南阳地。	十二 献城秦。	八 秦来受地。	五 地大动。	七	二十四	三十四
	十七 内史腾击得韩王安，尽取其地，置颍川郡。华阳太后薨。	十三	九 秦虏王安。	六	八	二十五	三十五
	十八	十四 卫君角元年	秦灭韩。	七	九	二十六	三十六
	十九 王翦拔赵，虏王迁之邯郸。帝太后薨。	十五		八 秦王翦虏王迁邯郸，公子嘉自立为代王。	十 幽王卒，弟郝立为哀王。三月，负刍杀哀王。	二十七	三十七
	二十 燕太子使荆轲刺王，觉之。王翦将击燕。	魏王假元年		代王嘉元年	楚王负刍元年 负刍，哀王庶兄。	二十八 太子丹使荆轲刺秦王，秦伐我。	三十八

（续表）

周	秦	魏献子	韩宣子	赵简子	楚	燕	齐
	二十一 王贲击楚。	二		二	二 秦大破我，取十城。	二十九 秦拔我蓟，得太子丹，徙王辽东。	三十九
	二十二 王贲击魏，得其王假，尽取其地。	三 秦虏王假。		三	三	三十	四十
	二十三 王翦、蒙武击破楚军，杀其将项燕。			四	四 秦破我将项燕。	三十一	四十一
	二十四 王翦、蒙武破楚，虏其王负刍。			五	五 秦虏王负刍。	三十二	四十二
	二十五 王贲击燕，虏王喜。又击代，虏王嘉。五月，天下大酺。			六 秦将王贲虏王嘉，秦灭赵。	秦灭楚。	三十三 秦虏王喜，拔辽东。	四十三
	二十六 王贲击齐，虏王建。初并天下，立为皇帝。					秦灭燕。	四十四 秦虏王建。

（续表）

周	秦	魏献子	韩宣子	赵简子	楚	燕	齐
	二十七 更命河为“德水。”为金人十二。命民曰“黔首”。同天下书。分为三十六郡。						秦灭齐。
	二十八 为阿房宫。之衡山。治驰道。帝之琅邪，道南郡入。为太极庙。赐户三十，爵一级。						
	二十九 郡县大索十日。帝之琅邪，道上党入。						
	三十						
	三十一 更命腊曰“嘉平”。赐黔首里六石米、二羊，以嘉平。大索二十日。						
	三十二 帝之碣石，道上郡入。						

（续表）

周	秦	魏献子	韩宣子	赵简子	楚	燕	齐
	三十三 遣诸逋亡及贾人、赘婿略取陆梁，为桂林、南海、象郡，以谪戍。西北取戎为三十四县。						
	三十四 谪治狱吏不直者，筑长城。及南方越地。覆狱故失。						
	三十五 为直道，道九原，通甘泉。						
	三十六 徙民于北河、榆中、耐徙三处。						
	三十七 十月，帝之会稽、琅邪，还至沙丘崩。子胡亥立，为二世皇帝。杀蒙恬。道九原入。复行钱。						

（续表）

周	秦	魏献子	韩宣子	赵简子	楚	燕	齐
	二世元年十月戊寅，大赦罪人。十一月，为兔园。十二月，就阿房宫。其九月，郡县皆反。楚兵至戏，章邯击却之。出卫君角为庶人。						
	二 将军章邯、长史司马欣、都尉董翳追楚兵至河。诛丞相斯、去疾、将军冯劫。						
	三 赵高反，二世自杀。高立二世兄子婴。子婴立，刺杀高，夷三族。诸侯入秦，婴降，为项羽所杀。寻诛羽。天下属汉。						

第二篇　中古史

第一章　极盛时代（秦汉）

第一节　读本期历史之要旨

自秦以前，神州之境，分为无数小国，其由来不可得知。历千百万年，而并为七国，其后六国又皆为秦所灭，中原遂定于一。秦又北逐匈奴，南开桂林、象郡，规模稍扩矣。天佑神洲，是生汉武，北破匈奴，西并西域，以及西羌，西南开筇僰，南扩日南、交阯，东南灭瓯、粤，东北平涉、貊。五十年间，威加率土。于是汉族遂独立于地球之上，而巍然称大国。微此两皇，中国非今之中国也。故中国之教，得孔子而后立。中国之政，得秦皇而后行。中国之境，得汉武而后定。三者皆中国之所以为中国也。自秦以来，垂二千年，虽百王代兴，时有改革，然观其大义，不甚悬殊。譬如建屋，孔子奠其基，秦、汉二君营其室，后之王者，不过随事补苴，以求适一时之用耳，不能动其深根宁极之理也。至于今日，天下之人，环而相见，各挟持其固有之文化，以相为上下，其为胜为负，岂尽今人之责哉？各食其古人之报而已矣。中国之文化，自当为东洋之一大宗。今中国之前途，其祸福正不可测。古人之功罪，亦未可定也。而秦、汉两朝，尤为中国文化之标准。以秦、汉为因，以求今日之果，中国之前途，当亦可一测识矣。此第二篇第一章之大义也。

第二节　秦始皇帝上

二十六年，王初并天下，自以为德兼三皇，功过五帝，乃更号曰“皇帝”。命为制，令为诏，自称曰“朕”。古者君臣之间，通称曰朕。追尊庄襄王为太上皇。制曰：“死而以行为谥，则是子议父，臣议君也，甚无谓。自今以来，除谥法，朕为始皇帝，二世、三世，至于万世，传之无穷。”周人置谥，秦废之。汉复置，遂沿袭至今日。初，齐威、宣之时，邹衍论著终始五德之运。及是，齐人奏之。始皇采用其说，以为周得火德，从所不胜，为水德。始改年，朝贺皆自十月朔，色尚黑，数以六为纪。案此足以知五德之说，必起于周、秦之际。王绾请分封诸子，李斯以为不可，乃止。分天下为三十六郡。秦每破诸侯，写放其宫室，作之咸阳北阪上，即九嵕诸山麓。南临渭，自雍门以东至泾、渭，雍门，今陕西岐山县。泾、渭，谓二水相交处。殿屋复道周阁相属，所得诸侯美人、钟鼓以充入之。二十七年，始皇巡陇西北地，至鸡头山，过回中焉。鸡头山，在今甘肃固原州。回中宫，在今岐山县西四十里。作信宫渭南，已，更名曰“极庙”。自极庙道通骊山，作甘泉前殿，筑甬道自咸阳属之。治驰道于天下。甘泉山，在咸阳北，因以作宫。二十八年，始皇东行郡县，上邹峄山，在今山东邹县南二十二里。立石颂功业。至泰山下，议封禅，诸儒议不合，绌之。而遂除车道，上自泰山阳至颠，立石颂德，从阴道下，禅于梁父。泰山，在今山东泰安州，梁父山，在其东南。其礼颇采太祝之祀雍上帝所用，秦之旧礼。而封藏皆秘之，世不得而记也。于是始皇遂东游海上，南登琅邪，山名，在今山东诸城县东南四十里。始皇筑台于此，以望海。大乐之。留三月，作琅邪台，立石颂德，明德意。诸方士齐人徐市等，争上书，言仙人，于是遣徐市发童男、女数千人，入海求神仙。始皇乃西南渡淮水，水名，从河南、安徽至江苏入海。之衡山南郡，衡山，在今湖南衡州。浮江至湘山，山名，今湖南湘阴县北一百六十里。遂自南郡由武关归。秦南关，今河南内乡县西。二十九年，始皇东游，至阳武博浪沙中，今河南阳武县中。韩人张良令力士操铁椎，狙击始皇，误中副车。始皇惊，求弗得，令天下大索十日。始皇遂登之罘，山名，今山东文登县东北一百八十里。刻石，旋之琅邪，道上党入。三十二年，始皇之碣石，山名，今直隶永平府东海中。使燕人卢生求羡门。仙人名。始皇巡北边，从上郡入。遣将军蒙恬，发兵三十万人，北伐匈奴。三十三年，发诸尝逋亡人、赘婿、秦人家贫子壮则出赘，赘者，犹言人身之有疣赘也。贾人为兵，略取南越陆梁地，谓南方之人，姓陆梁。置桂林、南海、象郡。今广东、广西。蒙恬斥逐匈奴，收河南地，为四十四县，筑长城，因地形，用制险塞，起临洮，至辽东，延袤万余里。于是渡河据阳山，逶迤而北，暴师于外十余年。蒙恬常居上郡统治之，威振匈奴。临洮，今甘肃岷州卫。辽东，今盛京奉天。阳山，河北之山，今山西边外。长城为中国至大之工程，观图自知之。

第三节　秦始皇帝下

三十四年，谪治狱吏不直，及覆狱故失者，筑长城，及处南越地。李斯请史官非秦记，皆烧之；非博士官所职，天下有藏《诗》《书》、百家语者，皆诣守尉杂烧之；有敢偶语《诗》《书》，弃市；以古非今者，族；所不去者，医药卜筮种树之书；若有欲学法令者，以吏为师。制曰：“可。”三十五年，使蒙恬除直道，道九原，今山西边外蒙古地。抵云阳，今陕西西安府北。堑山湮谷，数年不就。作阿房宫，东西五百步，南北五十丈，上可以坐万人，下可以建五丈之旗，周驰为阁道，自殿下直抵南山。关中有南山、北山，自甘泉连延嶻嶭、九嵕为北山，自终南、太白连延至商岭为南山。表南山之颠以为阙，为复道，自阿房度渭，属之咸阳。隐宫、徒刑者七十万人，乃分作阿房宫，或作骊山。发北山石椁，写蜀、荆地材，皆至关中，计宫三百，关外四百余。卢生等相与讥议始皇，因亡去。始皇大怒，使御史悉案问诸生，诸生传相告引，乃自除犯禁者四百六十余人，皆阬之咸阳，使天下知之以惩后。益发谪徙边。始皇长子扶苏谏曰："诸生皆诵法孔子，今上皆重法绳之，臣恐天下不安。"始皇怒，使扶苏北监蒙恬军于上郡。三十七年冬十月，始皇出游，丞相李斯、少子胡亥从。十一月，行至云梦，今湖北境内。浮江过丹阳，至钱唐，秦县，今浙江钱塘县。临浙江，水名，自安徽至浙江入海。上会稽，山名，在今浙江会稽县。立石颂德，还过吴江，水名，在今江苏吴江县。从江乘，秦县，今江南句容县北三十里。并海上北至琅邪之罘。遂并海而西，至平原津而病。今山东德州境内。始皇恶言死，群臣莫敢言死事。病益甚，乃令中车府令赵高，为书赐扶苏曰："与丧会咸阳而葬"。书已，封在赵高所，未付使者。秋七月丙寅，始皇崩于沙丘平台。秦宫名，今直隶平乡县。丞相斯为上崩在外，恐诸公子及天下有变，乃秘之，不发丧，棺载辒辌车中，车有窗牖，闭之则温，开之则凉，故名。后世遂以为天子丧车之名。故幸宦者骖乘。所至，百官奏事如故，宦者辄从车中，可其奏事，独胡亥、赵高及幸宦者五六人知之。赵高者，生而隐宫，通于狱法，仕秦为中车府令。始皇使高教胡亥决狱，胡亥幸之。赵高有罪，始皇使蒙毅治之，当死。始皇赦之，复其官。赵高既雅得幸于胡亥，又怨蒙氏，乃说胡亥，请诈以始皇命，诛扶苏而立胡亥为太子，胡亥然其计。赵高曰："不与丞相谋，恐事不能成。"乃见丞相斯曰："上赐长子书及符玺，皆在胡亥所。定太子，在君侯与高之口耳，事将何如？"斯曰："安得亡国之言，此非人臣所当议也。"高曰："君侯才能、智虑、功高、无怨、长子信之，此五者，皆孰与蒙恬？"斯曰："不及也。"高曰："然则长子即位，必用蒙恬为丞相，君侯终不怀通侯之印归乡里，明矣。胡亥仁慈笃厚，可以为嗣，愿君审计而定之。"丞相斯以为然，乃相与谋，诈为受始皇诏，立胡亥为太子。更为书赐扶苏，数以不能辟地立功，士卒多耗，数上书直言诽谤，日夜怨望，不得罢归为太子，将军蒙恬不矫正，知其谋，皆赐死，以兵属裨将王离。扶苏得书，即自杀。蒙恬不肯死，系诸阳周。秦县，今山西真宁县。会蒙毅为始皇出祷山川还至，系诸代。遂从井陉秦县，今直隶井陉县。抵九原，至咸阳发丧。太子胡亥袭位。九月，葬始皇于骊山，下锢三泉，奇器珍怪，徙藏满之，令匠作机弩，有穿近者辄射之，以水银为百川、江河、大海，机相灌注，上具天文，下具地理，后宫无子者，皆令从死。葬既下，或言工匠为机，藏皆知之，藏重即泄大事，尽闭之墓中。杀将军蒙毅及内史蒙恬。

第四节　秦二世皇帝

元年春，二世东行郡县，李斯从。到碣石，并海南至会稽，而尽刻始皇所立刻石旁，著大臣从者名，以章先帝成功盛德而还。夏四月，二世至咸阳，谓赵高曰："夫人居世间也，譬犹骋六骥过决隙也。吾既已临天下矣，欲悉耳目之所好，穷心志之所乐，以终吾年寿，可乎？"高曰："此贤主之所能行，而昏乱主之所禁也。虽然，有所未可。夫沙丘之谋，诸公子及大臣皆疑焉，而诸公子尽帝兄，大臣又先帝之所置也。今陛下初立，此其属意怏怏皆不服，恐为变，陛下安得为此乐乎？"二世曰："为之奈何？"高曰："陛下严法而刻刑，令有罪者相坐，诛灭大臣及宗室，尽除先帝之故臣，更置陛下之亲信者，则害除而奸谋塞，陛下可高枕肆志宠乐矣。"二世然之，乃更为法律，务益刻深，大臣、诸公子有罪，辄下高鞫之。于是公子十二人，僇死咸阳市，十公主磔死于杜，今西安府东南十五里。财物入于县官，犹言公家也。相连逮者不可胜数。二世以为群臣忧死不暇，不得为变，复作阿房宫。尽征材士五万人，为屯卫咸阳，令教射，狗马禽兽，当食者多，谓材士及狗马。度不足，下调郡县，转输菽粟刍藁，皆令自赍粮食，咸阳三百里内，不得食其谷。用法益刻深，天下不安。七月，戍卒陈胜等反，山东少年苦秦吏，皆杀其守尉令丞反，以应陈涉，不可胜数也。谒者使东方来，以反者闻二世，二世怒，下吏。后使者至，上问，对曰："群盗郡守尉方逐捕，今尽得，不足忧。"上乃悦。二年冬，陈涉所遣周章等，西至戏。水名，今陕西临潼县东。二世大惊，乃赦骊山徒，使少府章邯将以击之。时赵高专恣用事，以私怨诛杀人众多，恐大臣入朝奏事言之，乃说二世曰："先帝临制天下久，故群臣不敢为非，进邪说。今陛下初即位，富于春秋，奈何与公卿廷决事？事有误，示群臣短也。天子称朕，固不闻声。"于是二世常居禁中，事皆决于赵高。高闻李斯将以为言，乃见丞相曰："关东群盗多，今上急益发徭治阿房宫，聚狗马无用之物。臣欲谏，为位贱，此真君侯之事，君何不谏？"李斯曰："固也，吾欲言之久矣。今时上不坐朝廷，常居深宫，吾所言者，不可传也，欲见无间。"赵高曰："君诚能谏，请为君候上间语君。"于是赵高侍二世方燕乐，妇女居前，使人告丞相，上方闲，可奏事。丞相至宫门上谒，如此者三。二世怒曰："吾常多闲日，丞相不来，吾方燕私，丞相辄来请事，丞相岂少我哉？且固我哉？"赵高因曰："夫沙丘之谋，丞相与焉。今陛下已为帝，而丞相贵不益，此其意亦望裂地而王矣。且陛下不问臣，臣不敢言，丞相长男李由为三川守，楚盗陈胜等，皆丞相傍县之子，以故楚盗公行过三川，城守不肯击。高闻其文书相往来，未得其审，故未敢以闻。"二世以为然，乃使人按验三川守与盗通状。李斯闻之，因上书言赵高之短，二世不听。时盗贼益多，右丞相冯去疾、左丞相李斯、将军冯劫请止阿房宫，减省四边戍转。二世大怒，下去疾、斯、劫吏，去疾、劫自杀，独李斯就狱。二世以属赵高治之，责斯与子由谋反状，皆收捕宗族、宾客。赵高治斯，榜掠千余，不胜痛，自诬服，奏当上。二世喜曰："微赵君，几为丞相所卖。"及二世所使案三川守由者至，则楚兵已击杀之。使者来，会丞相下吏，皆妄为反辞，以相附会。遂具斯五刑论，腰斩咸阳市，夷三族。初，赵高前数言关东盗无能为也，至是关以东，大抵尽畔秦。沛公已屠武关，使人私于高。高惧诛，乃阴与其婿阎乐，其弟赵成谋，诈为有大贼，令乐召吏发卒将千余人，至望夷宫。二世请与妻子为黔首，不许，二世自杀。赵高立公子婴，复称王。子婴与二子谋，刺杀高于斋宫，三族高家，以徇咸阳。子婴为秦王四十六日，沛公军至霸上，子婴系颈以组，白马素车，奉天子玺符，降轵道旁，亭名，在长安东十三里。秦亡。秦凡二帝十五年。

第五节　秦于中国之关系上

秦自始皇二十六年并天下，至二世三年而亡，凡十五年，时亦促矣。而古人之遗法，无不革除，后世之治术，悉已创导，甚至专制政体之流弊，秦亦于此匆匆之十五年间，尽演出之，诚天下之大观也。今试举前节所引，一一复案之，即可得其实证。并天下，一也；三代之王，仅易一王室耳，前代之诸侯自若也。号皇帝，二也；古人皆谓皇帝之称始于秦始皇，然《书·吕刑》云：皇帝哀矜庶戮之不辜，皇帝清问下民。是皇帝之称，唐尧已有之。今疑古人天子对异族则称皇帝，对本族则称帝，稍有尊卑亲疏之别。至秦乃一切自号皇帝耳。自称曰朕，三也；命为制，令为诏，四也；尊父曰太上皇，五也；秦尊之于死后，汉奉之于生前，其制稍别。天下皆为郡县，子弟无尺土之封，六也；并天下为尽取人之所有，废封建、置郡县为不复共之于人，故其事为二，非一事也。夷三族之刑，七也；三族：父母、兄弟、妻子也。始于秦文公二十年，至始皇以后，乃为大臣得罪所必有之事。相国、丞相、太尉、御史大夫、奉常、即太常。郎中令、大夫、卫尉、太仆、廷尉、鸿胪、宗正、内史、少府、詹事、典属国、监御史、仆射、侍中、尚书、博士、郎中、侍郎、郡守、郡尉、县令皆秦官，八也；后世虽仍秦官之名，而其官之职则与秦甚异。大约汉人与秦同者十八九，愈后愈不同。如仆射、侍中、尚书、侍郎皆秦之散秩，而后世乃为政府大臣之号，惟外官无大异耳。此条见《汉书·百官公卿表》。朝仪，九也；《汉书·叔孙通传》称，通杂采古礼与秦仪为汉制礼。今观本传所述，廷中陈车骑，步卒、卫官设兵张旗志，殿下郎中侠陛，陛数百人，功臣、列侯、诸将军、军吏以次陈西方，东乡；文官丞相以下陈东方，西乡（文武之分始此）。于是皇帝辇出房，百官执戟传警，引诸侯王以下至吏六百石，以次奉贺，自诸侯王以下莫不震恐肃敬，至礼毕尽伏（君坐臣跪始此）。于是高帝曰“吾乃今日知为皇帝之贵也”云云。案此段所陈，绝非古礼，盖叔孙通实袭秦仪，而伪称杂采古礼耳。然后世君臣之际，则以此为定制矣。律，十也。《汉书·刑法志》萧何杂摭秦法，作律九章。此十者，皆秦人革古创今之大端也。

第六节　秦于中国之关系下

今案秦政之尤大者，则在宗教。始皇之相为李斯，司马迁称斯学帝王之术于荀子，斯既知六艺之归，则斯之为儒家可知。世之疑斯者，因斯《督责书》有曰：“惟明主能灭仁义之途，荦然独行其恣睢之心。”此非儒者所忍出口，斯而言此，似斯已背其师。李斯事，均见《史记》本传。不知荀子实尝以持宠固位，终身不厌之术，为臣事君之宝。《荀子·仲尼篇》。则李斯之言，亦实行荀子持宠固位之术而已，何背师之有？始皇既以儒者为相，则当有儒者之政。观其大一统，尊天子，抑臣下，制礼乐，齐律度，同文字，秦李斯作小篆，程邈作隶，赵高作《爰历篇》，蒙恬作兔豪之笔，盖图籍繁矣。攘夷狄，信灾祥，尊贞女，《史记·货殖传》：巴寡妇清能用财自卫，不遭强暴，始皇以为贞妇而客之，为筑女怀清台。又秦刻石，往往以禁止淫佚，男女有别为言。重博士，《史记·始皇本纪》：非博士官所职，天下敢有藏《诗》《书》、百家语者，悉诣守尉杂烧之。是所烧者民间之书，而博士之诵《诗》《书》、百家自若也。故始皇时每有建设，博士常与议。汉初诸经师，亦多故秦博士。此足为秦重博士之证。三十五年阬儒之令，乃因卢生之狱所致，不然天下儒者，其数岂止四百六十余人哉？惟始皇、李斯之本意，在误以《诗》《书》为帝王之术，故己之外必不愿他人习之，此其所以为愚耳。无不同于儒术。惟李斯之学，出于荀子，始皇父子，雅信韩非。始皇读韩非《孤愤》《五蠹》之书，有得与之游，死不恨矣之叹；二世责李斯亦曰：“吾有闻于韩子”云云。韩非之学，亦出于荀子，荀子出于仲弓，《荀子》书中称为子弓。其实乃孔门之别派也。观《荀子·非十二子篇》，子思、孟子、子夏、子游、子张，悉加丑诋，而己所独揭之宗旨，乃为性恶一端。夫性既恶矣，则君臣、父子、夫妇、兄弟、朋友之间，其天性本无所谓忠、孝、慈、爱者，而弑夺杀害，乃为情理之常，于此而欲保全秩序，舍威刑劫制末由矣。本孔子专制之法，行荀子性恶之旨，在上者以不肖待其下，无复顾惜；在下者亦以不肖自待，而蒙蔽其上。自始皇以来，积二千余年，中国社会之情状，犹一日也。社会若此，望其乂安，自不可得。不惟此二千年间所受之祸，不可胜数而已，即以秦有天下十五年间言之，其变亦惨矣。荆轲之剑，渐离之筑，博浪之椎，一也。身死未寒，宰相、宦官遂废遗诏，杀太子，立庶孽，诛重臣，乱臣贼子，相顾而笑，不知置君父于何地，二也。公子十二人，戮死咸阳市，十公主磔死于杜，仰天大呼，流涕拔剑，始皇之子尽矣，三也。望夷宫中，求生为黔首而不可得，仅得以黔首礼，葬于杜南，此固秦之二世皇帝也，四也。项羽入咸阳，杀子婴及秦诸公子、宗族，遂屠咸阳，烧其宫室，虏其子女，收其珍宝财货，诸侯共分之，五也。事并见《史记》。夫专制者，所以为富贵，而其极，必并贫贱而不可得，嬴氏可为列朝皇室之鉴戒矣。至于李斯、赵高辈，皆助成始皇、二世之政治者，而李斯则具五刑，黄犬东门之哭，《史记·李斯传》：斯临刑，顾谓其中子曰："吾欲与若复牵黄犬，出上蔡东门逐狡兔，岂可得乎？"遂父子相哭，而夷三族。千古为之增悲；赵高亦夷三族，以徇咸阳，亦何益之有哉！凡此者，不能不叹秦人择教之不善也。然秦之宗教，不专于儒，大约杂采其利己者用之。神仙之说，起于周末，言人可长生不死，形化上天，此为言鬼神之进步，而始皇颇信其说，卢生、徐市之徒，与博士、诸生并用。并见《史记·封禅书》《秦始皇本纪》。中国国家，无专一之国教，孔子、神仙、佛，以至各野蛮之鬼神，常并行于一时一事之间，殆亦秦人之遗习欤。

第七节　受命之新局

自汉以前，无起匹夫而为天子者。凡一姓受命，其先必为诸侯，积德累功，数百余年，而后有天下。其未有天下也，兆民之望，已集之久矣。且自黄帝至秦，皇室实皆一系也。黄帝为少典之子，《国语》称炎帝、黄帝皆少典之子，其母亦皆有娲氏，是炎帝、黄帝亦为同系，未可知也，惟未得确证耳。少典为有熊国君，《史记·五帝本纪》《集解》引谯周说。有熊国，在今河南。是其先，已为诸侯。自黄帝有天下，其后世相传者，年代绵远。少昊，黄帝之子也；颛顼，黄帝之孙也；帝喾，黄帝之曾孙也；此据《史记》之文。《礼记·祭法》孔《疏》引《春秋历命序》，其黄帝、少昊、颛顼、帝喾之间，相隔甚远，与《史记》不同，然亦未言非一系也，殆亦犹虞、夏、殷、周之于黄帝耳。帝尧，黄帝之玄孙也；帝舜，黄帝七世孙也；夏禹，黄帝之玄孙也。商出于契，契为帝喾子，契亦黄帝之玄孙也。周出于弃，弃亦帝喾子，弃亦黄帝之玄孙也。秦出于柏翳，《史记·秦本纪》《索隐》：柏翳、伯益是一人无疑。为颛顼之苗裔，是亦黄帝之后也。自黄帝至秦，亘数千年，王天下者，皆出于一家。遥想其时之风俗，必以为惟此一族之人，可以受天命，作天子，别族皆为天所不眷，其习俗略与日本同焉。故读秦以前之书，其言治民之道甚悉，而无有忧民之革命者，天子所忧者在诸侯，诸侯所忧者在大夫而已。夫天下之变，苟为其前世之所无，则虽大祸起于目前，而圣贤豪杰，或狃于故事而不觉。此六艺九流，所以不能知有匹夫受命之事，而匹夫受命之事，乃猝见于秦之季世也。自此以后，为天子者不必古之贵族，百姓与民之界，至此尽泯，而成为今日之世矣。然求其至此之由，则实由于政体。盖秦以前诸侯并列，天子之暴，有诸侯起而救之，遂为商汤、周武之局；至秦之后，天下无诸侯，天子之暴，必由兆民起而自救之，遂为汉高、明太之局。此中国古今革命之大界也。今详秦汉之际之世变如下。

第八节 天下叛秦上

考始皇晚年之世局，政府虽不知大乱之将起，而民间实已萌倾覆皇室之心。始皇三十六年，有坠石下东郡，至地为石，或刻其石曰：“始皇帝死而地分。”同时使者从关东，夜过华阴平舒道，今陕西华阴县。有人持璧遮使者曰：“为吾遗滈池君。”水神之号。因言曰：“今年祖龙死。”谓始皇。使者问其故，因忽不见。此皆欲谋叛秦者，托为神鬼恍惚之说，以摇动天下之耳目也。盖秦自孝公以来，刻薄寡恩，天下之不乐为秦民久矣。始皇、二世，益之以兴作，阿房、骊山，徒数十百万，离宫别馆，遍于天下，北筑长城。斯时之民，内困于赋税，外胁于威刑，力竭于土木，命尽于甲兵，乃不得不为万一侥幸之计。其始苟为群盗而已，周时已有群盗，如《左传》崔蒲之盗，《列子》狐父之盗，《孟子》《庄子》之盗跖是也。其后亦咸知秦之必亡。盖运会所开，人心感于不自知也。二世元年，楚人陈胜、吴广，将戍渔阳，秦郡，今直隶东境。会天大雨，道不通，度已失期，失期，法皆斩，乃率众作乱于蕲，今安徽宿州南。诈称公子扶苏、楚将项燕，号大楚，取陈今河南陈州府。据之。魏名士张耳、陈馀属之，诸郡县争杀长吏，以应胜。胜自立为楚王，使吴广监诸将，以击荥阳。秦县，今河南荥泽县。或以反者闻于秦，秦以为群盗不足忧。陈胜以所善陈人武臣为将军，张耳、陈馀为校尉，使徇赵地；又使周市徇魏地，使周文西击秦。二世大惊，遣章邯拒之，走周文。武臣至赵，自立为赵王。使韩广略燕地，广亦自立为燕王。会稽守殷通，欲起兵应陈胜，以项燕之子梁为将，梁使兄子籍斩通，籍，字羽，史或称项羽。佩其印绶，举吴今江苏苏州府。中兵，得八千人，梁自为会稽守，籍为裨将，徇下县。

第九节　天下叛秦下

沛秦县，今江苏沛县。人刘邦，豁达有大度，不事家人产业，沛中子弟，多欲附者。沛令欲以沛应陈胜，县吏萧何、曹参，劝令召刘邦，邦已有众数十百人，令悔，闭城。沛父老子弟杀令，迎邦，立为沛公。萧、曹等为收众，得三千人，以应诸侯。后韩人张良来属，数说邦以太公望兵法，沛公善之，常用其策。良与他人言，辄不省。良曰："沛公殆天授。"遂从不去。齐人田儋，故齐王族也，与从弟荣，皆豪健，能得人，儋自立为齐王，略定齐地。楚将周市定魏地，迎魏咎于陈，立为魏王。二世二年，章邯连败楚军，周文走死。吴广、陈胜，皆为其下所杀。赵将李良，杀武臣以降秦，张耳、陈馀求故赵之后，得赵歇，立为赵王。项梁渡江而西，六秦县，今安徽六安州。人黥布及沛公，以其兵属之。居巢秦县，今安徽巢县。人范增，年七十，好奇计，往说梁曰："陈胜首事，不立楚后而自立，其势不长。今君起江东，谓大江东南之地。楚蜂起之将，争附君者，以君世世楚将，为能复立楚之后也。"梁然之，求得楚怀王孙心于民间，立为楚王，取祖谥为号，谓之怀王，都盱眙。秦县，今安徽盱眙县。张良劝梁立韩后，梁使良立韩公子成为韩王，西略韩地。至此六国后皆立。章邯伐魏，齐、楚救之，齐王田儋、魏王咎、周市皆败死。田荣立儋子市为齐王而相之。项梁再破秦军，有骄色，宋义谏不听，与章邯战，败死。怀王徙都彭城，秦县，今江苏徐州府治。立魏咎弟豹为魏王。秦军破赵，围赵王于钜鹿。秦县，今直隶平乡县。怀王以宋义为上将，项籍为次将，以救赵。二世二年，义至安阳，秦县，今山东曹县东。项籍数宋义而杀之，领其众渡河，沉船，破釜甑，烧庐舍，持三日粮，以示士卒必死，无一还心。于是至则围王离，与秦军遇，九战，绝其甬道，大破之，杀苏角，虏王离，涉间不降楚，自烧杀。当是时，楚兵冠诸侯，诸侯军救钜鹿者十余壁，莫敢纵兵，及楚击秦，诸将皆从壁上观。楚战士无不一以当十，楚兵呼声动天，诸侯军无不人人惴恐。于是已破秦军，项籍召见诸侯将，诸侯将入辕门，无不膝行而前，莫敢仰视。项籍由是为诸侯上将军，诸侯皆属焉。时章邯军棘原，秦县，在钜鹿南。相持未战。二世使人让章邯，邯恐，使长史欣请事。至咸阳，留司马门三日，赵高不见，有不信之心。欣恐，还走其军，劝章邯叛秦。陈馀亦遗章邯书，劝邯以白起、蒙恬为戒。邯乃与项籍期洹水南殷虚上，今河南安阳县。已盟，章邯见项籍而流涕，为言赵高，项籍乃立章邯为雍王。初，楚怀王与诸将约，先入定关中者王之。时秦兵尚强，诸将莫利先入关，独项籍怨秦杀项梁，奋愿入关。诸老将皆曰："籍为人僄悍猾贼，独沛公宽大长者，可遣。"王乃遣沛公伐秦，张良以韩兵从沛公。沛公略南阳，秦郡，今湖北襄阳府北境。引兵而西，败秦兵于峣关。今陕西蓝田县东南。明年，秦王子婴元年。至霸上，子婴降。诸将或言诛子婴，沛公曰："怀王遣我，固以能宽容，且人已降，杀之不祥。"乃以属吏。沛公西入咸阳，见秦宫室、帷帐、重宝、妇女，欲留居之。樊哙谏曰："此皆秦之所以亡也，愿急还霸上，无留宫中。"沛公不听，张良曰："为天下除残贼，宜缟素为资。今始入秦，即安其乐，此所谓助桀为虐，愿听哙言。"沛公乃还霸上，悉召诸县父老豪杰，谓曰："父老苦秦苛法久矣，吾与诸侯约，先入关中者王之，吾当王关中。与父老约法三章耳：杀人者死，伤人及盗，抵罪。余悉除去秦法。"秦人大喜。

第十节　秦亡之后诸侯自相攻伐上

项籍既定河北，率诸侯欲西入关。或说沛公曰："秦富十倍天下，地形强。闻项籍号章邯为雍王，王关中，今则来，沛公恐不得有此，可急使兵守函谷关，秦之东关，今河南灵宝县南。无内诸侯军。"沛公从之。已而项籍至关，关门闭，闻沛公已定关中，大怒，使黥布等攻破函谷关。沛公左司马曹无伤，使人言项籍曰："沛公欲王关中，令子婴为相，珍宝尽有之。"项籍大怒，飨士卒，期旦日击沛公军。当是时，项籍军四十万，在新丰鸿门。今陕西临潼县。沛公兵十万，在霸上。范增说项籍曰：“沛公居山东时，贪财好色。今入关，财物无所取，妇女无所幸，此其志不在小，急击弗失。”楚左尹项伯，项籍季父也，素善张良，乃夜驰之沛公军。私见张良，具告其事，欲呼与俱去，曰：“毋俱死也。”张良曰：“臣为韩王送沛公，沛公今有急，亡去，不义，不可不语。”良乃入，具告沛公。沛公大惊，固要项伯入见，奉卮酒为寿，曰：“吾入关，秋毫不敢有所近，籍吏民，封府库，而待将军，所以遣将守关者，备他盗之出入与非常也，日夜望将军来，岂敢反乎？愿伯俱言臣之不敢倍德也。”项伯许诺，谓沛公曰：“旦日不可不蚤自来谢。”于是项伯复夜去，至军中，具以沛公言报项籍，因言曰：“沛公不先破关中，公岂敢入乎？今人有大功而击之，不义，不如因善遇之。”项籍许诺。沛公旦日，从百余骑，来见项籍鸿门，谢曰：“臣与将军勠力而攻秦，将军战河北，臣战河南，不自意能先入关破秦，得复见将军于此。今者有小人之言，令将军与臣有隙。”项籍曰：“此沛公左司马曹无伤言之，不然，籍何以至此？”项籍因留沛公与饮，范增数目项籍，举所佩玉玦以示之者三，项籍默然不应。范增起，出召项庄曰：“君王为人不忍，若入前为寿，寿毕，请以剑舞，因击沛公于坐，杀之。不者，若属皆且为所虏。”庄则入为寿，寿毕，曰：“军中无以为乐，请以剑舞。”项籍曰：“诺。”项庄拔剑起舞，项伯亦拔剑起舞，常以身翼蔽沛公，庄不得击。于是张良至军门，见樊哙。哙曰：“今日之事何如？”良曰：“今项庄拔剑舞，其意常在沛公也。”哙曰：“此迫矣，臣请入，与之同命。”哙即带剑拥盾入军门，卫士欲止不内，樊哙侧其盾以撞卫士，仆地，遂入，披帷立，瞋目视项籍。项籍按剑而跽曰：“客何为者？”张良曰：“沛公之骖乘樊哙也。”项籍曰：“壮士！赐之卮酒。”则与斗卮酒，哙拜谢，起而饮之。项籍曰：“赐之彘肩。”则与一生彘肩，樊哙覆其盾于地，加彘肩其上。拔剑切而啖之。项籍曰：“壮士！复能饮乎？”樊哙曰：“臣死且不避，卮酒安足辞？夫怀王与诸将约曰：先破秦入咸阳者，王之。今沛公先破秦入咸阳，毫毛不敢有所近，还军霸上，以待将军，劳苦而功高如此，未有封爵之赏，而听细人之说，欲诛有功之人，此亡秦之续耳，窃为将军不取也。”项籍未有以应，曰：“坐。”樊哙从良坐。须臾，沛公起如厕，因招樊哙出。于是遂去鸿门，脱身独骑，樊哙、夏侯婴、靳强、纪信等四人持剑盾，徒步走，从骊山下道芷阳间行，趣霸上。留张良使谢项籍，以白璧献籍，玉斗与亚父。沛公谓良曰：“从此道至吾军，不过二十里耳。度吾至军中，公乃入。”沛公已去，张良入谢曰：“沛公不胜杯杓，不能辞，谨使臣良奉白璧一双，再拜献将军足下；玉斗一双，再拜奉亚父足下。”项籍曰：“沛公安在？”良曰：“已至军矣。”项籍则受璧，置之坐上。亚父受玉斗，置之地，拔剑撞而破之，曰：“竖子不足与谋！夺将军天下者，必沛公也，吾属今为之虏矣。”沛公至军，立诛曹无伤。居数日，项籍引兵西屠咸阳，烧秦宫室，杀秦降王子婴。韩生说项籍曰：“关中阻山带河，四塞之地，地肥饶，可都以霸。”项籍见秦宫室皆已烧残破，又心思东归，曰：“富贵不归故乡，如衣绣夜行，谁知之者？”韩生退曰：“人言楚人沐猴而冠耳，果然。”项籍闻之，烹韩生。

第十一节　秦亡之后诸侯自相攻伐下

项籍使人致命怀王，怀王曰：“如约。”项籍怒曰：“怀王吾家所立耳，非有功伐，何以得专主约？三年灭秦定天下者，皆将相诸君与籍之力也。”春正月，项籍阳尊怀王为义帝，徙江南，都郴。秦县，今湖南郴州。此时天下之势在于项籍。项籍自立为西楚霸王，时人名郢为南楚，吴为东楚，彭城为西楚，籍都彭城，故国号西楚。王梁、楚地，战国末魏楚之地，今江苏省及山东西南境，河南东境，安徽北境。都彭城。立沛公为汉王，王巴、秦郡，今四川重庆、顺庆、保宁、绥定、夔州五府。蜀、秦郡，今四川成都、潼川二府。汉中，秦郡，今陕西汉中、兴安二府及湖北郧阳府。都南郑。秦县，今汉中府治。而三分关中，王秦降将三人，以距汉路。章邯为雍王，王咸阳以西；长史欣为塞王，王咸阳以东；董翳为翟王，王上郡。徙赵、魏、燕、齐故王，赵王歇为代王，魏王咎为西魏王，燕王韩广为辽东王，齐王田市为胶东王。更立诸将九人为王，楚将黥布为九江王，番君吴芮为衡山王，义帝柱国共敖为临江王，赵将司马卬为殷王，赵相张耳为常山王，张耳嬖臣申阳为河南王，燕将臧荼为燕王，齐将田都为齐王，故齐王建孙为济北王。代，今山西北境。西魏，今山西东境与河南西北境。辽东，今奉天南境。胶东，今山东东南境。九江，今江西东北境。衡山，今湖北东南境。临江，今湖北北境。殷，今河南北境。常山，今直隶西境。河南，今河南省城。燕，今直隶东境。齐，今山东省城。济北，今山东西北境。汉王怒，欲攻项王。萧何曰："今众弗如，百战百败。臣愿大王王汉中，养其民，以致贤人，收用巴蜀，还定三秦，天下可图也。"乃遂就国，以何为丞相。夏四月，诸侯罢戏即麾字。下兵，各就国。五月，田荣田荣、陈馀均以不肯从入关，故皆不得封。闻项王徙齐王市为胶东王，而以田都为齐王，大怒，发兵拒击田都，都亡走楚。荣留齐王市，不令之胶东，市畏项王，窃亡之国。六月，荣追击杀市于即墨，秦县，今山东即墨县。自立为齐王。是时彭越在钜野，秦县，今山东钜野县。有众万余人，无所属，荣与越将军印，使击济北。秋七月，越击杀济北王安，荣遂王三齐。又使越击楚，项王命萧公角击越，越大败楚师。张耳之国，陈馀益怒，曰："张耳与馀功等也，今张耳独王，馀独侯，此项王不平。"乃使人说田荣，请兵击张耳。田荣许之，遣兵从陈馀。项王以韩王成无功，杀之。

第十二节　楚汉相争上

项王之弃关中而归也，非真欲归故乡也，盖以己新残破关中，留都之，民必不安，乃以三降将居之，而自居彭城，以遥制三秦，为待时而动之计，其所以策汉王者周矣。讵四月诸侯兵罢麾下，五月而田荣反，乃不得不东击齐，于是天下之形势一变，而汉王乃可以还定三秦。萧何言淮阴人韩信于汉王曰："诸将易得耳，至如信者，国士无双。王欲长王汉中，无所事信；必欲争天下，非信无可与计事者，顾王策安所决耳！"王曰："吾亦欲东耳，安能郁郁久居此乎？"于是择良日，斋戒，设坛场，具礼，拜韩信为大将。礼毕，上坐。王曰："将军何以教寡人？"信曰："项王喑噁叱咤，千人皆废；然不能任属贤将，此特匹夫之勇耳。项王与人言，恭敬慈爱，言语呕呕，人有疾病，涕泣分饮食；至人有功，当封爵者，印刓敝，忍不能予，此所谓妇人之仁也。项王虽霸天下而臣诸侯，不居关中而都彭城，背义帝之约，而以亲爱王，诸侯不平，逐其故主，而王其将相，又迁逐义帝，置江南，所过无不残灭，百姓不亲附。今大王诚能反其道，任天下武勇，何所不诛？对不能任属贤将。以天下城邑封功臣，何所不服？对印刓敝不忍予。以义兵从思东归之人，何所不散？对百姓不亲附。且三秦王为秦将，将秦子弟数岁矣，所杀亡不可胜数，又欺其众降诸侯，为项王坑者二十余万，秦父兄怨此三人，痛入骨髓。此即项王王三人于关中之故，盖料其不能叛己也。大王之入武关，秋毫无所害，大王失职，入汉中，秦民无不恨者。今大王举而东，三秦可传檄而定也。"于是汉王自以为得信晚，遂部署诸将所击，留萧何收巴、蜀租，给军粮。八月，汉王引兵袭雍，再败章邯，围之废丘。秦县，雍、废丘皆在今西安府西。邯明年夏自杀。而遣诸将略地，塞王欣、翟王翳皆降。项王以故吴令郑昌为韩王，以拒汉。张良遗项王书曰："汉王欲得关中，如约即止，不敢东。"又以齐、梁反书示项王，项王以此故无西意，而北击齐。时张良在韩。二年汉王受封之第二年。十月，此时尚以十月为岁首。项王使人杀义帝于江中。陈馀袭常山，张耳败走，归汉。陈馀迎赵王于代，复为赵王，赵王德陈馀，立以为代王。陈馀为赵王弱，国初定，不之国，留傅赵王，而使夏说守代。张良自韩间行归汉，为汉谋臣。河南王申阳降汉。汉王以韩襄王孙信为韩太尉，将兵击韩王昌，昌降，因立信为韩王，将韩兵从汉王。项王自击齐，齐王荣走死，项王复立田假为齐王，坑田荣降卒，虏其老弱、妇女，烧夷城郭、室屋，齐民相聚叛之。汉王既定三秦，渡河，西魏王豹降。虏殷王司马卬，进至洛阳新城。秦县，在河南府城南。三老董公遮说曰："顺德者昌，逆德者亡，兵出无名，事故不成。项王无道，放杀其主，天下之贼也。大王宜率三军之众，为之素服，以告诸侯而伐之。"于是汉王为义帝发丧，发使告诸侯，请与讨项王。田荣弟横，立荣子广为齐王，以拒楚。项王因留，连战未能下。汉王以故得率五诸侯河南王申阳，韩王郑昌，魏王豹，殷王司马卬，代王陈馀。兵五十六万伐楚，拜彭越为魏相国，略定梁地。汉王入彭城，收其货宝、美人，日置酒高会。项王闻之，自以精兵三万还击，大破汉军，汉军入谷泗睢水死者二十余万人，水为之不流。围汉王三匝，会大风昼晦，汉王乃与数十骑遁去。汉王家室在沛，父、母、妻、子为楚军所获，于是诸侯背汉，复与楚。汉王至荥阳，诸败军皆会，萧何亦发关中卒诣荥阳，汉军复振。何守关中，为法令约束，立宗庙社稷，计关中户口，转漕调兵，未尝乏绝。汉王屡败而不困者，何之力也。是年秋，魏王豹反，韩信击虏之。

第十三节　楚汉相争下

三年冬十月，韩信、张耳以兵数万东击赵，赵王歇及陈馀闻之，聚兵井陉口，在今县东南十八里。号二十万。李左车说陈馀曰："韩信、张耳乘胜远斗，今井陉之道，车不得方轨，骑不得成列，其势粮食必在其后，臣请以奇兵三万，从间道断其辎重，足下深沟高垒，勿与战，不至十日，而二将之头，可致于麾下矣。"陈馀不听。韩信引兵未至井陉口三十里，止舍，选二千骑，人持一赤帜，蔽山而望赵军，诫曰："赵空壁逐我，若疾入赵壁，拔赵帜，立汉赤帜。"乃使万人先出，背水阵，赵军望而大笑。平旦，信建大将旗鼓，出井陉口，赵开壁击之。大战良久，信与耳佯弃旗鼓，走水上军，复疾战。赵果空壁争汉旗鼓，逐信、耳，水上军皆殊死战，不可败。所出奇兵二千骑，则驰入赵壁，皆拔赵帜，立汉赤帜。赵军既不能得信等，欲还壁，壁皆汉赤帜，见而大惊，以为汉已得赵王矣，遂乱，赵将虽斩之，不能禁也。于是汉兵夹击，大破赵军，斩陈馀，禽赵王歇。十一月，随何说九江王黥布，使反楚。项王使项声、龙且攻九江，九江军败，布与随何俱归汉，汉益布兵，与俱屯成皋。秦县，今河南汜水县。汉以陈平计，间范增于项王，项王果大疑范增。增劝项王急攻荥阳，项王不肯听。增闻项王疑之，大怒曰："天下事大定矣，君王自为之，愿赐骸骨归。"未至彭城，疽发背而死。五月，将军纪信言于汉王曰："事急矣，臣请诳楚，王可以间出。"于是陈平夜出女士东门二千人，楚因四面击之，纪信乃乘王车，曰："食尽，汉王降。"楚皆呼万岁，之城东观。以故汉王得以数十骑出西门遁去，令韩王信与周苛、魏豹、枞公守荥阳。项王见纪信，问汉王安在？曰："已出去矣。"项王烧杀纪信。汉王出荥阳，至成皋，入关收兵，复出军宛、叶间。秦二县名，今河南汝州。项王闻汉王在宛，果引兵南，汉王坚壁不与战。时彭越渡睢，水名，在今河南睢州。与项声、薛公战，杀薛公。项王乃使终公守成皋，而自东击彭越。汉王引兵北击破终公，复军成皋。六月，项王已破走彭越，乃引兵西拔荥阳，烹周苛，杀枞公，虏韩王信，时魏豹已为周苛、枞公所杀。遂围成皋。汉王逃，北渡河，驰入赵壁，夺韩信、张耳军，使张耳循行守备赵地，韩信击齐。楚既拔成皋，九月，项王留曹咎守成皋，而东击彭越。汉王既得韩信军，复大振，使郦食其说齐王广，下之。蒯彻说韩信曰："将军为将数岁，反不如一竖之功乎？"四年冬十月，信袭齐至临淄，齐王广以郦生为卖己，乃烹之，引兵走高密，秦县，今山东高密县。使使之楚，请救。楚大司马曹咎守成皋，项王戒勿与汉战，汉使人辱之，咎怒，渡兵汜水，水名，在成皋东。半渡，汉击之，大破楚军，咎及司马欣皆自刭汜水上。汉王复取成皋，军广武。山名，在荥阳西二十里，两城各在一山头。项王既定梁地，闻成皋破，引兵还，亦军广武，与汉相守数月。项王乃为俎，置太公其上，告汉王曰："今不急下，吾烹太公。"汉王曰："吾与羽约为兄弟，吾翁即若翁，必欲烹而翁，幸分我一杯羹。"于是项王乃即汉王，相与临广武间而语。

汉王数项王之罪十，一、沛公不王关中；二、杀宋义；三、擅劫诸侯入关；四、烧秦宫室，掘始皇冢，私收其财；五、杀子婴；六、坑秦降卒；七、王诸将善地，而徙逐故主；八、并王梁、楚，自多与；九、弑义帝；十、不平无信。项王大怒，伏弩射中汉王。汉王伤胸，乃扪足曰："虏中吾指。"韩信已定临淄，遂东追齐王广，项王使龙且将兵二十万以救齐。十一月，齐、楚与汉夹潍水而阵，在今山东潍县。韩信夜令人为万余囊，满盛沙，壅水上流，引军半渡击龙且，佯不胜，还走。龙且遂追信，信使人决壅囊，水大至，即急击，杀龙且水东，军散走，齐王广亡去，追虏之。田横自立为齐王，汉将灌婴击走之，尽定齐地。立张耳为赵王。汉王疾愈，西入关，杀故塞王欣。留四日，复如广武。韩信求为假王，汉王大怒，欲不予。张良谏曰："汉能禁信之自王乎？不如因而立之。"汉王亦悟。二月，遣张良操印立韩信为齐王。项王闻龙且死，大惧，使武涉说韩信，三分天下王之，韩信不听。武涉去，蒯彻复说韩信以分天下，信犹豫，不忍倍汉，彻因去，佯狂为巫。七月，立黥布为淮南王。项王自知少助食尽，乃与汉约，中分天下，割鸿沟荥阳东南二十里，河之支流。以西为汉，以东为楚。九月，楚归太公、吕后，引兵解而东归。汉王欲西归，张良、陈平说曰："楚兵疲食尽，此天亡之时也，今释勿击，此所谓养虎自遗患也。"汉王从之。五年冬十月，汉王追项王至固陵，秦县，今河南太康县。齐王信、魏相国越期不至，楚击汉，大破之。张良劝益韩信以楚地，而以梁地王彭越，汉王从之。于是韩信、彭越皆引兵来。十二月，项王至垓下，安徽灵璧县南山下。兵少食尽，战败，入壁，汉围之数重。项王夜闻汉军皆楚歌，乃大惊曰："汉皆已得楚乎，是何楚人之多也？"则夜起，饮帐中，悲歌慷慨，泣数行下，左右皆泣，莫能仰视。于是项王乘其骏马名骓，麾下壮士骑从者八百余人，直夜溃围，南出驰走。平明，汉军乃觉之，令灌婴以五千骑追之。项王渡淮，骑能属者才百余人。至阴陵，安徽定远县西北六十里。迷失道，问一田父，田父绐曰："左。"左乃陷大泽中，以故汉追及之。项王乃复引兵而东，至东城，今安徽定远县东南五十里。乃有二十八骑。汉骑追者数千。项王自度不得脱，谓其骑曰："吾起兵至今八岁矣，身七十余战，未尝败北，遂霸天下；然今卒困于此，此天亡我，非战之罪也。”乃分其骑为四队，四向。汉军围之数重。项王令四面骑驰下，期山东为三处。于是项王大呼驰下，杨喜追之，项王瞋目而叱之，喜人马俱惊，辟易数里。项王与其骑会为三处，汉军不知项王所在，乃分军为三，复围之。项王溃围出，欲东渡乌江，大江津名，在安徽和州东北。乌江亭长舣船待曰：“江东虽小，亦足王也。”项王笑曰：“籍与江东子弟八千人，渡江而西，今无一人还，独不愧于心乎！”此项王鉴于三秦将之故。乃以骓赐亭长。顾见吕马童曰：“若非吾故人乎？”马童面之，指示王翳曰：“此项王也。”不欲自杀故人，讽翳杀之。项王曰：“汉购我头千金，邑万户，吾为若德。”乃自刎而死。王翳取其头，余骑相蹂践，争项王相杀者，数十人，最后杨喜、吕马童、吕胜、杨武各得其一体，五人皆为列侯。楚地悉定，以鲁公礼怀王所封。葬项王于谷城。秦县，今山东谷阳县。汉王还至定陶，秦县，今山东定陶县。驰入韩信壁，夺其军，以韩信为楚王，彭越为梁王。

第十四节　高祖之政上

五年二月甲午，王即皇帝位于汜水之阳，水名，在今山东定陶县。更王后曰皇后，太子曰皇太子，追尊先媪曰昭灵夫人。帝置酒洛阳南宫，问群臣曰：“吾所以得天下者何，项氏所以失天下者何？”高起、王陵对曰：“陛下使人攻城略地，因以予之，与天下同其利；项羽不然，有功者害之，贤者疑之，战胜而不予人功，得地而不予人利。”高祖曰：“公知其一，未知其二。夫运筹帷幄之中，决胜千里之外，吾不如子房；镇国家，抚百姓，给馈饷，不绝粮道，吾不如萧何；连百万之众，战必胜，攻必取，吾不如韩信。此三人者，皆人杰也，吾能用之，此吾所以取天下也。项羽有一范增而不能用，此其所以为我擒也。”田横与其五百人，亡人海岛，帝召之，曰：“田横来者，大者王，小者乃侯耳。不然，且举兵加诛。”横乃与其客二人，乘传诣洛阳，未至三十里，横自杀。帝为流涕，以王礼葬之。既葬，二客穿其冢傍孔，皆自刭，下从之。帝大惊，更使召五百人海中，至则闻横死，亦皆自杀。初，季布为项羽将，屡窘帝。羽灭，鲁侠士朱家匿之，为言于夏侯婴，婴言之帝，乃赦布，召拜郎中。布母弟丁公，亦尝窘帝，帝急顾曰：“两贤岂相厄哉？”丁公乃还。至是谒帝，帝曰：“丁公为臣不忠，使项王失天下。”遂斩之。齐人娄敬说帝曰：“洛阳天下之中，有德则易以兴，无德则易以亡。秦地被山带河，四塞以为固，卒然有急，百万之众，可以立具，此扼天下之吭，而拊其背也。”帝即日西徙关中，定都长安。汉京，今陕西西安府治。楚临江今湖北荆州府。王共驩即前之共敖。不降，汉遣刘贾、卢绾击走之。燕王臧荼反，帝自将击虏之，以卢绾为燕王。六年，有人上书告楚王信反，帝伪游云梦，信来谒，使武士缚之，赦为淮阴侯。尊父太公为太上皇。高祖去秦苛仪，为简易。至是，乃用叔孙通故秦博士。与鲁诸生，共定朝仪。七年，长乐宫成，诸侯群臣朝贺。礼毕，帝曰：“吾乃今日知为皇帝之贵也。”初，秦纳六国礼仪，择其尊君抑臣者存之。及通制礼，大抵袭秦故。由是后世朝仪，皆偏于尊主，非三代之旧矣。

第十五节　高祖之政下

十年冬，陈豨反，时监赵，代边兵。帝自将击之，豨军败。后为樊哙所杀。十一年，韩信舍人得罪于信，信囚欲杀之，舍人弟上变，告信与陈豨通谋，欲发以袭吕后、太子，部署已定。吕后乃与萧相国谋，绐信入，吕后使武士缚信，斩之长乐钟室。信方斩，曰：“吾悔不用蒯彻之计。”遂夷三族。将军柴武，斩韩王信于参合。汉县，今山西蔚州东北。帝还洛阳。帝之击陈豨也，征兵于梁，梁王越称病。帝怒，使人让之，梁王越恐，欲自往谢。未行，梁太仆得罪，亡走汉，告梁王越谋反。于是帝使使掩梁王越，遂囚之，赦为庶人，传处蜀。西至郑，逢吕后从长安来，彭越为吕后涕泣，自言无罪，愿处故昌邑。汉县，今山东金乡县西四十里。吕后许诺，与俱东。至洛阳，吕后白帝曰：彭王壮士，今徙之蜀，此自遗患，不如遂诛之，妾谨与俱来。”于是吕后乃使其舍人告彭越谋反。三月，夷越三族，枭首洛阳，醢其肉以赐诸侯。初，淮南王黥布闻帝杀韩信，心已恐；及彭越诛，以其肉赐诸侯，使者至淮南，淮南王方猎，见醢大恐，遂发兵反。帝自将击黥布，十二年冬十月，与布军遇于蕲西。汉县，今安徽怀远县。布兵精甚，帝望布军置阵如项王军，恶之。遂与布相见，遥谓布曰：“何苦而反？”布曰：“欲为帝耳。”遂大战，布军败，渡淮。帝令别将追之，布亡至番阳，为民所杀。帝还归过沛，留，置酒沛宫，悉召故人父老子弟纵酒，发沛中儿，得百二十人，教之歌。酒酣，帝击筑，筑，古乐，有弦，击之不鼓。自为歌，诗曰：大风起兮云飞扬，威加海内兮归故乡，安得猛士兮守四方？令儿皆和习之。帝乃起舞，慷慨伤怀，泣数行下，谓沛父兄曰：“游子悲故乡，吾虽都关中，万岁后吾魂魄犹乐思沛。”乐饮十余日，乃去。帝击布时，为流矢所中，行道疾甚。夏四月甲辰，高祖崩于长乐宫，年五十三。燕王卢绾，初与陈豨通谋，高祖使樊哙击之。绾与数千人，居塞下候伺，幸上疾愈，自入谢，闻高祖崩，遂亡入匈奴。秦之乱也，齐、楚、三晋旧族复起，然皆不数年而败亡。汉所立之王，惟韩王信出于王族，其外如赵王张耳、楚王韩信、梁王彭越、淮南王黥布、长沙王吴芮、燕王卢绾，与汉皆自庶姓起，周人贵族之遗泽，无复存矣。汉兴，高祖惩秦以孤立而亡，大封子弟同姓为王，约曰：非刘氏不得王。其异姓王，或诛或废，六七年间，皆灭尽。惟长沙王吴芮以国小而忠，得久存。至文帝末年，以无后，国除。而刘氏王者九国，齐王肥、楚王交、赵王如意、梁王恢、淮南王友、代王恒、淮南王长、吴王濞、燕王建是也。其间吴为高祖兄子，楚为高祖弟，余皆高帝庶子，其地最大者齐、代、吴、楚。汉当此时，惟患异姓，翦灭之惟恐不及。至景帝时，异姓已无足虑，而惟虑同姓，专务猜防。哀、平以降，同姓不足有为，而外戚移国矣。此前汉二百余年之大势也。

中国古代史

下册

史学名家经典书系

夏曾佑 著

世界知识出版社

第十六节　汉之诸帝

汉之诸帝，太祖高皇帝，应劭曰：以其功最高，而为汉之太祖，故特起名焉。年四十二，即皇帝位，在位十三年崩，寿五十三。子盈立，母吕皇后也，是为孝惠皇帝，柔质慈民曰惠。在位七年崩，寿二十四。母吕雉自立，是为高后，妇人从夫谥，故称高。在位八年崩。寿无考。太尉周勃诛诸吕，迎高祖子代王恒立之，母薄姬也，是为太宗孝文皇帝，慈惠爱民曰文。景帝时，号文帝庙曰太宗，此为帝王庙号之始。然两汉庙号不常置，必有功德然后置也。在位二十三年崩，前元十六年，后元七年。寿四十六。子启立，母窦皇后也，是为孝景皇帝，布义行刚曰景。在位十六年崩，前元七年，中元六年，后元三年。寿四十八。文、景二代，皆为汉之令主也。景帝崩，子彻立，母王美人也，是为世宗孝武皇帝，威强睿德曰武。在位五十四年崩，武帝始用年号，合建元六年、元光六年、元朔六年、元狩六年、元鼎六年、元封六年、太初四年、天汉四年、太始四年、征和四年、后元二年。寿七十一。武帝时为中国极强之世，故古今称雄主者，曰秦皇、汉武。武帝崩，子弗陵立，母赵婕妤也，是为孝昭皇帝，圣闻周达曰昭。在位十三年崩，合始元六年、元凤六年、元平一年。年二十一。无嗣，大将军霍光迎武帝孙昌邑王贺立之。王父昌邑哀王髆，武帝子，李夫人出也。即位二十七日，欲谋害光，光废之，归昌邑。改立武帝曾孙询，询字次卿，父史皇孙，祖戾太子，是为中宗孝宣皇帝。圣善周闻曰宣。宣帝时，霍氏谋反，族之。在位二十五年崩，合本始四年、地节四年、元康四年、神爵四年、五凤四年、甘露四年、黄龙一年。寿四十三。子奭立，母许皇后也，是为孝元皇帝，行义悦民曰元。在位十六年崩，合初元五年、永光五年、建昭五年、竟宁一年。寿四十三。元帝时，汉业始衰。子骜立，骜字太孙，母王皇后也，是为孝成皇帝，安民立政曰成。在位二十六年崩，合建始四年、河平四年、阳朔四年、鸿嘉四年、永始四年、元延四年、绥和二年。寿四十六。成帝时，王氏始盛。帝崩，所养子欣立，元帝孙也，父定陶恭王康、母丁姬，祖母傅太后。是为孝哀皇帝，恭仁短折曰哀。在位六年崩，合建平四年、元寿二年。寿二十六。无嗣，元后即成帝母王氏，王莽姑也。迎中山王衎立之，元帝孙也，父中山孝王兴，母卫姬，是为孝平皇帝，布纲治纪曰平。在位五年崩，元始凡五年。寿十四。无嗣，王莽篡立，莽字巨君，元后弟王曼子也，改国号曰新，在位十三年，为汉兵所杀，合居摄三年、始初一年、始建国五年、天凤六年、地皇四年。寿六十三。以上汉十二帝，二百二十九年。

第十七节　文帝黄老之治

中国历史有一公例，大约太平之世，必在革命用兵之后四五十年，从此以后，隆盛约可及百年，百年之后，又有乱象，又酝酿数十年，遂致大乱，复成革命之局。汉、唐、宋、明，其例一也。而其间偶有参差者，皆具特别之原因，无无故者。总之，除南北朝、五代与元之外，此数代之所以独异者，以有外族羼入故也。皆可以汉为之代表。汉之盛世，实在文、景，此时距秦、楚、汉三世递续之相争，已近三十年矣。大乱之后，民数减少，天然之产，养之有余。而豪杰敢乱之徒，并已前死，余者厌乱苟活之外，无所奢望，此皆太平之原理，与地产相消息，而与君相无涉也。若为君相者，更能清静不扰，则效益著矣。初，太尉既诛诸吕，废少帝，议所立，以代王高帝子最长，仁孝宽厚，太后家薄氏谨良，乃迎代王而立之。元年，有献千里马者，帝曰："鸾旗在前，属车在后，朕乘千里马，独先安之？"于是还其马，而下诏曰："朕不受献也，其今四方毋求来献。"此在后世成为具文，而汉文则为七国以来之创举。初，秦开南越，置郡县，设官吏，及秦乱，秦将赵佗乃据地自王。汉兴，高祖使陆贾说佗，佗乃称臣。至孝惠、吕后时，皇室多故，汉兵不能逾岭，佗因以兵威财物，赂遗闽越、蛮族名，今福建省。西瓯骆蛮族名，今广西、越南之间。役属焉，东西万余里，乘黄屋左纛，自称武帝，与中国侔。帝乃为佗亲冢在真定者，置守邑，岁时奉祀，召其昆弟，尊官厚赐宠之，复使陆贾使南越，赐佗书曰：“前日闻王发兵于边，为寇灾不止，长沙苦之，南郡尤甚，虽王之国，庸独利乎？寡人之妻，孤人之子，独人父母，得一亡十，朕不忍为也。”此亦七国以来之创论。贾至南越，佗恐，顿首谢罪，称藩臣，去帝号。十三年，齐太仓令淳于意有罪当刑，其少女缇萦上书曰：“妾伤夫死者不可复生，刑者不可复属，虽后欲改过自新，其道无由也。妾愿没入为官婢，以赎父刑罪，使得自新。”帝为之除肉刑。此皆帝之大略也。文帝好黄老家言，其为政也，以慈俭为宗旨，二十余年，兵革不兴，天下富实，为汉太宗，其专制君主之典型哉！帝时天下有两大事肇端，一其果显于景帝，一其果显于武帝。帝待诸王至宽大，诸侯骄泰，淮南王长至称帝大兄，而椎杀辟阳侯审食其于阙下，帝皆不问。洛阳贾谊上疏，请削诸侯，而改正朔，易服色，帝并不听。皆非黄老之旨，文帝之学，盖优于贾谊远矣。其后济北王兴居齐王襄之弟，文帝二年封。发兵反，败死。淮南王长谋反，废徙蜀，道死。吴王濞招致郡国亡命，采豫章汉郡，今江西省。之铜以铸钱，煮海水为盐，反迹日著；帝赐以几杖，不朝，吴之反谋，实因汉太子与吴太子争博，太子因引局提杀吴太子之故，故其曲在帝。其后卒致七国之变。帝初年，宦者燕人中行说降匈奴，始教匈奴猾夏，至武帝尽天下之力，仅乃克之，皆帝之所遗也。

第十八节　景帝名法之治

文帝既崩，太子即位，是为景帝。帝亦治黄老学，而天资刻薄，不及文帝，然与文帝同为汉之明主，则以其材适于全权君主之用也。帝承文帝之后，无所更张，其时要事，结文帝之果而已。初，文帝宽容同姓诸侯，贾谊、晁错等皆言尾大不掉，宜加裁抑，帝阳不听而阴备之。临崩，戒太子曰：“脱有缓急，周亚夫丞相绛侯周勃之子。真可任将兵。”盖为其实而不受其名，真黄老之精义矣。及景帝即位，错用事，言之益急，帝听之，稍侵夺诸侯。于是吴王濞、胶西王卬、楚王戊、赵王遂、济南王辟光、菑川王贤、胶东王雄渠，皆举兵反。楚王戊者，楚王交之孙，赵王遂者，赵王友之子。胶西、胶东、菑川、济南之王，皆齐王肥之国所分。帝归罪于晁错而杀之，此亦黄老刑名之术。而拜周亚夫为太尉，将三十六将军往伐吴、楚。阅三月，亚夫大破七国兵，斩首十余万，斩吴王濞，余六国王皆自杀。以周亚夫为丞相，未几下狱死。帝既平七国，摧抑诸侯，不得自治民补吏，令内史治之，减黜其百官，又留列侯于京师，不使就国。于是宗室削弱，权归外戚、阉宦，两汉皆以此亡，此又非贾谊等所及料矣。

第十九节　武帝儒术之治

有为汉一朝之皇帝者，高祖是也；有为中国二十四朝之皇帝者，秦皇、汉武是也。案中国之政，始于汉武者极多。武帝即位，称建元元年，帝王有年号始此。是年诏郡国举贤良方正、直言极谏之士，上亲策问，擢广川汉县，今直隶故城县。董仲舒为第一，科举之法始此。仲舒请不在六艺之科、孔子之术者，皆绝之，于是罢黜百家，用儒术，议立明堂，遣使安车蒲轮、束帛加璧，迎鲁申公，专用儒家始此。元光元年，命李广屯云中，程不识屯雁门，征匈奴始此。二年，李少君以祠灶却老方见上，上尊信之。于是天子始亲祠灶，遣方士入海，求蓬莱安期生之属，而事化丹沙诸药齐为黄金矣，方士求仙始此。五年，使司马相如乘传，因巴蜀吏币物，以赂西夷，邛、筰、冉駹之君，皆请为内臣，置一都尉，十余县，属蜀，开西南夷始此。是年，女巫楚服教陈皇后祠祭厌胜，挟妇人媚道，事觉，诛楚服等三百余人，废皇后陈氏，巫蛊始此，废后亦始此。元朔元年，东夷薉君南闾等二十八万人降，置苍海郡，开朝鲜始此。是年，诏吏通一艺六艺之一。以上者，皆选择以补右职，以儒术为利禄之途始此。六年，诏令民得买爵，及赎禁锢，免臧罪，置赏官，名曰武功爵，级十七，各有定价，卖官始此。南越相吕嘉杀其王赵佗玄孙。及太后以叛，秋，将军路博德等讨南越，斩吕嘉，置南海、合浦、苍梧、郁林、珠崖、儋耳、交趾、九真、日南等九郡。开南蛮始于秦，今再复之。元鼎六年，东越王馀善叛汉，自称武帝，将军杨仆击东越，斩馀善，遂徙其民于江淮间，其地遂虚，开闽越始此。元封元年春正月乙卯，封泰山，丙辰，禅泰山下阯东北肃然山，封禅始此。太初元年夏五月，造汉《太初历》，以正月为岁首，色上黄，数用五，以为典常，垂之后世，以正月为岁首，色尚黄，皆始此。是中国之政始于汉武者，凡一十二事。故自来论中国雄主者，曰秦皇、汉武，因中国若无此二君，则今日中国之形势，决不若此也。故此二君，皆有造成中国之力，二千余年以还，为利为害，均蒙其影响。综两君生平而论之，其行事皆可分为三大端：一曰尊儒术，二曰信方士，三曰好用兵。此三者，就其表而观之，则互相抵牾，理不可解。既尊儒术，何以又慕神仙？既慕神仙，何以又嗜杀戮？此后人所以有狂悖之疑也。汉武亦以此自责。然若论其精微，则事乃一贯，盖皆专制之一念所发现而已。其尊儒术者，非有契于仁义恭俭，实视儒术为最便于专制之教耳；开边之意，则不欲己之外，别有君长，必使天下归于一人，而后快意，非今日之国际竞争也；至于求仙，则因富贵已极，他无可希，惟望不死以长享此乐，此皆人心所动于不得不然。故能前后两君，异世同心如此。而其关系于天下后世者，则功莫大于攘夷，而罪莫大于方士。攘夷之功，使中国并东西南北各小族，而成为大国，削弱匈奴，其绩尤伟；不然，金、元之祸，见于秦、汉，而中国古人之文物，且不存矣。方士之罪，则使鬼神荒诞之说，渐渍于中国之社会，而不可去，至今中国之风俗，触目无非方士之遗传者，后节论之。自汉末之黄巾，至庚子之义和团，皆由此起，其为祸于中国，何其烈哉！若夫尊儒术，则功罪之间，尚难定论也。

第二十节　汉外戚之祸一

古者天子崩，太子即位，谅阴谓三年不言也。三年，政事决之冢宰，未有母后临朝者也。母后临朝之制，至汉大盛，其事遂与中国相终始。然其事亦不起于汉，七国时已有之。案《史记·赵世家》，赵惠文王卒，孝成王初立，太后用事。即左师触詟所说者。又《范雎传》，范雎曰："臣闻秦有太后、穰侯，穰侯即魏冉，太后弟。不知有王也。"谓秦昭襄王，母宣太后 此皆为汉太后临朝之先声也。推其原理，大约均与专制政体相表里。盖上古贵族政体，君相皆有定族，不易篡窃，故主少国疑，不难委之宰相。至贵族之制去，则主势孤危，在朝皆羁旅之臣，无可托信者，猝有大丧，不能不听于母后，而母后又向来不接廷臣，不能不听于己之兄弟，或旧所奔走嬖御之人，而外戚、宦官之局起矣。汉起布衣，自危愈甚，故吕后当高祖在时，已一意以翦灭功臣为急务，而高祖亦听之。其后遂成为故事，积渐至于王莽篡汉，其历史有可言者。初，高祖微时，单父人吕公好相人，奇高祖貌，以女妻之，即高后也。后为人刚毅，佐高祖定天下，生孝惠，高祖以为不类己，所幸姬戚夫人，有子曰如意，封赵王，高祖爱之，常欲以易太子。孝惠赖叔孙通、张良故，得毋易，以故吕后怨戚夫人。太子既即位，太后囚戚夫人，髡钳，衣赭衣，令舂。戚夫人舂且歌曰："子为王，母为虏，终日舂薄暮，与死为伍，相离三千里，当谁使告女。"太后闻之，大怒曰："乃欲倚汝子耶？"乃召赵王，欲杀之。帝谓孝惠。知太后欲杀赵王，召王入宫，自挟与起居饮食，太后不得间。元年冬十二月，帝晨出射，赵王年少，不能蚤起，太后酖杀之，帝还，赵王已死。太后遂断戚夫人手足，去眼，煇耳，饮瘖药，使居厕中，命曰人彘。居数日，乃召帝观人彘。帝见，问知其戚夫人，乃大哭，因病，岁余不能起。七年秋，帝崩。初，太后命张后孝惠后，鲁元公主女也。取他人子养之，而杀其母，以为太子。帝崩，太子即位，年幼，太后遂临朝称制。欲王诸吕，追尊父吕公、兄吕泽为王，封鲁元公主子张偃为鲁王，兄子吕台为吕王，女弟吕媭为临光侯，以吕台弟吕产为梁王，兄子吕禄为赵王，又封诸吕六人为侯，持天下凡八年。及疾甚，乃令吕禄为上将军，居北军，吕产居南军。太后诫产、禄曰："我崩，必据兵卫宫，慎毋送丧，为人所制。"辛巳，太后崩，诸吕欲为乱，畏大臣绛、灌等，未敢发。朱虚侯章，齐王襄弟。以吕禄女为妇，知其谋，以告齐王。齐王遂举兵，西攻济南，济南本属齐，元年割与吕台。遗诸侯书，数诸吕之罪。吕产等闻之，乃遣灌婴将兵击之。婴至荥阳，谋曰："诸吕欲谋刘氏，今我破齐，此益吕氏之资也。"乃留屯荥阳，使使谕齐王及诸侯，与连和，以待吕氏变。是时中外相持，列侯、群臣，莫自坚其命，太尉周勃不得主兵。曲周侯郦商老病，其子寄与吕禄善，太尉乃与丞相陈平谋，使人劫郦商，令其子寄往绐吕禄，说禄归相国印而之国，齐兵必罢。吕禄信然其计，时与出游猎，过其姑吕媭，媭大怒曰："若为将而弃军，吕氏今无处矣。"九月庚申旦，平阳侯窋见吕产计事，适郎中令贾寿从齐来，具以灌婴与齐、楚合纵之谋告产，且趣产急入宫。平阳侯颇闻其语，驰告丞相、太尉。太尉欲入北军，不得入。襄平侯纪通尚符节，乃令持节矫内太尉北军。太尉复使郦寄、刘揭说吕禄，禄乃以印属揭，而以兵授太尉。太尉入军门，行令曰："为吕氏右袒，为刘氏左袒。"军中皆左袒，太尉遂将北军。然尚有南军，太尉令朱虚侯告卫尉，毋入吕产殿门。朱虚侯请卒，太尉予以千余人，入未央宫门，见产廷中。日晡，遂击产，杀之郎中府吏厕中。太尉遂遣人分捕诸吕男女，无少长皆斩之。辛酉，斩吕禄而笞杀吕媭，诛吕通，废张偃，鲁元公主子。使朱虚侯以诛诸吕事告齐王及灌婴，使罢兵，迎孝文于代而立之。此两汉外戚之祸之第一次也。

第二十一节　汉外戚之祸二

自此以后，文帝母薄太后，吴人（今苏州），弟薄昭，封轵侯（国在今河南济源县）。景帝母窦太后，观津人（今直隶武邑县），弟广国，封章武侯（国在今直隶沧州东北七十里），兄子彭祖，封南友侯（国在今直隶南皮县），从昆弟子婴封魏其侯（汉属琅琊郡，今未详），婴至丞相。两家皆以退让君子闻。然观当时绛、灌等曰：“吾属不死，命且悬此两人。”谓窦后兄弟。则其气焰亦可知矣。武帝母王太后，槐里人（今陕西南郑县），兄信封盖侯（汉属泰山郡，今未详），王氏外兄弟田蚡封武安侯（国在今直隶磁州），胜周阳侯（国未详），蚡至丞相。以武帝之雄，外家无所表见。昭帝母钩弋夫人，则武帝先杀之，姓赵氏，河间人。家无在位者。至昭、宣之间，而有霍氏之事。初，武帝时方士及神巫，多聚京师，变幻无不为，女巫往来宫中，教美人宫中女官名。度厄，每屋埋木人，祭祀之。转相讦，以为咒诅上，上所杀后宫，延及大臣数百人。上既以为疑，会有疾，江充因与太子有隙，因是为奸，言上疾，祟在巫蛊。于是上以充为使者，治巫蛊，充所治辄烧铁钳灼，强使服之，自京师三辅，连及郡国，坐而死者数万人。充知上意，使胡巫言宫中有蛊气，上乃使充入宫治之，掘地纵横，皇后、太子无复施床处。充云，于太子宫得木人尤多。太子惧，乃矫诏斩江充，焚杀胡巫，发长乐宫卫卒。上在甘泉，闻变，使丞相刘屈氂讨之，皇后自杀，太子败，自刭死。初，钩弋夫人夫人生而手拳，帝自披之，应时而直，故名。生子弗陵，数岁长大多知，武帝奇爱之，心欲立焉。度群臣中惟奉车都尉霍光，霍去病之弟。忠厚可任大事，乃画周公负成王朝诸侯，以赐光，而赐钩弋夫人死。左右问曰：“人言且立其子，何去其母乎？”帝曰：“往古国家所以乱，由主少母壮也。女主独居骄蹇，淫乱自恣，莫能禁也，故不得不先去之也。”及帝病笃，乃立弗陵为皇太子，时年八岁，以霍光为大司马大将军，大司马大将军始此，后遂为篡窃者所必历。金日磾匈奴人，仕汉。为车骑将军，上官桀为左将军，皆受遗诏辅政。又以桑弘羊为御史大夫。武帝崩，弗陵即位。元凤元年，燕王旦、武帝子。上官桀谋反。初，帝立桀子安之女为后，亦霍光之外孙女。安日益骄，桀与安屡求官于光，不得，皆怨光。盖公主封邑，见前。长公主为其嬖人求封，光亦不与。燕王旦亦自以帝兄，怨不得立。桑弘羊又以言利功高，欲为子弟益官，光不予。皆屡谮光于帝，帝不听。于是燕王旦、上官桀、盖主、桑弘羊同谋杀光，废帝而立燕王旦；安又谋诱燕王旦至而杀之，因废帝而立桀。事觉，桀、安、弘羊夷三族，盖主、燕王自杀，皇后以光外孙，故得不废。后帝崩，无嗣，群臣乃以皇后命，迎昌邑王贺武帝之孙。即位。王既即位，淫戏无度，光忧懑。田延年举伊尹废太甲告光，乃以太后命，即昭帝后。废王归之昌邑，而迎戾太子即太子据。孙病已立之，即宣帝也。案霍光之忠，为古今所信，故言废立者，必称伊尹、霍光。伊尹之事，已有《竹书》之疑；《竹书纪年》称，太甲杀伊尹。而霍光之废立，其意尤为显著。《汉书·霍光传》曰："悉诛昌邑群臣二百余人，出死，号呼市中曰：'当断不断，反受其乱。'"然则必为昌邑群臣谋光，而光乃废昌邑王可知也。汉人不著其罪者，殆宣帝以其援立而德之欤！然而班固之辞，则婉而彰矣。初，宣帝为皇曾孙，生数月，巫蛊事起，太子三男一女及史良娣太子妇，良娣，女官名。等皆遇害，独皇曾孙存，收系郡邸狱。廷尉丙吉哀曾孙无辜，视遇甚有恩惠，及长，依史氏，后有诏掖廷养视。掖廷令张贺，尝事戾太子，思顾旧恩，哀曾孙，奉养甚谨，为之娶暴室宫中狱名。啬夫官名，属于掖庭令。许广汉女，曾孙因依许氏及史氏，受《诗》于东海澓中翁，高材好学，亦喜游侠，具知闾里奸邪，吏治得失。广汉女适曾孙，岁余，曾孙入承汉统。时霍光有小女，公卿议更立后皆心拟光女。上乃诏求微时故剑，大臣知指，白立许氏为皇后，霍氏弗善也。本始三年春，许后当娠，病。霍光夫人显，赂女医淳于衍，捣附子毒杀许后。人有上书，言诸医侍疾无状者，上将治之。显告光，光大惊，不忍举发，乃奏衍勿论，而纳其女为后。地节二年春，光死，帝始亲政。三年，立子奭为皇太子，许后子也。霍显闻立皇太子，大怒，不食，呕血，曰："我女有子，反为王耶？"复教皇后，令毒太子。后数召太子赐食，保阿辄先尝之，后挟毒，不得行。时帝令吏民，得奏封不关尚书，时光兄孙山领尚书。故事，上书者为二封，以副先白尚书，尚书先发副封，所言不善，屏去不奏。霍氏甚恶之。然骄侈转盛，至霍氏奴入御史府，欲蹋大夫门，御史叩头谢，始去。帝亦颇闻霍氏毒杀许后而未察，乃悉徙霍氏党于外，而以许、史子弟代之。以霍禹光子。为大司马，小冠、故事，大司马大冠。无印绶，徒名与光同。霍氏忧惧，始有邪谋矣。四年，霍氏谋令太后置酒，召丞相魏相、许后父许广汉以下，使范明友、邓广汉承制斩之，因废天子而立禹，事觉。秋七月，云山、明友自杀，显、禹、广汉等捕得，及诸女昆弟皆弃市，相连坐诛灭者数十家，废霍后。后十二年，自杀。

第二十二节 汉外戚之祸三

汉自宣帝起微贱，履至尊，即位之初，即蒙霍氏之难，于外家许、史之外，不敢轻任，于是外戚执政之习再盛。西汉之世，自元帝起，至于哀、平，步步皆趋于宦官、外戚之政矣。此读史所宜注意也。初，元帝为太子，柔仁好儒，尝从容谏宣帝持刑太深，宜用儒生。宣帝叹曰："乱我家者，必太子也。"然以太子许后微时所生，而帝少依许氏，及即位，许后以弑死，故弗忍废之也。临崩，以外戚史高宣帝祖母史良娣之兄子。为车骑将军，太子太傅萧望之为前将军，少傅周堪为光禄大夫，并受遗诏辅政，领尚书事。宣帝崩，元帝即位。初，萧望之、周堪皆以师傅旧恩，太子任之，数宴见，言治乱，陈王事，史高充位而已，由此与望之有隙。中书令弘恭、仆射石显，中书令、仆射，汉时皆属少府。自宣帝时，久典枢机，帝以显中人，谓宦者。无外党，精专可信任，遂委以政。此列代信宦者之原理。显为人巧慧习事，能深得人主微指，与史高相表里。望之等患之，乃奏帝用宦者非古制也，由是大忤高、恭、显等。群小乃奏望之、堪、更生刘更生，望之所荐名儒。朋党相称举，朋党之名始此。帝下望之吏，望之自杀，堪、更生为庶人。帝惊泣，究不罪恭、显等。其后大臣事皆白显，事决显口矣。甘露三年，王政君元城人，王禁女，元帝姬也。生成帝于甲馆画堂，为世适皇孙，宣帝爱之，自名曰骜，字太孙，常置左右。及成帝即位，建始元年，以元舅平阳侯国在今山西平阳县。王凤为大司马大将军，录尚书，舅王崇为安成侯，国在今江西安福县六里。舅谭、商、立、根、逢时皆关内侯。河平二年，封诸舅谭为平阿侯，国在汉属沛郡，故城无考。商为成都侯，国在今四川成都县。立为红阳侯，国在今邓州西南。根为曲阳侯，国在今直隶曲阳县。逢时为高平侯，国在今山西高平县。五人同日封，世谓之五侯。河平四年，大将军王凤谮杀丞相王商，此非五侯中之王商。商，宣帝母王皇后史皇孙之妾。之兄子也，商死而成帝外家益专。阳朔元年，或荐刘向子歆通达有异材，上召见，悦之，欲以为中常侍。左右固争，以为未白大将军，上白凤，凤不可，乃止。凤又使诸王刘氏宗室。就国，京兆尹王章因劾凤不可使久典事，宜退使就第，上召见章，辟左右与语。时太后从弟子音，独侧听，具知章言，以告凤，凤因上疏乞骸骨。太后闻之，垂涕不食。上乃强起凤，而下章吏，章死狱中，妻子徙合浦。汉县，今广东合浦县。自是公卿以下，见凤侧目而视。二年，以窃听功，以王音为御史大夫。于是王氏愈盛，郡国守相，皆出其门下，五侯群弟，争为奢侈，赂遗珍宝，四面而至，皆通敏人事，好士养贤，倾财施予，以相高尚，宾客满门，竞为之声誉。案此王氏所以独能篡汉，与古今各外戚异也。刘向上书极谏，谓刘氏、王氏势不并立，宜皆罢令就第，上不能用也。三年八月丁巳，凤卒，九月甲子，以王音为大司马、车骑将军，而王谭位特进，汉官加此则进班。领城门兵。鸿嘉三年，王氏五侯奢侈益甚，王商从上借明光宫避暑，又穿长安城，引沣水注第中。王根第园中，土山渐台，象百虎殿。上大怒，使尚书责问音等，然实无意诛之也。时上悦歌者赵飞燕，及其女弟合德，皆召入宫，大幸之，益无意于政事。四年，王谭卒，以王商为特进，领城门兵。永始元年，立赵飞燕为皇后，其女弟为倢伃。宫中女官名。谏大夫刘辅上书谏，上大怒，辅论为鬼薪。汉刑名，取薪给宗庙三岁。赵后公为淫恣，无敢言者。刘向采取《诗》《书》所载贤妃、贞妇，及嬖孽乱亡者，序次为《列女传》八篇，奏之，上不能用。二年，王音卒，以王商为大司马、卫将军，而以王立位特进，领城门。绥和元年冬十二月乙未，以王商为大将军，辛亥卒。庚申，以王根为大司马、骠骑将军。

第二十三节　汉外戚之祸四

绥和元年冬十月甲寅，王根病免。十一月丙寅，以王莽为大司马，时年三十八。初，太后兄弟八人，独弟曼早死，不侯，太后怜之。子莽幼孤，不及等比，其群兄弟皆将军、五侯子，乘时侈靡，莽因折节为恭俭，勤身博学，被服如儒生，事母及寡嫂，养孤兄子，行甚敕备。又外交英俊，内事诸父，曲有礼意。大将军凤病，莽侍疾，亲尝药，乱首垢面，不解衣带者连月。凤且死，以托太后及帝，拜为黄门郎，迁射声校尉。久之，长乐少府戴崇、侍中金涉、中郎陈汤，皆当世名士，成为莽言，上由是贤莽。太后又数以为言。永始元年，乃封莽新都侯，汉新野县之都乡，属南阳郡，今河南新野县。迁侍中。爵位益高，节操愈坚，散舆马衣裘，振施宾客，家无所余，收赡名士，交结将士、卿大夫甚众，故在位者更推荐之，游者为之谈说，虚誉隆洽，倾其诸父矣。莽既拔出同列，继四父而辅政，欲令名誉过前人，遂克己不倦，聘诸贤良，以为掾史，赏赐邑钱，悉以享士。二年三月丙戌，帝崩，民间讙哗，归罪赵昭仪，昭仪自杀。哀帝即位，祖母傅太后性刚，长于权谋，王氏忌之，不欲太后旦夕相近。于是孔光、何武，以为傅太后可居北宫，帝从之。傅太后求欲称尊号，贵其亲属，王莽以为不可。上新立谦让，纳用莽言，傅太后大怒，要上必欲称尊号。帝乃白太皇太后，元后。尊傅太后为恭皇追尊定陶王康之称。太后，丁姬曰恭皇后，而封诸舅为列侯。于是太皇太后诏莽就第，避帝外家，帝慰留之。帝置酒未央宫，内者令官属少府。为傅太后张幄，坐于皇太后坐旁。王莽责内者曰："定陶太后藩妾，何以得与至尊并。"彻去，更设座。傅太后大怒，不肯会，重怨莽。莽复乞骸骨，上赐以安车驷马，罢就第，公卿大夫多称之者。建平元年，以傅喜傅太后从弟。为大司马、高武侯。国今在未详。二年春，傅太后欲称尊号，傅喜以为不可，傅太后大怒，帝乃诏喜就国。元寿元年，以傅晏为大司马、卫将军，明为大司马、骠骑将军，皆封为列侯。是年，晏罢就第，而傅太后亦崩。傅太后称尊号后，尤骄，与元后语，至呼之为媪。未几，丁明亦罢，而以嬖人董贤为大司马，年二十二。初，贤得幸于上，贵震朝右，与上共卧起。又诏贤妻，得通籍殿中。又召贤女弟以为昭仪，位次皇后。昭仪及贤与妻，旦夕上下，并侍左右。以贤父恭为少府，赐爵关内侯。为贤起大第，穷极土木，上方珍宝，选物上第，尽在董氏。及为三公，领尚书事，百官因贤奏事，权与人主侔矣。上置酒麒麟阁，从容视贤笑曰："吾欲法尧舜，如何？"二年六月，帝崩。当帝在位时，王莽之就国也，闭门自守，诸吏上书，讼莽冤者以百数，贤良对策，亦均以为言。哀帝乃召莽还京师，侍太皇太后。及帝崩，太皇太后即日驾之未央宫，收取玺绶，遣使驰召莽。诏尚书、诸发兵符节、百官奏事、中黄门、期门兵，皆属莽。莽即阙下收贤印绶，贤及妻即日皆自杀。庚申，太皇太后自用莽为大司马，领尚书事，以莽从弟安阳侯国在今河南安阳县。舜为车骑将军，同议立嗣。时傅太后、丁太后皆先薨，王氏无所惮。莽白使王舜迎中山王奉成帝后，是为孝平皇帝，时年九岁，太后临朝称制，委政于莽。莽白太皇太后，以皇太后即成帝后赵飞燕。残灭继嗣，赵后曾手杀成帝子。贬为孝成皇后，又以定陶共王太后即傅太后。及孔乡侯国今在未详。傅晏背恩忘本，傅氏、丁氏皆免官爵，归故郡，傅晏将妻子徙合浦。未几，废孝成皇后、孝哀皇后傅太后从弟女。为庶人，即日皆自杀，而拜帝母卫姬为中山孝王后，赐帝舅卫宝、卫玄为关内侯，皆留中山，不得至京师。后五年，莽乃发傅太后、丁姬冢，取其玺绶，臭闻数里。于是附顺者拔擢，忤恨者诛灭，以王舜、王邑为腹心，甄丰、甄邯主击断，平晏领机事，刘歆典文章，孙建为爪牙，刘棻、崔发、陈崇皆以材能，幸于莽。莽色厉而言方，欲有所为，微见风采，党与承其指意，而显奏之，莽稽首涕泣固推让，上以惑太后，下用示信于天下。平帝元始元年春，莽风塞外蛮，自称越裳氏，来献白雉，于是群臣盛陈莽功德，致周公白雉之瑞。太后乃以孔光、王舜、甄丰、甄邯为四辅，莽干四辅之事，号曰安汉公。莽知太后年老厌政，乃令太后下诏，自今以后，惟封爵以闻，他事安汉公平决；州牧及茂材吏初被举之吏也。初除，辄引对安汉公，考问称否。于是莽人人延问，密致恩意，厚加赠送，不合指，显奏免之，权与人主侔矣。二年，莽赂黄支国，蛮族国，当在今南洋群岛中。使献犀牛；又风匈奴上书慕化，更一名。匈奴单于本名囊知牙斯，今更名知。三年，莽尽灭卫氏之族，卫后仅免。莽又杀其叔父立，及立长子宇。郡国豪杰及汉旧臣，凡不附己者，悉诛之，天下震惧。四年，莽纳其女为皇后，号莽宰衡，位在诸侯王上。莽又诱西羌，使献地，愿内属，并盛陈莽功德。莽于是置西海郡，增法五十条，犯者徙之西海，徙者以千万数，民始怨矣。五年，加莽九锡。九锡者，绿韨衮冕衣裳，玚琫玚珌，勾履。㈠鸾辂乘马，龙旂九旒，皮弁素积，戎路乘马。㈡彤弓矢，卢弓矢。㈢左建朱钺，右建金戚。㈣甲胄一具，秬鬯二卣。㈤圭瓒二，九命青玉珪二。㈥朱户。㈦纳陛。㈧署宗官、祝官、卜官、史官，虎贲三百人。㈨《文选》潘勗册魏公九锡文注引《韩诗外传》曰：诸侯之有德，天子锡之。一锡车马，再锡衣服，三锡虎贲，四锡乐器，五锡纳陛，六锡朱户，七锡弓矢，八锡铁钺，九锡秬鬯，谓之九锡也，与《汉书·王莽传》小异。初，莽之为宰衡也，益封以新野之田，汉县，今河南新野县。莽辞不受，吏民为莽上书者四十八万七千五百七十二人；及诸侯、王公、列侯、宗室见者，皆叩头言，亟宜加赏，于是有九锡之议。莽既受九锡，自以为功德洽于天下，遣风俗使者八人，循行郡国。及还，皆言天下风俗齐同，诈为郡国造歌谣，颂功德，凡三万言。泉陵侯刘庆上书，言周成王幼小，周公居摄；今皇帝富于春秋，宜令安汉公行天子事，如周公。群臣皆曰："宜如庆言。"始谋篡矣。时帝春秋益壮，以卫后故，怨不悦。冬十二月，莽因腊日上椒酒，置毒酒中，帝有疾。莽作策，请命于泰畤，汉祠上帝之所。愿以代身，藏策金縢，置于前殿，敕群公勿敢言。丙午，帝崩。时元帝世绝，而宣帝曾孙有王五人，列侯四十八人，莽恶其长大，曰兄弟不得相为后，乃悉征宣帝玄孙选立之。是月，称浚井得白石，有丹书，著石文曰："告安汉公莽，为皇帝。"符命之兴，自此始矣。莽使群公白太皇太后，太后以为诬罔天下，不可施行。王舜谓太后曰："莽非敢有他，但欲称摄以重其权，填服天下耳。"太后心不以为可，然力不能制，乃听许。舜等即令太后下诏曰："其令安汉公居摄践祚，如周公故事。"居摄元年三月，立宣帝玄孙婴为皇太子，号曰孺子，年二岁。四月，汉宗室刘崇等相与谋曰："莽必危刘氏，天下非之，莫敢先举，此刘氏之耻也。吾率宗族为先，海内必和。"于是率从者百余人，进攻宛，汉县，今河南南阳府。不得入，败死。群臣复白太后，刘崇谋逆，以莽权轻也。太后乃诏莽，朝见太后称假皇帝。先是莽虽居摄，而朝见太后犹复臣节，至此始称假皇帝焉。二年秋，东郡汉郡，今山东境。太守翟义等相与谋曰："王氏必代汉家，其渐可见。方今宗室衰弱，外无强藩，天下倾首服从，莫扞国难，吾欲举兵西诛不当摄者。"遂移檄郡国，数莽罪恶。比至山阳，汉县，今河南修武县。莽惶惧不能食。太后谓左右曰："人心不相远也。"莽遣其党孙建、王邑、王骏、王况等击之。三辅闻翟义起，盗贼并发，男子赵朋、翟鸿等，自称将军，攻烧官寺，众至十余万。莽复发王级、王恽等击之。莽日夜抱孺子，祷郊庙。群臣皆曰："不遭此变，不章圣德。"冬十月，莽依《周书》作《大诰》，谕告天下。时诸将东至陈留，汉县，今河南陈留县。与翟义战，大破之，义死。初始元年，王邑等还，与王级等合击赵朋、翟鸿，二月悉平。还师，莽置酒白虎殿，依周爵五等封功臣为侯、伯、子、男，凡三百九十五人。莽于是自谓威德日盛，遂谋即真之事矣。

第二十四节　汉外戚之祸五

时天下争为符命，荒诞无所不至。十一月，莽奏太后，谓冬至日，天风起，尘冥。风止，于未央前殿得铜符、帛图，文曰："天告帝符。"献者封侯。自此奏言太皇太后、孝平皇后，称假皇帝，其号令天下，天下奏言，毋言摄，以居摄三年为始初元年，以示即真之渐矣。梓潼汉县，今四川梓潼县。人哀章，素无行，见莽居摄，即作铜匮，为两检，检，封题也。署其一曰"天帝行玺金匮图"；其一署曰"赤帝玺某传予皇帝金策书"。某者，高祖名也。书言王莽为真天子，皆书莽大臣八人，又取令名王兴、王盛，后莽求得同姓名者，即由布衣为大官。因自窜姓名，凡十一人。昏时，衣黄衣，持匮至高庙，以付仆射，庙中官名。仆射以闻。戊辰，莽至高庙，拜受金匮神禅，谒太后，还坐未央前殿，即真天子位，定有天下之号，曰新。是时孺子未立，玺藏长乐宫。及莽即位，请玺，太后不肯授莽。莽使王舜谕旨，舜即见太后，太后知其为莽求玺，怒骂之曰："而属父子宗族，蒙汉力富贵累世，既无以报，受人孤寄，乘便利时，夺取其国，不复顾义。人如此者，狗彘不食其余，天下岂有而兄弟耶？言将诛灭。我汉家老寡妇，旦暮且死，欲与此玺俱葬，终不可得。"太后因涕泣而言，左右皆垂涕。良久，舜谓太后曰："臣等已无可言者，莽必欲得玺，太后宁能终不与耶？"太后闻舜语切，恐莽欲胁之，乃出玺投之地，以授舜曰："我老且死，知而兄弟今族灭也。"舜既得传国玺奏之，莽大悦。始建国元年，莽更号太皇太后曰新室文母，孝平皇后曰黄皇室主，废孺子为定安公。又按哀章所献金匮，封拜辅臣王舜等凡十一公，王兴、王盛、哀章皆与焉。自是更易制度，反复纷纭，不可纪极。莽之号太后为新室文母也，绝之于汉，乃堕坏孝元庙，独留故殿，为文母篹食堂，以太后在，未谓之庙，名曰长寿宫。莽置酒长寿宫，请太后，既至，见孝元庙废彻涂地，太后惊泣曰："此汉家宗庙，与何治而坏之？且使鬼神无知，有何用庙为；如令有知，我乃人之妃妾，岂宜辱先帝之堂，以馈食哉？"饮酒不乐而罢。莽更汉家黑貂，著黄貂；又改汉正朔、伏、腊日。太后令其官属黑貂，至汉家正、腊日，独与左右相对饮食。五年春二月，太后崩，年八十四。莽意以为制作定，则天下自平，故锐思于地理，制礼作乐，讲合六经之说，公卿旦入暮出，议论连年不决。不暇省狱讼，县宰缺者数年，守兼一切，贪残日甚。中郎将绣衣执法在郡国者，并乘权势，传相举奏。又十一公分布劝农桑，班时令，按诸章，冠盖相望，交错道路，召会吏民，逮捕证左，郡县赋敛，还相赇赂，黑白纷然，守阙告诉者多。莽自见前专权以得汉政，故务自揽众事，有司受成苟免。诸宝物名帑藏钱谷官，皆宦者领之。吏民上封书，宦官左右开发，尚书不得知，其畏备臣下如此。又好变更制度，政令烦多。莽常御灯火，至明犹不能胜，尚书因是为奸。上书待报者，连年不得去。拘系郡县者，逢赦而后出。卫卒不交代者三岁。边兵二十余万人，仰衣食于县官。莽尤好纷更钱法，居摄时为错刀、契刀、大钱五十，与五铢钱汉旧钱。并行。始建国元年，以卯金刀为刘氏谶，乃罢错刀、契刀、五铢，更铸小钱直一，与大钱五十，二品并行。二年，更铸金银、龟贝、钱布之品，钱货六品，金货一品，银货二品，龟货四品，贝货五品，布货十品，凡二十八品。百姓溃乱，其货不行，皆私以五铢钱市买，讹言大钱当废，莫肯挟。莽乃诏：诸挟五铢钱，言大钱当罢者，比非井田，言其罪与非井田者同。投诸四裔。又禁卖买田宅、奴婢，自诸卿大夫至于庶民，抵罪者不可胜数。于是农商失业，食货俱废，民人至涕泣于市。天凤四年，复申明六筦之制。始建国二年制，至此复申明之，一、盐，二、酒，三、铁，四、山泽，五、赊贷，六、铁布铜冶。法令烦苛，民摇手触禁，不得耕桑，而枯旱蝗虫相因，富者不能自别，贫者无以自存。于是并起为盗贼，依阻山泽，吏不能禁，因而覆蔽之，浸淫日广。

第二十五节　汉外戚之祸六

新市汉县，今湖北武昌府境内。王匡、王凤，有众数百人，诸亡命者，南阳汉郡，今河南南阳府。马武，颍川汉郡，今河南汝州之间。王常、成丹，皆往从之，聚藏于绿林山中，山名，今湖北当阳县东北。数月，皆七八千人。又有南郡汉郡，今湖北荆州府。张霸，江夏汉郡，今湖北武昌府。羊牧等，众皆万人。有上言民穷愁，起为盗贼者，莽辄大怒；言时运适然，不久即灭，莽大悦。然匡等亦实以饥寒穷愁，起为盗贼，稍群聚，常思岁熟，得归乡里，虽万众，不敢略有城邑，而莽终不喻其故。地皇二年，荆州牧大发兵击之，与绿林贼战于云杜，汉县，今湖北沔阳州。大败，死数千人，始不制矣。而琅邪汉郡，今山东沂州府东。樊崇之众，号赤眉，为尤盛。三年，南阳刘縯、刘秀起兵，明年，大破莽兵于昆阳。秀，汉长沙定王发之后也。时道士西门君惠，谓莽卫将军王涉曰："谶文刘氏当复兴，国师公姓名是也。"涉遂与国师公歆，及大司马董忠、司中大赘莽官名。孙伋，谋劫莽降汉。伋以其谋告莽，歆等自杀。莽以军师外破，大臣内衅，忧懑不能食，但饮酒啖鳆鱼。读军书困，冯几寐，不复就枕矣。时新市、王匡、王凤等。平林汉县，与新市接近，今湖北随州。陈牧、廖湛等。诸将，共立刘玄为帝，玄本在平林兵中，号更始将军。更始既立，遣其将王匡攻洛阳，申屠建、李松攻武关，三辅震动。析汉县，属南阳郡。人邓晔、于匡，亦各起兵南乡，析之南。以应汉，遂入武关，至湖。汉县，今陕西阌乡县。莽忧惧，不知所出，乃率群臣哭于南郊以厌之。邓晔开武关，迎汉兵，李松将三千余人至湖。邓晔遣校尉王宪北渡渭，诸县大姓，各起兵称汉将军，率众随宪，皆争欲入城，贪卤掠之利。莽赦城中囚徒，皆授以兵，与誓曰："有不与新室者，社鬼记之。"以史谌将之，度渭桥，皆散走。众兵发王氏冢，烧其棺，焚九庙、明堂、辟雍，火照城中。九月戊申，入城。日暮，官府、邸第尽奔亡。己酉，城中少年朱弟等，斧敬法闼，宫中门名。呼曰："反虏王莽，何不出降？"火及掖庭承明，殿名。黄皇室主所居。黄皇室主曰："何面目以见汉家？"自投火中死。莽避火宣室，绀袀服，持虞帝匕首，天文郎案栻仪器之称。于前，莽旋席随斗柄北斗之柄也。而坐，曰："天生德于予，汉兵其如予何？"莽时不食少气，困矣。庚戌旦明，群臣扶掖莽，自前殿之渐台，宫中台名，沮水。公卿从官尚千余人。王邑等昼夜战，罢极，士卒死伤略尽，驰入宫，间关至渐台。时乱军闻莽在渐台，围数百重，王邑等皆战死。莽入室下，晡时，众兵上台，莽党并死台上。商人杜吴杀莽，校尉公宾就识莽，斩莽首，军人争莽相杀者数十人。公宾就持莽首诣王宪，宪自称大将军，妻莽后宫，乘其车服。癸丑，李松、邓晔入长安，申屠建亦至，收王宪斩之。传莽首诣更始，悬宛市，百姓共提击之，或切食其舌。莽死，长安惟未央宫焚，余皆如故。明年，赤眉入长安，焚宫室市里，发掘园陵，长安始墟矣。

第二十六节　光武中兴一

世祖光武皇帝，性勤于稼穑，而兄伯升好侠养士，常非笑光武事田业，比之高祖兄仲。王莽天凤中，乃之长安，受《尚书》，略通大义。莽末，天下连岁灾蝗，寇盗蜂起。地皇三年，南阳荒饥，诸家宾客，多为小盗。光武避吏新野，汉县，今河南新野县。因卖谷于宛。宛人李通以图谶说光武云："刘氏复起，李氏为辅。"光武初不敢当，然独念兄伯升素结客，必举大事，且王莽败亡已兆，天下方乱，遂与定谋，于是乃市兵弩。十月，与李通从弟轶等起于宛，时年二十八。十一月还舂陵，时伯升已会众起兵。初，诸家子弟皆逃亡自匿，曰："伯升杀我。"及见光武绛衣大冠，皆惊曰："谨厚者亦复为之。"乃稍自安。伯升于是招新市、平林兵，与其帅王凤、陈牧西击长聚，杀新野尉。光武初骑牛，杀尉，乃得马。又杀湖阳汉县，今河南唐县。尉，进拔棘阳。汉县，在湖阳北。与王莽前队大夫甄阜、梁邱赐战于小长安，聚名，在今河南邓州。汉军大败，还保棘阳。更始元年即王莽地皇四年。正月，汉军复与阜、赐战，大破之，斩阜、赐。伯升又破莽将军严尤、陈茂于清阳，汉县，今河南南阳府东。进围宛城。二月，立刘玄为天子。三月，光武与诸将徇昆阳、汉县，今河南叶县北六十里。定陵、汉县，今河南舞阳县北六十里。郾，汉县，今河南郾城县。皆下之。莽闻阜、赐死，汉帝立，大惧，谋大举以讨汉兵，遣司徒王寻、司空王邑将兵百万，其甲士四十三万人，五月到颍川，与严尤、陈茂合。诸将见寻、邑兵盛，皆惶怖，忧念妻孥，欲散归。光武曰："今兵谷少而外寇强大，并力御之，功庶可立。如欲分散，一日之间，诸部皆灭矣。"诸将初不以为然，会寻、邑兵且至，诸将见事急，乃相谓曰："更请刘将军计之。"光武复为图画成败，诸将皆曰："诺。"时城中惟八九千人，光武使王凤、王常守昆阳，而自与李轶等十三骑，至城外收兵。寻、邑兵至，围昆阳数十重，积弩乱发，矢下如雨，城中负户而汲。王凤等请降，不许。光武至郾、定陵，悉发诸营兵。六月己卯朔，光武与诸营俱进，自将步骑千余为前锋，去大军四五里而陈，寻、邑亦遣兵数千合战。光武奔之，斩数十级，诸将共乘之，斩首数百千级，连胜遂前，无不一以当百。光武乃与死士三千人，从城西水上冲其中坚，寻、邑易之，自将万余人行陈，敕诸营皆按部，毋得动，独迎与汉兵战，不利。大军不敢相救，寻、邑陈乱，汉兵乘锐崩之，遂杀王寻。城中亦鼓噪而出，中外合势，震呼动天地，莽兵大溃，走者相腾践，奔殪百余里间。会大雷风，屋瓦皆飞，雨下如注，滍川盛溢，士卒争赴溺死者以万数，水为不流。王邑、严尤、陈茂轻骑乘死人度水逃去，尽获其军实辎重，举之连月不尽。光武因复徇下颍阳。汉县，今河南许州境。时伯升已拔宛，更始入都之，及莽兵败于昆阳，新市、平林诸将，以缜兄弟威名日盛，阴劝更始除之。李轶初与缜兄弟善，后更谄事新贵。光武戒伯升曰："此人不可复信。"伯升不从。会更始将杀缜部将刘稷，缜固争之。李轶、朱鲔劝更始并执缜，即日杀之。光武闻之，驰诣宛谢。司徒官属迎吊，秀不与交私语，惟深引过而已。未尝自伐昆阳之功，又不为缜服丧，饮食言笑如平常。更始以是信之，拜秀为破虏大将军，封武信侯。是年九月，三辅豪杰杀王莽。时更始将都洛阳，以光武行司隶校尉，使前整修宫室。光武乃置僚属，作文移，一如旧章。时三辅吏士东迎更始，见诸将过，皆冠帻而服妇人衣，莫不笑之；及见司隶僚属，皆欢喜不自胜。老吏或垂涕曰："不图今日，复见汉官威仪。"由是识者皆心属焉。更始自宛北都洛阳，分遣使者徇郡国，乃以光武行大司马事，持节北渡河，镇慰州郡。光武至河北，南阳邓禹杖策追光武于邺，汉县，今河南临漳县。进说曰："历观往古圣人之兴，二科而已，天时与人事是也。今以天时观之，更始既立，而灾变方兴；以人事观之，帝王大业，非凡夫所任，分崩离析，形势可见。明公素有盛德大功，为天下所向服，莫如延揽英雄，务悦民心，立高祖之业，救万民之命，以公而虑，天下不足定也。"光武大悦，留禹计事，自是始贰于更始矣。进至邯郸汉县，今直隶邯郸县。故赵缪王景帝七世孙，名元。子林说光武曰："赤眉今在河东，但决水灌之，百万之众，可使为鱼。"光武不答，去之真定。汉县，今直隶真定县。林于是诈以卜者王郎为成帝子子舆，十二月，立郎为天子，都邯郸，移檄郡国，皆望风响应。王郎购光武十万户。光武至蓟，汉县，今顺天大兴、宛平二县。而故广阳王武帝五代孙，名嘉。接起兵蓟中，以应王朗。城内扰乱，转相惊恐，言邯郸使者方到。于是光武趣驾南辕，晨夜兼行，蒙犯霜雪，天时寒，面皆破裂。至滹沱河，水名，在今直隶饶阳县。无船，适冰合，得过。至南宫，汉县，今直隶南宫县。遇大风雨，光武仅得麦饭以自给。进至下博城西，汉县，今直隶深州。惶惑不知所之，有白衣老父在旁指曰："努力，信都汉国，今直隶冀州。为长安城守，言未降王郎也。去此八十里。"光武即驰赴之。信都太守任光开城降，光武因发旁县，得四千人，击堂阳、汉县，今直隶广宗县东。贳，汉县，今直隶广宗县。皆降之。王莽和戎卒正莽分钜鹿置和戎郡，卒正犹太守。邳彤举郡降。又昌城汉县，今直隶冀州西北。人刘植，宋子汉县，今直隶赵州。人耿纯，各率宗亲子弟，据其县邑，以奉光武。于是众稍乐附，至数万人。北击中山，汉国，今直隶保定府西境。拔卢奴，汉县，今直隶定州。移檄边郡，共击邯郸，郡县还复响应。击新市、汉县，今直隶新乐县。真定、元氏、汉县，今直隶元氏县。房子，汉县，今直隶临城县。皆下之，因入赵界。王郎大将李育屯柏人，汉县，今直隶唐山县。与战于郭门，大破之，育还保城，攻之未下。会上谷汉郡，今直隶宣化府。太守耿况、渔阳汉郡，今直隶顺天府。太守彭宠，各遣其将吴汉、寇恂等来助击王郎，更始亦遣尚书仆射谢躬讨王郎。光武因大飨士卒，遂东围钜鹿，汉郡，今直隶顺德府。月余不下。耿纯说光武，久守钜鹿，不如急攻邯郸，光武从之。夏四月，进军邯郸。二十余日，拔邯郸，斩王郎。光武收郎文书，得诸吏民与郎交关谤毁者，數千章，光武不省，会诸将烧之，曰："令反侧子自安。"

第二十七节　光武中兴二

更始自洛阳，西都长安，悉封宗族及诸将为王，遣使立光武为萧王，萧，汉县，今江苏萧县。悉令罢兵，与诸将有功者，并诣行在所。以苗曾为幽州牧，韦顺为上谷太守，蔡充为渔阳太守。光武辞以河北未定，不就征。苗曾等至，悉收斩之，于是始与更始敌矣。时更始政乱，日夜饮谯后庭，群臣欲言者，辄醉不能见，以至群小、膳夫，皆滥授官爵。长安为语曰："灶下养，中郎将。烂羊胃，骑都尉。烂羊头，关内侯。"元元民人之称。叩心，更思莽朝。而四方割据蜂起，梁王刘永更始所封。擅命于睢阳，汉县，今河南商丘县。公孙述称王于巴、蜀，汉二郡，今四川成都、顺庆、重庆诸府。李宪自立为淮南王，汉郡，今安徽寿州。秦丰自号楚黎王。黎丘，楚地，在今湖北襄阳府境内。张步起琅邪，董宪起东海，汉郡，今山东沂州府。延岑起汉中，汉郡，今陕西汉中府。田戎起夷陵，汉县，在今湖北荆州府内。并置将帅，侵略郡县。又别号诸贼，铜马、大肜、高湖、重连、铁胫、大抢、尤来、上江、青犊、五校、檀乡、五幡、五楼、富平、获索等，诸贼或以山川土地为名，或以军容强盛为名。铜马贼帅东山荒秃、上淮况等，大肜渠帅樊重，尤来渠帅樊崇，五校贼帅高扈，檀乡贼帅董次仲，竖楼贼帅张文，富平贼帅徐少，获索贼帅古师郎等，并见《东观记》。各领部曲，众合数百万人，所在寇掠，光武将击之。更始二年秋，光武击铜马于鄡，汉县，今直隶束鹿县。大破之。受降未尽，而高湖、重连从东南来，与铜马余众合。光武复与战于蒲阳，山名，在今直隶定州。悉降之，封其渠帅为列侯，并其众数十万，故关西号光武为铜马帝。赤眉别帅与大肜、青犊十余万众在射犬，聚名，隶汉野王县，今河南河内县。光武进击，大破之，众皆散走。初，光武与谢躬更始所遣讨王郎之将。共灭王郎，而不相能，躬屯于邺。至是，光武使吴汉、岑彭袭杀之，河北遂无更始之人矣。更始三年是年为光武建武元年。春，光武北击尤来、大抢、五幡于元氏，汉县，今直隶元氏县。追至右北平，汉县，今直隶完县。汉兵败。又战于安次，汉县，今直隶东安县。破之，及平谷，汉县，今直隶平谷县。大破灭之。更始之都长安也，以大司马朱鲔、舞阴王汉县，今河南唐县。李轶以重兵守洛阳，以备河北。鲔、轶皆光武之仇也。即杀刘伯升与沮光武使河北者。光武亦以寇恂为河内汉郡，今河南卫辉府境。太守，冯异为孟津津名，在今河南孟县。将军，统魏郡、汉郡，今直隶大名府与河南卫辉府北境。河内兵于河上，以拒洛阳。朱鲔时李轶为朱鲔所刺杀。闻光武北讨群贼，而河内孤，乃遣苏茂、贾强攻温，汉县，今河南温县。鲔自将数万人攻平阴，汉县，今河南孟津县。以缀异。寇恂急击苏茂等，大破之，异亦渡河击走鲔，追至洛阳，环城一匝而归。自是洛阳震恐，城门昼闭。光武北还至蓟，诸将入贺，因上尊号，光武未许。会诸生强华光武游学长安时同舍生。自关中奉赤伏符，来诣光武，文曰：“刘秀发兵捕不道，四夷云集龙斗野，四七之际火为主。”四七二十八也，自高祖至光武初起，合二百二十八年，即四七之际也。火，汉德也。由是定议。六月己未，即皇帝位于鄗南。其地在今直隶赵州。赤眉樊崇等入颍川，其众思欲东归，崇等计虑，众东向必散，不如西攻长安，于是从武关、陆浑关，在今河南开封府东。两道俱入。光武方北徇燕、赵，度赤眉必破长安，欲乘衅并关中，乃拜邓禹为前将军，西入关。禹至安邑，汉县，今山西安邑县。与更始大将王匡等战，大破之，匡等奔还长安。更始诸将议掠长安东归南阳，入湖池中为群盗，谋以立秋日，劫更始成前计。更始知之，将诛诸将，张卬、廖湛、胡殷勒兵烧门，入战宫中，更始大败，走依赵萌于新丰。汉县，今陕西临潼县。赤眉进至华阴，汉县，今陕西华阴县。立刘盆子为天子。高帝九世孙，父武侯萌。盆子年十五，向牧牛，被发徒跣，敝衣赭汗，见众拜，恐畏欲啼。赤眉进至高陵，汉县，今陕西高陵县。王匡、张卬等迎降之，遂共连兵进攻。九月，赤眉入长安，更始降于赤眉，赤眉封更始为长沙王。更始败，朱鲔乃以洛阳降于光武。冬十月，光武入洛阳，遂定都焉。十二月，张卬杀更始。建武二年春，吴汉击檀乡贼于邺东，邺县之东。降之。长安食尽，赤眉乃焚西京宫室，发掘园陵，大掠而西，遂入安定、北地。汉二郡，今甘肃庆阳、平凉二府。邓禹入长安，谒祠高庙，收十一帝神主，送诣洛阳。秋，帝自将讨五校贼，降之。盖延讨刘永，拔睢阳，刘永遁走。三年春，冯异与赤眉战于崤底，崤谷之底也，在今秦、晋之间。大破之，余众向宜阳。汉县，今河南宜阳县。帝自将征之，赤眉君臣面缚，奉高皇帝玺绶降。刘永立董宪为海西汉县，今山东日照县。王，张步为齐王。秋，盖延获刘永。五年，耿弇击富平、获索贼，降之。六月，朱祐拔黎丘，获秦丰。十月，耿弇与张步战于临淄，大破之，张步杀苏茂以降。六年春，马成拔舒，汉县，今安徽舒城县。获李宪；吴汉拔朐，汉县，今江苏海州。获董宪、庞萌。

第二十八节　光武中兴三

时群雄已灭，惟窦融据河西金城、武威、张掖、酒泉、敦煌五郡，今甘肃。隗嚣据天水、安定、北地、陇西四郡，今陕、甘西南境。公孙述据蜀。今四川省。帝积苦兵间，以隗嚣遣子内侍，公孙远据边陲，乃谓诸将曰："且当置此两子于度外耳！"因休诸将于洛阳，腾书陇蜀，告示祸福。而公孙述屡移书中国，自陈符命，冀以惑众。荆邯说述及天下之望未绝，豪杰尚可招诱，急以此时，发内国精兵，令田戎据江陵，汉县，今湖北江陵县。临江南之会，倚巫山山名，在今四川巫山县。之固，传檄吴、楚，令延岑出汉中，定三辅，如此，海内震摇，冀有大利。述犹豫未决。三月，述使田戎出江关，在今四川奉节县。招其故众，欲以取荆州，今湖南、湖北二省。不克。光武乃诏隗嚣，欲从天水汉郡，今甘肃巩昌府。伐蜀。嚣上言白水险阻，关名，在巩昌府。栈道败绝，未可攻。光武知嚣终不为用，乃谋讨之。夏四月，遣耿弇、盖延等七将军，从陇道伐蜀，先使中郎将来歙奉玺书赐嚣谕旨。嚣复多设疑故，事久不决，歙发愤责之，嚣遂归歙，发兵反，使王元据陇坻，陇坂之底。陇，山名，在今陕西陇州。伐木塞道。诸将因与嚣战，大败，各引兵下陇，仅得引还。嚣乘胜使王元行巡，将二万余人下陇；分遣巡至栒邑，汉县，今陕西三水县西二十五里。冯异大破之，祭遵亦破王元于汧。水名，在今陕西汧阳县。于是北地、汉郡，今甘肃庆阳府。上郡汉郡，今陕西榆林府。诸豪长，悉叛嚣降汉，嚣之党窦融、马援，皆与嚣绝，嚣遂遣使称臣于公孙述。先是述梦有人语之曰："八厶子系，十二为期。"觉，谓其妻曰："虽贵而祚短，奈何。"妇对曰："朝闻道，夕死尚可，况十二乎？"述乃以建武四年自立为天子，号成家。七年春，公孙述立隗嚣为朔宁王，遣兵往来，为之援势。八年，诸将大举深入，围隗嚣于西城。汉县，今甘肃清水县。隗嚣穷困，其大将王捷别在戎丘，在西城西北戎溪上。登城呼汉军曰："为隗王城守者，皆必死，无二心，愿诸军亟罢，请自杀以明之。"遂自刎死。时汉军粮食少，逃亡者多，岑彭壅谷水灌西城，城未没丈余。会王元行巡周宗，以蜀救兵五千人，乘高猝至，鼓噪大呼曰：“百万之众方至。”汉军大惊，未及成陈。元等决围殊死战，遂得入城归冀。汉县，今甘肃伏羌县。诸将悉东还，嚣得不死。九年，嚣恚愤而死。十年，来歙、耿弇讨其余党，降之，分置诸隗于京师以东，于是并力攻蜀。十一年春三月，岑彭大破田戎于荆门，汉县，今湖北荆门州。进至垫江。汉县，今四川垫江县。六月，来歙与盖延拔河池，汉县，今陕西宁羌州。乘胜遂进，蜀人大惧，遣人刺杀歙。公孙述使其将延岑、吕鲔、王元、公孙恢悉兵拒广汉汉县，今四川顺庆府。及资中，汉县，今四川资阳县。又遣侯丹率二万余人拒黄石。滩名，在今四川罗江县。岑彭使臧宫拒延岑，而自击侯丹，大破之，倍道兼行二千余里，拔武阳，汉县，今四川彭山县。使精骑驰击广都，汉县，今四川双流县。去成都汉县，今四川成都府治。数十里，势若风雨，绕出延岑军后。述大惊，以杖击地曰：“是何神也！”未几，延岑亦为臧宫所败，奔还成都。光武乃与述书，示以丹青之信，述省书太息曰：“废兴命也，岂有降天子哉?”冬十月，述使人刺杀彭。十二年，吴汉进至广都，烧成都市桥，在成都西。述众恐惧，日夜离叛，述虽诛灭其家，犹不能禁。光武必欲述降，述终无降意。十一月，述与汉战于城下，汉兵刺杀述，延岑降。吴汉遂族公孙氏及延岑，放火大掠，焚述宫室，帝切责之。时四方既定，十三年，吴汉等归，于是大飨将士，功臣增邑更封，凡三百六十五人；其外戚恩泽封者四十五人。帝在兵间久，厌武事，且知天下疲耗，思乐息肩，自陇蜀平后，非警急未尝复言军旅。皇太子尝问攻战之事，帝曰：“此非尔所及。”邓禹、贾复知帝偃干戈，修文德，不欲功臣拥众京师，乃去甲兵，敦儒学。帝亦思念欲完功臣爵土，不令以吏职为过，遂罢左右将军官，诸将皆以列侯就第，加位特进，奉朝请。帝以吏事责三公，功臣并不用，故皆保其福禄，无诛谴者。案帝初无大志，微时适新野，闻阴氏女美，名丽华，是为阴皇后。心悦之。后至长安见执金吾，汉官名，掌徼循京师，秩中二千石。车骑甚盛。因叹曰：“仕宦当作执金吾，娶妻当得阴丽华。”其鄙如此。以较项羽少时，观秦始皇渡浙江，曰：“彼可取而代也。”高祖徭咸阳，观秦皇帝，喟然太息曰：“大丈夫当如此也。”其大小甚不侔矣。徒以王莽失道，天下复思刘氏，而更始、盆子、刘永、刘林等俱不材，因缘际会，遂得天下。观于前代之覆辙，一无所改。符命者，王莽所伪托以愚天下也，光武以赤伏符即位，而信之殆过于莽。穷折方士黄白之术，而信河洛谶记之文。桓谭上言，菲薄谶记，光武大怒，以谭为非圣无法，将斩之，谭叩头流血，仅乃得解。其后支流余裔，乃为张角之徒。女主者，前汉之所以失天下也，帝因循不改，以阴兴为大司徒。终东汉之世，外立者四帝，安、质、桓、灵。临朝者六后，窦太后、邓太后、阎太后、梁太后、窦太后、何太后。莫不定策帷帟，委事父兄，贪孩童以久其政，抑明贤以专其威，任重道远，利深祸速，终于亡国而后已。凡此二者，皆兆端于古人，而败极于前汉。至光武之世，祸害已著，宜可鉴戒，而皆不省，其害遂与中国相终始。惟崇尚气节，为历代雄主之所不及。会稽严光，少有高名，与光武同游学，及光武即位，乃变名姓隐去，帝令以物色访之。后齐国上言，有一男子，披羊裘，钓泽中。帝疑其光，乃备安车玄𫄸聘之，三反而后至，舍于北军，给床褥，太官汉官名，主膳食者，秩千石。朝夕进膳，车驾即日幸其馆，光卧不起，帝升舆叹息而去。复引光入，论道故旧。光武从容问光曰："朕何如昔时？"对曰："陛下差增于往。"后归耕于富春山以终。此为专制政体中所绝无之事，惟光武能行之。其后东汉之士大夫气节矫然，为古今所不及，光武之功大矣。

第二十九节　后汉之诸帝

世祖光武皇帝，《后汉书》李贤注：祖有功，而宗有德，光武中叶兴，故庙称世祖。谥法：能绍前业曰光，克定祸乱曰武。年二十八起兵，年三十一即皇帝位，在位三十三年崩，建武三十一年，中元二年。寿六十二。帝崩，子庄即位，母阴皇后也，是为显宗孝明皇帝，照临四方曰明。在位十八年崩，永平十八年。寿四十八。子炟即位，母贾贵人也，是谓肃宗孝章皇帝，温克令仪曰章。在位十三年，建初八年，元和三年，章和二年。寿三十三。明、章二代，皆后汉之令主，比于前汉之文、景焉。帝崩，子肇即位，母梁贵人也，为窦皇后所谮，忧卒，窦后以为己子，是为孝和皇帝，不刚不柔曰和。在位十七年崩，永元十六年，元兴一年。寿二十七。子隆即位，史不详其母，是为孝殇皇帝，短折不成曰殇。即位时，诞育百余日，在位一年崩，延平一年。年二岁。邓太后与大将军邓骘等定策禁中，立长安侯祜，自是外戚、宦官遂盛。祜，章帝孙也，父清河孝王庆，母左姬，是为恭宗孝安皇帝，宽容和平曰安。在位十九年崩，永初七年，元初六年，永宁一年，建光一年，延光四年。寿三十二。帝令自房帷，威不逮远，后汉之业衰矣。安帝崩，阎皇后与大将军阎显等定策禁中，立章帝孙济北惠王寿子北乡侯国在今山东乐安县西。懿，立数月崩。汉人不以为帝。安帝子保即位，母李氏，帝本安帝太子，为阎后所谮而废。至是中黄门孙程等十九人，废阎后、杀阎显等而立之，是为孝顺皇帝，慈和遍服曰顺。在位十八年崩，永建六年，阳嘉三年，永和六年，汉安二年，建康一年。寿三十。子炳即位，母虞贵人也，是为孝冲皇帝，幼少在位曰冲。在位一年崩，永嘉一年。年三岁。梁太后与大将军梁冀等定策禁中，立建平侯国在今河南永城县西南。缵，章帝玄孙也，曾祖父千乘贞王伉，祖父乐安夷王宠，父勃海孝王鸿，母陈夫人也，是为孝质皇帝，忠正无邪曰质。在位一年，为梁冀所弑，本初一年。年九岁。梁太后复与大将军梁冀定策禁中，立蠡吾国在今直隶蠡县。侯志，章帝曾孙也，祖父河间孝王开，父蠡吾侯翼，母匽氏，是为孝桓皇帝，克敌服远曰桓。在位十八年，建和三年，和平一年，元嘉二年，永兴二年，永寿三年，延熹九年，永康一年。寿三十六。桓帝宠信宦官，杀戮名士，党祸之兴自此始，汉至此必亡矣。帝崩，无嗣，窦太后与大将军窦武定策禁中，立解渎亭侯国在今直隶定州。汉王国皆郡，侯国皆县，至后汉乃有乡侯、亭侯，皆次于县侯者也。宏，章帝玄孙也，曾祖父河间孝王开，祖淑，父苌，世封解渎亭侯，母董夫人，是为孝灵皇帝，乱而不损曰灵。在位二十一年，建宁四年，熹平五年，光和六年，中平六年。年三十四。子辩即位，母何皇后也，即位六月，为董卓所废，凡两改元，一称光熹，一称昭宁，不逾年而改元，古未有也。献帝既立，又称永汉，旋并废，仍称中平六年。而立灵帝子协，母王美人也，是为孝献皇帝。聪明睿智曰献。帝时政在曹氏，在位三十一年，禅位于魏，初平四年，兴平二年，建安二十五年。魏封帝为山阳公。又十四年，崩，年五十四。两汉诸帝无年及五十者，惟高祖、光武、献帝三人为过焉。后汉凡十二帝，一百九十五年。献帝以下详本书第二篇第二章。

第三十节　宦官外戚之冲突一

外戚之祸，为前汉之所以亡，然则后汉诸帝，亦可以有所鉴戒矣。及观后汉历史，其外戚之祸，并不末减于前汉，且于外戚之外，又增一国家之大患焉，宦者是也。夫外戚、宦官二害，实皆从政体而生。而宦官之害，则较外戚为古，《周礼》天官所掌，尽宫内之事也，中有内小臣奄，上士四人，史二人，徒八人，寺人、王之正内五人，此为周制宦官之明文。其事迹见于春秋之世，证据非一，如齐寺人貂、《左》僖二年。晋寺人披《左》僖五年。之类，虽齐桓、晋文之明，亦为其所玩视。至秦始皇任用赵高，遂大肆其毒，致秦于亡。高祖受命，循而不改。弘恭、石显为患于宣、元之间，迹其所自，仍与外戚同科。盖有吕后之任诸吕，忌大臣，而后有张卿之为大谒者；事在《汉书·高后纪》。有宣帝之任许、史，忌诸霍，而后有恭、显之典中书。二者之必相为表里者，势也。其不同者，前汉之世，外戚与宦官常相结；而后汉之世，外戚与宦官常相诛。相结之极，而王氏盗汉；相诛之极，而天下土崩。二千载以还，遂与中国相终始。读史者每叹古人之愚，然平心论之，殆非愚也。此盖出于家天下之极端，人主一家之安危，与天下之利害相连，而每遇皇家变动之时，外廷尚不及知，仓猝之间，其权必归外戚、宦官之手，而其影响遂及于天下焉。而家天下者，亦动于不得不然矣。后汉二百年之史，即外戚、宦官冲突之史也，录其大者于下。案后汉外戚、宦官冲突之祸，起于和帝之世，章帝以前，伏而未著，然而外戚之权，则已极盛矣。光武起寒微，外家无可考。明帝母阴皇后，帝本郭氏所生，后郭废，故以阴后为母。讳丽华，南阳新野人也。兄识，封原鹿侯，国今在无考，约在河南确山县相近。官执金吾，典禁兵；弟子庆，封鲖阳侯；国在今河南沈丘县西南三十五里。弟就，封新阳侯。国今在无考，亦与河南确山县相近。章帝母马皇后，伏波将军马援之小女，扶风茂陵汉县，今陕西兴平县东北十九里。人也。父援，封新息侯；国在今河南息县。兄廖，封顺阳侯；国未详。兄防，封颍阳侯，国在今河南叶县西。官车骑将军；兄光，封许阳侯。国在今河南许州。马皇后为后汉之贤后，常事减损外家，然史称防兄弟贵盛，奴婢各千人以上，资产巨亿，皆买京师膏腴美田；又大起第观，连阁临道，弥亘街路，多聚声乐，宾客奔凑，四方毕至；京兆杜笃之徒数百人，常为食客，居门下；刺史守令，多出其家。则后所谓减损者何事也？然较诸窦后以下，则自胜矣。

第三十一节　宦官外戚之冲突二

后汉外戚之权，自窦后始。后，窦融之曾孙女也，为章帝皇后，宠幸殊特，宫闱为之慄息。章帝崩，和帝即位，和帝母梁贵人，为窦后所谮，以忧死，窦后养帝，以为己子。太后临朝。兄宪，以侍中内斡机密，出宣诰命；弟笃，为虎贲中郎将；弟景、弟瑰，并为中常侍，外家并居清要之地。自王、主及阴、马诸家，莫不畏惮。及窦宪既立大功，谓击匈奴也。封武阳侯，汉武阳有三，一在东郡，一在泰山郡，一在东海郡，宪封不知何属。拜大将军，寻封冠军侯，国在今河南邓州西北五十里。笃郾侯，见前。景汝阳侯，国在今河南汝阳县。瑰夏阳侯，国在今山西韩城县。威名益盛。以耿夔、任尚等为爪牙，邓叠、郭璜为心腹，班固、傅毅之徒典文章，刺史、守令，多出其门，赋敛吏民，共为赂遗。景尤甚，奴客强夺人财货，篡取罪人，妻略妇女，商贾闭塞，如避寇仇。父子兄弟，并为卿校，充满朝廷。邓叠、叠弟陟、及磊、及母元、宪女婿郭举、举父璜，共相交结，元、举并出入禁中，举得幸于太后，遂共图为弑逆。帝阴知其谋，是时宪兄弟专权，帝与内外臣僚，莫由亲接，所与居者，阉宦而已。帝以朝臣上下，莫不附宪，独中常侍钩盾令钩盾令，秩六百石，宦者为之，典诸近池苑囿游观之处，属少府。郑众，谨敏有心机，不事豪党，遂与众定议诛宪。以宪在外，时宪屯凉州。虑其为乱，忍而未发。永元四年，窦宪还京师。六月，帝幸北宫，诏执金吾、五校尉勒兵屯卫南北宫，案史文如此，然事实可疑，因北军五校皆窦氏党，何以能助诛窦氏也？闭城门，收捕郭璜、郭举、邓叠、邓磊，皆下狱死，收宪大将军印绶，与笃、景、瑰皆就国，到国皆迫令自杀。凡与窦氏交通，皆免。以郑众为大长秋，宦者用权，自此始矣。后六年，太后崩。和帝后邓氏，邓禹之孙也，和帝崩，太子未立，邓后立少子隆，生始百余日，是为殇帝。太后临朝，数月，帝崩，太后与兄车骑将军骘、虎贲中郎将悝等，定策禁中，谓不与廷臣议也，其事始此，后遂为常。迎清河王子祜汉郡，今山东临清州。即位。太后犹临朝，封骘为上蔡侯，国在今河南上蔡县。骘弟悝为叶侯，见前。悝弟弘为西平侯，国在今河南西平县。阊为西华侯，国在今河南西华县。食邑各万户。骘以定策功，增三千户，官大将军。是时大长秋郑众，中常侍蔡伦，皆秉势预政，与诸邓等。及安帝建光元年三月，太后崩，上始亲政事，征杜根为侍御史，成翊世为尚书郎。初，根为郎中，与同时郎上书，言帝长，宜亲政事。太后大怒，皆令盛以缣囊，于殿上扑杀之。既而载出城外，根得苏。太后使人检视，根遂诈死三日，为蝇所集，目中生蛆，因得逃窜，为酒家保，积十五年。成翊世亦以郡吏，坐谏太后不归政，抵罪。至是，皆以尚书陈忠荐，得用。四月，废诸邓皆为庶人，邓骘免特进，遣就国，宗族免官归故郡。没入骘等资财田宅，徙邓访及家属于远郡，郡县迫逼，半皆自杀。又徙封骘为罗侯。今湖南湘阴县。五月，骘与子凤，并不食而死。骘从弟河南尹豹、度辽将军遵、将作大匠畅，皆自杀。惟广、德兄弟，以母与阎后同产，得留京师。征邓康为太仆，以康曾请太后归政，除绝属籍故也。时众庶以太后多行小惠，多为邓氏称枉者。帝亦颇悟，乃谴让州郡，还葬骘等于北芒，山名，在洛阳城北。诸从兄弟，皆得归京师。

第三十二节 宦官外戚之冲突三

帝以耿贵人帝之嫡母。兄宝监羽林左军车骑，封宋杨帝祖母弟。四子皆为列侯，宋氏为卿校、侍中、大夫、谒者、郎吏十余人。阎后兄弟显、景、耀，并为卿校，典禁兵。以江京、李闰为中常侍，皆封侯，京兼大长秋，与中常侍樊丰、黄门令刘安、钩盾令陈达五人皆宦者也。及帝乳母王圣、圣女伯荣，扇动内外，竞为侈虐，伯荣出入宫掖，传通奸赂。司徒杨震、尚书翟酺，皆上书谏，帝不省。时帝数遣黄门常侍，及中使伯荣，往来辇毂，使者所过，威权显赫，发民修道，缮理亭传，多设储侍，征役无度，赂遗仆从，人数百匹。此可见办差之制，在汉已有。郡县王侯及二千石，皆为伯荣独拜车下。王圣、江京、樊丰等谮太子乳母王男、厨监邴吉等，杀之，惧有后害，乃共谮太子。帝怒，九月，废太子保为济阴王。于是太仆来历、太常桓焉、廷尉张皓、光禄祋讽、宗正刘玮、将作大匠薛皓、侍中闾丘弘、陈光、赵代、施延、中大夫朱伥等十余人，俱诣鸿都门，证太子无过。帝与左右患之，乃使中常侍切责之，乃各稍自引起。及帝道崩于叶，皇后与阎显兄弟、江京、樊丰等谋曰："今晏驾道次，济阴王谓太子保。在内，若公卿立之，还为大害。"乃伪云帝疾甚，徙御卧车，所在上食问起居如故，驱驰行四日，还宫，明夕发丧。尊皇后曰皇太后，后名姬，河南荥阳人也。太后临朝，以显为车骑将军、仪同三司、长社侯。国在今河南许州。太后欲久专国政，贪立幼年，与显定策禁中，迎济北惠王子北乡侯懿为嗣，乙酉，即皇帝位。阎显乃讽有司，奏大将军耿宝、中常侍樊丰、虎贲中郎将谢恽、侍中周广、野王君王圣、圣女永等，更相阿党，互作威福，皆大不道。辛卯，丰、恽、广皆下狱死。贬宝及子承皆为亭侯，遣就国，宝于道自杀。王圣母子徙雁门。于是以阎景为卫尉，耀为城门校尉，晏为执金吾，威福自由矣。而北乡侯懿寻有疾，中常侍孙程谓济阴王谒者长兴渠曰："若北乡不起，相与共断江京、阎显，以立王，事无不成者。"渠然之。十月，北乡侯薨，显白太后，秘不发丧。更征诸王子，闭宫门，屯兵自守。十一月乙卯，孙程、王康、中黄门，先为太子府史。王国，长乐太官丞，掌太后尚食。与中黄门黄龙、彭恺、孟叔、李建、王成、张贤、史汎、马国、王道、李元、杨佗、陈予、赵封、李刚、魏猛、苗光等，聚谋于西钟下。济阴王所居。丁巳夜，程等共会崇德殿上，在南宫。因入章台门。时江京、刘安、李闰、陈达俱坐省门下，即禁门。程与康就斩京、安、达，以李闰为省内所服，欲引为主，因举刀胁闰曰："今当立济北王，毋得摇动。"闰曰："诺。"于是扶闰起，俱于西钟下迎济阴王，即皇帝位，时年十一。召尚书令、仆射以下，从辇南宫，程等留守省门。帝登云台，召公卿、百僚，使虎贲、羽林士屯南北宫诸门。阎显时在北宫，忧迫不知所为。太后诏越骑校尉冯诗，授之印，曰："能得济阴王者，封万户侯；得李闰者，五千户侯。"诗佯诺而出，归营屯守。显弟卫尉阎景，遽从省中还外府卫尉府。收兵，至盛德门，孙程召尚书郭镇收之，景不受，镇格杀之。戊午，遣使者入省，夺得玺绶。帝乃幸嘉德殿，遣侍御史持节收阎显，及其弟城门校尉耀、执金吾晏，并下狱诛，家属皆徙比景，在今广东琼州。迁太后于离宫。己未，开城门，罢屯兵。壬戌，封孙程等十九人为列侯；擢来历、朱伥、施延、陈光、赵代等，后至公卿；祋讽、闾丘弘皆先卒，拜其子为郎；征王男、邴吉家属还；前徙比景。东宫宦者籍建、高梵、赵熹、良贺、夏珍，皆为中常侍。未几，太后以京忧死。帝之立也，乳母宋娥与其谋，帝立，封娥为山阳君。既立皇后，以后父梁商为执金吾，寻进大将军，与诸宦者，皆贵用事。

第三十三节 宦官外戚之冲突四

顺帝之崩也，冲帝即位，年二岁，尊梁后为太后，后讳妠，和帝母梁贵人之弟孙也，太后临朝。明年春正月戊戌，冲帝崩。太后征清河王蒜，及渤海孝王鸿之子缵，皆至京师。蒜为人严重，动止有法，公卿皆归心焉。太后与兄大将军襄邑侯国在今河南睢州。冀利缵幼弱，定策禁中。丁巳，立缵为皇帝，时年八岁，是为质帝。帝少而聪慧，尝因朝会，目梁冀曰："此跋扈将军也。"犹强梁也。冀闻而深恶之。闰月甲申，冀使左右置毒于煮饼而进之，帝苦烦盛，促召太尉李固，固问病所由，帝尚能言，曰："食煮饼，今腹中闷，得水尚可活。"时冀在侧，禁不与，帝遂崩。固伏尸号哭，推举侍医，冀虑其谋泄，大恶之。时公卿皆意在清河王蒜，而中常侍曹腾尝谒蒜，蒜不为礼，宦者由此恶之。平原王翼子志，太后欲以女弟妻之，征到都亭，故梁冀欲立志。及大会公卿，众论既异，愤愤不得意，而未有所夺。曹腾等闻之，夜往说冀，以蒜严明，立必见祸，不如立志，富贵可常保。冀然其言，重会公卿，冀意气凶凶，言辞激切，百官莫不震慑，皆曰："惟大将军令。"独李固、杜乔坚守本议。谓立蒜。冀厉声曰："罢会"。即以太后诏，先策免固。庚寅，志入南宫即位，即桓帝也，时年十五，太后犹临朝。清河王蒜与杜乔、李固皆死。和平元年正月，太后崩。梁冀之执政也，冀弟不疑为颍阳侯，弟蒙为西平侯，子胤为襄邑侯，并见前。食邑三万户。冀妻孙寿封襄城君，国在今河南襄城县。岁入五千万，加赐赤绂，比长公主。寿善为妖态，为愁眉，啼妆，龋齿笑，堕马髻，冀甚宠惮之。冀监奴秦宫与寿私通，威权大震，刺史二千石，皆谒辞之。冀与寿对街为宅，殚极土木，互相夸竞，金玉珍怪，充满藏室，深林绝涧，有若自然，奇禽珍兽，飞走其间。冀与寿游观第内，连日继夜，以逞娱恣。客到门，不得通，皆请谢门者，门者累千金。又起兔苑数十里，移檄郡县，调发生兔。人有犯者，罪至死。或略良人，使为奴婢，至数千口。冀又用寿言，多斥逐诸梁在位者，以示谦退，而实崇孙氏。孙氏宗亲，冒名侍中、卿校、郡守、长吏者十余人，皆贪饕凶淫，所在怨毒，其淫暴无所不至。梁后桓帝后。恃姊兄荫势，恣极奢靡，兼倍前世。后既无子，宫人孕育，鲜得全者。帝迫于太后与冀，积怨不得发。梁冀一门，前后七侯、三皇后、六贵人、二大将军，夫人、女食邑称君者七人，尚公主者三人，其余卿、将、尹、校五十七人。冀秉政凡二十余年，天子拱手，不得有所亲与。及太后崩，帝不平愈甚。一日如厕，独呼小黄门唐衡问："左右谓宦者。与外舍谓外家。不相得者谁乎？"衡对曰："中常侍单超、小黄门史左悺、中常侍徐璜、黄门令具瑗，皆与梁氏有隙。"帝乃召五人，共定其议。时冀心疑超等，八月丁丑，使中黄门张恽入省防变，具瑗敕吏收斩恽。帝出御前殿，召诸尚书人，发其事，使具瑗将左右厩驺、虎贲、羽林都候剑戟士，合千余人，共围冀第，收冀大将军印绶。冀及妻寿，即日皆自杀。悉收梁氏、孙氏中外宗亲送诏狱，无少长，皆弃市。他所连及，公卿、列校、刺史、二千石，死者数十人。故吏宾客免黜者三百余人，朝廷为空。收冀财货，县官斥卖，合三十余万万，遂减天下租税之半。赏诛梁冀之功，封单超、徐璜、具瑗、左悺、唐衡，皆为县侯，世谓之五侯。仍以左悺为中常侍，又封尹勋等七人皆为亭侯。未几单超卒，其后四侯转横，天下为之语曰："左回天，具独坐，徐卧虎，唐雨堕。"雨堕者，言其如雨之堕，流毒皆遍。皆竞起第宅，以华侈相尚。其仆从皆乘牛车，自汉迄唐，驾车皆以牛。而从列骑。兄弟姻亲，遍满州郡，荼毒百姓，与盗无异，虐遍天下，民不堪命，多为盗贼焉。四年，占卖关内侯、虎贲、羽林、缇骑、营士五大夫，钱各有差。自永平以来，臣民虽有习浮屠术者，而天子未之好。至帝，始笃好之，于宫中立黄老、浮屠之祠，常躬自祈祷，由是其法浸盛。时朝政日非，而风俗日美，太学诸生三万人，郭泰、贾彪为其冠，与李膺、陈蕃、王畅更相褒重。会南阳太守成瑨族诛张汎，太原太守刘瓆使郡吏王允杀小黄门赵津，山阳太守翟超使督邮张俭破侯览家冢，东海相黄浮杀徐璜兄宣，于是中官诉之于帝。帝大怒，瑨、瓆皆死狱中，超、浮并坐髡钳，输作左校。未几，以司隶校尉李膺杀张成子，宦官教成弟子牢修，上书告膺等养太学游士，交结诸郡生徒，更相驱驰，共为部党，诽讪朝廷，疑乱风俗。于是天子震怒，延熹九年，捕党人，布告天下，使同忿疾。遂下膺等于黄门北寺狱，为宦官所特置。其辞所连及，太仆杜密，御史中丞陈翔，及陈寔、范滂之徒二百余人，或死狱中，或逃遁不获，皆悬金购募，使者四出。明年，以后父城门校尉窦武之故，六月，赦天下党人二百余人，皆归田里，书名三府，禁锢终身。

第三十四节　宦官外戚之冲突五

桓帝崩，无嗣。皇后窦氏定策禁中，立解渎亭侯宏。宏既即位，是为灵帝，尊皇后为太皇太后。后，章帝窦皇后从祖弟之孙也，讳妙章。以太后父城门校尉窦武本传称：武少小经行著称，常教授于大泽中，不交时事，名显关西。及在位，多辟名士，清身疾恶，礼赂不通，妻子衣食，裁足而已。此与王甫责武语正相反，读史者所宜注意也。为大将军，封闻喜侯；国在今山西闻喜县。子机渭阳侯，国在今陕西渭阳县。兄子绍鄠侯。国在今陕西鄠县。初，窦太后之立也，陈蕃有力焉。及临朝，政无大小，皆委于蕃。蕃于窦武同心勠力，以奖王室，天下之士，莫不延颈想望太平。而帝乳母赵娆，及诸女尚书，旦夕在太后侧；中常侍曹节、王甫等，共相朋结，谄事太后，太后信之，蕃、武疾焉。会有日食之变，蕃谓武曰："昔萧望之困一石显，况今石显数十辈乎？蕃以八十之年，欲为将军除害，今可因日食，斥罢宦官，以塞天变。"武乃白太后，先收中常侍管霸、苏康等，皆杀之。武复数白诛曹节等，太后犹豫未忍，故事久不发。侍中刘瑜与武书，劝以速断大计，武乃收长乐尚书中官掌文书者。郑飒，送北寺狱。武使黄门令山冰武之党。等杂考，辞连曹节、王甫，冰即奏收节等，使刘瑜内奏。建宁元年九月辛亥，武出宿归府，典中书者以告长乐五官史朱瑀，瑀盗发武奏，骂曰："我曹何罪，而见族灭？"因大呼曰：

"陈蕃、窦武，奏白太后废帝，为大逆。"乃夜召长乐从官史共普、张亮基等十七人，歃血共盟，谋诛武等。曹节挟帝御德阳前殿，令帝拔剑踊跃，使乳母赵娆等拥卫左右，取棨信闭诸禁门。召尚书官属，胁以白刃，使作诏板，拜王甫为黄门令，持节至北寺狱，杀尹勋、山冰，出郑飒，还兵劫太后，夺玺绶。令中谒者守南宫，闭门，绝复道，使郑飒等持节捕收武等。武不受诏，驰入步兵营，与其兄子步兵校尉绍，共射杀使者，召会北军五校士数千人，屯都亭，洛阳都亭也。下令军士曰："黄门常侍反，尽力者封侯重赏。"陈蕃闻难，将官属诸生八十余人，并拔刃突入承明门。王甫出，与蕃遇，让蕃曰："武有何功，兄弟父子并封三侯；又设乐饮讌，多取掖庭宫人；旬日之间，赀财巨万。公为宰辅，苟相阿党，大臣当若是耶？"使剑士收蕃，送北寺狱，即日杀之。时护匈奴中郎将张奂征还京师，曹节等以奂新至，不知本谋，矫制以少府周靖行车骑将军，与奂率五营士讨武。夜漏尽，王甫将虎贲、羽林等合千余人，出屯朱雀掖门，与奂等合。已而悉军阙下，与武对阵。甫使其士大呼曰："窦武反，汝皆禁兵，当宿卫宫省，何故随反者乎？先降有赏。"营府兵素畏服中官，于是武军稍稍归甫。自旦至食时，兵降略尽。武、绍走，诸军追围之，皆自杀。遂捕宗亲、宾客、姻属，悉诛之。迁太后于南宫，未几以忧死。封曹节等为列侯，侯者十七人，于是群小得志，士大夫皆丧气。张奂以功当封侯，奂深病为曹节等所卖，固辞不受，诸常侍渐恶之。熹平元年，有人书朱雀阙，言天下大乱，曹节、王甫，幽杀太后，公卿皆尸禄，无忠言者。诏司隶校尉段颎捕逐，十日一会，四出逐捕，太学游生，系者千余人。光和元年，帝与宦官谋，初开西邸卖官，二千石二千万，四百石四百万。富者则先入钱，贫者到官，然后倍输。又私令左右卖公卿，公千万，卿五百万。初，帝为侯时，常苦贫。及即位，每叹桓帝不能作家，居曾无私钱，故卖官聚钱，以为私藏。案汉卖官之例，外官贵而内官贱，是当时外官优于内官可知矣。是时王甫、曹节等，奸虐弄权，扇动内外，太尉段颎阿附之。节、甫兄弟父子，为卿校、牧守、令长者，布满天下，所在贪横。光和二年，帝以司隶校尉阳球言，收甫、颎送洛阳狱，皆死。未几，徙阳球为卫尉，宦官复横。六年，黄巾作。初，巨鹿张角奉事黄老，以妖术教授，号太平道，咒符水以疗病，令病者跪拜首过，或时病愈，众共神而信之。角分遣弟子周行四方，转相诳诱，十余年间，徒众数十万，自青、徐、幽、冀、荆、扬、兖、豫八州之人，莫不毕应。或弃卖财产，流徙奔赴，填塞道路，未至病死者，亦以万数。郡县不解其意，言角以善道化民，为民所归，帝亦殊不为意。角遂置三十六方，方犹将军也，大方万余人，小方六七千人，各立渠帅。讹言“苍天已死，黄天当立。案汉人崇信五行，故妖言即起于此。岁在甲子，天下大吉。”以白土书京城寺门及州郡官府，皆作甲子字。大方马元义等，先收荆、扬数万人，期会发于邺。元义数往来京师，以中常侍封谞、徐奉等为内应，约以三月五日，内外俱起。中平元年春，角弟子济南唐周上书告之，于是收马元义，车裂于洛阳，诛杀千余人，下冀州逐捕角等。角等知事泄，晨夜驰敕诸方，一时俱起，皆著黄巾，以为标帜，故时人谓之黄巾贼。二月，角自称天公将军，角弟宝称地公将军，宝弟梁称人公将军，所在燔烧官府，劫略聚邑，州郡失据，长吏多逃亡，旬日之间，天下响应，京师震动。三月，以皇后何氏兄河南尹何进为大将军，封慎侯，国在今安徽颍上县。率左右羽林、五营营士屯都亭，修理器械，以镇京师。赦天下党人，还诸徙者。发天下精兵，遣北中郎将卢植讨张角，左中郎将皇甫嵩、右中郎将朱儁讨颍川黄巾。是时中常侍赵忠、张让、夏恽、郭胜、段珪、宋典、孙璋、毕岚、栗嵩、高望、韩悝、张恭皆贵宠，惟中常侍吕强忠于汉室，共谮而杀之。帝常言：“张常侍是我公，赵常侍是我母。”由是宦官无所忌惮，并起第宅，拟效宫禁。帝尝欲登永安候台，永安宫在北宫东北。宦官恐望见其居处，乃使中大人宫中耆宿之称。尚但谏曰：“天子不当登高，登高则百姓虚散。”帝自是不敢复升台榭。及封谞、徐奉事觉，帝诘责诸常侍曰：“汝曹常言党人欲为不轨，皆令禁锢，或有伏诛者。今党人更为国用，汝曹反与张角通，为可斩未？”然仍信用之。会郎中张钧上书，言张角所以能兴兵作乱，万民所以乐附之者，其源皆由十常侍，即上十二人，言十者举成数。多放父兄子弟婚亲宾客，典据州郡，百姓之冤，无所告诉，故谋议不轨，聚为盗贼。宜斩十常侍，以谢百姓，遣使者布告天下，可不须师旅，而大寇自消。帝大怒曰："十常侍岂无一人善者！"御史承旨，遂诬钧学黄巾道，收掠死狱中。是年七月，诸将击黄巾，大破之。十一月，皇甫嵩与张梁战于广宗，张角所居，今直隶广宗县。破斩之。时张角已病死，嵩复攻张宝于下曲阳，汉县，今直隶晋州。斩之。黄巾余党张曼成、赵弘、韩忠、孙夏等，迭据宛城，朱儁讨平之。张牛角、常山、常山郡人。褚飞燕、轻便者为飞燕。及黄龙、左校、于氐根、多须之意。张白骑、骑白马者。左髭丈八、未晓其义。平汉、大计、司隶、缘城、雷公、浮云、白雀、杨凤、于毒、五鹿、李大目、白绕、畦固、苦蝤之徒，不可胜数，终汉之世，不能定也。汉末外戚、宦官迭操政柄，其亲戚私人遍满郡县，皆以侵夺百姓为事，故民多流为盗贼。案张角之前，业已数起。明、章以后，安帝永初三年，海贼张伯路寇滨海九郡，至五年始平。顺帝建康元年，九江汉郡，今安徽东境。范容、周生等寇历阳。汉县，今安徽和州。是年冬，九江贼徐凤称无上将军，马勉称皇帝。冲帝永嘉元年，广陵今江苏扬州府。贼张婴据广陵，旋平。是年，巴郡人服直，聚党自称天王。桓帝永兴二年，泰山琅邪贼公孙举、东郭窦等起，次年平。延熹三年，秦山贼孙无忌起，旋平。五年，艾县汉县，今江西武宁县。贼攻长沙郡县，七年平。灵帝熹平元年，会稽贼许生起勾章，汉县，今浙江鄞县。自称阳明皇帝。光和三年，桂阳、苍梧贼攻郡县，皆积久不平。中平元年，巴郡张鲁作乱，遂延至今日，称张天师者，几二千年焉。张角之后，中平三年，江夏兵赵慈反。四年，西凉人韩遂，与陇西太守李相、凉州司马马腾等叛，寇掠三辅。是年，故泰山太守张举，与故中山相张纯叛，略蓟中，举称天子，纯称弥天将军。五年，益州贼马相、赵祗等，起兵绵竹。盖皆宦官、外戚致之也。帝贪鄙转甚，刺史、二千石，及孝廉、茂才，迁除者皆责修宫钱，大郡至二三千万，余各有差。当之官者，皆先至西园谐价，然后得去；其廉隅者，乞不之官，皆迫遣之。段颎、张温，素有功勋名誉，然皆先输货财，乃登公位。司徒崔烈，因傅母入钱五百万，遂为司徒。及拜日，天子临轩，百僚毕会。帝顾亲幸曰："悔不少靳，可至千万。"程夫人于傍应曰："崔公冀州名士，岂肯买官。

赖我得是，反不知好耶？”其贪猥如此。寻起万金堂于西园，引司农金钱、缯帛，充牣其中，复藏寄小黄门常侍家钱各数千万。又于河间买田宅，起第观。灵帝因数失皇子，何皇后生子辩，养于道人史子眇家，号曰史侯；王美人生子协，董太后帝母。自养之，号曰董侯。群臣请立太子，帝以辩轻佻无威仪，欲立协，犹豫未决。会疾笃，属协于蹇硕。

第三十五节　宦官外戚之冲突六

灵帝崩，硕时在内，欲先诛何进，而立协，使人迎进，欲与计事。进即驾往，硕司马潘隐与进故旧，迎而目之。进惊，驰从疾道归营，引兵入屯百郡邸，因称疾不入朝。帝之未崩也，蹇硕忌何进，与诸常侍共说帝，遣进西击韩遂，帝从之。进阴知其谋，奏遣袁绍（时为虎贲中郎将）收徐、兖二州兵，须绍还而西，以稽行期，盖皆为定策计也。四月，皇子辩即皇帝位，年十四，尊何后为太后。后，宛人，屠家女也。太后临朝，改元光熹，以大将军何进录尚书事。进既秉朝政，忿蹇硕图己，阴谋诛之。袁绍因进客张津，劝进悉诛诸宦官，进以袁氏累世贵宠，而绍与从弟术，皆为豪杰所归，信而用之。复博征智谋之士，何颙、荀攸及郑泰等二十余人，与同腹心。蹇硕疑不自安，与中常侍赵忠、宋典等书曰：“大将军秉国专朝，今与天下党人，谋诛先帝左右，扫灭我曹，但以硕典禁兵，故且沈吟。今宜共闭上阁，急捕诛之。中常侍郭胜，进同郡人也，太后及进之贵幸，胜有力焉，故亲信何氏，与赵忠等议，不从硕计，而以其书示进。庚午，进使中黄门收硕诛之，因悉领其屯兵。骠骑将军董重，董太后兄子。与进权势相害，中官挟重，以为党助。董太后每欲参干政事，何太后辄相禁塞。董后忿詈曰：“汝今辀张，犹强梁也。怙汝兄耶？吾敕骠骑，断何进头，如反手耳。”何太后闻之，以告进。五月，进与三公共奏：故事，蕃后不得留京师，请迁宫本国。奏可。辛巳，进举兵围骠骑府，收董重，即自杀。六月辛亥，董太后忧怖暴崩，民间由是不和何氏。袁绍复说何进曰："前窦武欲诛内宠，而反为所害者，但坐言语泄露。五营兵士，皆畏服中官，而窦氏反用之，自取祸灭。今将军兄弟谓进及弟苗。并领劲兵，部曲将吏，皆英俊名士，乐尽力命，事在掌握，此天赞之时也。将军宜一为天下除患，以垂名后世，不可失也。"进乃白太后，尽罢中常侍以下，以三署郎即三府。补其处。太后不听，曰："中官统领禁省，自古及今，汉家故事，不可废也。且先帝新弃天下，我奈何楚楚与士人共对事乎？"进难违太后意，且欲诛其放纵者。绍以为中官亲近至尊，出纳号令，今不悉废，后必为患。而后母舞阳君及何苗，数受诸宦官赂遗，知进欲诛之，数白太后，为之障蔽。又言大将军专杀，左右擅权，以弱社稷，太后疑以为然。进新贵，素敬惮中官，虽外慕大名，而内不能断，故事久不决。绍等又为画策，多召四方猛将豪杰，使并引兵向京城，以胁太后，进然之。主簿陈琳谏曰："谚称掩目捕雀。夫微物尚不可欺以得志，况国之大事，其可以诈立乎？今将军总皇威，握兵要，龙骧虎步，高下在心，此犹鼓洪炉燎毛发耳。但当速发雷霆，行权立断，则天人顺之。而反委释利器，更征外助，大兵既集，强者为雄，所谓倒持干戈，授人以柄，功必不成，只为乱阶耳。"进不听。典军校尉曹操闻而笑曰："宦者之官，古今宜有。但世主不当假之权宠，使至于此。既治其罪，当诛元恶，一狱吏足矣。何至纷纷召外兵乎？欲尽诛之，事必宣露，吾见其败也。"初，灵帝征董卓为少府，卓上书，言为羌胡所留，不得行，朝廷不能制。及帝寝疾，玺书拜卓并州牧，令以兵属皇甫嵩，卓不奉诏。及何进召卓，使将兵诣京师，侍御史郑泰、尚书卢植皆谏，进不听。泰退谓荀攸曰："何公未易辅也。"遂弃官去。董卓闻召，即时就道，且上书宣露其事，太后犹不从。何苗谓进曰："始从南阳来，俱以贫贱，依省内以致富贵。国家之事，亦何容易？覆水不收，宜深思之，且与中官和也。"卓至渑池，汉县，今河南渑池县。而进更狐疑，使谏议大夫种邵宣诏止之。卓不受诏，遂前至河南。袁绍惧进变计，因胁之曰："交构已成，形势已露，将军复欲何待，而不早决之乎？事久变生，复为窦氏矣。"进于是以绍为司隶校尉，假节，专命击断。从事中郎王允，为河南尹。绍使洛阳方略武吏，司察宦者，而促董卓等，使驰驿上奏，欲进兵平乐观。太后乃恐，悉罢中常侍、小黄门，使还里舍，惟留进所私人，以守省中。诸常侍、小黄门皆诣进谢罪，惟所措置。袁绍劝进，便于此决之，至于再三，进不许。绍又为书告诸州郡，诈宣进意，使捕案中官亲属。进谋积日，颇泄，中官惧而思变。张让子妇，太后之妹也，让向子妇叩头曰："老臣得罪，当与新妇俱归私门，惟受恩累世，今当远离宫殿，情怀恋恋，愿复一入直，得暂奉太后陛下颜色，然后退就沟壑，死不恨矣。"子妇言于舞阳君，入白太后，乃诏诸常侍，皆复入直。八月戊辰，进入长乐宫，白太后，请尽诛诸常侍。中常侍张让、段珪相谓曰："大将军称疾不临丧，不送葬，今忽入省，此意何为，窦氏事竟复起耶？"使潜听，具闻其语，乃率其党数十人，持兵窃自侧闼，入伏省户下。进出，因诈以太后诏，召进入，坐省阁。让等诘进曰："天下愦愦，亦非独我曹罪也。先帝尝与太后不快，几至成败，我曹涕泣救解，各出家财千万为礼，和悦上意，但欲托卿门户耳。今乃欲灭我曹种族，不亦太甚乎？"于是拔剑斩进于嘉德殿前。让等为诏，以其党樊陵为司隶校尉，代袁绍。许相为河南尹。代王允。尚书得诏板，疑之，曰："请大将军出共议。"中黄门以进头掷与尚书曰："何进谋反，已伏诛矣。"进部曲将吴匡、张璋在外，闻进被害，欲引兵入宫，宫门闭，虎贲中郎将袁术，与匡共斫攻之，中黄门持兵守阁。会日暮，术因烧青琐门，欲以胁出让等。让等入白太后，言大将军兵反，烧宫，攻尚书闼，即尚书门。因将太后、少帝，及陈留王协，劫省内官属，从复道走北宫。尚书卢植执戈于阁道窗下，仰数段珪，珪惧，乃释太后，太后投阁，乃免。袁绍矫诏召樊陵、许相斩之，复捕得赵忠等斩之。吴匡素怨苗不与进同心，而又疑其与宦官通谋，遂引兵攻杀苗。绍遂闭北宫门，勒兵捕诸宦者，无少长皆杀之，凡二千余人，或有无须而误杀者。宦官此次之败，以何进先杀蹇硕，典禁兵故也。绍因进兵排宫门，或上端门屋，以攻省内。庚午，张让、段珪等困迫，遂将帝与陈留王数十人步出谷门，雒县北门。夜至小平津，津名，今在河南巩县西北。六玺不自随，公卿无得从者。惟尚书卢植，河南中部掾闵贡，夜至河上。贡厉声责让等曰：“今不速死，吾将杀汝。”因手剑斩数人，让等惶怖，叉手再拜叩头向帝曰：“臣等死，陛下自爱。”遂投河而死。贡扶帝与陈留王，夜步逐萤光，南行欲还宫，至雒舍止。地名，在北芒山北。辛未，帝始得马乘之，公卿稍有至者。董卓至显阳苑，苑名，在雒城西。远见火光，知有变，引兵急进，未明到城西，闻帝在北，因与公卿迎帝于北芒阪下。帝猝见卓，恐怖涕泣。卓与帝语，语不可了。乃更与陈留王语，王答自初至终，无所遗失，卓以为贤，且为董太后所养，卓自以与太后同族，遂有废立之意。是日帝还宫，改光熹为昭宁，失传国玺。骑都尉鲍信说袁绍曰：“董卓拥强兵，将有异志。今不早图，必为所制，及其新至疲劳，袭之可擒也。”绍畏卓，不敢发。董卓之人也，步骑不满三千，及进与弟苗部曲皆归于卓，卓兵于是大盛，遂萌异图，谓袁绍曰：“天下之主，宜得贤明。每念灵帝，令人愤毒。董侯似可，今欲立之，为能胜史侯否？人有小智大痴，亦复何如？为当且尔。刘氏种不足复遗。”绍曰：“今上富于春秋，未有不善。公欲废嫡立庶，窃恐天下不从公议也。”卓按剑叱曰：“竖子敢然。天下之事，岂不在我，我欲为之，谁敢不从，尔谓董卓刀不利乎？”绍曰：“天下健者，岂惟董公？”引佩刀横揖径出。卓畏绍世家，未敢加害。绍悬节于上东门，逃奔冀州。九月癸酉，卓大会百僚，言当废帝，立陈留王，百官无复抗议者。甲戌，卓复会百僚于崇德前殿，遂胁太后策废少帝，为弘农王，立陈留王为帝。太后鲠涕，群臣含悲，无敢言者。改元永汉。丙子，卓鸩杀何太后，杀后母舞阳君。十二月，复除光熹、昭宁、永汉三号，仍称中平六年。自此以后，汉名号仅存，威福已失，天下崩溃，历数百年，至唐而始定，所谓中衰之世也。此后汉外戚与宦官冲突之大略也。汉四百年之政治，大约宦官、外戚、方士、经生，四类人相起仆而已矣。

第三十六节　匈奴之政治上

匈奴，其先夏后氏之苗裔，曰淳维，《史记·匈奴列传》。以殷时始奔北边。《史记·匈奴列传》《索隐》引张晏说。盖夏桀无道，汤放之鸣条，三年而死。其子獯粥，妻桀之众妾，避居北野，中国谓之匈奴。《史记·匈奴列传》，《索隐》引乐彦《括地谱》。殷时曰獯粥，改曰匈奴。《史记·匈奴列传》《索隐》引应劭《风俗通》。一曰尧时曰荤粥，周曰猃狁，秦曰匈奴。《史记·匈奴列传》《索隐》引晋灼说。则淳维是匈奴始祖，盖与獯粥是一也。《史记·匈奴列传》《索隐》引韦昭说。案以上皆唐以前人成说，其言未必可据。或彼族附会之以求亲于中国，或中国鄙夷之以不齿于人类，均不可知。盖桀为汤败，奔于历山，放于南巢，乃渐趋于南，非趋北也。其族居于北蛮，随畜牧而转，其畜之所多，则马、牛、羊，其奇畜则橐驼、今之骆驼。驴骡、今之骡为驴牡马牝所生。駃騠、《说文》曰：马父骡子也。騊駼、《字林》曰：野马也。驒騱。《说文》曰：野马也。逐水草迁徙，无城郭常处耕田之业，然亦各有分地。无文书，以言语为约束。儿能骑羊，引弓射鸟、鼠，少长则射狐兔，用为食。士能弯弓，尽为甲骑。其俗，宽则随畜，因射猎禽兽为生业；急则人习战攻以侵伐，其天性然也。其长兵则弓矢，短兵则刀。利，铤则进，不利则退，不羞遁走，苟利所在，不知礼义。自君王以下，咸食畜肉，衣其皮革，被旃裘。壮者食肥美，老者食其余，贵壮健，贱老弱。父死，妻其后母，兄弟死，皆取其妻妻之。其俗有名不讳，而无姓、字。案《汉书》称单于姓挛鞮氏，《后汉书》称单于姓虚连题氏，然则非无姓也，惟无字耳。以上皆《史记》说，《汉书》与之同。今日内外蒙古之俗尚，与汉时匈奴无异。春秋、战国之间，戎狄并兴，往往与中国相杂，其后稍夷灭，详前书二十一节。其为匈奴支族之羼入内地者欤？不可知也。其中惟猃狁与匈奴音最近，当即一族。《诗》言及猃狁者甚多，《小雅·采薇》曰：“靡室靡家，猃狁之故。”又曰：“岂不日戒，猃狁孔棘。”《小雅·六月》曰：“薄伐猃狁，至于太原。出车彭彭，城彼朔方。”此周时已通匈奴之证也。然其时匈奴尚未强大，故无传记之可考。匈奴可考之事，自冒顿单于始。当秦时，匈奴单于曰头曼，头曼不胜秦，北徙十有余年。会秦亡，中国大乱，秦所置戍边者皆去，于是匈奴得宽，后稍渡河南，与中国界。

第三十七节 匈奴之政治下

头曼有子曰冒顿，后有爱阏氏，匈奴皇后号。生少子，头曼欲废冒顿而立少子，乃使冒顿质于月氏。胡国名，此未徙以前之月氏，在今甘肃西安州。冒顿既质，而头曼急击月氏。月氏欲杀冒顿，冒顿盗其善马亡归。头曼以为壮，令将万骑。冒顿乃作鸣镝，习勒其骑射，令曰："鸣镝所射，而不悉射者，斩。"行猎鸟兽，有不射鸣镝所射，辄斩之。已而冒顿以鸣镝自射善马，左右莫敢射，冒顿立斩之。居顷之，复以鸣镝自射其爱妻，左右或颇恐，不敢射，复斩之。顷之，冒顿出猎。以鸣镝射单于善马，左右皆射之，冒顿知其众可用。从其父单于头曼猎，以鸣镝射头曼，其左右皆随鸣镝而射，杀头曼，尽诛其后母与弟及大臣不听从者，于是冒顿自立为单于。冒顿既立，东灭东胡，今盛京西北。西击走月氏，南并楼烦白羊、河南王，楼烦之二王也，皆居黄河南，今山西北边。悉复收秦蒙恬所夺匈奴地。是时汉方与项羽相距，中国罢于兵革，故冒顿得自强，控弦之士三十万。自淳维以至头曼，千有余岁，时大时小，别散分离久矣。至冒顿而匈奴最强，尽服从北夷，而南与诸夏为敌国，其世姓、官号乃可得而记云。单于姓挛鞮氏，虚连题，即挛鞮之转音。其国称之曰撑犁孤涂单于，匈奴谓天为撑犁，子为孤涂。单于者，广大之号也，言其象天单于然也。置左右贤王，左右谷蠡王，《汉书》无王字。左右大将，左右大都尉，左右大当户，左右骨都侯。匈奴谓贤曰屠耆，故常以太子为左屠耆王。自左右贤王以下至当户，大者万余骑，小者数千，凡二十四长，立号曰万骑。其大臣皆世官，衍氏、兰氏，其后有须卜氏，此三姓其贵种也。

《后汉书》作四姓，增一邱林氏。诸左王将居东方，直上谷，以东接秽貉、朝鲜；右王将居西方，直上郡，以西接氐羌；而单于庭直代、云中。各有分地，逐水草移徙。而左右贤王，左右谷蠡王，国最大。左右骨都侯辅政，诸二十四长，亦各自置千长、百长、什长、裨小、王相、当户、且渠之属。岁正月，诸长小会单于庭，祠。五月，大会龙城，案《史记·匈奴列传》《索隐》引崔浩云：西方胡皆事龙神，故名大会处为龙城。祭其先、天地、鬼神。秋，马肥，大会蹛林，《史记·匈奴列传》《正义》引颜师古说。蹛者，绕林而祭也。鲜卑之俗，自古相传，秋祭无林木者，尚竖柳枝，众骑驰绕三周乃止，此其遗法也。课校人畜计。其法，拔刃尺者死，坐盗者没入其家。有罪，小者轧，杖也。大者死。狱久者不满十日，一国之囚，不过数人。而单于朝出营，拜日之始生，夕拜月。其坐，长左而北向。其送死，有棺椁、金银、衣裳，而无封树、丧服，近幸臣妾从死者，多至数十百人。举事常随月盛壮以攻战，月亏则退兵。其攻战，斩首虏赐一卮酒，而所得卤获，因以予之；得人，以为奴婢，故其战人人自为趋利。善为诱兵以包敌，故其逐利，如鸟之集；其困，瓦解云散矣。战而扶舆死者，尽得死者家财。此匈奴政俗之大略也。

第三十八节　匈奴之世系上

冒顿并二十六国，即西域诸国。诸引弓之民，合为一家，乃与汉约为兄弟，妻汉翁主。翁主，诸王之女。冒顿方强，为书遗吕太后，辞极亵嫚。太后深自谦逊以谢之，并遗以车二乘，马二驷，遂和亲，以宗室女为公主嫁之。孝文时，冒顿死，在位二十七年。子稽粥立，号曰老上单于，老上亦妻汉翁主。老上欲变胡俗为汉俗，以中行说说，汉宦者，降匈奴。不果。孝文后四年，老上死，在位十五年。子军臣单于立，复尚翁主。自冒顿至军臣三世，皆与汉时战时和亲，不常。汉岁奉匈絮缯、酒食，各有数，而关市于边，是为匈奴最盛之时。军臣中叶后，孝武崛兴，大伐匈奴，和亲遂绝，而匈奴衰矣。孝武元朔二年冬，军臣死，在位二十四年。其弟左谷蠡王伊稚斜，自立为单于，攻败军臣太子於单，於单亡降汉。汉封於单为陟安侯，数月死。伊稚斜时，匈奴远遁，不敢至漠南。汉屡伐匈奴，凡十余次，其最深者在元狩四年，凡十万骑，私负从马又十余万匹。大将军卫青出定襄千余里，渡幕（沙漠本名，汉入漠北始此），围单于，单于遁走，追二百里不能得，斩首万九千级而还。骠骑将军霍去病出代二千余里，绝大幕，封狼居胥山（今外蒙古地），禅于姑衍，登临翰海（今拜开尔湖），捕虏七万四百四十三级。是后匈奴远遁，而幕南无王庭。汉渡河，自朔方至金城，通渠置田官，稍蚕食匈奴，然亦以马少，不复大出击匈奴矣。皆伊稚斜时事也。元鼎三年，伊稚斜单于死，在位十三年。子乌维立为单于。是时孝武已南平越，东并朝鲜，西通西域，欲遂臣匈奴。乌维大恐，许入中国见天子，并质子，然卒不果。元封六年，乌维死，在位十年。子詹师庐立，年少，号为儿单于。太初三年，儿单于死，在位三年。子少，匈奴乃立其季父乌维单于弟右贤王勾黎湖为单于。太初四年，勾黎湖死，在位一年。其弟左大都尉且鞮侯立为单于。太始五年，且鞮侯死，在位五年。长子左贤王立，为狐鹿姑单于。自伊稚斜以后，汉兵深入穷追数十年，匈奴孕重堕殰，罢极苦之，自单于以下，常有和亲计。始元二年，狐鹿姑死，在位十二年。命立其弟右谷蠡王。卫律汉将，降匈奴者。等挢单于令，更立子左谷蠡王，为壶衍鞮单于。是时匈奴兵数困，国益贫，常欲求和亲，而不肯先言。惟侵盗益希，遇汉使愈厚，至乃尽归汉使者苏武等，欲以讽汉。汉终不许，遂大举入寇，汉兵又大破之，得脱者裁数百人。是时汉边郡烽火候望精明，匈奴罕得为寇。本始三年，汉约西域击匈奴，匈奴人畜死伤不可胜数，由是衰耗。于是丁令今西比利亚中部。攻其北，乌桓今盛京。入其东，乌孙今新疆北境。击其西，匈奴大虚弱，诸国羁属者皆瓦散。地节二年，壶衍鞮死，在位十七年。弟左贤王立，为虚闾权渠单于。神爵二年，虚闾权渠死，在位九年。颛渠阏氏与其弟左大且渠都隆奇谋，立右贤王屠耆堂为握衍朐鞮单于，乌维单于耳孙也。握衍朐鞮立二年，凶恶不道，姑夕王与乌禅幕及左地贵人皆怨，乃共立虚闾权渠子稽侯狦为呼韩邪单于，发左地兵，共击握衍朐鞮，握衍朐鞮败，自杀。握衍朐鞮立三年而败，时神爵四年也。其冬，都隆奇与右贤王共立日逐王薄胥堂为屠耆单于，发兵数万人，东袭呼韩邪，呼韩邪兵败走，屠耆单于遂留居单于庭。是时，匈奴呼揭王自立为呼揭单于，右奥鞬王自立为车犁单于，乌藉都尉自立为乌藉单于，凡五单于。其后乌藉、呼揭皆败，各去单于号，并力共尊车犁单于，屠耆自将击之，车犁败，西北走。其明年，屠耆复自将击呼韩邪，兵败自杀，呼韩邪遂居单于庭，然众裁数万人。其后屠耆从弟休旬王自立为闰振单于，在西边；呼韩邪兄左贤王呼屠吾斯亦自立为郅支骨都侯单于，在东边。后二年，闰振东击郅支，郅支与战，杀之，并其兵，遂进攻呼韩邪，呼韩邪败走，郅支都单于庭。呼韩邪之败也，左伊秩訾王为呼韩邪计，劝令称臣入朝，事汉，从汉求助，如此匈奴乃定。呼韩邪议问诸大臣，皆曰："不可。匈奴之俗，本上气力，而下服役，以马上战斗为国，故有威名于百蛮。战死，壮士所有也。今兄弟争国，不在兄，则在弟，虽死犹有威名，子孙常长诸国。汉虽强，犹不能兼并匈奴。奈何乱古先之制，臣事于汉？卑辱先单于，为诸国所笑，虽如是而安，何以复长百蛮？"左伊秩訾曰："不然。强弱有时，今汉方盛，乌孙、城郭诸国，皆为臣妾。自且鞮单于以来，匈奴日削，不能取复，虽屈强于此，未能一日安也。今事汉则安存，不事则危亡，计何以过此？"诸大人相难久之，呼韩邪卒从左伊秩訾计。引众南近塞，遣子右贤王铢娄渠堂入侍。郅支闻之，亦遣子右大将驹于利受入侍，时甘露元年也。郅支单于以为呼韩邪降汉，兵弱，不能复自还，即自引其众西，欲攻定右地，乃益西，近乌孙，欲与并力，遣使乌孙。乌孙欲媚汉，杀其使，送都护在所。郅支击乌孙，破之，因北击乌揭，乌揭降，发其兵西破坚昆，北降丁令，坚昆、丁令，皆在今西比利亚南，与蒙古、新疆接界处。并三国，遂留都坚昆，而南与乌孙为敌。会康居王亦怨乌孙，乃迎郅支至康居，与并力攻乌孙。既至，为汉都护甘延寿、陈汤所袭杀。呼韩邪大惧，入朝。自此匈奴全境，为汉属国，中国四邻，皆臣服矣。

第三十九节　匈奴之世系下

呼韩邪既事汉，数年之间，人众转盛，乃北归庭，人众稍稍归之，国中遂定。会汉已诛郅支，呼韩邪大惧，自言愿婿汉氏，以自亲。元帝以后宫良家王嫱赐之，匈奴号之曰宁胡阏氏。言胡得之，国以安宁也。史称王昭君以良家子选入掖庭，时呼韩邪来朝，帝敕以宫女赐之。昭君入宫数岁，不得见御，积悲怨，乃请掖庭令求行。呼韩邪临辞，大会，帝召宫女示之。昭君丰容靓饰，光照汉宫，顾影裴回，竦动左右。帝见大惊，意欲留之，而难于失信，遂与匈奴。呼韩邪欢喜，上书愿世世保塞，自是匈奴臣服于汉。建始二年，呼韩邪死，在位二十八年。子雕陶莫皋立，为复株累若鞮单于。鸿嘉元年，复株累死，在位十年。弟且麋胥立，为搜谐若鞮单于。元延元年，搜谐死，在位八年。弟且莫车立，为车牙若鞮单于。绥和元年，车牙死，在位四年。弟囊知牙斯立，为乌珠留若鞮单于。四单于皆呼韩邪之子，预约次及者。乌珠留时，王莽秉政，讽乌珠留为一名，谓以一字为名，此《公羊》太平义也。莽好经术，故效之。乌珠留乃更名知。莽又易单于印，故印文曰“匈奴单于玺”，莽更曰“新匈奴单于章”，乌珠留滋不悦。会西域诸国多叛汉，通匈奴，乌珠留乃谋叛汉。莽于是分匈奴地为十五国，呼韩邪有十五子。欲招诱单于诸子立之，立数人，一为孝单于，一为顺单于。乌珠留闻之，大怒曰：“先单于受汉宣帝恩，不可负也。今天子非宣帝子孙，何以得立？”建国三年，乃大入为寇，于是北边复为墟矣。建国五年，乌珠留死，在位二十一年。王昭君女须卜居次云，居次，匈奴公主之称，云，其名也。立呼韩邪子咸为乌累若鞮单于，咸即莽所拜为孝单于者也。于是复与汉和亲，而寇盗如故。莽乃改匈奴曰恭奴，单于曰善于。乌累贪莽金币，曲听之，而寇盗仍如故。天凤五年，乌累死，在位五年。弟舆立，为呼都而尸道皋若鞮单于。呼都而尸立，与莽有隙，北边由是败坏。更始二年，汉遣使授单于汉旧制玺绶，单于曰：“匈奴本与汉兄弟。匈奴中乱，孝宣皇帝辅立呼韩邪单于，故称臣以尊汉。今汉亦大乱，为王莽所篡，匈奴亦出兵击莽，空其边境，令天下骚动思汉，莽卒以败，而汉复兴，亦我功也，当复尊我。”终持不决。建武中入寇尤深。建武二十二年，呼都而尸死在位二十八年。子乌达鞮侯立，为蒲奴立单于。蒲奴立二年，八部大人共议，立呼韩邪孙比为呼韩邪单于，款五原塞，愿永为藩蔽，捍御北虏，光武许之。于是匈奴分为南北，南匈奴事汉，北匈奴时叛时服，然皆微矣。

第四十节 南匈奴之世系

呼韩邪单于，又为醢落尸逐鞮单于，既降汉，徙居于西河美稷。今山西汾阳县西北。汉为设中郎将、副校尉拥护之，设有府从事，并骑兵二千，弛刑徒五百人，卫护单于，岁给费一亿九十余万，自后以为常。单于亦遣韩氏骨都侯屯北地，右贤王屯朔方，单于骨都侯屯万原，呼衍骨都侯屯云中，郎氏骨都侯屯定襄，左南将军屯雁门，栗藉骨都侯屯代郡，皆领部众，为郡县侦罗耳目。于是匈奴之众，遂与汉族杂居。建武三十二年，呼韩邪死，在位九年。弟莫立，为邱浮尤鞮单于。中元二年，莫死，在位一年。弟汗立，为伊伐於虑鞮单于。明帝永平二年，汗死，在位二年。单于比之子适立，为僮醢尸逐侯鞮单于。永平六年，适死，在位四年。单于莫子苏立，为邱除车林鞮单于，数月死，单于适之弟长立，为胡邪尸逐侯鞮单于。章帝元和二年，单于长死，在位二十三年。单于汗之子宣立，为伊屠於间鞮单于。章和二年，单于宣死，在位三年。单于长之弟屯屠何立，为休兰尸逐侯鞮单于。时北庭衰乱，南部将并北庭，窦太后许之。和帝永元元年，以窦宪为车骑将军，耿秉为副，北伐匈奴。夏六月，宪等与北单于战于稽落山，大破之，追单于至私渠北鞮海，斩名王以下万三千级，获生口甚众，杂畜百余万头，诸裨小王降者八十一部，二十余万人。出塞三千余里，登燕然山，今杭爱山。刻石颂功德，班固为铭焉。永元五年，单于屯屠何死，在位六年。单于宣弟安国立，以右谷蠡王师子为左贤王，国人不附，而爱师子。安国患之，与新降胡同谋杀师子，事觉，汉将问之。安国夜闻汉军至，大惊，弃其帐而去，因举兵欲诛师子，师子闭曼柏城，不得入。安国舅骨都侯喜等惧并诛，共格杀安国，而立师子为单于，时永元六年也。至是，新降胡不自安，十五部二十余万人皆反，胁立前单于屯屠何子逢侯为单于，重向朔方，欲度幕北。九月，以光禄勋邓鸿、越骑校尉冯柱、度辽将军朱徽、乌桓校尉任尚，合四万人讨之。时南单于及中郎将杜崇屯牧师城，逢侯将万骑攻围之。冬十一月，邓鸿等至美稷，逢侯乃解围去，向满夷谷。南单于、杜崇与邓鸿合追之，斩首四千余级。任尚要击逢侯于满夷谷，复大破之，前后凡斩万七千余级。逢侯遂率众出塞，汉兵不能追而还。后元初中，逢侯穷蹙降汉，汉处之颍川。单于师子立，为亭独尸逐侯鞮单于。永元十年，单于师子死，在位四年。单于长之子檀立，为万氏尸逐鞮单于。永初三年，汉人韩琮随匈奴南单于入朝，既还，说南单于云："关东水潦，人民饥饿尽死，可击也。"单于信其言，遂反。九月，南匈奴合乌桓、鲜卑入寇五原，与太守战于高渠谷，未详。汉兵大败，南单于围中郎将耿种于美稷。冬十一月，以大司农何熙行车骑将军事，中郎将庞雄为副，将五营及边郡兵及辽东太守耿夔，率鲜卑及诸郡兵共击之，雄、夔击南匈奴薁鞬日逐王破之。四年，南单于围耿种数月，不克。梁慬、耿夔击斩其别将于属国故城，在美稷内，属国都尉治之。单于自将迎战，慬等复破之，单于遂引还虎泽。三月，何熙军到五原，遣庞雄、梁慬、耿种将步骑万六千人，攻虎泽，连营稍前。单于见诸军并进，大怖，顾让韩琮曰："汝言汉人死尽，今是何等人也？"乃遣使乞降，许之。单于脱帽徒跣，对庞雄等拜，陈道死罪，乃还抄汉人男女，及羌所略转卖入匈奴者，合万余人。延光三年，单于檀死，弟拔立，为乌稽侯尸逐鞮单于。永建三年，单于拔死，在位四年。弟休利立，为去特若尸逐就单于。永和五年，休利以不能制下，为汉所责，自杀。在位十三年。秋，匈奴立句龙王车纽为单于，东引乌桓，西收羌戎，及诸胡大人为寇，汉兵出击，破之，斩句龙呼兰若尸逐就单于。兜楼储单于先在京师，汉安二年，天子临轩，自册立之，遣中郎将持节护送单于归南庭。建和元年，单于兜楼储死，在位五年。居车儿立，为伊陵耶逐就单于。熹平元年，居车儿死，在位二十五年。子某立。史失其名。熹平六年，某死，在位六年。子呼征立。光和二年，中郎将张修与单于不相能，擅斩之。诏以修抵罪，而立右贤王羌渠为单于。中平五年，各部反，攻杀羌渠，在位十年。子於扶罗立，为持至尸逐侯单于，国人畔之，共立须卜骨都侯为单于。於扶罗将诣阙自讼，会灵帝崩，天下大乱，单于将数千骑，与白波贼合，寇河内诸郡，失利，欲归。国人不受，乃止河东。兴平二年，於扶罗死，在位七年。弟呼厨泉立为单于。呼厨泉自以其先祖与汉约为兄弟，遂冒姓刘氏，至孙渊，遂为五胡之一。

第四十一节　北匈奴之世系

蒲奴立单于既失南方之众，仍居单于庭，然自顾衰弱不自安。建武二十七年，遣使求和亲，光武不许。二十八年，复求率西域诸国朝见，光武仍不许，而赐之甚厚。永平八年，再求和亲，显宗许之。而南匈奴不自安，欲畔，密令北匈奴以兵迎之。汉乃始置度辽营，以中郎将为度辽将军，屯五原、曼柏，今蒙古鄂尔多斯黄河西岸。以防二虏交通，北匈奴由是复为寇钞。永平十六年，大发兵讨之，至涿邪山。在今土谢图汗地。是时北匈奴衰耗，南部攻其前，丁零寇其后，鲜卑击其左，西域侵其右，不复自立，乃远引而去。章和元年，鲜卑入左地，即匈奴东方之地。击北匈奴，大破之，斩优留单于，取其皮而还。优留既死，国人立单于异母兄右贤王为单于。永元初，为耿夔所破，逃亡不知所在。其弟右谷蠡王於除鞬自立为单于，止蒲类海，今罗布淖尔。遣使款塞，汉立为北单于，即授玺绶玉剑，使中郎将卫护如南单于。永元五年，畔还北，自是遂不可知。案西书言，晋时匈奴西徙，其酋遏底拉（Atilat）称霸于欧洲，其即北匈奴之苗裔欤？

第四十二节　西域之大略

西域以孝武时始通，西域二字，始于《史记》，其义凡起玉门、阳关，直抵欧洲，统谓之西域，非仅指今新疆之地也。为汉校尉所属者，汉所置统领西域官名，宣帝时改曰都护。元帝时又置戊、己二校尉。都护掌兵，驻乌垒城，其始独护南道，至神爵三年，乃兼护北道，始曰都护。校尉掌屯田。三十六国。一、婼羌国；二、楼兰国；三、且末国；四、小宛国；五、精绝国；六、戎卢国；七、扜弥国；八、渠勒国；九、于阗国；十、皮山国；十一、乌秅国；十二、西夜国；十三、子合国；十四、蒲犁国；十五、依耐国；十六、无雷国；十七、难兜国；十八、大宛国；十九、桃槐国；二十、休循国；二十一、捐毒国；二十二、莎车国；二十三、疏勒国；二十四、尉头国；二十五、姑墨国；二十六、温宿国；二十七、龟兹国；二十八、尉犁国；二十九、危须国；三十、焉耆国；三十一、姑师国；三十二、墨山国；三十三、劫国；三十四、狐胡国；三十五、渠犁国；三十六、乌垒国。三十六国，众说颇异。此据徐松《汉书·西域传补注》，下同。其后稍分至五十余，姑师分为车师，及山北六国；车师分为前、后国；后国又分为乌贪訾离国；且弥国分为东、西；蒲类分为蒲类后国；卑陆分为卑陆后国之类。至后汉，又相兼并，存者廿余国。其地在匈奴之西，乌孙之南，今伊犁之地。西羌之北，今西藏、青海。即今所谓新疆南路也。南北有大山，北为天山，南为新疆、西藏间之诸山。中央有河，今塔里木河。东西六千余里。其人或城郭，或游牧，不一种。孝武以前，盖属役于匈奴，匈奴呼衍王领其地，置僮仆校尉。其种族素弱，从古不能独立，不及胡与羌之强悍。孝武欲伐匈奴，乃先开西域，以断匈奴与西羌相通之道。于是西域诸国，终汉之世，皆服属于中国。两《汉书》述三十六国，并三十六国以外之诸大国，形势颇详。今特举其大略，而以今地证之如下。葱岭以西，用洪钧《元史逸文证补》为主；葱岭以东，用徐松《汉书·西域传补注》为主。

第四十三节　南道诸国

出阳关，在今甘肃敦煌县治西南，关已久废。自近者始，《汉书》叙述之法，先自葱岭东南，渐至葱岭西南，循葱岭西转北而东，自西北以至东北而终焉。曰婼羌国，其地今已沦为戈壁。户四百五十，口千七百五十，胜兵五百，随畜逐水草，不田作，地僻不当孔道。西北曰楼兰国，地今已沦为戈壁。户千五百七十，口万四千一百，胜兵二千九百十二人，地沙卤，少田，寄田仰谷旁国，民随畜牧，逐水草，与婼羌同，地当汉人达西方大道。西行七百里至且末国，地今已沦为戈壁。户二百三十，口千六百一十，胜兵三百二十。南行三日至小宛。自且末以往，皆城郭之国。西南曰小宛国，地今已沦为戈壁。户百五十，口千五十，胜兵二百人，地僻不当孔道。再西曰精绝国，地今已沦为戈壁。户四百八十，口三千三百六十，胜兵五百人。南行四日至戎卢国，地今已沦为戈壁。户二百四十，口千六百一十，胜兵三百人，地僻不当孔道。再西曰扜弥国，地今已沦为戈壁。户三千三百四十，口二万四千，胜兵三千五百四十人。西行三百九十里至于阗。扜弥南曰渠勒国，地今已沦为戈壁。户三百一十，口二千一百七十，胜兵三百人。于阗国，今新疆和阗。户三千三百，口万九千，胜兵二千四百人。西行三百八十里至皮山国，今叶尔羌之东南，和阗之西。户五百，口三千五百，胜兵五百人。西南经乌秅国，今英属巴达克山地。户四百九十，口二千七百三十三，胜兵七百四十人，山居，田石壁间，以手接饮，累石为室，有悬度处，溪谷不通，以绳索相引而度。乌秅北为西夜国，王号子合王，此即双立君也，地在今噶勒察回之博洛尔部南境。户三百五十，口四千，胜兵千人。西夜种与西域各国异，类羌氏行国，随畜，逐水草往来，西与蒲犁接。蒲犁国，在今英吉沙尔、叶尔羌之间。户六百五十，口五千，胜兵二千人。西曰依耐国，今英吉沙尔界中。户一百二十五，口六百七十，胜兵三百五十人。西曰无雷国，今俄属西布鲁特部落中。户千，口七千，胜兵三千人。凡蒲犁、依耐、无雷三国，皆与西夜同种，行国也。北曰难兜国，今英属拔达克山西境。户五千，口三万一千，胜兵八千人。此为汉属之至西境，其西大月氏矣。

第四十四节　北道诸国

大宛国，今俄属敖罕。户六万，口三十万，兵六万人。与安息同俗，以蒲桃为酒，富人藏酒至万余石，室数十年不败，汉人因宛始得蒲桃。贵女子，女子所言，丈夫乃决正。其人皆深目，多须髯。桃槐国，地无考。户七百，口五千，胜兵千人。休循国，地无考，此与桃槐，当是葱岭麓之小国。户三百五十八，口千三十，胜兵四百八十人，民因畜随水草，故塞种也。塞种，即佛书之刹帝利种，今谓闪弥斯种。其东日捐毒国，今俄属西布鲁特地。户三百八十，口千一百，胜兵五百人，其俗就水草，故塞种也。其东南曰莎车国，今莎车。户二千三百三十九，口万六千三百七十三，胜兵三千四十九人，西至疏勒五百六十里。莎车西少北曰疏勒国，今喀什噶尔。户千五百一十，口万八千六百四十七，胜兵二千人，西当大月氏、大宛、康居大道。再东曰尉头国，今乌什。户三百，口二千三百，胜兵八百人，其俗随水草。再东曰姑墨国，今阿克苏。户三千五百，口二万四千五百，胜兵四千五百人。再东曰温宿国，今温宿。户二千二百，口八千四百，胜兵五百人。再东曰龟兹国，今库车。户六千九百七十，口八万一千三百一十七，胜兵二万一千七十六人。再东曰乌垒城，今库车东南。户百一十，口千二百，胜兵三百人，都护所治也。东曰渠犁城，今库车与喀剌沙尔间。户百三十，口千四百八十，胜兵百五十人。其东曰尉犁国，今喀剌沙尔。户千二百，口九千六百，胜兵二千十人。其北曰危须国，今喀剌沙尔之南。户七百，口四千九百，胜兵二千人。再北曰焉耆国，今喀剌沙尔之东。户四千，口三万二千一百，胜兵六千人。焉耆西北曰乌贪訾离国，此车师后国所分。

户四十一，口二百三十一，胜兵五十七人。其东曰卑陆国，姑师所分。户二百二十七，口千三百八十七，胜兵四百二十二人。其东曰卑陆后国，姑师所分。户四百六十二，口千一百三十七，胜兵三百五十人。郁立师国，今乌鲁木齐。户百九十，口千四百四十五，胜兵三百三十二人。单桓国，在今乌鲁木齐。户二十七，口百九十，胜兵四十五人。再西南曰蒲类国，今吐鲁番之北，姑师所分。户三百二十五，口二千三十二，胜兵七百九十九人。更西曰蒲类后国，蒲类所分。户四百，口千七百，胜兵三百三十四人。西且弥国，今呼图壁河至马纳斯河一带，姑师所分。户三百三十二，口千九百二十六，胜兵七百三十八人。东且弥国，姑师所分。户百九十一，口千九百四十八，胜兵五百七十二人。蒲类北曰劫国，在今戈壁。户九十九，口五百，胜兵百一十五人。又北曰狐胡国，今辟展西百二十里。户五十五，口二百六十四，胜兵四十五人。其东南曰墨山国，今罗布淖尔之北。户四百五十，口五千，胜兵千人。其东曰车师前国，今吐鲁番广安城西二十里，姑师所分。户七百，口六千五十，胜兵千八百六十五人。其西北曰车师后王国，车师所分。户五百九十五，口四千七百七十四，胜兵千八百九十。车师都尉国，广安城东七十里，车师所分。户四十，口三百三十三，胜兵八十四人。车师后城长国，今奇台县之北，车师所分。户百五十四，口九百六十，胜兵二百六十人。以上皆为汉之属国。汉西域都护驻乌垒城，各国皆遍置吏焉。

第四十五节　葱岭外诸国

汉所属之国，界虽尽此，而汉时风教所通，则其迹甚远。孝武时张骞自乌孙、今伊犁境，古游牧国。大宛至康居国，今新疆北境俄国领土。由康居至大月氏，月氏本在阳关外，游牧族也，为匈奴冒顿单于所逐，西徙至大夏境，击大夏而臣之。大夏，希腊种也，国于今阿富汗之北，盐海之南。自是月氏为大国，号大月氏。至后汉，南领印度。在大夏见邛竹杖及蜀布，问安得此？曰："吾贾人往市之身毒国，今之印度。身毒在大夏东南。"知其去蜀不远矣，乃谋出蜀，求身毒，不得通，然汉因是开西南夷。骞又闻大夏之西南，曰罽宾，曰乌弋山离，皆今波斯东境。地皆温和，出珠玑、珊瑚、虎魄、璧、流离，以金银为钱。乌弋山离西与犁靬、旧说以为古罗马，殆非也。条支接。今波斯西南临波斯湾处。行可百余日，可至条支。北转而为安息。古波斯之附萨朝，今波斯东北境。再北曰奄蔡，今俄属高加索斯部。谓之酒国。然则西汉人之迹，盖穷极亚洲，而未至欧洲也。后汉永元九年，都护班超遣甘英使大秦，今欧洲古罗马国。抵条支，临大海。今阿勒富海，又名波斯湾。欲度海，而安息人谓英曰："海水广大，往来者逢善风，三月乃得度，若还迟，亦有二岁者，故入海人皆赍三岁粮。"当时条支海道，由波斯绕阿剌伯，三面入红海，过苏彝士原有之小港入地中海，至罗马，故云云。英闻之，乃止。至桓帝延熹九年，大秦王安敦遣使，自日南今越南。徼外献象牙、犀角、玳瑁，于是欧亚乃通，而其道当即今日所通行之航路也。印度亦于后汉始通，见他节。

第四十六节　汉第一次通西域

汉开西域，其谋发于张骞。元朔三年，张骞使西域归。初，上欲击匈奴，募能使大月氏者，汉中张骞，以郎应募。出塞，为匈奴所得，留十余岁，骞得间亡。向月氏西走，数十日至大宛，历大宛、康居、大月氏、大夏，留大月氏岁余。欲从羌中归，复为匈奴所得，留岁余，匈奴内乱，乃得逃归。骞初行，百余人，去十三岁，惟二人得还。骞还，言其所见闻，天子欣然以为然。元鼎元年，汉兵逐匈奴于幕北，自盐泽以东无匈奴，置武威、张掖、酒泉、敦煌四郡，西域道可通。于是张骞建言，招乌孙东徙，实浑邪王故地，以断匈奴右臂，既连乌孙，自其西大夏之属，皆可招来，而为外臣。天子然其言，拜骞为中郎将，将三百人，马各二匹，牛羊以万数，赍金币帛直数千巨万，多持节副使，沿道有便，可遣之旁国。骞至乌孙，因分遣副使使大宛、康居、大月氏、大夏、身毒、于阗、安息及诸旁国。是岁骞还，后岁余，骞所遣使通大夏之属者，皆颇与其人来，于是西域始通于汉矣。是时内属者三十六国，而匈奴与羌通之道绝。六年，以公主嫁乌孙，期共灭胡。是时汉兵威远及，单于益西北徙，汉使西逾葱岭，抵安息，安息以大鸟卵即今鸵鸟之卵。及黎轩善眩人，即幻术。《文选》张衡《西京赋》颇列之，有鱼龙曼衍、唐梯追人之属，大约如今日之外国幻戏。献于汉。而其他各小国，争随汉使献，见天子。大宛献天马，即花条马，因《汉书》天马歌言，虎脊两被龙文，故知之。又献葡萄，可以为酒，此可见中国汉时已有葡萄酒。天子种之于离宫别观傍极望。太初元年，汉求天马于大宛，大宛不予，又攻杀汉使。三年，贰师将军李广利击大宛，斩其王毋寡，于是汉兵度葱岭而西。四年，将军李广利还，所过小国，闻宛破，皆使其子弟从入贡献，见天子，因为质焉。初，匈奴闻汉兵征大宛，欲遮之，畏汉兵，不敢当，即遣骑因楼兰，候汉使后过者，欲绝不通。汉军正任文知之，即引兵捕得楼兰王，王请徙国内属，上赦之。是时匈奴与汉争楼兰，元凤四年，将军傅介子击楼兰王安，斩之。安，匈奴所立也，而更立汉质子尉屠耆为王，以兵戍之，西域之通始定。神爵三年，匈奴内乱，日逐王降汉，乃以安远侯郑吉为都护，开幕府于乌垒城，汉之号令行于两域矣。

第四十七节 汉第二次通西域

前汉时，孝武夺西域于匈奴。王莽之衰，四夷背畔，西域复属匈奴。光武中兴，西域诸国，颇有愿服事汉者，屡请都护，帝谢未能也。后汉之开西域，自班超始。初，明帝永平十六年，使奉车都尉窦固伐匈奴，固使假司马班超，与从事郭恂，俱使西域。超行到鄯善，即楼兰。鄯善王广奉超礼甚备，后忽更疏。超谓其官属曰："宁觉广礼意薄乎？"官属曰："胡人不能常久，无它故也。"超曰："此必有北虏使来，狐疑未知所从故也。"乃召侍胡，诈之曰："匈奴使来数日，今安在乎？"侍胡惶恐曰："到已三日。去此三十里。"超乃闭侍胡，悉会其吏人三十六人，与共饮。酒酣，超曰："不入虎穴，不得虎子。当今之计，独有因夜以火攻虏使，彼不知我多少，必大震怖，可殄尽也。灭此虏，则鄯善破胆，功成事立矣。"众曰："当与从事议之。"超曰："从事文俗吏，闻此必恐而谋泄，死无所名，非壮士也。"众曰："善。"初夜，超遂将吏士往奔虏营，会天大风，超顺风纵火，前后鼓噪，虏众惊乱，遂斩其使及从士三十余级，余众百许人，悉烧死。明日乃还，告郭恂，恂大惊，既而色动。欲分超功。超知其意，曰："掾谓恂。虽不行，超独何心擅之乎？"恂乃悦。超于是召鄯善王，以虏使首示之，一国震怖。王叩头愿属汉，无二心。超还白固，固大喜，上超功。帝乃以超为军司马，令遂前功，使超使于阗，于是超复与三十六人往。时于阗王广德，雄张两道，而匈奴遣使监护其国。超既至，王礼意甚疏，且其俗信巫，巫言神怒，何故向汉？汉使有騧马，急求取以祠我。王乃遣其相私来比，就超请马。超已密知其状，佯许之，而令巫自来取马。有顷，巫至，超即斩其首，收私来比，鞭笞数百，王大惊，乃杀匈奴使者而降。于是诸国皆遣子入侍。西域与汉绝六十五年，至是乃复通焉。初，龟兹王建，为匈奴所立，倚恃虏势，据有北道，攻杀疏勒王，立其臣兜题为疏勒王。班超从间道至疏勒，去兜题所居槃橐城九十里，逆遣吏田虑先往降之，敕虑曰："兜题本非疏勒种，国人必不用命，若不即降，便可执之。"虑既到，兜题见虑，殊无降意。虑因其无备，遂前击缚兜题，左右出其不意，皆惊惧奔走。虑驰走报超，超即赴之，悉召疏勒将吏，说以龟兹无道之状，因立其故王兄子忠为王，国人大悦。众请杀兜题，超曰："杀之无益于事，当令龟兹知汉威德。"遂解遣之。永平十七年十一月，窦固、耿秉、刘张出敦煌昆仑塞，击西域，破白山即雪山。虏于蒲类海。即罗布淖尔。遂进击车师，车师前王，即后王之子也，其廷相去五百余里。汉兵先攻后王，斩首数千级，后王安得震怖，走出门迎汉兵，脱帽抱马足降。于是前王亦归命，遂定车师而还。于是复置西域都护，及戊、己校尉，以陈睦为都护，耿恭为戊校尉，屯后王部金蒲城，今迪化州。谒者关宠为己校尉，屯前王部柳中城。今哈密。

第四十八节　汉第三次通西域

永平十八年春，北单于遣二万骑击车师，耿恭遣司马将兵三百人救之，皆为所没。匈奴遂破车师，杀后王安得，而攻金蒲城。恭坚守不下，至笮马粪而饮之。十一月，焉耆、龟兹攻没都护陈睦，北匈奴围关宠于柳中城。会中国方有大丧，明帝崩也。救兵不至。车师复叛，与匈奴共攻耿恭。恭率厉士众御之数月，食尽穷困，恭与士卒，推诚同生死，故皆无二心，而稍稍死亡，余数十人。单于知恭已困，欲必降之，遣使招恭曰："若降者，当封为白屋王，妻以女子。"恭诱其上城，杀之，炙诸城上。单于大怒，更益兵围之，不能下。关宠上书求救，帝遣征西将军耿秉屯酒泉，行太守事，遣酒泉太守段彭，与谒者王蒙、皇甫援，发张掖、酒泉、敦煌三郡，鄯善兵合七千余人以救之。建初元年，酒泉太守段彭等兵会柳中，击车师，攻交河城，今吐鲁番东南。斩首三千八百级，获生口三千余人。北匈奴惊走，车师复降。会关宠已殁，王蒙欲引兵还，耿恭军史范羌，时在军中，固请迎恭。诸将不敢前，乃分二千人与羌，从山北迎恭，遇大雪丈余，军仅能至。城中夜闻兵马声，以为虏来，大惊。羌遥呼曰："我范羌也，汉遣兵迎校尉耳。"城中皆称万岁，开门共相持涕泣，明日遂相随俱归。虏兵追之，且战且行。吏士素饥困，发时尚有二十六人，其后随路死没，三月至玉门，惟余十三人，衣屦穿决，形容枯槁。恭至洛阳，拜骑都尉。于是悉罢戊、己校尉，及都护官，征还班超，于是西域再绝。超将发疏勒，举国忧恐，曰："汉使弃我，我复为龟兹所灭耳。”超还至于阗，王侯以下皆号泣。会疏勒两城已降龟兹，与尉头连兵，超更还疏勒，捕斩反者，击破尉头，遂不复归。建初五年，班超欲平西域，上疏请兵，曰：“前世议者，皆曰取三十六国，号为断匈奴右臂。今西域诸国，莫不向化，惟焉耆、龟兹，独未服从。今宜拜龟兹侍子白霸为其国王，以步骑数百送之，与诸国连兵，岁月之间，龟兹可禽。若得龟兹，则西域未服者，百分之一耳。臣窃冀未便僵仆，谓未死。目见西域平定，陛下举万年之觞，荐勋祖庙，布大喜于天下。”书奏，帝知其功可成，以徐幹为假司马，将弛刑刑徒。及义从自愿行者。千人就超。先是莎车以为汉兵不出，遂降于龟兹，而疏勒都尉番辰亦叛。会徐幹适至，遂与超击番辰，大破之，斩首千余级。欲进攻龟兹，以乌孙兵强，宜因其力，乃上言：“乌孙大国，控弦十万，故武帝妻以公主。至孝宣帝，卒得其用。今宜遣使招抚，与共合力。”帝从之。八年，帝拜班超为将兵长史，以徐幹为军司马，别遣卫侯李邑，护送乌孙使者。邑到于阗，值龟兹攻疏勒，恐惧不敢前，因上书陈西域之功不可成，又盛毁超。帝知超忠，切责邑，令邑诣超受节度，超即遣邑将乌孙侍子还京师。元和元年，帝复遣假司马和等，将兵八百人诣班超，超因发疏勒、于阗兵，击莎车。莎车以赂诱疏勒王忠，忠遂反从之，西保乌即城。超乃更立其府丞成大为疏勒王，悉发其不反者，以攻忠，使人说康居王，执忠以归国，乌即城遂降。疏勒王忠，从康居王借兵还据损中，或作顿中，又作桢中，其地无考。遣使诈降于班超，超知其奸，而伪许之。忠从轻骑诣超，超斩之，因击破其众，南道遂通。章和元年，班超发于阗诸国兵，共二万五千人，击莎车。龟兹王发温宿、姑墨、尉头兵，合五万人救之。超声言兵少，不敌，莫若散归于阗，从是而东，长史超时为将兵长史。亦于此西归，西归疏勒也。须夜鼓声而发。阴缓所得生口，使归散言。龟兹王闻之大喜，自以万骑，于西界遮超。温宿王将八千骑，于东界徼于阗。超知二虏已出，密召诸部，勒兵驰赴莎车营，胡大惊乱，奔走，追斩五千余级，莎车遂降。龟兹等因各退散，自是威震西域。永元二年，副校尉阎盘复袭北匈奴之守伊吾者，今哈密。复取其地。车师震慑，前、后王各遣子入侍。月氏求尚公主，班超拒还其使，由是怨恨，遣其副王谢将兵七万攻超。超众少，乃收谷坚守。谢前攻超不下，又抄掠无所得，超度其粮尽，必从龟兹求食，乃遣兵数百于东界要之。谢果遣骑赍金玉以赂龟兹，超伏兵遮击，尽杀之，持其首以示谢。谢大惊，即遣使请罪，愿得生归。超纵遣之，月氏由是降汉。明年，龟兹、姑墨、温宿诸国皆降。是年冬，复置西域都护、骑都尉、戊、己校尉官，章帝建初元年罢，今复置。以班超为都护，徐幹为长史。拜龟兹侍子白霸为龟兹王，遣司马姚光送之。超与姚光共胁龟兹，废其王尤利多，而立白霸，使光将尤利多还诣京师。超居龟兹它乾城，徐幹屯疏勒。惟焉耆、危须、尉犁以前没都护，犹怀二心，其余悉定。永元六年，西域都护班超发龟兹、鄯善等八国兵，合七万余人，讨焉耆。到其城下，诱焉耆王广，尉犁王汎等，斩之，传首京师。因纵兵抄掠，斩首五千余级，获生口万五千人。更立焉耆左侯元孟为焉耆王，超留焉耆半岁，慰抚之。于是西域五十余国，悉纳质内属，至于海滨，黑海也。四万里外，皆重译贡献。永元九年，西域都护班超遣甘英使大秦，抵条支，临大海欲度，而安息西界船人谓英曰："海水大，往来者逢善风，三月乃得度；若还迟风，亦有二岁者。入海，人皆赍三岁粮。海中善使人思土恋慕，数有死亡者。"英闻之，乃止。

第四十九节　汉第四次通西域

永元十四年，西域都护、定远侯班超久在绝域，年老思土，上书乞归，朝廷久之未报。超妹曹大家，名昭，嫁曹寿。帝数召入宫，令皇后、诸贵人师事之，号曰大家，宫中相尊之称也。昭高材博学，为中国女学之宗。寿妹曹丰生，独作书难之，此殆女学之别派，惜其书不传。上书言之，帝感其言，乃征超还。八月，超至雒阳，拜为射声校尉。九月，卒。超之被征，以戊己校尉任尚代为都护。班超既死，西域诸国复绝于汉，北匈奴复以兵威役属之，与共为边患。敦煌太守曹宗患之，乃遣长史索班将千余人，屯伊吾以招抚之，于是车师前王及鄯善王复来降。永宁元年春，北匈奴率车师后王军就，共杀后部司马及敦煌长史索班等，遂击走其前王，略有北道。鄯善逼急，求救于曹宗，宗因此请出兵五千人，击匈奴以报索班之耻，因复取西域。太后乃以军司马班勇议，复敦煌郡营兵三百人，置西域副校尉，居敦煌，以为羁縻。勇，超之子也。延光二年，匈奴连与车师人寇河西，议者欲复闭玉门、阳关，以绝其患，班勇议不可。于是复以班勇为西域长史，将五百人，出屯柳中。三年春，班勇至楼兰，以鄯善归附，而龟兹王白英犹自疑未下，勇开以恩信，白英乃率姑墨、温宿，自缚诣勇，因发其步兵万余人，到车师前王庭，击匈奴伊蠡王于伊和谷，收得前部五千余人。于是前部始复开通，还屯田柳中。永建元年，班勇更立车师后部故王子加特奴为王。勇又使别将诛斩东且弥王，亦更立其种人为王。于是车师六国悉平。勇遂发诸国击匈奴，降其众二万余人，生得单于从兄。北单于自将万余骑，入后部，勇救之，单于引去，追斩其贵人骨都侯，是后无复虏迹。二年，时西域诸国皆服于汉，惟焉耆王元孟未降，班勇请攻之。于是遣敦煌太守张朗将河西四郡兵三千人配勇，因发诸国兵四万余人，分为两道击之，勇从南道，朗从北道，约俱会焉耆。而朗先有罪，欲徼功自赎，遂先期至爵离关，在龟兹国北四十里山上。前战，获首虏二千余人，元孟遂降朗。受降而还，朗得免诛。勇以后期，征下狱，免罚。自建武至此，三绝三通，阳嘉以后，复绝，遂不复通。越数百年，皆灭于突厥。

第五十节　西羌之概略

西羌之本，出自三苗，姜姓之别也。案，是说如匈奴之称淳维后耳。其国近南岳，及舜流四凶，徙之三危，河关之西，南羌地是也。滨乎赐支，至乎河首，绵地千里。赐支者，《禹贡》所谓析支者也。即今青海番地。南接蜀、汉徼外蛮夷，西北楼兰、车师诸国，所居无常，依随水草，地少五谷，以畜牧为业。其俗，氏族无定，或以父名母姓为种号，十二世后，相与婚姻。父没，则妻后母，兄亡，则纳嫠嫂，故国无鳏寡，种类繁炽。不立君臣，无相长一，强则分种为酋豪，弱则为人附落。更相钞暴，以力为雄，杀人偿死，无他禁令。其兵长在山谷，短于平地，不能持久，而果于触突，堪耐苦寒，同之禽兽。其种盖界于匈奴与南蛮之间，上古即与中国通，而臣服中国，《商颂》称“自彼氐羌，莫敢不来王”是也。春秋之世，周遂陵迟，戎逼诸夏，自陇山以东，及乎伊洛，往往有戎。于是渭首有狄、獂、邽、冀之戎，狄道、獂道、上邽、冀皆在今陕、甘二省之间。泾北有义渠之戎，渭、洛川有大荔之戎，渭南有骊戎，伊洛间有杨拒、泉皋之戎，皆戎邑名。颍首以西，有蛮氏之戎。当春秋时，在中国，与诸夏会盟。至战国时，诸侯力征，诸戎悉为所灭，其遗脱者，皆逃走，西逾汧、陇，汧山、陇山之外，今之甘肃地。自是中国无戎寇。至东汉之季，乃再为患于中国，至晋时遂为五胡之一。

第五十一节　前汉之西羌

羌无弋爰剑者，秦厉公时，为秦所拘执，以为奴隶。不知爰剑，何戎之别也。后得亡归，而秦人追之急，藏于岩穴中，得免。羌人云，爰剑藏穴中，秦人焚之，有景象如虎，为其蔽火，得以不死。既出，又与劓女遇于野，劓，截鼻也。遂成夫妇。女耻其状，被发覆面，羌人因以为俗。案此羌人自述其开国之神话，今之西藏人自述其始祖，乃一猴与一岩穴中之鬼女相为夫妇，遂生藏人，与此略相似。遂俱亡入三河间，三河即黄河、赐支河、湟河也，在今青海稍东之地。诸羌见爰剑被焚不死，怪其神，共畏事之，推以为豪。河、湟间少五谷，多禽兽，以射猎为事。爰剑教之田畜，遂见敬信，庐落种人，依之者日益众。羌人谓奴为无弋，以爰剑尝为奴隶，故因名之。其后世世为豪，至爰剑曾孙忍时，秦穆公霸西戎。忍季父卬畏秦之威，将其种人附落，而南出赐支河曲西案此西字疑有误。数千里，自此与众羌绝远，不复交通。其后子孙分别各自为种，任随所之。或为犛牛种，越巂羌是也。今云南宁远州。或为白马种，广汉羌是也。今四川顺庆府。或为参狼种，武都羌是也。今甘肃巩昌府。忍及弟舞独留湟中，忍生九子，为九种，舞生十七子，为十七种，羌之兴盛，从此始矣。案羌凡百五十种，其见于史者，曰犛牛种、白马种、参狼种、先零种、彡姐种、封养种、烧何种、当煎种、滇南种、当滇种、勒姐种、累姐种、发种、罕种、滇当种、沈氐种、牢种、五同种、钟种、虔人种、全无种、且冻傅难种、巩唐种，二十三种而已。忍子研，至豪健，故羌中号其后曰研种。及匈奴冒顿强，威服百蛮，羌众臣服匈奴。武帝征伐四夷，北逐匈奴，初开河西四郡，四郡者，一武威，今甘肃凉州府；二张掖，今甘肃甘州府；三酒泉，今甘肃肃州府；四敦煌，今甘肃安西州。四郡本匈奴右地，所恃以与西羌交通者，汉逐匈奴据其地，以置四郡，而匈奴与西羌交通之路始绝。通玉门，隔绝羌胡，障塞亭燧，出长城外数千里。羌人震惧，乃解仇诅盟，羌人多互相仇，欲举事则解其仇，而相诅盟也。攻金城，今甘肃兰州府。汉将军李息大败之，汉始置护羌校尉，驻临羌，今甘肃西宁县。持节统领焉，自是臣服于汉。宣帝时复叛，将军赵充国平之。研十三世孙烧当立，元帝时与彡姐等七种寇陇西，将军冯奉世平之。从爰剑五世至研，研最豪健，自后以研为种号。十三世至烧当，复豪健，其子孙更以烧当为种号，烧当羌常为诸羌之冠。羌酋之世系，惟烧当稍可述，其他则无闻焉。

第五十二节　后汉之西羌上

方王莽之篡也，讽诸羌献西海地，今青海。因筑西海郡。及烧当玄孙滇良立，会王莽败，四夷内侵，滇良亦率众还据西海为寇。建武中，屡寇中国，皆讨平之。自烧当至滇良，世居河北大允谷，种小人贫。而先零、滇南，并皆富强，数侵犯之。滇良父子积见陵易，愤怒，而素有恩信于种中，于是即会附落及诸杂种，乃从大榆入，在青海东。掩击先零、滜南，大破之，杀三千人，掠取财畜，夺居其地大榆中，由是始强。滇良死，子滇吾立，附落转盛，常雄诸羌。每欲侵边者，滇吾教以方略，为其渠帅。滇吾屡寇中国，为汉所破，滇吾及弟滇岸皆降汉。而滇吾子东吾，复立为酋豪，乃入居塞内，谨愿自守。而诸弟迷吾等，数为寇盗。建初二年，迷吾大败金城太守郝崇兵，死者二千余人，于是诸种悉与相应。未几，为车骑将军马防所败，迷吾等悉降。元和三年，迷吾及弟号吾反畔，而为陇西太守张纡所败，皆退居河北归义城。章和元年，武威太守傅育追之，为其所杀。迷吾既杀傅育，狃于边利，明年，复与诸种七千人入为寇，陇西太守张纡击迷吾，斩之。迷吾子迷唐向塞号哭，与当煎、当滇等，解仇交质，以五千人入寇陇西，不利引还，附落炽盛。会张掖太守邓训以计离间之，诸种少解。而东吾子东号立，是时号吾将其种人降，校尉邓训，遣兵击迷唐，迷唐去大小榆谷，徙居颇岩谷。及聂尚为校尉，愿以文德服之，遣译招迷唐，迷唐还居榆谷，遣祖母卑缺诣尚。尚自送至塞下，为设祖道，令译田汜等五人，护至庐落。迷唐因遂反叛，屠裂汜等，以血盟诅。永元五年，校尉贯友击迷唐，获首虏八百余人，收麦万斛，遂夹逢留大河，筑城坞，作大航，造河桥，欲渡师击迷唐，迷唐乃率部落远依赐支河曲。八年，大举入寇，汉诸道兵追之，不能得。明年，谒者耿谭设购赏携贰诸羌，迷唐恐，乃降，人不满二千，饥窘不立，入居金城。和帝令迷唐还大小榆谷，迷唐以汉作河桥，兵来无常，故地不可居，不肯还。校尉吴祉促令出塞，种人更怀猜惊。十二年，遂复畔归赐支河曲。明年入为寇，大败，诸种互解，迷唐遂远逾赐支河曲，依发羌。是时西海及大小榆谷左右，无复羌寇。汉拟夹河立三十四部，屯田其地，功已垂立，永初中诸羌叛，乃罢。本节诸地名，约皆在今甘肃、青海之间，每地未及详考。

第五十三节　后汉之西羌中

初，烧当羌豪东号之子麻奴，随父来降居于安定。时诸羌布在郡县，皆为豪右吏民所徭役，积以愁怨。安帝永初元年，遣骑都尉王弘，发金城、陇右、汉阳羌数百千骑与俱，郡县促迫发遣。群羌惧远屯不还，行到酒泉，颇有散叛。诸郡各发兵遮邀，或覆其庐落，于是勒姐、当煎、大豪、东岸等愈惊，遂同时奔溃。麻奴兄弟，因此与种人俱西出塞。先零别种滇零，与钟羌诸种，大为寇抄，断陇道。羌众归附既久，无复器甲，或持竹竿木枝，以待戈矛，或负板案以为盾，或执铜镜以象兵。郡县畏懦不能制，不得已，皆赦之，汉始衰矣。是岁，诏车骑将军邓骘、征西校尉任尚将五营及诸郡兵五万人，屯汉阳以备羌。二年春，邓骘至汉阳，钟羌数千人击败骘军于冀西，汉冀县之西，今伏羌县。杀千余人。梁慬自西域还至敦煌，诏慬留援诸军。慬至张掖，破诸羌万余人，其能脱者十二三。进至姑臧，今甘肃武威县。羌大豪三百余人诣慬降。冬，邓骘使任尚率诸郡兵，与滇零羌数万人战于平襄，今甘肃通渭县。尚大败，死者八千余人，羌众遂大盛，朝廷不能制。湟中诸县，粟石万钱，百姓死亡，不可胜数。太后不得已，诏邓骘还师，留任尚屯汉阳。于是滇零乃自称天子于北地，招集武都参狼，上郡西河诸杂羌，断陇道，寇钞三辅，南入益州，杀汉中太守董炳。梁慬受诏，当屯金城，闻羌寇三辅，即引兵赴击，连破走之，羌稍退散，参狼羌遂降。永初四年，先零羌复寇褒中，郑勤与战，大败，死者三千人，勤等皆死。时羌既转盛，而缘边二千石、令、长多内郡人，并无战意，皆争上徙郡县，以避寇难。于是悉徙边郡于内地，百姓不乐徙者，则刈其禾稼，发彻屋室，夷营壁，破积聚。时连旱蝗饥荒，而驱蹙劫掠，流离分散，随道死亡，或弃捐老弱，或为人仆妾，丧其大半。其秋，汉阳人杜琦及弟杜季贡、同郡王信等，与羌通谋，聚众入上邽郡。未几，杜习刺杀琦，而季贡亡从滇零。滇零死，子零昌立。七年秋，护羌校尉侯霸、骑都尉马贤，击先零别部牢羌于安定，获首虏千人。元初元年秋，羌豪号多与诸种，钞掠武都、汉中、巴郡，汉中五官掾程信，率郡兵与板楯蛮救之，号多走还。侯霸、马贤与战于袍罕，今甘肃河州治。破之。冬，凉州刺史皮杨击羌于狄道，大败，死者八百余人。二年春，护羌校尉庞参以恩信招抚诸羌，号多等率众降，赐以侯印，还治令居。玉门边外。时诏屯骑校尉班雄屯三辅，雄，超之子也。以左冯翊司马钧行征西将军，督关中诸郡兵八千余人，庞参将羌胡兵七千余人，分道并击零昌。参兵至勇士东，今甘肃金县。为杜季贡所败，引退。钧等独进，杜季贡伪逃，钧令右扶风仲光收羌禾稼，光遂深入，为羌所围，钧不救。十月，光等败没，死者三千余人。钧遁还，庞参亦称疾引还，皆征下狱，钧自杀。时梁懂亦坐事抵罪，诏皆赦之。复以任尚为中郎将，代班雄。虞诩说尚曰："虏皆骑马，日行数百里。汉兵以步追之，势不相及。所以屯兵二十余万，而无功也。今莫如罢诸郡兵，各令出钱数千，二十人共市一马，以万骑之众，追数千之虏，何为不可？"尚即上言，用其计，太后遂以诩为武都太守。诩到郡，兵不满三千，而羌众甚盛。诩以奇策击诸羌，大破之，贼众由是解散。诩乃筑营壁，招流亡，赈贫民，开水运，一郡遂安。元初三年，征西校尉任尚破先零羌零昌于北地，斩首七百余级，杀其妻子，得僭号文书，及所没诸将印绶。四年，任尚遣人刺杀杜季贡。九月，任尚复遣人刺杀零昌。十二月，任尚与马贤共击先零羌狼莫，追至北地，相持六十余日，战于富平河上，大破之，斩首五千级，狼莫逃去。于是西河虔人种羌万人诣邓遵降，陇右平。邓遵募上郡全无种羌，刺杀狼莫。自羌叛十余年间，军旅之费，凡用二百四十余亿，府帑空竭，边民及内郡，死者不可胜数，并、凉二州遂至虚耗。及零昌、狼莫死，诸羌瓦解，三辅、益州，无复寇警。时羌患暂已，而麻奴等，自以烧当世嫡，马贤等抚恤未至，颇怨望。建光元年八月，烧当羌麻奴、号多复叛，马贤将先零种击之，不利。烧当因胁将先零、沈氏诸种寇武威，贤招引之，诸种降者数千人，其豪麻奴，南还湟中。延光元年，马贤追击麻奴，至湟中，破之，种众散遁。未几，麻奴将种众诣汉阳太守耿种降，麻奴弟犀苦立。永建元年，马贤击种羌于临洮，斩首千余级，羌众皆降，由是凉州复安。以上为永初中羌变。永和五年，且冻傅难羌复反，大寇三辅，杀害长吏。于是拜马贤为征西将军，以骑都尉耿叔为副，将左右羽林五校士，及诸郡兵十万，屯汉阳。贤野次垂幕，珍肴杂遝，儿子侍妾，处处留滞。六年春，贤与且冻羌战于射姑山，在今甘肃宁夏。贤军败，贤及二子皆没。东、西羌遂大合，寇钞遂及三辅，烧园陵，杀吏民。时悬师之费，且百亿计，出于平民，回入奸吏，江湖之民，群为盗贼。青、徐饥荒，襁负流散。军士劳怨，困于猾吏，进不得快战以徼功，退不得温饱以全命，饿死沟渠，暴骨中原。酋豪泣血，惊怖生变，是以安不能久，叛则经年，而黄巾之乱作矣。以上为永和之末羌变。

第五十四节　后汉之西羌下

西羌之患，亘安帝、顺帝两朝，至桓帝时，竟为段颎所灭。然羌灭未几，而汉亦大乱，则羌祸深于匈奴、西域也。桓帝延熹二年，烧当、烧何、当煎、勒姐八种羌，寇陇西金城，护羌校尉段颎击破之，斩其豪酋以下二千级，获生口万余人。三年，西羌余众复与烧何大豪寇张掖，段颎追之四十余日，遂至积石山，在甘肃河州西。出塞二千余里，斩烧何大帅，降其众而还。延熹八年，段颎击西羌，进兵穷追，展转山谷间，自春及秋，无日不战，虏遂败散，凡斩首二万三千级，获生口数万人，降者万余落。永康元年春正月，东羌先零入寇，当煎诸种复反，段颎大败之，西羌遂定。段颎既定西羌，而东羌先零等种犹未服，度辽将军皇甫规、中郎将张奂，招之连年，既降又叛。桓帝问其策于段颎，颎上言曰："若以骑五千，步万人，车三千辆，三冬二夏，足以破定，都凡用钱五十四亿。如此，则可令群羌破尽，匈奴永服。内徙郡县，得返本土。计永初中，诸羌反叛，十有四年，用钱二百四十亿。永和之末，复经七年，用钱八十余亿。耗费若此，犹不尽诛，余孽复起，于兹作害。今不暂疲民，则永无宁日。"帝从其言。建宁元年，颎将兵万余，赍十五日粮，从彭阳今甘肃镇原县东。至高平，今甘肃固原州治。与先零羌战于逢义山。未详，当在高平境。虏兵盛，颎令军中张镞、利刃、长矛三重，挟以强弩，列轻骑为左右翼。谓将士曰："今去家数千里，进则事成，走必尽死，努力共功名。"因大呼，众皆应声腾赴，驰骑于傍，突击之，虏众大溃，斩首八千余级。颎再将轻兵追羌出桥门，谷名。晨夜兼行，与战于奢延泽落川令鲜水上，或谓青海，未详。连破之，又战于灵武谷，在今甘肃宁翔县。羌遂大败。秋七月，颎至泾阳，在今甘肃平凉县西四十里。余寇四千，悉散放汉阳山谷。张奂忌其功，上言："颎性轻果，负败难常，即尽诛之，必致灾异，以招降为便。"颎复上言："昔先零作寇，赵充国徙令居内。煎当乱边，马援迁之三辅。始服终叛，至今为鲠。是犹种枳棘于良田，养蛇虺于室内也。臣欲绝其本根，不使能殖，愿卒斯言，一以任臣。"段颎所言，即所谓民族主义也。如用其策，必无五胡之乱。明年，段颎击诸羌于凡亭山，在今平凉府。破之。羌众东奔，复聚射虎谷，在平凉府。分兵守谷上下门。颎欲一举灭之，不欲复令散走，路于西县，今甘肃秦州西南百二十里。结木为栅，广二十步。长四十里遮之。遣司马田晏、夏育等，将七千人，衔枚夜上西山，结营穿堑，去虏一里许。又遣司马张恺等，将三千人，上东山，虏乃觉之。颎因与恺等挟东西两山，纵兵奋击，破之，追至谷上下门，穷山深谷之中，处处破之，斩其渠帅以下万九千级。谒者冯禅又招降四千人，分置安定、汉阳、陇西三郡。时灵帝建宁二年也，于是诸羌悉平。颎前后凡百八十战，斩三万八千余级，获杂畜四十二万七千余头，费用四十四亿，军士死者四百余人。

第五十五节　西南夷

南夷君长以十数，夜郎最大。昔有女子，浣于遁水。有三节大竹流入足间，闻其中有号声，剖竹视之，得一男儿，归而养之。及长，有武才，自立为夜郎侯，以竹为姓。其西靡莫之属，以十数，滇最大。庄跻者，楚庄王之后也。楚威王时，使将兵循江，上略巴、黔中以西。跻至滇池，以兵威定属楚。欲归报，会秦夺楚巴、黔中郡，道不通，因其以众王滇中。自滇以北，君长以十数，邛都最大。此皆椎髻，耕田，有邑聚。其外自桐师以东，北至叶榆，今云南楚雄府。名为嶲、昆明，皆编发，随畜移徙，亡常处，亡君长，地方数千里。自嶲以东、北，君长以十数，冉駹最大。其俗或土著，或移徙，在蜀之西。自駹以东、北，君长以十数，白马最大，皆氐类也。此皆巴、蜀西南外蛮夷也，古时不通中国，自庄跻王滇池，秦尝通其道，颇置吏。汉兴，弃此国，惟巴、蜀民常窃出行贾，南粤颇属役之。至孝武事南粤，建元六年，番阳令唐蒙上言，请开夜郎以制粤，乃拜蒙中郎将，使夜郎。夜郎听约，乃置犍为郡。今四川叙州、嘉定二府及贵州西边。寻拜司马相如中郎将，通邛、筰、冉駹，置一都尉，十余县。数岁，道不通，蛮夷数反，士卒多死，乃废之。及元狩元年，张骞言，可从西南夷通身毒、大夏，乃至滇。而使者闭于昆明，不得通。会汉已平南越，使中郎将郭昌、卫广诛且兰，遂平南夷，置牂柯郡，今贵州贵阳、遵义二府。夜郎侯遂入朝。时汉诛且兰邛君，并杀筰侯，冉駹皆震恐，请臣置吏，遂以邛都为粤嶲郡，今云南宁远府。筰都为沈黎郡，在今四川嘉定雅州之东南。冉駹为文山郡，今四川成都府西北。白马为武都郡，今陕西汉中府西北。于是滇王举国降，以其地为益州郡。今云南云南府。至光武开哀牢夷，乃置永昌郡。今云南永昌府。

第五十六节　南粤

秦并天下，略定扬、粤，置桂林、今广西省。南海、今广东省。象郡，今法属越南国。以谪徙民与越杂居。十三岁，至二世时，南海尉任嚣病且死，召龙川令赵佗，属以后事。嚣死，佗为尉，击并桂林、象郡，自立为南粤武王。高祖已定天下，中国罢劳，未遑问也。十一年，遣陆贾立佗为南粤王，与剖符通使。高后时，以汉禁粤关市铁器，佗乃自尊为南粤武帝，以兵威财物赂遗闽粤、西瓯，役属焉，东西万余里，乃乘黄屋左纛，称制，与中国侔。文帝使陆贾谕之，佗乃奉诏，称臣。至孝武建元四年，佗孙胡为南越王，立十余年死，子婴齐嗣立。婴齐死，子兴立。元鼎四年，汉使人促兴入朝，王及太后将行。相吕嘉年长矣，相三王，其居国中甚重，粤人信之，得众心愈于王，有畔心。王及太后亦欲倚汉使者诛嘉，相持数月。天子闻之，遣韩千秋以二千人往，嘉遂反，令国中曰："王年少，太后中国人，太后为邯郸樛氏。又与使者乱，汉使安国少季。专欲降汉，亡顾赵氏社稷。"乃与人攻杀太后、王，及汉使者，更立建德为王，以兵击灭韩千秋。元鼎五年，汉遣路博德、杨仆等五将军伐粤，斩建德及吕嘉，以其地为儋耳、今儋州。珠崖、今琼州。南海、今广州。苍梧、今梧州。郁林、今浔州。合浦、今雷州。交趾、今越南北宁道。九真、今越南清华道。日南今越南河靖道。九郡。

第五十七节 闽粤

闽粤王无诸，及粤东海王摇，其先皆越王勾践之后也，姓驺氏。秦并天下，废为君长，以其地为闽中郡。今福建东境。及诸侯畔秦，无诸、摇率粤归番阳令吴芮。汉五年，复立无诸为闽粤王，王闽中。孝惠三年，更立摇为东海王，都东瓯，今浙西南境。一号曰东瓯王。后数世，建元三年，闽粤发兵围东瓯，东瓯使人告急天子，天子许之。汉兵未至，闽粤引兵去，东瓯请举国内徙，乃处之江淮间。六年，闽粤击南粤，南粤以上闻，上遣王恢等伐闽粤。闽人恐，杀其王郢以说，汉乃立无诸孙丑为王，而王郢弟馀善以杀王郢有功，汉立之为东粤王，与丑并处。孝武元鼎五年，汉遣击南粤，馀善不行，持两端，阴使南粤。明年，乃发兵距汉，馀善自立为武帝。汉遣杨仆、韩说等四将军伐之，斩馀善，乃徙其民于江淮之间，粤地遂墟，不复置郡。

第五十八节　朝鲜

朝鲜今朝鲜北境及盛京东南境。自箕子受封，传世四十有一，至箕準自称王。汉初大乱，燕、齐、赵人往避地者数万口，而燕人卫满击準而自王，为朝鲜王，役属真番、今满洲兴京之地。临屯今朝鲜江陵府。传至孙右渠，汉谕以入朝，不从。武帝元封元年，使杨仆、荀彘等击之，朝鲜杀右渠以降，汉以其地为真番、临屯、乐浪、玄菟四郡。后北方扶馀种族渐南进，建国号高句丽。南方有马韩、弁韩、辰韩三国号新罗。高句丽一族，亦南略地，号百济。其他乐浪、带方、马韩、任那，并歼灭，遂为高句丽、百济、新罗三国焉。

第五十九节　日本

倭在三韩大海中，此《山海经》文。秦、汉时中国已知之，至后汉乃通使命，有三十余国。《后汉书》称，乐浪郡今高丽平安道。去其国万二千里，其地大较在会稽之东，与珠崖、儋耳相近。此实甚误。惟称其土宜禾稻、麻苎、蚕桑，气候温暖，冬夏生菜茹，则颇相合。又云，建武中元二年，倭奴国奉贡朝贺，使人自称大夫。永初元年，倭国王帅升等献生口百六十人，愿请见，此皆日本当时之部落。至称桓灵间，倭国大乱，更相攻伐，历年无主。有一女子名曰卑弥呼，于是共立为王，则彼之神功王后也。案日本自称，古有天神七代，地神五代，而后为神武天皇。又九世，徐福率童男女，来居熊野浦。又五代，乃及神功王后，名气长足姬。则正中国建安时矣，与《后汉书》合。至于日本国事，近人皆知之，本编不复述，但述其事之始见于我古书者如此。

第六十节　儒家与方士之糅合

鬼神、术数，自古分流。至春秋之季，而有老、孔、墨三家，同时各有所发明，其贤于古说明矣，然于古说未能尽去也。至秦乃皆折而入于上古鬼神、术数之说，非诸家弟子之不克负荷也，盖其初祖创教之初，即不能绝古说之根株，譬如草子，藏于泥中，一遇春日，便即发生，更无疑义。故三家数传之后，诸弟子不欲保存其教则已，欲保存焉，非兼采鬼神、术数之说不可也。一既采之，则曾不逾时，已反客而为主，所存者，老、孔、墨之名称而已。观秦、汉时之学派，其质干有三。一儒家，二方士，三黄老。一切学术，均以此三者离合而成之，述其概略如下。方士之说，内丹始见于屈原，外丹始见于邹衍，而后皆并入孔教。屈原《远游》："闻赤松之清尘兮，愿承风乎遗则。贵真人之休德兮，美往世之登仙。与化去而不见兮，名声著而日延。奇傅说之托星辰兮，羡韩众之得一。中略。餐六气而饮沆瀣兮，漱正阳而含朝霞。保神明之清澄兮，精气入而粗秽除。中略。道可受兮不可传，其小无内兮其大无垠。无滑而魂兮，彼将自然。壹气孔神兮，于中夜存。虚以待之兮，无为之先。"其说与丹经无异，而不涉于儒。屈原赋二十五篇，无言孔子者。至魏伯阳则言："火记不虚作，演《易》以明之。"是方士内丹与儒稍杂矣。而外丹之说，则其始即与儒不分。《史记》以邹子与孟、荀同传，殆儒家者流也。而《封禅书》曰："邹子之徒，论著始终五德之运。及秦帝，而齐人奏之，故始皇采用之。而宋毋忌、正伯侨、充尚、羡门高，最后皆燕人为方，仙道形解销化，依于鬼神之事。邹衍以阴阳主运，显于诸侯，而燕、齐海上之方士，传其术，不能通。然则怪迂阿谀苟合之徒，自此兴，不可胜数也。"是方士外丹与儒相杂也。《始皇本纪》："三十二年，始皇使燕人卢生求羡门、高誓。三十五年，卢生说始皇曰：'臣等求芝奇药，常弗遇，类物以害之者。方中，人主时为微行，以辟恶鬼，恶鬼辟，真人至。上所居毋令人知，然后不死之药，殆可得也。'中略。卢生相与谋曰：‘始皇为人，天性刚戾自用，中略。未可为求仙药。’于是乃亡去。始皇闻亡，乃大怒曰：‘吾前收天下书，不中用者尽去之，悉召文学、方术士甚众，欲以兴太平。方士欲练以求奇药，今闻韩众去不报，徐市等费以巨万计，终不得，徒奸利相告日闻。卢生等吾尊赐之甚厚，今乃诽谤我，以重吾不德也。诸生在咸阳者，吾使人廉问，或为妖言以乱黔首。’于是使御史悉案问诸生，诸生传相告引，乃自除犯禁者四百六十余人，皆阬之咸阳，使天下知之以惩后，益发谪徙边。始皇长子扶苏谏曰：‘天下初定，远方黔首未集，诸生皆诵法孔子，今上皆以重法绳之，臣恐天下不安。’”此诸生与方士合，一也。三十六年，使博士为《仙真人诗》，及行所游天下，传令乐人弦歌之。此诸生与方士合，二也。三十七年，博士曰：“水神不可见，以大鱼蛟龙为候。”此诸生与方士合，三也。虽然，此犹得曰偶然耳。再以西汉各经师之说证之。《说文》：魃，鬼服也。《韩诗传》曰：郑交甫逢二女，魃服。《文选·江赋》注引《韩诗内传》：郑交甫汉皋台下，遇二女，请其佩。二女与佩，交甫怀之，循探之，即亡矣。《南都赋》注引《韩诗外传》：郑交甫遇二女，佩两珠，大如荆鸡之卵。《七发》注：《韩诗序》曰，《汉广》，悦人也，“汉有游女，不可求思”。薛君曰：“谓汉神也。”《韩诗外传》又载子夏之言曰：“黄帝学乎大坟，颛顼学乎绿图，帝喾学乎赤松子，尧学乎务成子附，舜学乎尹寿，禹学乎西王国，汤学乎贷乎相，文王学乎锡畴子。”此治《诗》者合方士之说也。《汉书·李寻传》：“治《尚书》，独好《洪范》灾异。齐人甘忠可，诈造《天官历》《包元太平经》十二卷，以言汉家逢天地之大终，当更受命于天，天帝使真人赤精子，下教我此道，以教重平夏贺良、容丘丁广世。中略。而李寻亦好之。中略。陈说汉历中衰，当更受命。中略。哀帝为改建平二年为太初元年，号曰陈圣刘太平皇帝。”是治《书》者合方士之说也。《刘向传》：“淮南有《枕中鸿宝苑秘书》，书言神仙使鬼物为金之术，及邹衍重道延命方，世人莫见。而更生父德，武帝时治淮南狱，得其书，更生读之，以为奇，献之，言黄金可成。”是治《穀梁春秋》者合方士之说也。晋葛洪《抱朴子·论仙篇》引董仲舒所撰《李少君家录》云：李少君，汉武时方士，事见《汉书·李夫人传》。“少君有不死之方，而家贫无以市药物，故出于汉，以假涂求其财，道成而去”云云。其事甚怪。然以证《春秋繁露》所列求雨、止雨之法，暴巫聚蛇、埋虾蟆、烧雄鸡、老猪、取死人骨燔之等法，则仲舒之学，实合巫蛊厌胜、神仙方士而一之。是治《公羊春秋》者合方士之说也。至于《易》道阴阳，更与方士为近，而道人之名，即起于京房之自号。《汉书·京房传》。礼家封禅、申公、公玉带之伦，莫能定其为儒生为方士，更无论焉。《史记·封禅书》，《汉书·郊祀志》。盖汉儒之与方士，不可分矣。其所以然之故，因儒家尊君，君者，王者之所喜也。方士长生，生者，亦王者之所喜也。二者既同为王者之所喜，则其势必相妒，于是各盗敌之长技，以谋独擅，而二家之糅合成焉。然诸儒皆出荀子。《汉书·申公传》：“事齐人浮丘伯，受《诗》。”《盐铁论》：“包丘子与李斯，俱事荀卿。”是《鲁诗》，荀子之传也，《韩诗》仅存《外传》，源流不可考。然引《荀子》以说《诗》者四十四，是《韩诗》，《荀子》之别子也。《书》出于伏生，伏生故秦博士，李斯既焚《诗》《书》，禁异说，李斯之焚书，如今教皇之禁读新旧约。以吏为师，即书必经总会解定，始颁行耳。必不容有非荀派者厕其间，是亦可臆度其为《荀子》之传也。《儒林传》：“瑕丘江公，受《穀梁春秋传》及《诗》于鲁申公。”是《穀梁春秋》，《荀子》之传也。既同为《荀子》之传，《荀子》法后王，拒五行，《非十二子》。而诸人法黄帝，和方士，何相反若是？不知此非相反也，实承《荀子》之意者也。《荀子·仲尼篇》：“持宠处位，终身不厌之术。中略。求善处大重，理任大事，擅宠于万乘之国，必无后患之术，莫若好同之，援贤博施，除怨而无妨害人，耐任之，则慎行此道也。如不耐任，且恐失宠，则莫若早同之，推贤让能，而随其后。如是，有宠则必荣，失宠则必无罪，是事君之宝，而必无后患之术也。”《荀子》文，从王念孙《读书杂志》改定。又《臣道篇》：“事爆乱君，有补削，无挢拂。迫胁于乱时，穷居于爆国，而无所避之，则崇其美，扬其善，违其恶，隐其败，言其所长　不言其所短。”夫为经师者，以守死善道教后生，尚恐其不听矣。既以固宠无患，崇美讳败，为六经之微旨，则流弊胡所不至？荀子死于秦前，幸耳；荀子而生秦皇、汉武之世，有不为文成、五利者乎？虽然，此亦孔子尊君重生之极致，有以致之也。于汉儒何尤？于荀子何尤？五行灾异之说，是孔子本有，不得谓变相。

第六十一节　黄老之疑义

汉时与儒术为敌者，莫如黄老。案黄老之名，始见《史记》，《申不害传》《韩非传》《曹相国世家》《陈丞相世家》，并言治黄老术。《史记》以前，未闻此名。今曹、陈无书，申不害书仅存，韩非书则完然俱在，中有《解老》《喻老》，其学诚深于老者，然绝无所谓黄。《扬权》黄帝有言，上下一日百战余，引黄帝数条，不足为师承之证。惟韩非不信时日、卜筮、长生不死药，是谓老子正传。然则黄老之名，何从而起？吾意此名必起于文、景之际，其时必有以黄帝、老子之书，合而成一学说者。学既盛行，谓之黄老，日久习惯，成为名辞，乃于古人之单治老子术者，亦举谓之黄老。《史记·孝武纪》："窦太后治黄老言，不好儒术。"《封禅书》同。《儒林传序》："窦太后好黄老之术。"《申公传》："窦太后好老子言，不说儒术。"《辕固生传》："窦太后好老子书。"《汉书·郊祀志》："窦太后不好儒学。"《辕固传》："窦太后好老子书。"《外戚传》："窦太后好黄帝、老子言，景帝及诸窦，不得不读老子书，尊其术。"窦太后者，其黄老学之开祖耶！孝文本治老子术，代王之独幸窦姬，非以色进也，学术同也。惟其学说不传，仅于《史记》《汉书》之《儒林传》，载辕固生与黄生争汤武受命之事。夫以两教之大师，争其宗教于帝者之前，则所争宜必为其宗之宏纲巨旨，今观黄生所言"冠虽敝必加于首，履虽新必贯于足"二语，直以汤武受命为不然。而黄帝固亲灭炎帝者，黄生之言，已与黄帝不合。而"天地不仁，万物刍狗”，何冠履之足云？黄生之言，又岂与老子有合也？且又何以谓之家人言也？考《史记·自序》，太史公学道论于黄子。是司马谈者，黄生之弟子也。今观谈所述六家指要，归本道家，此老学也。而其将死，则执迁手而泣曰：“其命也夫，其命也夫！”此黄学也。黄生者，贵无而又信命者也，故曰黄老也。汉时民间盛行壬禽占验之术，皆谓之黄帝书。今所传黄帝《龙首经》、黄帝《金匮玉衡经》、黄帝《玄女经》，名见于《抱朴子》书，在道藏。备列占岁利、月利、嫁娶、祠祀、天仓、天府、日游、妇人产、吏迁否、盗贼、亡命、六畜、囚系、远行、架屋、宅舍、田蚕、市贾、马牛猪犬、奴婢、制新衣、子弟事师、怪祟、恶梦、死人魂魄出否、葬风雨、入水渡江、往来信诸家庭琐屑事。而其书有功曹、廷掾、外部吏、五曹、对簿、王者、诸侯、将军、卿相、二千石、令长等信，皆汉时名物，是必汉时民间日用之书也。黄老学者，即以此等书而合之老子书，别为一种因循诡随之言，其与辕固所争汤武事，直以此阿谀君主，以求五胜耳。及遭辕固之诘而词穷，则口辩亦非所擅，故固曰：“此家人言耳！”师古注：家人言，僮隶之属，犹今所常云：“此奴隶之语耳！”太后怨曰：“安得司空城旦书乎？”犹今之常语云：“安得《新学伪经考》《戊戌变政记》之说乎？”惟使辕固入圈击豕，窘人之法，未免太奇。或占书云，此日不宜击豕，故太后有此命。及豕应手而倒，而太后乃默然耶？总之，黄老之学，决非纯乎老派，今日存疑可也。

第六十二节　儒家与方士之分离即道教之原始

西汉之世，言《诗》，于鲁则申培公，于齐则辕固生，于燕则韩太傅；言《尚书》，自济南伏生；言《礼》，自鲁高堂生；言《易》，自菑川田生；言《春秋》，于齐、鲁自胡毋生，于赵自董仲舒；《史记·儒林传》。此所谓今文之学也。今文者，古者经术，口耳相传，不载竹帛，至汉乃以文字写之，其所用即当时之文字，故谓之今文。西汉经师所诵习者，如此而已。西汉之季，新室之时，乃有费直之《易》，孔安国之《书》，毛公之《诗》，河间献王所献之《周官》《左氏春秋》，《汉书·儒林传》。此所谓古文之学。古文者，谓得山岩屋壁之藏，古人所手定，非今人之本也。于是儒术中有今文、古文之争。自东汉至清初，皆用古文学，当世几无知今文为何物者。至嘉庆以后，乃稍稍有人分别今、古文之所以然，而好学深思之士，大都皆信今文学。本编亦尊今文学者，惟其命意与清朝诸经师稍异。凡经义之变迁，皆以历史因果之理解之，不专在讲经也。今文经之传授，虽甚分明，而其师说则不免有所附会，此其故上文已言之。古文经之传授，其伪显然。今以历史因果之理推之，即可得其伪经之故。案王莽居摄时，天下争为符命封侯，其不为者，相戏曰："独无天帝除书乎？"司命陈崇白莽，莽曰："此开奸臣作福之路，而乱天命，宜绝其原。"乃诏非五威将所言者悉禁之。《汉书·王莽传》。盖谶纬盛于哀、平之际，王莽借之，以移汉祚，己既为之，则必防人之效己，此人之常情也，故有宜绝其原之命。然此时符命之大原，则实由于六艺。见前节。六艺为汉人之国教，无禁绝之理，则其为计，惟有入他说以乱之耳。刘歆为莽腹心，亲典中书，必与闻莽谋，且助成莽事，故为莽杂糅古书，以作诸古文经，其中至要之义，即"六经皆史"一语。凡古学经说，皆不言神怪，至郑玄乃糅合今文、古文以注经，此又非古学之旧矣。盖经既为史，则不过记已往之事，不能如西汉之演图比谶，预解无穷矣。而其结果，即以孔子之宗教，改为周公之政法，一以便篡窃之渐，一以塞符命之源，计无便于此者。然以当时六艺甚备，师法甚明，必不能容不根之说，忽然入乎其间。于是不能不创言六经经秦火，已脱坏，河间献王、鲁恭王等，得山岩屋壁之藏，献之王朝，藏之秘府，外人不见，至此始见之云云。故秦焚书一案，又为古文经之根据也。所以秦焚书之案定，而古文经之真伪亦明。案《汉书·儒林传》叙云："始皇兼天下，焚《诗》《书》，坑术士，六学从此缺矣。"《汉书》中如此者甚夥，今引一条。今考《史记》称李斯学帝王之术于荀子，知六艺之归，《李斯传》。是斯固为儒家之大宗。始皇果绝儒生，何以用斯为丞相？又博士之官，数见于秦代。秦令曰："非博士所职，天下敢有藏《诗》《书》、百家语者，悉诣守尉杂烧之。"《史记·秦始皇本纪》。此为博士之书不烧之证。萧何入关，收秦丞相、御史府图书，《史记·萧相国世家》。即此也。然则始皇所坑者，乃转相传引之四百余人；所焚者，民间私藏之别本耳，其余固无恙也。况始皇焚书坑儒，在三十四年，下距秦亡，凡五年，距至汉兴求遗书，不过二十余年，经生老寿，岂无存者？孔甲可以抱其礼器而奔陈涉，《史记·儒林传》。司马迁可以观孔子之车服、礼器，《史记·孔子世家》。则古人文物，彬彬具在，断无六艺遂缺之事。何必二百年后，待之山岩屋壁哉？所以当歆之时，士大夫颇非其说，师丹谓歆非毁先帝所立，《汉书·儒林传》。公孙禄谓国师公颠倒五经，《汉书·王莽传》。案此即指《诗》《书》《礼》《乐》《易象》《春秋》改为《易》《书》，《诗》《礼》《乐》《春秋》也。范升谓费氏《易》、左氏《传》无本师，而多违反，《后汉书·范升传》。亦皆集矢于刘歆也。然歆等挟帝王之力，以行儒术，其势甚顺，且由神怪以入于简易，尤顺乎人心之理，其势遂不得不行。惟其时学说初开，高材之士则闻之，而里巷中人，尚墨守其禨祥之旧说。光武中兴，尚斤斤以赤伏符为天命，《后汉书·光武纪》。而桓谭之流，曾从刘歆、扬雄游者，遂毅然不信之。《后汉书·桓谭传》。自此以来，上下分为二派。国家官书，则仍守谶纬，东京大事，无不援五行灾异之说以解决之。然视为具文，不甚笃信，灾异策免三公，不过外戚、宦官，排挤士夫之一捷法耳。太学清流，皆弃去谶纬之说，而别有所尚。桓、灵之际，党锢诸公，致命遂志，固无一毫谶纬之余习也。虽然，鬼神、术数之事，虽暂为儒者所不道，而此欢迎鬼神、术数之社会，则初无所变更，故一切神怪之谭，西汉由方士并入儒林，东汉再由儒林分为方术。于是天文、风角、河洛、五星之说，乃特立于六艺之外，而自成一家。后世所相传之奇事灵迹，全由东汉人开之。今举创见于后汉，而为后世小说家所祖述者数条于此，以举一而例万。郭宪在雒阳，从驾南郊，知齐国失火。《郭宪传》。此小说所谓知千里外事也。王乔为叶令，朔、望日常自县诣台朝，帝怪其来数，而不见车骑，密令太史伺候之，言其临至，辄有双凫从东南飞来。于是候凫至，举罗张之，但得一只舄焉，乃诏上方诊视，则四年中所赐尚书官属履也。《王乔传》。此小说所谓腾云驾雾也。费长房曾为市掾，市中有老翁卖药，悬一壶于肆头，及市罢，辄跳入壶。旦日，翁乃与长房俱入壶中，惟见玉堂严丽，旨酒甘肴，盈衍其中，共饮毕而出。此小说所谓幻境也。长房遂求道，而顾家人为忧，翁乃断一青竹竿，度与长房身齐，使悬之舍后。家人见之，即长房形，以为缢死。此小说所谓以物代人死也。翁与长房入深山，践荆棘，于群虎之中，留使独处，长房不恐。又卧于空室，以朽索悬万斤石于心上，众蛇竞来啮索，且断，长房亦不移。翁来抚之曰："子可教也。"后使食粪，粪中有三虫，秽特甚，长房恶之。翁曰："子几得道，恨于此不成，如何？"此小说所谓仙人试人心也。长房归来，自谓去家经旬日，而已十余年矣。此小说所谓仙人一日世上千年也。汝南有魅，伪作太守章服，长房呵之，即成老鳖。长房与人共行，见一书生，黄巾被裘，无鞍骑马，下而叩头。长房曰："还他马，赦汝死罪。"人问其故，长房曰："此狸也，盗社公马耳。"此小说所谓精怪也。或一日之间，人见其在千里外数处焉。此小说所谓分身法也。《费长房传》。颍川太守史祈，以刘根为妖妄，谓之曰："促召鬼，使太守目睹。"根于是左顾而啸，有顷，见祈亡父、祖、近亲数十人，皆反缚在前，向根叩头曰："小儿无状，分当万坐。"顾而叱祈曰："汝为人子孙，不能有益先人，而反累辱亡灵，可叩头为吾陈谢。"《刘根传》。此小说所谓召亡灵也。解奴辜、张貂，皆能隐沦，出入不由门户。《解奴辜传》。此小说所谓隐身法也。及张道陵起，众说乃悉集于张氏，遂为今张天师之鼻祖，然而与儒术无与矣。

第六十三节　佛之事略

《后汉书·西域传》："天竺国，在月氏之东南数千里，修浮图道。世传明帝梦见金人，长大，顶有光明，以问群臣。或曰：西方有神，名曰佛，其形长丈六尺，而黄金色。帝于是遣使天竺，问佛道法，遂于中国图画形像焉。楚王英始信其术，中国因此，颇有奉其道者。”案此为中国通天竺、信佛教之始。梁慧皎《高僧传》云：“明帝梦金人飞行于庭，以占所梦，傅毅以佛对。帝遣郎中蔡愔、博士弟子秦景等，往天竺。愔等于彼遇见摄摩腾、竺法兰二梵僧，乃要还汉地。腾译四十二章经，腾所住处，今雒阳雍门白马寺也。”与范晔之说相似。其余诸家，大率相类。至于佛之事实，经论所述，异同千百，今以《慈恩宗》之说为主，而以近得西人之说补之。取《慈恩宗》者，为其为中国最后最精之译本也。案佛生于印度劫比罗伐率堵国，其时印度分数百小国，劫比罗伐窣堵国，中印度小国也。其生卒年月，颇不可详。或曰去今此引唐释玄奘《西域记》说。今指唐贞观言，唐贞观至清光绪朝，计一千三百余年。千二百余年，或言千三百余年，或曰千五百余年，或曰已过九百年，未满千年。晚近西人，则谓佛约先耶稣六百年生。案耶稣生于汉哀帝元寿二年，上距孔子生凡五百五十一年，然则佛当与孔子并世，而早于耶稣，两皆五六百年。五百年必有名世者，其信然耶？佛为劫比罗伐窣堵国国主净饭王之长子，为刹帝利种，即《汉书》所云塞种。母基摩诃摩耶夫人。以三月八日，或云三月十五日，生佛于腊伐尼园之无忧华树，命名曰乔答摩。至年十九，或曰二十九，见人有生老病死之苦，乃于三月八日，或曰三月十五日，逾城出家，住森林中，薙除须发，去宝衣缨络，著鹿皮衣，只其亲戚五人随之，依阿罗蓝迦蓝婆罗门，修生无所有处定。又依郁头蓝婆罗门，修非想定。苦行六年，乃至尼连禅河畔菩提树下，以三月八日，或曰三月十五日，成等正觉，时年三十五岁矣。于是佛乃周流印度诸国，坐道场，转法轮者四十余年。最后至拘尸那揭罗国，阿特多伐底河畔，沙罗树林中，以三月十五日入无余涅槃，时年八十岁。此佛一生之历史也。佛入涅槃后，其弟子阿难集素呾缆藏，优波厘集毗奈耶藏，迦叶波集阿毗达磨藏，是为上座部，皆佛大弟子所集也。其余凡圣，复集五藏，除前三藏外，有杂集藏、禁咒藏，是为大众部。

第六十四节　佛以前印度之宗教

佛教精深，当别为一科学，本书所不及言。然此教既与中国社会成最大之关系，则亦不得不略言之。但欲言佛所立之宗教，必先明佛以前印度之宗教，亦犹欲言孔子之宗教，必先明孔子以前中国之宗教也。案印度居中国之西南，东、南、西三面距海，北背雪山。印度之名，译言月也。其种人分为四类：

一、婆罗门种，净行也，守道居贫，洁白其操。与今欧人同种。

二、刹帝利，王种也，奕世君临，仁恕为志。即《汉书》之塞种。

三、吠奢种，商贾也，贸迁有无，逐利远近。此亦外来之种。

四、戍陀罗种，农人也，肆力畴陇，勤身稼穑。此印度土人，与马来人同种。

据《阿含部经》，谓此四种人，皆从梵天生。谓大梵天王，能生一切者，印度旧教所祀也。第一种从梵口生，第二种从梵肩生，第三种从梵脐生，第四种从梵足生。故此四种人，贵贱不同，执业亦异，不相婚姻，不相往还。此婆罗门人自尊卑人之词，犹中国自命为上帝所生，而以别族为犬羊所生也。印度梵文，婆罗门人自以为梵天所传，其后有四《吠陀》之书，婆罗门人亦自以为梵天所制也。

一、《黎俱吠陀》，华言曰寿，谓养生缮性。

二、《夜珠吠陀》，华言曰祠，谓享祭祈祷。

三、《娑磨吠陀》，华言曰平，谓礼仪、占卜、兵法、军阵。

四、《阿闼婆吠陀》，华言曰术，谓异能、技数、梵咒、医方。

此四吠陀，婆罗门人守为经典，谓即梵天现四面所说。其时婆罗门人之思想，大约以为万有皆梵天所造，人之灵魂不死，身死之后，仍与梵天相合。其说与基督略同。至佛前一千年左右，婆罗门人之智识乃大进，其学说蜂起，散见于佛经者，派别不同，随文而异，并无一定。今统汇群言，大约在佛出世前，为各派之原者三家。

一、僧佉派。

二、吠世史迦派。

三、尼犍陀弗呾啰派。日本井上哲次郎《印度宗教史》及《史考》引西人书，分为六派：一、尼夜耶学派，即因明学也。二、吠世史迦派，与此同。三、僧佉派，与此同。四、瑜伽学派，神秘学也。五、弥曼娑学派，声论也。六、吠檀多学派，即专诵四《吠陀》者。此大约西人举今印度现存之派言之。

僧佉派者，成劫之初，此亦神话，盖此人生年，亦无可考。有外道，名劫比罗，此云赤黄，鬓发、面色并黄赤，故时号黄赤色仙人。其后弟子之中上首，如十八部中部首者，名伐里沙，此翻为雨，雨时生故，即以为名。其雨徒党，名雨众外道，梵云僧佉，此翻为数，即智慧数。数度诸法根本，立从数起论，名为数论，论能生数，亦名论数。此师所造，金七十论，其学说分二十五谛，其学说与佛最近。

数论二十五谛
- 自性（一）
- 大（二）
- 我慢（三）
- 五大
  - 地（四）、水（五）、火（六）、
  - 风（七）、空（八）
- 五唯
  - 色（九）、声（十）、香（十一）、
  - 味（十二）、触（十三）
- 五知根
  - 眼根（十四）、耳根（十五）、鼻根（十六）、
  - 舌根（十七）、皮根（十八）
- 五作根
  - 舌根（十九）、手根（二十）、足根（二十一）、
  - 男女根（二十二）、大遗根（二十三）
- 心平等根（二十四）
- 神我（二十五）

吠世史迦派者，成劫之初，人寿无量。外道出世，名嗢露迦，此云鸺鹠，昼避声色，匿迹山薮，夜绝视听，方行乞食，时人谓似鸺鹠，因以名

也。又名羯拏仆，羯拏云米，仆云食，先为夜游，惊他妇稚，遂收场碓糠粃之中米齐食之，故以名也，时人号曰食米齐仙人。亦云吠世史迦，此翻为胜，造六句论，诸论罕近，故云胜也。或胜人所造，故名胜论。旧云卫世师，略也。师将入灭，但嗟所悟，未有传人，后住多劫，得婆罗门名摩纳缚迦，此云孺童。其孺童子，名般遮尸弃，此言五顶，顶发五旋，头有五角故，经无量岁，俟其根熟。后三千年，仙人往化之，五顶不从。又三千年，化之又不得。更三千年，仰念空仙，仙人应时，迎往山中，说所悟六句义。后其苗裔名为惠月，更立十句，其学说名胜宗十句义，其学说去佛稍远。

胜宗十句义
- 一、实九种
  - （一）地、（二）水、（三）火、（四）风、
  - （五）空、（六）时、（七）方、（八）我、（九）想
- 二、德二十四种
  - （一）色、（二）味、（三）香、（四）触、（五）数、
  - （六）量、（七）别体、（八）合、（九）离、
  - （十）彼体、（十一）此体、（十二）觉、
  - （十三）乐、（十四）共、（十五）欲、
  - （十六）瞋、（十七）勤勇、（十八）重体、
  - （十九）液体、（二十）润、（二十一）行、
  - （二十二）法、（二十三）非法、（二十四）声
- 三、业五种
  - （一）取业、（二）拾业、（三）屈业、
  - （四）伸业、（五）行业
- 四、同
- 五、异
- 六、和合
- 七、有能
- 八、无能
- 九、俱分
- 十、无说五种：（一）未生无、（二）已灭无、（三）更互无、（四）不会无、（五）毕竟无

尼犍陀弗咀啰派者，谓有外道，名尼犍陀弗咀啰，翻为离系子，苦行修胜因，名为离系，露形少羞耻，亦名无惭。本师称离系，是彼门徒，名之为

子。其学说为十六谛，其说主苦行生天，为婆罗门之旧说，而耶稣实近之，去佛最远。

- 尼犍子十六谛
  - 开慧八
    - 天文地理（一）
    - 算数（二）
    - 医方（三）
    - 咒术（四）
    - 四吠陀（五至八）
  - 修慧八
    - 修六天行（一至六）
    - 事星宿天（七）
    - 修长仙行（八）

其后分为六种苦行外道，皆尼犍陀弗呾啰派也。

一、自饿外道。谓外道修行，不羡饮食，长忍饥虚，执此苦行，以为得果之因。

二、投渊外道。谓外道修行，寒入深渊，忍受冻苦，执此苦行，以为得果之因。

三、赴火外道。谓外道修行，常热炙身，及熏鼻等，甘受热恼，执此苦行，以为得果之因。

四、自坐外道。谓外道修行，常自倮形，不拘寒暑，露地而坐，执此苦行，以为得果之因。

五、寂默外道。谓外道修行，于尸林冢间，以为住处，寂然不语，执此苦行，以为得果之因。

六、牛狗外道。谓外道修行，自记前世，从牛狗中来，即持牛狗戒，龁草啖污，唯望生天，执此苦行，以为得果之因。

此三种外道，为一切外道之大宗，其他各宗，皆此三宗之一义也。释典中可考见者，凡二十余派，皆琐屑不足道。所谓九十六种者，乃六师各有十五弟子，以六乘十五，得九十，加六为九十六。非真有九十六种也。此三宗之说，盛行于印度，其学理亦层递而进，渐近于佛。佛初出家，亦修其说，后乃汇通其说而修改之。案四《吠陀》宗旨，言人当事天耳。尼犍陀弗咀啰，则明生天之道，可以我力成之；吠世史迦，则又知一切皆以我之业力，与外境离合而成；僧佉，则更明除我之外，别无境界。其学说相引而上，如曲线然，至佛乃并我见破之，遂达宗教之至高点矣。故非有佛以前印度之宗教，不能有佛教也。佛教与婆罗门别异之处，说至精深，不易明晰。今以浅语蔽之，则诸家皆有我，佛教言无我而已。我字之界说，亦甚繁，欲知其详，当观唐释规基《唯识论》述记。至于佛教学说，入中国后，分为三大支。一曰显教，摄摩腾始传之；二曰密教，金刚智始传之；三曰心教，菩提达摩始传之。三支又分为数十家，入中国盛于唐代时，此举佛以前之教而已。

第六十五节　文学源流

人亦动物之一耳，而度量相越，至于如此者，则以人有语言也。有语言之后，又不知几何年，乃有文字，及有文字，而智识乃不可量矣。中国立国之基，尤以文辞为重要，故中国文字辞章之源委曲折，学者不可不略知之。惟其事太繁，古人各有专书，以论其术，当世识者亦多，学者若欲深明此事，当为专门之学。本书所述，只举文辞与社会相连之大概而已。可分四端论之：一、文字之原；二、作书之具；三、文章之体；四、文辞之用。

一、文字之原者。案古书皆言黄帝史仓颉始作文，如犬马、草木等文。其后形声相益，即谓之字。如一切有偏旁之字（《说文·叙》）。然包牺作十言之教，郑康成《文艺论》。八卦即为古文。《易纬·乾凿度》。是黄帝以前，中国已有文字。而包牺所画八卦，绝类巴比伦之尖筝文；仓颉所造诸文，又绝类古埃及之象形书。二种文字，截然各异，而相隔数千年，其一种所转变耶？其起原各不相蒙耶？今日地学未兴，金石未出，不能知也。中国文字之可考者，自周始。《周礼》：保氏教国子，先以六书。一曰指事，指事者，视而可识，察而见意，上下是也。二曰象形，象形者，画成其物，随体诘诎，日月是也。三曰形声，形声者，以事为名，取譬相成，江河是也。四曰会意，会意者，比类合谊，以见指㧑，武信是也。五曰转注，转注者，建类一首，同意相受，考老是也。六曰假借，假借者，本无其字，依声托事，令长是也。及宣王太史籀著《大篆》篆字本义，为引笔而箸于竹帛。因李斯所作谓为篆书，而谓史籀所作曰大篆，其后篆书曰小篆。十五篇，与古文或异。其后诸侯力政，不统于王，言语异声，文字异形。许叔重所言如是。然以自然之理揆之，窃恐周之盛时，实未曾一天下之语言文字也。秦始皇帝初兼天下，丞相李斯乃奏同之，罢其不与秦文合者。斯作《仓颉篇》，中车府令赵高作《爰历篇》，太史令胡毋敬作《博学篇》，统谓之三仓。皆取史籀大篆，或颇省改，所谓小篆也。是时天下事繁，嫌篆书不便，始皇又使下杜程邈作隶书，以趣约易。隶书者，谓苟趋省易，施之于徒隶也。自此秦书有八体：一曰大篆，二曰小篆，三曰刻符，刻于符上。四曰虫书，以书幡信。五曰摹印，六曰署书，以题封检。七曰殳书，以题兵器。八曰隶书。汉兴，元帝之史游作《急就篇》，解散隶体，创造草书，各字相连者谓之草，不连者谓之章。今人楷书，即兼章与隶以为之者。王莽颇改古文，时有六书：一曰古文，谓为孔子壁中书。二曰奇字，古文之别体。三曰篆书，即小篆。四曰左书，即秦隶书。五曰缪篆，即秦摹印。六曰鸟虫书。即秦虫书。综三仓与武帝时司马相如《凡将篇》，元帝时黄门令史游《急就篇》，成帝时将作大匠李长《元尚篇》，平帝时黄门侍郎扬雄《训纂篇》，凡五千三百四十字。后汉安帝时，大尉南阁祭酒许慎作《说文解字》，分五百四十部，九千三百五十三字。于是天地鬼神，山川草木，鸟兽蛇虫，杂物奇怪，王制礼仪，世间人事，莫不毕载，后人所以能知古人制文字之原者，赖有此也。今观《说文》，不仅可想见古人之社会如何，并可考见汉以后中国学问之日退。盖学问愈密，则所用之名愈繁。《说文》所载名物，多至九千，而今日所通行者，不过二千余名，已足供人事之用，则今不若古可知矣。此段皆据《说文·叙》。

二、作书之具者。古人作书之具，大半皆取资于竹，故知古时北方，为产竹极多之地。篆、见前。籀、读书也。篇、著也。籍、簿也。简、牒也。笵、法也，竹简书也。笺、表识书也。符、信也。策，马箠，段作箸书之策。其字无不从竹。盖古人箸书，皆削竹为策，以皮或绳联之，而箸书其上。晋太康二年，汲县民不準，盗发古冢，得竹简书，皆素丝编，简长二尺四寸，以墨书，一简四十字，《晋书·荀勗传》。此犹可见古书之制也。《孔子世家》称"韦编三绝"，则以熟皮编之。以此等竹简，而书以大篆，其弊有五，为之不易，多费时日，一也；所费不赀，贫者莫办，二也；迁徙极难，易遭兵火，三也；竹质脆湿，易于朽蠹，四也；书既名贵，学者遂稀，五也。积此五因，遂为中国学问之大障。至汉时乃始为纸，黄门蔡伦所作也。《东观汉记》。或谓伦前已有纸，古以缣帛，依书长短，随事截绢，数番重沓，纸字从系，此形声也。《御览》六百六引王隐《晋书》。有纸之后，书乃名卷，卷义同捲。其犹名篇者，仍古号耳。笔始于蒙恬，以柘木为管，以鹿毛为柱，羊毛为被，崔豹《古今注》。此秦笔也。秦以前早有为书之具，楚谓之聿，吴谓之不律，燕谓之弗，秦谓之笔。《说文》三。除秦笔外，其余不可考。然聿、弗皆有从毛之意，则古笔当与今笔不甚异也。墨之由来不可考，汉人书中数见其名，惟始于何人，古书未载。汲冢书以墨书，则用墨在战国以前矣。砚于文事，所系最微，秦、汉人未言之，至《晋书》始见其物。《晋书·刘聪载记》。此中国古人作书之具之大略也。

三、文体之别者。中国文体之别虽繁，然大概只有二种。一有韵之文，一无韵之文而已。而有韵之文，当起于无韵之文之前。盖人类既有语言，必有社会间流传之事，其后有人病其难于记忆，乃作为韵语以便记诵，再后则有文字。文字之初，不过绘画其事以备忘，久之，其画乃有通行之公式，事之原委曲折，无不可以曲到，而人亦一见而知。于是乃以其物箸书，所谓书者，即记述其社会间流传之事者也。故各种人于其种族所传之第一部书，必神与人不分，其言甚怪。就其理言，则可谓之经；就其事言，则可谓之史，万国一也。此等之书，必尚用有韵之文。中国六经，《诗》固全为韵语，而其余各经，以及周、秦间诸子所箸书，其间皆时有韵。至秦、汉间，有韵之文与无韵之文，界画始清。有韵之文，由诗一变而为赋，《周礼》诗有六义，其一曰赋。后人目赋为古人之流，此说未可为据。屈原、荀况，实始为之。至汉枚乘、苏武等，又变四言诗为五言诗，诗与乐章，遂分为二物。其后五言古，又变七言古，再变为五七言之律诗。绝句即古体也。乐章又变为词、为曲、为一切七言句之小说，而有韵之文之变遂极。无韵之文，至后汉渐用俪句。积至唐人，遂成专用排偶之一体。至中唐韩愈、李翱等，并起而矫之，废去排偶之法，而效法秦、汉之文，自号其文曰古文，而号前之事排偶者为骈文，于是骈散之名始立。宋人作经义，及明乃成为八股文，八股文之外象，虽为无韵之文，而其源实出于唐律、赋，盖亦有韵、亦无韵、亦骈、亦散之类也。中国文章之变，大约尽于是矣。

四、文辞之用者。中国风俗之重文辞，此习当由政体所致。春秋以前，为世官政体，其卿大夫士下至皂隶，皆有世业，其得之也有定分，其守之也有专科，虽国君不能有所左右于其间也。有世及之官，必有家传之学，此义近人章学诚《文史通义》发明最多，其源盖出于《汉书·艺文志》。此等社会，其断不能立谈而致卿相，亦甚明矣。及至战国，人事一变，兼并之风既亟，非有超伦轶群之人，不足以当将相。由是人材不复能以门地限，而国君及大臣，争以得士之多寡为盛衰，其取之之道，在苟济吾事而已，于其人之平素，不暇问也；于其人之门阀，更不暇问也。其仓猝之间，所借以通彼我之邮者，则惟言语是赖。故其时之士，以言语为专科，片刻之言语，可以得终身之富贵，此一变也。然游说之士，各以其言语炫惑国君，而国君则以一身而接天下之士，以听其言语，则其势常不给。士既不能面对国君，以尽其言语，将谋有以代其口舌之具，易口说为上书，而文辞起矣，此又一变也。其文辞工者，可以动人，其文辞不工者，不可以动人，于是相竞日密，而文章亦愈进。国君之取士，乃骎骎乎不以言语而以文辞，此盖三变矣。观楚怀王使屈原造为宪令，屈原属草稿未定，上官大夫见而欲夺之，屈原不与，因谗之。《史记·屈原传》。秦始皇见韩非《孤愤》《五蠹》之书，曰："嗟乎！寡人得见此人，与之游，死不恨矣。"《史记·韩非传》。其文辞之重，为何如耶？至汉孝武策问贤良方正，而上之以文辞取士，士之以文辞通籍，遂为定法，与中国相终始。推其原意，皆立谈之变相耳，此专制政体之不得不然也。夫至于以科目取人，而其流弊，乃不可胜言矣，此又岂战国诸君之所及料哉？

第六十六节　两汉官制

三代之时，国国皆自成风尚，虽有天子，王朝之政，不能逮于诸侯。故古时官制，其见于《左传》《国语》《战国策》者，各国不同，而秦、楚两国，尤其特异者也。自秦人并六国，夷诸侯为郡县，天下法制，乃定于一，于是天下之官，皆秦制矣。秦官亦皆沿其国之旧，非始皇所创。汉兴，高祖起亭长，萧、曹皆刀笔吏，无学术，不能深考古今，定至良之法，而唯知袭亡秦旧制，喟然而叹皇帝之贵，此神州所以不复振也。中国以民力覆政府者，唯有秦汉之际。使以亚利安种人处之，必于此时立宪矣。而中国不然者，则民智为之也。考两汉官制，亦稍有不同，前汉皆袭秦旧，后汉则袭王莽。高祖、光武能取嬴氏、新室之天下，而不能革其制度，其皆学问不及故欤！今依前后《汉书》分列两汉官制之大概，取足以证本篇所言之事迹而已，其详不及纪也。汉官以所食俸之多寡，名其秩之尊卑，故称官恒曰若干石。案汉制，三公号称万石，其俸月各三百五十斛谷；其称中二千石者，月各百八十斛；二千石者，百二十斛；比二千石者，百斛；千石者，九十斛；比千石者，八十斛；六百石者，七十斛；比六百石者，六十斛；四百石者，五十斛；比四百石者，四十五斛；三百石者，三十七斛；二百石者，三十斛；比二百石者，二十七斛；一百石者，十六斛。

相国、丞相，皆秦官，丞丞者承也。天子，助理万机。秦置左、右丞相。高帝即位，置丞相一人，后更名相国。高后时，置二丞相。孝文时，复置一丞相。哀帝元寿二年，更名大司徒，有两长史，秩千石。后汉仍。汉时丞相入朝，天子为起立。丞相道谒，天子为下车。是秦制犹愈于后世也。太尉，秦官，掌武事。自上安下曰尉，武官悉以尉称，此为武官之长。后汉仍。

御史大夫，秦官，掌副丞相，其属有中丞、侍御史、绣衣直指等。哀帝元寿二年，改大司空，与丞相、太尉为汉三公。后汉仍。

大司马，周官，主武事，为将军兼官，禄比丞相。第一大将军，次车骑将军，次卫将军，又有前、后、左、右将军。其大司马、大将军，为外戚执政者之世官。大将军营有五部，部校尉一人，秩比二千石；又令史三十一人。后汉仍。明帝初，置度辽将军。

太师、太傅、太保，皆周官，案《汉书》所记，周官即据《周礼》而言，后人多有疑之者。总之，为六国时旧有者而已。不常置，位三公上。后汉每帝初即位，辄置太傅，录尚书事，薨辄省。

奉常，秦官，掌宗庙礼仪，秩中二千石。景帝中六年，更名太常，其属有六令丞，两长丞，凡礼官皆属焉。太史、博士，亦属奉常，太史古官，博士秦官，掌通古今，秩比六百石，员多至数十人。后汉仍。

郎中令，秦官，掌宫殿掖门户，秩中二千石。武帝太初元年，更名光禄勋，其属有大夫、郎、谒者，皆秦官，期门、羽林。大夫掌论议，有太中大夫、中大夫、谏大夫，皆无员，多至数十。大夫秩自比二千石，至比八百石。郎掌守门户，出充车骑，有议郎、中郎、侍郎、郎中，皆无员，多至千人。中郎有五官、左、右三将，郎中有车、户、骑三将，郎秩自比二千石，至三百石。谒者掌宾赞受事，员七十人，秩比六百石，有仆射，仆射犹言领袖，各官皆有之。秩比千石。期门掌执兵送从，无员数，多至千人，有仆射，秩比千石。羽林掌送从，有中郎将、骑都尉，秩比二千石。后汉仍。

卫尉，秦官，掌宫门卫屯兵，秩中二千石，有丞。景帝初，更为中大夫令。后元年，复为卫尉。属官有公车司马、卫士、旅贲三令丞，又诸屯卫候、司马二十二官。后汉仍。

太仆，秦官，掌舆马，秩中二千石。凡舆马之官，皆属焉。后汉仍。

廷尉，秦官，掌刑辟，秩中二千石，有正、左右监，秩皆千石。景帝中六年，更名大理。武帝建元四年，复为廷尉。哀帝元寿二年，复为大理。后汉仍。

典客，秦官，掌诸归义蛮夷，秩中二千石。景帝中六年，更名大行令。武帝太初元年，更名大鸿胪。属官有令丞，及郡邸长史。后汉仍。

宗正，秦官，掌亲属，秩中二千石，有丞，属官有都司空令丞、内官长史，诸公主家令、门尉皆属焉。后汉仍。

治粟内史，秦官，掌谷货，秩中二千石。景帝后元年，更名大农令。武帝太初元年，更名大司农。属官有令丞五人，长丞二人，郡国诸仓农监都水六十五人。后汉仍。

少府，秦官，掌山泽之税，秩中二千石，有六丞，属官有尚书符节等令丞十六人，都水等长丞三人，上林池监等十人，黄门钩盾等宦者八人。其后稍多，至员吏百九人。后汉仍。

中尉，秦官，掌徼循京师。秩中二千石，有两丞。武帝太初元年，更名执金吾。属官有令丞三人。后汉仍。

太子太傅、少傅，周官，秩二千石。其属有太子门大夫五人，庶子五人，先马谓前驱也。后讹为洗。十六人。后汉仍。

将作少府，秦官，掌治宫室，秩二千石，有两丞。景帝中六年，更名将作大匠。属官有令丞七人，长丞一人。后汉仍。

詹事，秦官，掌皇后、太子家，秩二千石，有丞。属官有令丞五人，长丞五人。成帝鸿嘉三年，省詹事官，并入大长秋。长信詹事，掌皇太后宫，秩二千石。景帝更名长信少府，平帝更名长乐少府。后汉仍。

将行，秦官，皇后卿也，秩二千石。景帝中六年，更名大长秋。后汉仍。

典属国，秦官，掌蛮夷降者，秩二千石。后并入大鸿胪。

水衡都尉，掌上林苑，有五丞。属官有九令丞，七长丞，八丞，十二尉。后汉省。

内史，秦官，掌治京师，秩二千石。景帝二年，分置左内史。武帝太初元年，更名内史为京兆尹。属官有令丞二人，长丞二人；左内史为左冯翊，属官有令丞一人，长丞四人。

主爵中尉，秦官，掌列侯，秩比二千石。景帝中六年，更名都尉。武帝太初元年，更名右扶风，治内史右地。属官有令丞一人，长丞四人。与左冯翊、京兆尹，是为三辅，皆有两丞。后汉改河南尹，三辅官仍，而降其秩。

司隶校尉，周官，持节，从中都官徒千二百人，捕巫蛊，督大奸。后罢其兵，去节，秩二千石。后汉仍。

城门校尉，掌京师城门屯兵，有八司马，十二城侯，秩二千石。后汉仍。

中垒校尉，掌北军垒门，外掌西域，秩二千石。后汉省。

屯骑校尉，掌骑士，秩二千石。后汉仍。

步兵校尉，掌上林苑门屯兵，秩二千石。后汉仍。

越骑校尉，掌越骑，秩二千石。越义如超越之越，犹飞骑也。后汉仍。

长水校尉，掌长水宣曲胡骑，秩二千石。后汉仍。

胡骑校尉，掌胡骑，秩二千石，不常置。

射声校尉，掌待诏射声士，秩二千石。后汉仍。

虎贲校尉，掌轻车，秩二千石。后汉省。自中垒以下八校尉，皆武帝初置，各有一司马。

西域都护，比八校尉，秩二千石；副校尉，秩比二千石；戊己校尉，秩六百石。

护羌校尉，主西羌，秩比二千石。

使匈奴中郎将，秩比二千石。

奉车都尉，掌御乘舆车，驸马都尉，掌驸马，驸，副马也。皆武帝初置，秩比二千石。侍中、左右曹、诸吏、散骑、中常侍，皆加官，所加或列侯、将军、卿、大夫、将、都尉、尚书、太医、太官令、至郎中，无员，多至数十人。侍中常侍，得入禁中。诸曹受尚书事。诸吏得举法。散骑、骑，兼乘舆车。给事中亦加官，所加或大夫、博士、议郎，掌顾问应对，位次中常侍。中黄门有给事黄门，位从将、大夫。皆秦制。

爵，一曰公士，言有爵命，异于士卒。二上造，言有成命于上。三簪袅，可饰马也。四不更，言不预更卒之士也。五大夫，列位从大夫。六官大夫，七公大夫，示稍尊。八公乘，言其得乘公家之车也。九五大夫，大夫之尊也。十左庶长，十一右庶长，众列之长也。十二左更，十三中更，十四右更，言主领更卒，部其役使也。十五少上造，十六大上造，皆主上造之士也。十七驷车庶长，得乘驷马也。十八大庶长，更尊也。十九关内侯，有侯号，无国邑。二十彻侯。言其爵上通于天子。皆秦制，以赏功。后汉仍，而侯以下未见。

诸侯王，高帝初置，掌治其国。后汉仍。

监御史，秦官，掌监郡。汉省，丞相遣史分刺州，不常置。武帝元封元年，初置部刺史，掌奉诏察州，秩六百石，员十三人。成帝绥和元年，更名牧，秩二千石。后汉建武初，复为刺史，属司隶校尉。灵帝中平五年，复为州牧。

郡守，秦官，掌治其郡，秩二千石。景帝中二年，更名太守，有丞。

县令、长，皆秦官，掌治其县，其县万户以上为令，秩千石至六百石；减万户为长，秩五百石至三百石。皆有丞尉，秩四百石至二百石，百石以下，有斗食佐史之职。大率十里一亭，亭有长；十亭一乡，乡有三老、啬夫、游徼，三老掌教化，啬夫职听讼、收赋税，游徼循禁盗贼。皆秦制也。

第六十七节　汉地理

节录日本重野安泽《支那疆域沿革图略说》

汉高帝元年，定三秦，雍、塞、翟。以其地为渭南、河上、中地三郡。寻并曰内史，陇西、北地、上郡复旧。明年，降申阳，置河南郡。故秦三川郡。以韩襄王孙信为韩王，颍川郡，都阳翟。虏司马卬，更殷为河内郡，悉定魏地。复河东、上党、太原三郡。三年，克赵为常山郡，定燕、齐。四年，立张耳为赵王，故秦邯郸郡，都襄国。以韩信为齐王，都临淄。更九江为淮南。王英布如故。五年，灭项羽，平临江，共敖子尉。即帝位，定都长安。今西安府。六年，筑城县邑，封建王侯。

异姓王者七国：

赵。见上。

淮南。见上。

楚。淮北地。齐王韩信徙为楚王，都下邳。今淮安府邳州。

梁。魏故地，秦砀郡。立彭越为梁王，都定陶。今属曹州府。

韩。徙王信于太原，仍称韩。都晋阳。今太原府。徙马邑。复颍川郡。

燕。臧荼反，灭之，立卢绾为燕王，都蓟。

长沙。长沙，豫章地。吴芮王之，都临湘。今长沙府。

寻皆翦除，更封同姓：

楚。以韩信为淮阴侯，今淮安府。以薛、东海、故郯郡。彭城地，立弟交为王，都彭城。今徐州府。〇宣帝分置彭城郡，寻复故。后汉章帝复为彭城国。

荆。后吴。分东阳、后属临淮郡。鄣、武帝时改丹阳郡。吴后入会稽郡。地，立从兄贾为荆王，都吴。今苏州府。贾薨，更为吴，封兄仲之子濞，都广陵。今扬州府。

代。以云中、雁门、代郡，立兄喜为代王，都代。韩王信灭，更封子恒，并太原，除云中。都晋阳。

齐。以胶东、胶西、临淄、济北、博阳、城阳地，封子肥为齐王，都临淄。

赵。废张耳子敖为宣平侯，封子如意为赵王，都邯郸。

梁。彭越诛，封子恢为梁王，都睢阳。今归德府。

淮阳。分彭城地，封子友为淮阳王，都陈。文帝为郡，后汉章帝为陈国。

淮南。英布反，立子长为淮南王，都寿春。武帝复九江郡。

燕。卢绾反，立子建为燕王。昭帝改广阳郡，宣帝为国。

汉初概因秦制，以郡国统县邑。高帝增置郡国凡二十六：

河内、河南、汝南、景帝为国。江夏、豫章、常山、中山、景帝为国。清河、同上。魏郡、涿郡、勃海、平原、千乘、后汉和帝改乐安。泰山、和帝分置济北。东莱、东海、故秦郯郡。广汉、定襄、城阳、文帝为国。济南、同上。桂阳、武陵、沛郡、故秦泗水郡。淮阳国、梁国，故秦砀郡。并内史。《汉志》曰：高祖增二十六。盖谓此也。

吕后以薛郡为鲁国，割齐济南郡，置吕国。文帝除之。

文帝即位，分齐为七国：

齐，都临淄。城阳，都莒。今属青州府。济北，即泰山郡。都卢。今济南府长青县。菑川，都剧。今青州府寿光县。胶东，都即墨。胶西，宣帝改高密。都高宛。今属青州府。济南，景帝复郡。都东平陵。今济南府。

分赵为二国：

赵，都邯郸。河间，都乐成。今河间府献县。

分淮南为三国：

淮南，都寿春。衡山，武帝改六安。都六。庐江，景帝为郡。都江南，景帝以边越，徙赐于衡山，王江北。《汉志》曰：文帝增六，其建国九。城阳、济南，因旧郡。济北，即泰山郡，故皆不数。

景帝平吴、楚乱，分吴为二国：鲁，都曲阜。江都，武帝改广陵。都江都。

分梁为四国：

济川，武帝为陈留郡。都济阳。今开封府兰阳县。济东，武帝为大河郡，宣帝改东平国，后汉章帝分置任成国。都无盐。今兖州府东平州。山阳，武帝改昌邑国，宣帝复山阳郡。都昌邑。今兖州府金乡县。济阴，宣帝改定陶国，哀帝复故。都定陶。

分赵为四国：

中山，都卢奴。今真定府定州。清河，后为郡，后汉桓帝改甘陵。都清阳。今广平府清河县。常山，武帝为郡。都真定。今真定州。广川，宣帝改信都，后汉明帝改乐成，安帝改安平。都信都。今真定府冀州。

分齐置北海郡。《汉志》曰：景帝增六，其建国九。中山、常山、清河，因旧郡，故皆不数，济川后废。文景之间，诸王骄僭，其地兼郡连城。天子所领，内史、陇西、北地、上郡、云中、河东、河南、河内、东郡、颍川、南阳、南郡、汉中、巴、蜀十五郡而已。至是分削之。及武帝下推恩令，诸侯惟食租税，不预政事。

武帝雄才大略，专务拓边，北征匈奴、西域，南平南越、瓯闽，西南略诸夷，东定朝鲜，匈奴远遁漠北，不复入寇。

大将军卫青出塞，取北河之南，复蒙恬之旧，置朔方、五原故秦九原郡。二郡。寻筑受降城，反五原塞，千余里列亭障，到卢朐，徙贫民实之。骠骑将军霍去病逾居延，至祁连山，即天山。置降者于塞外，为五属国，陇西、北地、上郡、朔方、云中称故塞五郡，徙降者居之，依本国之俗，而属于汉。遂置酒泉、匈奴右地，浑邪王地。武威、同上，休屠王地。张掖、分武威。敦煌分酒泉。四郡。

其后李广利伐大宛，今浩罕。斩其王毋寡，筑高障，自敦煌至盐泽，即蒲昌海。屯田轮台渠黎。

张骞等使于西域，逾葱岭，出大宛、康居，三十六国始通。

路博德、杨仆等平南越，置南海、秦置。苍梧、郁林、故秦桂林郡。合浦、交趾、九真、日南、故秦象郡。珠厓、宣帝时废。儋耳昭帝废入珠厓。九郡，又分长沙，置零陵郡。杨仆、韩说伐闽越，降之，遂徙东瓯、闽越民于江淮，空其地。

唐蒙、司马相如使西南夷，讽谕之，郭昌、卫平等继平之，夜郎王、滇王先后入朝，置牂牁、旧夜郎。越嶲、旧邛都。沈黎、旧筰都，后废入蜀。文山、文后作汶，旧冉駹，宣帝时入蜀。武都、旧白马。益州旧滇地。六郡，又置犍为郡。始通夜郎时置。

初，东夷涉降，置苍海郡，寻废。杨仆、荀彘伐朝鲜，置乐浪、治朝鲜，今平壤。临屯、治东暆，昭帝废入乐浪。玄菟、治沃沮，昭帝时徙高句丽地。真番治霅，昭帝时废入玄菟。四郡。

开边之业既成，乃建十三部置刺史，统郡国。

司隶，古雍州。治河南。冀州，治常山国高邑。洛阳东北千里。幽州，治广阳郡蓟。洛阳东北二千里。并州，治太原郡晋阳。洛阳北，里数阙。兖州，治山阳郡昌邑。洛阳东八百二十里。徐州，治东海郡郯。洛阳东千五百里。荆州，治武陵郡汉寿。洛阳南二千里。豫州，治沛国谯。洛阳东南千二百里。益州，古梁州。治广汉郡雒。洛阳西三千里。凉州，古雍州。治汉阳郡陇。洛阳西千百里。交趾，治苍梧郡广信。洛阳南六千四百十里。十三州治所，《汉书》不载，今据《后汉书》。前汉时司隶，盖治长安。

分内史为左右，遂更京兆尹、右内史。右扶风、同上。左冯翊。左内史。

分赵国，置平干国。今广平府，宣帝改广平。分常山国，置真定国。今正定府。分东海郡，置泗水国。今淮安府邳州宿迁县东南。

武帝增置二十八：

右扶风、左冯翊、弘农、陈留、临淮、后汉明帝改下邳。零陵、犍为、越巂、益州、牂牁、武都、天水、明帝改汉阳。武威、张掖、酒泉、敦煌、安定、西河、朔方、玄菟、乐浪、苍梧、交趾、合浦、九真、以上郡。平干、真定、泗水。以上国。《汉志》曰："武帝增二十八。"南海、郁林、日南，即秦置。沈黎、文山、珠厓、儋耳、临屯、真番后皆废，故不数。

昭帝分陇西，置金城郡。今兰州府。《汉志》曰："昭帝增一。"乌桓反，击破之。

宣帝神爵元年，赵充国破西羌，留屯田湟中。湟水左右之地，后汉顺帝增置。二年，始置西域都护于乌垒城，距阳关二千七百余里。督察三十六国。初，西域虽贡献于汉，实役属匈奴，至是皆服于汉，号令遐布。寻匈奴乱，五单于争立，互相屠杀。甘露三年，呼韩邪单于来降，居之漠南，郅支单于西北徙，寻击斩之，遂定匈奴。

前汉郡国百三，县邑千三百十四，道三十二，侯国二百四十。疆东西九千三百二里，南北一万三千三百六十八里。户千二百二十三万三千六十二，口五千九百五十九万四千九百七十八。据平帝元始元年所算。

王莽收西羌之地，鲜川。置西海郡，省州为九，省幽、并、交趾、凉为雍，益为梁，并司隶于雍。改易京师及州界郡名，屡变更，民不能记。群盗赤眉等。并起，诸豪割据。

刘玄据长安。公孙述据蜀。隗嚣据陇右。王郎据邯郸。李宪据淮南。张步据琅邪。董宪据东海。窦融据河西。卢芳据安定。

后汉光武帝建武元年，即位于高邑，常山郡。都洛阳。十三年，省县四百余，并西京长安。及诸郡，复十三部刺史制。广平入巨鹿，真定入常山，河间入信都，城阳入琅邪，泗水入广陵，菑川、高密、胶东入北海，六安入庐江，广阳入上谷。明帝复广阳，和帝分乐成，置河间。

自王莽之乱，匈奴略有西域诸国，屡寇边，莎车独不属，遂服五十五国，渐骄横。车师等十八国惧，请都护，帝不许，诸国复附匈奴。寻匈奴内乱，分为南北，南单于内属，入居云中，后徙西河。破北单于，却地千里，匈奴稍衰。而西羌、乌桓、鲜卑渐强盛，数入寇，马援、祭彤等击降之。交趾及武陵蛮反，马援平之。置护羌校尉，居金城，乌桓校尉，居上谷，督护羌胡。

明帝之时，西南夷哀牢内附，置永昌郡。伐北匈奴，取伊吾卢，今哈密。置屯田。章帝罢之，顺帝复置。班超降鄯善、于阗，定疏勒，窦固定车师，置西域都护，后屡有废兴。西域复通。中绝六十五年。和帝之时，复叛。班超降月氏、莎车、龟兹、姑墨诸国，为部护，居龟兹。又平焉耆、尉黎五十余国，皆内属。遣使大秦、罗马。条支，巴勒斯坦。穷西海，皆前世所未至也。超在西域三十余年，归后，抚御失方，西域复叛。

安帝之时，先零复起，乌桓、鲜卑、南匈奴、高句丽、扶馀等皆叛，连年侵寇，边郡日蹙。置广汉、蜀、犍为、张掖、居延、辽东等属国部尉，徙西域、东夷内属者，领护之。

顺帝置玄菟屯田。分会稽，置吴郡。灵帝分汉阳，置南安郡。献帝改更，载三国沿革之首。

后汉郡国百五，县邑道侯国千百八十。户九百六十九万八千六百三十，口四千九百十五万二百二十。据顺帝永和五年所算。

第六十八节　凉州诸将之乱

由两汉极盛时代，转入六代中衰时代，实以三国为枢纽。三国前半似两汉，后半似六代，此学者所宜注意也。推求其故，因东汉经羌胡之乱，天下精兵猛士，恒聚于凉州。其后羌胡之祸，虽赖以熄灭，而重兵所在，卒成乱阶。何进之后，曹操之前，乱皇室者，皆凉州之士也。而始发难者，则为董卓。卓字仲颖，陇西临洮人也，性粗猛有谋。少尝游羌中，尽与豪帅相结，后归耕于野，以健侠知名，为州兵马掾，膂力过人，双带两鞬，左右驰射，为羌胡所畏。桓帝末，以六郡良家子，为羽林郎，汉制，羽林皆以良家子充之，所以异于闾左、赘婿也。从中郎将张奂，为军司马，共击叛羌，破之，所得赏赐，悉以与士，无所留。拜郎中，稍迁西域戊己校尉，并州刺史，河东太守。中平元年，拜东中郎将，代卢植讨张角，军败抵罪。是时金城人边章、韩遂，陇西太守李相如，凉州司马马腾，字寿成，马援后，其母羌女也。与羌胡及河关群盗皆反，入寇三辅。二年，拜卓破虏将军，从太尉张温穰人。讨贼。时诸军大败，卓独全师而还，以功封斄乡侯。国在今陕西武功县。五年，拜前将军。六年，征为少府，不就，始有跋扈之志矣。及灵帝崩，何进谋诛宦官，司隶校尉袁绍，字本初，汝南汝阳人，司徒汤之孙。劝进私呼卓将兵入朝，以胁太后。卓得诏，即时就道，且上书宣露其谋，以速内变。卓至雒阳，大祸已媾，于是卓迎少帝归京师。是年废少帝，立献帝，弑何后，卓迁太尉，领前将军事，加节传、斧钺、虎贲，更封郿侯。国在今陕西郿县。卓乃上书，追理陈蕃、窦武及诸党人，以从人望，悉复蕃等爵位，擢用子孙。忍性矫情，擢用名士，周毖、字仲远，武威人。伍琼、字德瑜，未详何郡人。郑泰、字公业，未详何郡人。何颙、字伯求，南阳襄乡人。荀爽、字慈明，颍川颍阴人。蔡邕字伯喈，陈留围人。之徒，皆为列卿，卓所亲爱，不处显职。卓寻进相国，入朝不趋，剑履上殿。是时洛中贵戚，室第相望，金帛财产，家家殷积，卓放纵兵士，突其庐舍，淫略妇女，剽虏资物，谓之搜牢。及何后葬，开灵帝陵，卓悉取藏中珍物。又奸乱公主，妻略宫人，虐刑滥罚，睚眦必死。初平元年，袁绍之徒，凡十余镇，各兴义兵，同盟讨卓，而伍琼、周毖，阴为内主。卓觉之，杀伍琼、周毖等，于是迁天子西都长安。长安自遭赤眉之乱，宫室营寺，焚灭无余，是时惟有高庙、京兆府舍，遂幸焉，后移未央宫。卓尽徙雒阳人数百万户于长安，步骑驱蹙，更相蹈藉，饥饿寇掠，积尸盈路。卓自屯留毕圭苑中，苑名，未详何在。悉烧宫庙、官府、居家，二百里内，无复孑遗。又使吕布字奉先，五原九原人。发诸帝陵，及公卿已下冢墓，收其珍宝。时诸侯讨卓，多为卓败，所得义兵士卒，皆以布缠裹，倒立于地，热膏灌杀之。卓留诸将屯渑池、华阴间，自引还长安。自拜太师，位在诸侯王上，僭拟车服。子孙虽在髫龀，男封列侯，女为邑君。数与百官置酒宴会，淫乐纵恣。其戮人，先断其舌，次斩手足，次凿其眼目，以镬煮之。未及得死，偃转杯案间，观者战慄，卓饮食自若。群僚内外，莫能自固，于是司徒王允，字子师，太原祁人。前将军吕布，仆射士孙瑞，未详。谋诛卓。三年四月，帝疾新愈，大会未央殿。卓入朝，陈兵夹道，自垒卓筑垒于郿坞。及宫，左步右骑，屯卫周帀，令吕布等捍卫。王允、士孙瑞先密以告帝，使吕布，与骑都尉李肃，字未详，布同郡人。与布同心勇士十余人，伪著卫士服，于北掖门内待卓。卓入门，肃以戟刺之，卓衷甲不入，伤臂堕车，大呼："吕布何在？"布曰："有诏讨贼臣。"卓大骂曰："庸狗敢如是耶？"布应声持矛刺卓，趣兵斩之，驰赍赦书，以令宫陛。内外士卒，皆称万岁，百姓歌舞于道，长安士女，卖其珠玉衣装，市酒肉相庆者，填满街肆。使人攻董旻于郿坞，无少长皆杀之。尸卓于市，天时始热，卓素肥，脂流于地，守尸吏燃火置卓脐中，光明达曙，如是积日。诸袁门生，袁绍起兵，卓杀绍叔父司徒袁隗，尽灭袁氏之在京师者。聚董氏之尸，焚而扬之于路。坞中珍藏，有金二三万斤，银八九万斤，锦绮缋縠，纨素奇玩，积如丘山。初，卓筑郿坞，积谷为三十年储，自曰："吾事成，雄据天下；不成，守此足以毕老。"其愚如此。方卓之西也，使其将李傕、北地人。郭汜、张掖人。张济未详。备东方，卓既诛，傕等求赦，王允不许，傕等遂西合卓故部曲樊稠、未详。李蒙，未详。共攻长安城，城峻不可拔。八日，吕布所领蜀兵内反，傕众入城，杀王允，吕布出奔。傕等乃自拜将军，封列侯，傕、汜、稠共秉朝政，济出屯弘农。初，卓之入关，要韩遂、马腾，共谋山东，遂、腾见天下方乱，亦欲倚卓起兵。兴平元年，马腾从陇右来朝，进屯霸桥。时腾私有求于傕，不获而怒，遂攻李傕。韩遂闻之，率众来与腾合。傕、汜、稠与腾、遂战于长平观下，去长安五十里。遂、腾大败，走还凉州。稠等追之，为遂所间，于是傕、稠始相疑猜。是时长安城中，贼盗不禁，白日虏掠，谷一斛五十万，豆、麦二十万，人相食啖，白骨委积，臭秽满路。二年春，傕刺杀稠，诸将各相疑异，傕、汜遂复治兵相攻。杨定卓故部典将。与郭汜谋合迎天子，傕知之，劫天子、皇后，幸其营，遂放火烧宫殿、官府、居人悉尽。傕既劫帝、后，汜遂留质公卿，相攻累月，死者以万数。帝欲和之，傕不听。六月，张济自陕来，和解之，乃已。二人仍欲迁帝幸弘农，帝亦思旧京，因遣使请傕，求东归，十反乃许。车驾即日发迈，傕等皆留，杨定、杨奉、傕将，叛傕。董承董太后之侄。从。车驾进至华阴，宁辑将军段煨武威人。乃具服御，及公卿以下资储，请帝幸其营。初，杨定与段煨有隙，遂诬煨欲反，乃攻其营。李傕、郭汜等，既悔令天子东归，乃佯救段煨，因谋劫帝西返。杨定惧，奔荆州。十二月，傕、汜、济与承、奉大战于弘农东涧，承、奉军败，士卒多死，符策典籍，略无所遗。承、奉乃密招故白波帅李乐、韩暹、胡才及南匈奴右贤王去卑等，率其众来，与承、奉合击傕等，傕等军败，乘舆乃得进。未几，傕、汜复来战，承、奉大败，甚于东涧，自东涧转战四十里，方得至陕。夜潜过河，岸高十余丈，帝、后以绢缒下，余人或匍匐岸侧，或从上自投，死亡伤残，不复相知，争赴船者，不可禁止。董承以戈击之，断手指于舟中者可掬。得济者，惟皇后、宋贵人、杨彪、太尉。董承，及后父执金吾伏完等数十人，其宫女皆为傕等所掠夺。至太阳，汉县，属河东郡，今山西平乐县。幸李乐营，封李乐等为列侯。群竖竞求拜职，刻印不给，至乃以锥画之，或赍酒肉，就天子燕饮。又遣太仆韩融至弘农，与傕、汜等连和，傕乃放遣公卿百官，颇归宫人妇女，反乘舆器服。初，帝入关，三辅户口，尚数十万。自傕、汜相攻，天子东归后，长安城空四十余日，强者四散，羸者相食，二三年间，关中无复人迹。建安元年七月，帝还至洛阳，幸张杨殿。张杨，河内太守名也。杨字稚叔，云中人，时缮修洛阳宫殿，以为己功，故以己名名殿。时诸将争权，干乱政事，董承患之，乃潜召兖州牧曹操，操乃将兵诣阙。操以洛阳残破，遂移帝幸许，杨奉、韩暹等欲要车驾，曹操击之，皆散走。数年之间，杨奉、韩暹、李乐、胡才、张济、郭汜、李傕、张杨，皆为曹操所夷灭。董承、段煨、马腾、韩遏，皆封列侯，事具别篇。自此权归曹氏，天子总己，百官备员而已。

第六十九节 曹操灭群雄

方董卓之时，天下州牧、太守，各据其郡之财富、甲兵，自相攻伐，为兼并。盖其时刘氏必亡之象，已为人所共知，而各为自立之计。其魄力较大，见于正史者凡十余。

袁绍，见前。居邺，今河南临漳县。并冀、青、幽、并四州。

曹操，见后。居鄄，今山东濮州。并兖、豫二州。

袁术，字公路，绍弟。居寿春，今安徽寿州。据徐州。

陶谦，字恭祖，丹阳人。居彭城。今江南徐州府。后刘备、吕布迭居下邳。今江苏邳州。

刘表，字景升，山阳初平人。居襄阳，今湖北荆州府。并荆州。

刘焉，字君郎，江夏竟陵人。居绵竹，今四川德阳县。并益州。

马腾、韩遂，见前。居□□，并凉州。

刘虞，字伯安，东海郯人。居蓟；今直隶大兴县。公孙瓒，字伯圭，辽西人。居易，今直隶雄县。据幽州。

公孙度，字升济，辽东襄平人。居襄平，今辽阳北。并营州。

孙策，见后。居吴，今江南苏州府。并扬州、交州。

张鲁，字公祺，沛国丰人。居南郑，今陕西汉中府。据汉中郡。

董卓既亡，汉帝都许，依曹氏，而天下相争益急，久之乃并为三国。三国者，一魏，二吴，三蜀也。魏之太祖武皇帝，姓曹，名操，字孟德，沛国谯人也。今安徽亳州。桓帝世，曹腾为中常侍、大长秋，封列侯，养子嵩嗣，官至太尉，莫能审其生出本末。嵩生操，操少机警，而任侠放荡，不治行业，故世人未之奇也，惟桥玄、字公祖，梁国人。何颙见前。异焉。玄谓太祖曰："天下将乱，非命世之才，不能济也，能安之者，其在君乎？"年二十，举孝廉，累官至东郡太守，不就，称疾归乡里。董卓何进执政，征操为典军校尉，进将召外兵，操固争之，进不听。及董卓入，变姓名东归。初平元年，袁绍、韩馥、字文节，颍川人，冀州牧。孔伷、字公绪，陈留人，豫州刺史。刘岱、字公山，东莱牟平人，兖州刺史。王匡、字公节，泰山人，河内太守。张邈、字孟卓，东平寿平人，陈留太守，后降魏。桥瑁、字元伟，梁国睢阳人，东郡太守，旋为刘岱所杀。袁遗、字伯业，绍从兄，山阳太守。鲍信，泰山人，济北相。同时起兵诛董卓，推绍为盟主，操为奋武将军。是时卓屯洛阳，绍屯河内，邈、岱、瑁、遗屯酸枣，术屯南阳，伷屯颍川，馥在邺。绍等畏卓，莫敢进，操劝其速进，事可立定，绍等不能用，稍相猜忌，互事诛夷。三年，王允诛董卓，关中大乱。黄巾余众百余万，入兖州，杀刘岱。鲍信等乃迎操为兖州牧，讨黄巾，降之，鲍信死焉。兴平元年，操攻陶谦。初，操父嵩去官还谯，为陶谦所杀，至此攻之。而吕布来袭鄄城，布为傕、汜所败，东奔。兖州郡县多失，操乃还。是岁，陶谦死，刘备代之。二年，攻张邈，杀之，兖州复定。建安元年九月，迎献帝于洛阳，都许。汉封操司空，行车骑将军、武平侯。国在今河南鹿邑县西四十里。而以袁绍为大将军，封邺侯。是冬，吕布袭刘备，备来奔。三年十月，攻吕布于下邳，生得布，杀之。时袁术亦死，操遂并徐州。四年，袁绍既并公孙瓒，兼四州之地，众十余万，进军攻许，许都大震，操拒之官渡。城名，今河南中牟县东北。十二月，操遣刘备击袁术。初，备与董承等谋诛操，至此，备求出。备到下邳，遂叛，操击之，不克。五年春正月，董承等谋泄，皆死。操自将征刘备，诸将皆曰："与公争天下者，袁绍也。今绍方来，而弃之东，绍乘人后，奈何？"操曰："夫刘备，人杰也，今不击，必为后患。绍虽有大志，而见事迟，必不动也。"操击备，破之，备奔袁绍，操获其妻子，并备将关羽，羽旋亡归刘备。绍卒不动。冬十月，与袁绍战于官渡，大破之。七年，绍发病，呕血死，子尚代。九年春三月，击袁尚，大破之，操遂并青、冀、幽、并四州，袁氏余众奔乌桓。十二年，逐乌桓，定辽东地。十三年，汉罢三公官，以操为丞相。秋八月，刘表卒，操击荆州，表子刘琮降。时刘备在荆州，及琮降，奔夏口。今湖北汉阳府。十二月，操自江陵穷追击备，备与操战于赤壁，曹操大败，仅以身免。由是操之势力，不能复至南方，而三国之势遂定。刘备吾俦之叹，其有自知之明乎！操曾叹曰："刘备吾俦也，但见事稍迟耳。"

第七十节　刘备孙权拒曹操

刘备，字玄德，涿郡涿县人也，汉景帝子中山靖王胜之后。胜子贞，元狩中，封涿县陆亭侯，坐酎金失侯，因家焉。备祖雄，父弘，皆尝仕州郡。备少孤，与母贩履织席为业，年十五，母使行学，事九江太守卢植，同宗刘元起常资助之。备不甚乐读书，少言语，善下人，喜怒不形于色，好交结豪侠，年少争附之。中山大贾张世平、苏双等，赀累千金，贩马周旋于涿，见而异之，乃多与之金财，备由是得用合徒众。灵帝末，黄巾起，州郡各举义兵，备讨贼有功，除闻喜尉，今山西闻喜县。以忤上官，寻弃官亡命。顷之，公孙瓒举以为别部司马。从田楷，青州刺史。复去楷仕陶谦。徐州牧。谦病笃，顾州人曰："非刘备，不能安此州也。"众以为然。建安元年，备领徐州牧，曹操表备为镇东将军，封宜城亭侯。国在今湖北宜城县南。寻为吕布所袭，奔曹操，操厚遇之，使为豫州牧。从操攻布，禽斩之，操表备为左将军，礼之愈重，出则同舆，坐则同席。操尝从容谓备曰：“今天下英雄，惟使君与孤耳。”备与董承谋诛操，事发，备时在下邳，遂叛曹氏。五年，曹操自将击之，备败奔袁绍。绍父子倾心敬重，备度绍无成，乃说绍，南使荆州，因劝刘表乘袁、曹相持，以袭许，表不能用。及操灭袁氏，南征表，刘琮以荆州降。时备屯樊，今湖北樊口。诸葛亮字孔明，琅邪人。劝备袭荆州，备不许，驻马呼琮，琮惧不能起，乃临表墓，流涕而去，荆州人士皆归之。到襄阳，曹操追之急，一日一夜，行三百里，不能得。备乃使诸葛亮于孙权，以同拒曹操。权字仲谋，吴郡富春人也。父坚，字文台。仕汉为长沙太守，封乌程侯。今浙江乌程县。后因击刘表，为表所射杀。子策字伯符。年尚少，与周瑜，字公瑾，庐江舒人。收合江浙士大夫，徙曲阿。今江南丹阳县。袁术奇之，以坚部曲还策，策因之，略定江南地。建安五年，曹操与袁绍相拒于官渡，策阴欲袭许迎汉帝，会为人所刺杀。策死，权乃代领其众。赤壁之战，权立之第八年也。初，鲁肃字子敬，临淮东城人。闻刘表卒，言于孙权曰：“荆州与国邻接，江山险固，沃野万里，士民殷富，若据而有之，此帝王之资也。今刘表新亡，二子不协，军中诸将，各有彼此。刘备天下枭雄，与操有隙，寄寓于表，表恶其能，而不能用也。若备与彼协心，上下齐同，则宜抚安，与结盟好。如有离违，宜别图之，以济大事。肃请得奉命，吊表二子，并慰劳其军中用事者，及说备使抚表众，同心一意，共治曹操，备必喜而从命。如其克谐，天下可定也。今不速往，恐为操所先。”权即遣肃，行到夏口，闻操已向荆州，晨夜兼道，比至南郡，而琮已降。备南走，肃径迎之，与备会于当阳长坂。肃宣权旨，论天下事势，致殷勤之意，且问备曰：“豫州今欲何至？”备曰：“与苍梧太守吴臣有旧，欲往投之。”肃曰：“孙讨虏时权为讨虏将军。聪明仁惠，敬贤礼士，江表英豪，咸归附之，已据有六郡，兵精粮多，足以立事。今为君计，莫若遣腹心，自结于东，以共济世业。而欲投吴臣，臣是凡人，偏在远郡，行将为人所并，岂足托乎？”备甚悦。肃又谓诸葛亮曰：“我子瑜友也。”即共定交。子瑜者，亮兄瑾也，避乱江东，为孙权长史。备用肃计，进驻鄂县之樊口。曹操自江陵将顺江东下。诸葛亮谓刘备曰："事急矣，请奉命求救于孙将军。"遂与鲁肃，俱诣孙权。亮见权于柴桑，今江西德化县西南九十里。说权曰："海内大乱，将军起兵江东，刘豫州收众汉南，与曹操共争天下。今操芟夷大难，略已平矣，遂破荆州，威震四海，英雄无用武之地，故豫州遁逃至此。愿将军量力而处之，若能以吴越之众，与中国抗衡，不如早与之绝；若不能，何不按兵束甲，北面而事之。今将军外托服从之名，而内怀犹豫之计，事急而不断，祸至无日矣。"权曰："苟如君计，刘豫州何不遂事之乎？"亮曰："田横，齐之壮士耳，犹守义不辱。况刘豫州王室之胄，英才盖世，众士慕仰，若水之归海，若事之不济，此乃天也，安得复为之下乎？"权勃然曰："吾不能举全吴之地，十万之众，受制于人，吾计决矣。非刘豫州莫可以当曹操者，然豫州新败之后，安能抗此难乎？"亮曰："豫州军虽败于长坂，今战士还者，及关羽水军精甲万人，刘琦合江夏战士，亦不下万人。曹操之众，远来疲敝，闻追豫州，轻骑一日一夜行三百余里，此所谓强弩之末，势不能穿鲁缟者也。故兵法忌之，曰：'必蹶上将军。'且北方之人，不习水战。又荆州之民附操者，逼兵势耳，非心服也。今将军诚能命猛将，统兵数万，与豫州协规同力，破操军必矣。操军破，必北还，如此，则荆吴之势强，鼎足之形成矣。成败之机，在于今日。"权大悦，与其群下谋之。是时，曹操遗权书曰："近者奉辞伐罪，旌麾南指，刘琮束手。今治水军八十万众，方与将军会猎于吴。"权以示臣下，莫不响震失色。长史张昭字子布，彭城人。曰："曹公豺虎也，挟天子以征四方，动以朝廷为辞。今日拒之，事更不顺，且将军大势，可以拒操者，长江也。今操得荆州，奄有其地，刘表治水军，蒙冲斗舰，乃以千数，操悉浮以沿江，兼有步兵，水陆俱下，此为长江之险，已与我共之矣。而势力众寡，又不可论。愚谓大计，不如迎之。"鲁肃独不言，权起更衣，肃追于宇下。权知其意，执肃手曰："卿欲何言？"肃曰："向察众人之议，专欲误将军，不足与图大事。今肃可迎操耳，如将军不可也。何以言之？今肃迎操，操当以肃付还乡党，品其名位，犹不失下曹从事，下曹从事，诸曹从事之最下者。乘犊车，从吏卒，交游士林，累官故不失州郡也。

将军迎操，欲安所归乎？愿早定大计，莫用众人之议也。”权叹息曰：“诸人持议，甚失孤望。今卿廓开大计，正与孤同。”时周瑜受使至鄱阳，肃劝权召瑜还。瑜至，谓权曰：“操虽托名汉相，其实汉贼也。将军以神武雄才，兼仗父兄之烈，割据江东，地方数千里，兵精足用，英雄乐业，当横行天下，为汉家除残去秽。况操自送死，而可迎之耶？请为将军筹之。今北土未平，马超、韩遂尚在关西，为操后患；而操舍鞍马，仗舟楫，与吴、越争衡；今又盛寒，马无藁草，驱中国士众，远涉江湖之间，不习水土，必生疾病。此数者，用兵之患也，而操皆冒行之，将军擒操，宜在今日。瑜请得精兵数万人，进驻夏口，保为将军破之。”权曰：“老贼欲废汉自立久矣，徒忌二袁、吕布、刘表与孤耳。今数雄已灭，惟孤尚存，孤与老贼，势不两立。君言当击，甚与孤合，此天以君授孤也。”因拔刀斫前奏案，曰：“诸将吏敢复有言当迎操者，与此案同。”乃罢会。是夜，瑜复见权曰：“诸人徒见操书言水步八十万，而各恐慑，不复料其虚实，便开此议，甚无谓也。今以实校之，彼所将中国人，不过十五六万，且已久疲。所得表众，亦极七八万耳，尚怀狐疑。夫以疲病之卒，御狐疑之众，众数且多，甚未足畏。瑜得精兵五万，自足制之，愿将军勿虑。”权抚其背曰：“公瑾，卿言至此，甚合孤心。子布、文表诸人，秦松字文表。各顾妻子，挟持私虑，深失所望。独卿与子敬与孤同耳，此天以卿二人赞孤也。五万兵难卒合，已选三万人，船粮战具俱办。卿与子敬、程公，程公，程普也，时江东诸将，普年最长，人皆呼程公。普字德谋，右北平土垠人。便在前发，孤当续发人众，多载资粮，为卿后援。卿能办之者诚决，邂逅不如意，便还就孤，孤当与孟德决之。”遂以周瑜程普为左右督，将兵与备并力逆操，以鲁肃为赞军校尉，助画方略。刘备在樊口，日遣逻吏于水次，候望权军。吏望见瑜船，驰往白备，备遣人慰劳之。瑜曰：“有军任，不可得委署，傥能屈威，诚副其所望。”备乃乘单舸往见瑜，曰：“今拒曹公，深为得计，战卒有几？”瑜曰：“三万人。”备曰：“恨少。”瑜曰：“此自足用，豫州但观瑜破之。”备欲呼鲁肃等共会语，瑜曰：“受命不得妄委署，若欲见子敬，可别过之。”备深愧喜。进，与操遇于赤壁。《水经注》："江水自沙羡而东，右径赤壁山北。"《郡县志》："赤壁山在蒲圻西百三十里，北岸乌林与赤壁相对，即周瑜用黄盖策，焚曹公舡处。"杜佑曰："赤壁在鄂州蒲圻县。"《武昌志》曰："曹操自江陵追刘备至巴丘，遂至赤壁，遇周瑜兵，大败，取华容道归。"赤壁山，在今嘉鱼县，对江北之乌林。巴丘，今巴陵。华容，今石首也。黄州赤壁，非是。今之华容县，则晋之安南县也。时操军众，已有疾疫，初一交战，操军不利，引次江北，瑜等在南岸。瑜部将黄盖字公覆，零陵泉陵人。曰："今寇众我寡，难与持久，操军方连船舰，首尾相接，可烧而走也。"乃取蒙冲斗舰十艘，载燥荻枯柴，灌油其中，裹以帷幕，上建旌旗，豫备走舸系于其尾。先以书遗操，诈云欲降。时东南风急，盖以十舰最著前，中江举帆，余船以次俱进。操军吏士，皆出营立观，指言盖降。去北军二里余，同时发火，火烈风猛，船往如箭，烧尽北船，延及岸上营落。顷之，烟焰张天，人马烧溺死者甚众。瑜等率轻锐继其后，雷鼓大震，北军大坏，操引军从华容道步走，华容县，属南郡。遇泥泞道不通，天又大风，悉使羸兵负草填之，骑乃得过，羸兵为人马所蹈藉，陷泥中死者甚众。刘备、周瑜，水陆并进，追操至南郡。时操军兼以饥疫，死者大半，操乃留征南将军曹仁、字子孝，操从弟。横野将军徐晃字公明，河东杨人。守江陵，折冲将军乐进字文谦，阳平卫国人。守襄阳，引军北还。瑜乃渡江，屯北岸，与仁相拒。十二月，孙权自将围合肥，今安徽合肥县。使张昭攻九江之当涂，今安徽当涂县。不克。于是刘备遂取荆州地。

第七十一节　司马懿盗魏政

赤壁战后，操杀马腾，并凉州。三分之局定，操图篡之谋遂急。建安十八年，自立为魏公，受九锡。二十一年，自进为魏王。二十五年春正月卒。年六十六。子丕立，母卞后也，是为文帝。字子桓。改建安二十五年为延康元年，是年篡汉，改元黄初元年，以汉帝为山阳公，尊操为武帝。在位七年崩，黄初七年。年四十。子叡立，字元仲。母甄皇后也，是为明帝，在位十二年崩，合太和六年，青龙四年，景初二年。年三十六。无子，养子齐王芳立，字兰卿。以曹爽与司马懿辅政。正始九年，司马懿杀大将军曹爽，遂盗大权。初时，大将军爽字昭伯，父真，字子丹，武帝族子。兄弟数俱出游，司农桓范沛国人。谓曰："总万机，典禁兵，不宜并出，若有闭城门，谁复内入者？"爽曰："谁敢尔耶？"初，司马懿屡主重兵，威望渐重，有逼曹氏之志，曹爽欲图之。正始九年冬，河南尹李胜出为荆州刺史，出辞太傅懿。懿令两婢侍，持衣，衣落，指口言渴，婢进粥，懿不持杯而饮，粥皆流出，沾胸。胜曰："众情谓明公旧风发动，何意尊体乃尔？"懿使声气才属，说年老枕疾，死在旦夕，君当屈并州，并州近胡，好为之备，恐不复相见，以子师、昭兄弟为托。胜曰："当还忝本州，非并州。"懿乃错乱其辞曰："君方到并州。"胜复曰："当忝荆州。"懿曰："年老意荒，不解君言。今还为本州，盛德壮烈，好建功勋。"胜退，告爽曰："司马公尸居余气，形神已离，不足虑矣。"他日又向爽等垂泣曰："太傅病不可复济，令人怆然。"故爽等不复设备。而懿阴与其子中护军师，散骑常侍昭，谋杀曹爽。嘉平元年春正月甲午，帝谒高平陵，大将军爽与弟中领军羲，武卫将军训，散骑常侍彦皆从。太傅懿以皇太后令，闭诸城门，勒兵据武库，授兵，出屯洛水浮桥，召司徒高柔，字文惠，陈留围人。假节行大将军事，据爽营。太仆王观字伟台，东郡廪丘人。行中领军事，据羲营。因奏爽罪恶于帝曰："臣昔从辽东还，先帝诏陛下、秦王及臣升御床，把臣臂，深以后事为念。臣言太祖高祖，亦属臣以后事。此自陛下所见，无所忧苦，万一有不如意，臣当以死奉明诏。今大将军爽，背弃顾命，败乱国典，内则僭拟，外则专权，破坏诸营，尽据禁兵，群官要职，皆置所亲，殿中宿卫，易以私人，根据盘亘，纵恣日甚。又以黄门张当为都监，伺察至尊，离间二宫，伤害骨肉，天下汹汹，人怀危惧。陛下便为寄坐，岂得久安？此非先帝诏陛下及臣升御床之本意也。臣虽朽迈，敢忘往言！太尉臣济字子通，楚国平阿人。等皆以爽为有无君之心，兄弟不宜典兵宿卫，奏永宁宫，皇太后令敕臣如奏施行。臣辄敕主者，及黄门令，罢爽、羲、训吏兵，以侯就第，不得逗留，以稽车驾，敢有稽留，便以军法从事。臣辄力疾将兵，屯洛水浮桥伺察非常。”爽得懿奏事，不通，迫窘不知所为，留车驾宿伊水南，伐木为鹿角，发屯田兵数千人以为卫。懿使人说爽，宜早自归罪，又使爽所信殿中校尉尹大目谓爽，惟免官而已，以洛水为誓。初，爽以司农桓范乡里老宿，于九卿中特礼之，然不甚亲也。及懿起兵，以太后令召范，欲使行中领军。范欲应命，其子止之，曰：“车驾在外，不如南出。”范乃出，至平昌城门，城门已闭，门候司蕃，故范举吏也，范举手中版示之，矫曰：“有诏召我，卿促开门。”蕃欲求见诏书，范呵之曰：“卿非我故吏耶，何以敢尔？”乃开之。范出城，顾谓蕃曰：“太傅图逆，卿从我去。”蕃徒行不能及，遂避侧。懿谓蒋济曰：“智囊往矣。”济曰：“范则智矣，然驽马恋栈豆，爽必不能用也。”范至，劝爽兄弟以天子诣许昌，发四方兵以自辅，爽疑未决。范谓羲曰：“此事昭然，卿用读书何为邪！于今日卿等门户，求贫贱复可得乎？且匹夫质一人，尚欲望活，卿与天子相随，令于天下，谁敢不应也。”俱不言。范又谓羲曰：“卿别营近在阙南，洛阳典农治典农中郎将屯兵。在城外，呼召如意。今诣许昌，不过中宿，许昌别库，足相被假。所忧当在谷食，而大司农印章在我身。”羲兄弟默然，不从。自甲夜至五鼓，爽乃投刀于地，曰：“我亦不失作富家翁。”范哭曰：“曹子丹佳人，生汝兄弟，犊犊耳。何图今日坐汝等族灭也！”爽乃通懿奏事，白帝下诏，免己官，奉帝还宫，爽兄弟归家。懿发洛阳吏卒围守之，四角作高楼，令人在楼上，察视爽兄弟举动。爽挟弹到后园中，楼上便唱言：“故大将军东南行。”爽愁闷，不知为计。戊戌，有司奏黄门张当，私以所择才人与爽，疑有奸，收当付廷尉考实。辞云：爽与尚书何晏、邓飏、丁谧，司隶校尉毕轨，荆州刺史李胜等，阴谋反逆，须三月中发。于是收爽、羲、训、晏、飏、谧、轨、胜，并桓范，皆下狱，劾以大逆不道，与张当俱夷三族，自此魏政出司马氏。司马懿既杀曹爽，改元嘉平，嘉平三年，司马懿卒，是为宣王。司马师辅政，是为景王。

六年，帝为师所废，在位十五年，合正始九年，嘉平六年。年二十三。文帝曾孙高贵乡公髦字彦士。立。正元二年，司马师卒，弟马司昭辅政，是谓文王。甘露五年，高贵乡公欲诛昭，为昭所弑，在位七年，合正元二年，甘露五年。年二十。昭立武帝孙陈留王奂。字景明。景元元年，司马昭位相国，封晋公，加九锡。四年，钟会、邓艾等灭蜀。咸熙元年，晋公进爵晋王。二年，司马昭卒，子炎立，是为晋武帝。是年十二月篡魏，以奂为陈留王，奂在位六年，合景元四年，咸熙二年。年二十，魏亡。

第七十二节　吴蜀建国始末

蜀先主刘备，既大破曹操于赤壁下，遂有荆州地。十九年，破刘璋，据蜀，并益州。二十五年，魏文帝篡汉，传闻献帝见害，先主乃自立为皇帝，是为昭烈皇帝，以诸葛亮为丞相，改元章武。章武元年，吴人荆州，杀关羽。先主自将伐吴，大败，二年崩，在位三年，章武三年崩。年六十三。子禅立，母麋皇后也。建兴十二年，丞相诸葛亮卒。延熙十二年，魏司马懿诛曹爽。景耀六年，魏师入蜀，帝降于魏，蜀亡。禅在位四十一年。合建兴十五年，延熙二十年，景耀六年。魏封禅为安乐公，至晋太始七年，卒于洛阳，年未详。孙权既败曹操，建安二十三年，与操和，操表权为骠骑将军，假节，领荆州牧，封南昌侯。今江西南昌府。二十五年，魏代汉，魏帝以权为大将军，使持节督交州，领荆州牧事，封吴王，加九锡。权虽外托事魏，而诚心不款，遂改黄初二年为黄武元年，然犹与魏文相往来，逾年始绝。黄龙元年，权自立为皇帝，国号吴，是为吴大帝，在位二十八年崩，合黄武七年，黄龙三年，嘉禾六年，赤乌十三年，太元二年。寿七十一。少子亮即位，字子明。母全皇后也，在位七年，合□□二年，五凤二年，太平三年。为孙綝所废，年十六。孙綝迎权子休字子烈。立之，是为景皇帝。永安元年，诛綝。在位七年薨，永安七年薨。年三十。无子，权孙皓字元宗，父和。立。甘露元年，晋篡魏。天纪四年，晋师大至，皓降于晋，吴亡。皓在位十三年。合元兴一年，甘露一年，宝鼎三年，凤皇三年，天玺一年，天纪四年。晋封皓为归命侯，至晋太康五年，卒于洛阳，年四十二。

第七十三节　三国末社会之变迁上

循夫优胜劣败之理，服从强权，遂为世界之公例，威力所及，举世风靡，弱肉强食，视为公义。于是有具智、仁、勇者出，发明一种反抗强权之学说，以扶弱而抑强，此宗教之所以兴，而人之所以异于禽兽也。佛教、基督教，基督教见下第二章。均以出世为宗，故其反抗者在天演。神洲孔、墨，皆详世法，故其教中，均有舍身救世之一端。虽儒、侠道违，有如水火，而此一端，不能异也。顾其为道必为秉强权者之所深恶，无不竭力以磨灭之。历周、秦至魏、晋，垂及千年，上之与下，一胜一负，有如回澜，至司马氏而后磨灭殆尽，至于今不复振。其兴亡之故，中国社会至大之原因也。今特略举历史中蛛丝马迹之证，以告学者。案韩非书《显学》，儒分为八，有子张之儒，有子思之儒，有颜氏之儒，有孟氏之儒，有漆雕氏之儒，有仲良氏之儒，有孙氏之儒，有乐正氏之儒。漆雕之议，不色挠，不目逃，行曲则违于臧获，行直则怒于诸侯。《孟子》所引北宫黝，必漆雕氏之儒也。庄周书《天下》，墨子腓无胈，胫无毛，沐甚雨，栉疾风，以裘褐为衣，以跂蹻为服，日夜不休，以自苦为极。淮南王书，称墨子服役者即弟子。百八十人，皆可使赴火蹈刃，死不旋踵。然则孔、墨两家，皆明此义，特儒家非专宗此义，而墨家则标此为职志耳。而世主待儒、墨之轩轾，亦即因此。战国之世，此风弥盛，然亦不必皆出于孔、墨，司马迁字子长，龙门人，汉武时为太史令，著《史记》百三十卷，为中国史学之宗。《史记》，特立《刺客列传》，凡五人。首曹沫，鲁人也，为鲁劫齐桓公，使归鲁侵地。专诸，吴堂邑人也，为阖闾刺王僚，王僚死，专诸亦死。豫让，晋人也，事智伯，赵襄子灭智伯，漆其头以为饮器；豫让谋刺赵襄子，屡不成，乃漆身为厉，吞炭为哑，使形状不可知，行乞于市，其妻不识也；行见其友，其友识之曰："汝非豫让耶？"曰："我是也。"其友为泣，曰："以子之才，委质而臣事襄子，襄子必近幸子，近幸子，乃为所欲，顾不易耶？何必残身苦形，欲以求报，不亦难乎？"豫让曰："既已委质臣事人，而求杀之，是怀二心以事其君也。且吾所为者，极难耳，然所以为此者，将以愧天下后世之为人臣，怀二心以事其君者也。"既去，顷之，襄子当出，豫让伏于所当过之桥下，襄子至桥，马惊。襄子曰："此必是豫让也。"使人问之，果豫让也。于是襄子乃数豫让曰："子不尝仕范、中行氏乎？智伯尽灭之，而子不为报仇，而反委质臣于智伯，智伯亦已死矣，而子独何以为之报仇之深也？"豫让曰："臣事范、中行氏，范、中行氏皆众人遇我，我故众人报之；至于智伯，国士遇我，我故国士报之。"襄子喟然叹息而泣曰："嗟呼！豫子，子之为智伯，名既成矣，而寡人赦子，亦已足矣，子其自为计，寡人不复释子。"使兵围之。豫让曰："臣闻明主不掩人之美，而忠臣有死名之义，前者君已宽赦臣，天下莫不称君之贤，今日之事，臣固伏诛，然愿请君之衣而击之焉，以致报仇之意，则虽死不恨，非所敢望也，敢布腹心。"于是襄子大义之，乃使使持衣与豫让。豫让拔剑，三跃而击之，曰："吾可以下报智伯矣。"遂伏剑而死。聂政，轵深井里人也，在汉河内郡轵县。为严仲子刺韩相侠累，因自皮面，决眼，自屠出肠，不欲累人。久之，政姊荣，伏尸哭之，曰："是轵深井里所谓聂政者也。"遂死政之旁。荆轲，卫人也，至燕，爱燕之狗屠及善击筑者高渐离。荆轲嗜酒，日与狗屠及高渐离饮于燕市，酒酣以往，高渐离击筑，荆轲和而歌于市中，相乐也，已而相泣，旁若无人者。燕之处士田光先生知之，荐荆轲于燕太子丹，为刺秦王，光遂自刭而死，以明不泄谋。荆轲将入秦，太子及宾客知其事者，皆白衣冠，以送之，至易水之上。既祖，取道，高渐离击筑，荆轲和而歌，为变徵之声，士皆垂泪涕泣。又前而歌曰："风萧萧兮易水寒，壮士一去兮不复还。"复为羽声，慷慨，士皆瞋目，发尽上指冠。荆轲击秦王，不中而死，高渐离变名姓，为人庸保。既而秦皇帝得之，惜其善击筑，重赦之，乃矐其目，使击筑，稍益近之。高渐离乃以铅置筑中，举筑扑秦皇帝，亦死。其中惟专诸、聂政，所为者系一人之恩怨，识者讥之。然世远年湮，其有无国家之关系，不可知也。观阖闾即位而吴霸，则专诸之伦，未始非知王僚之不足有为，而杀身以立阖闾也。严仲子之仇，《史记》不详，然观聂政之待母与姊及其友，汉以后之士大夫，有愧色矣。若豫让、荆轲、田光、高渐离，则明明有家国存亡之感，日暮途远，侥幸万一，胜于坐毙而已，志士仁人最后之用心也。漆身吞炭之行，白衣祖道之歌，百世之下读之，犹使人肃然兴起，事虽不成，其有益于社会亦巨矣，此司马迁所以为诸人立一专传之义也。然其人自与孔、墨不相附，固非宗教中人也。

第七十四节　三国末社会之变迁下

司马迁又特立《游侠列传》，观其叙云：前略。"季次、原宪，闾巷人也，读书怀独行君子之德，义不苟合当世，当世亦笑之。故季次、原宪，终身空室蓬户，褐衣，疏食不厌，死而已四百余年，而弟子志之不倦。今游侠其行虽不轨于正义，然其言必信，其行必果，已诺必诚，不爱其躯，赴士之厄困，既已存亡死生矣，而不矜其能，羞伐其德，盖亦有足多者焉"云云。此段言孔、墨皆有侠，而此所谓侠者，则非孔、墨中人，不引《墨子》者，司马迁恶言墨也（中略）。又曰："诚使乡曲之侠，与季次、原宪，比权量力，效功于当世，不同日而论矣。要以功见言信，侠客之义，又曷可少哉？古布衣之侠，靡得而闻已。近世延陵、孟尝、春申、平原、信陵之徒，皆因王者亲属，藉于有土，卿相之富厚，招天下贤者，显名诸侯，不可谓不贤者矣。比如顺风而呼，声非加疾，其势激也。至如闾巷之侠，修行砥名，声施于天下，莫不称贤，是为难耳。然儒、墨者皆排摈不载，自秦以前，匹夫之侠，湮灭不见，余甚恨之”云云。此段言孔墨之外之侠，有有籍者、无籍者二类，而本传则言无籍者（后略）。其传中人，首鲁朱家。朱家者，与高祖同时，鲁人皆以儒教，而朱家用侠闻。所藏活豪士以百数，其余庸人，不可胜言。然终不伐其能，歆其德，诸所尝施，唯恐见之。振人不赡，先从贫贱始，家无余财，衣不完采，食不重味，乘不过軥牛，专趋人之急，甚己之私。既阴脱季布将军之厄，及布尊贵，终身不见也。自关以东，莫不延颈愿交焉。楚田仲以侠闻，喜剑，父事朱家，自以为行弗及。田仲已死，而雒阳有剧孟，周人，周人以商贾为资，而剧孟以任侠显诸侯。吴楚反时，条侯为太尉，乘传车，将至河南，得剧孟，喜曰："吴楚举大事，而不求孟，吾知其无能为已矣。"剧孟行大类朱家，而好博，多少年之戏。剧孟母死，自远方送丧者千乘，及剧孟死，家无余十金之财。而符离人王孟，亦以侠称江淮之间。是时济南瞯氏，陈周庸，亦以豪闻。景帝闻之，使使尽诛此属。其后代诸白，梁韩无辟，阳翟薛况，陕韩孺，纷纷复出焉。郭解，轵人也，字翁伯，善相人者许负外孙也。解父以任侠，孝文时诛死。解为人短小精悍，不饮酒，少时阴贼，慨不快意，身所杀甚众，以躯借交报仇，藏命作奸，剽攻不休，及铸钱掘冢，不可胜数。适有天幸，窘急常得脱，若遇赦。及解年长，更折节为俭，以德报怨，厚施而薄望。然其自喜，为侠益甚，既已振人之命，不矜其功，其阴贼著于心，卒发于睚眦如故云。而少年慕其行，亦辄为报仇，不使知也。中略。及徙豪富茂陵也，解家贫不中赀，吏恐，不敢不徙。卫将军为言郭解家贫，不中徙。上曰："布衣权至使将军为言，此其家不贫。"解家遂徙，诸公送者出千余万，未几灭族。自是之后，为侠者极众，无足数者。然关中长安樊仲子，槐里赵王孙，长陵高公子，西河郭公仲，太原鲁公孺，临淮兒长卿，东阳田君孺，虽为侠而逡逡有退让君子之风。至若北道姚氏，西道诸杜，南道仇景，东道赵他羽公子，南阳赵调之徒，此盗跖居民间者耳，曷足道哉云云。观史公二传之文，知游侠之与刺客异者，刺客感于一时一事而起，其人之生平，不必以此为宗旨也。而游侠则生平宗旨有定，专以抵抗专制之威为义务。以故专制者亦愈忌之，甚于刺客，历景、武两朝，所以摧灭游侠者无勿至，而游侠遂终至绝灭。此其中有天演之理存焉，盖刺客、游侠者，最不适于大一统之物也。然人心欲平其所不平之感，终不能亡，不过加以宗教之力，其质性变化，遂觉纯粹光明，一改其惨磔之故，其天性则一也。案刺客、游侠，至汉武之后，其风遂微。王莽之兴，天下靡然从风，为莽颂德者，四十八万七千五百七十二人，西汉之末风俗，可想见矣。光武中兴，知廉耻道丧，不可为国，故首礼严光，一名遵，字子陵，会稽余姚人也。以为天下劝。东汉一代，梁鸿、字伯鸾，扶风平陵人，与妻孟光隐于吴，为人赁舂。高凤、字文通，南阳叶人，隐身渔钓。臺佟、字孝威，魏郡邺人。韩康、字伯休，一名恬休，京兆霸陵人，尝卖药长安市。矫慎、字仲彦，隐于置兔。戴良、字叔鸾，汝南慎阳人，隐江夏山中。法真、字高卿，扶风郿人。庞公南郡襄阳人，登鹿门山采药不反。之徒，远引孤骞，亭亭物表，中国立国六千年，其人格无如东汉之高者。风俗既优，故其不仕者，既不事王侯，高尚其志，而其仕者，亦危言深论，不隐豪强。《党锢列传》中，刘淑、字仲承，河间乐成人。李膺、字元礼，颍川襄城人，士被其容接者，谓之登龙门。杜密、字周甫，颍川阳城人，与李膺齐名，时人称李杜。刘祐、字伯祖，中山安国人。魏朗、字少英，会稽上虞人。夏馥、字子治，陈留圉人。宗慈、字孝初，南阳安众人。巴肃、字恭祖，渤海高城人。范滂、字孟博，汝南征羌人。尹勋、字伯元，河南巩人。蔡衍、字孟喜，汝南项人。羊陟、字嗣祖，泰山梁父人。张俭、字元节，山阳高平人。俭亡命，望门投止，莫不重其名行，破家相容，终得出塞。岑晊、字公孝，南阳棘阳人。陈翔、字子麟，汝南邵陵人。孔昱、字元世，鲁国鲁人。范康、字仲真，渤海重合人。檀敷、字文有，山阳瑕丘人。刘儒、字叔林，东郡阳平人。贾彪，字伟节，颍川定陵人。其道与逸民相表里。然此仅有姓名可见者而已，其他太学所逮系者千余人，为客张俭破家者数十人，此并节侠之士，惜乎无姓名可见矣，何其盛乎！此盖直接孔教中至高一派之遗传，其微旨在补救君权之流弊，而非与君权为敌者也。然而东汉之士大夫，亦有一蔽，其人往往喜比於外戚，而攻宦官，事皆见前。故士族与宦官，积不相能。洎乎魏武，为中常侍曹腾之孙，其家世既与士族为仇，又以篡立，深不利于气节，故每提倡无赖之风，而摧抑士气。观十五年之令，明言廉士不足用，盗嫂、受金，皆可明扬仄陋，其用意可知。文帝因之，加以任达，一时侍从之士，王粲、字仲宣，山阳高平人。徐幹、字伟长，北海人。陈琳、字孔璋，广陵人。阮瑀、字元瑜，陈留人。应玚、字德琏，汝南人。刘桢、字公幹，东平人。繁歆、字休伯，颍川人。丁仪、丁廙皆沛国人。之伦，皆以文章知名于世。于是六艺隐而老庄兴，经师亡而名士出，秦、汉风俗，至此一变。司马宣王之世，雄猜益甚。阮籍字嗣宗，元瑜之子。以沉沦自晦，幸免一时。其嵇康、字叔夜，谯郡人，著论非司马氏。何晏、邓飏、李胜、皆南阳人。丁谧、沛国人。毕轨，东平人。皆蒙显戮。东汉气节，荡然无复存矣。自此以来，直至于唐，未有所易。故综古今之士类言之，亦可分为三期。由三代至三国之初，经师时代也。经师者，法古守礼，而其蔽也诬。由三国至唐，名士时代也。名士者，俶傥不羁，而其蔽也疏。由唐至今，举子时代也。举子者，天地之大，万物之多，而惟应试之知，故其蔽也无耻。此古今社会升降之大原矣。

第七十五节　三国疆域

节录日本重野安泽《支那疆域沿革图略说》

建安元年，曹操迎帝都许，改许昌，今开封府许州。政令皆出其手。操灭吕布，并徐州；袁术死，并淮南；扬州九江郡。置司隶校尉于弘农，以治关中。四年，孙策卒，弟权嗣立，有江东。五年，曹操大败袁绍，刘备奔荆州。绍寻卒，操攻冀州，平之，袁氏亡，并青、并、幽，居邺。十三年，伐荆州，刘琮降。刘备与孙权共破操于赤壁，分荆州，南郡、零陵、武陵、长沙四郡属刘备，江夏、桂阳二郡属孙权，南阳一郡属曹操。备居公安，武陵郡孱陵，备改名，今属荆州府。权定交州，八年，改交趾为交州。都秣棱，本金陵。改名建业。

十八年，曹操废司隶，并十三州为九州。

青、兖、豫、并司隶之弘农、河南。徐、荆、并交州。扬、冀、并幽、并二州及司隶之河东、河南、冯翊、扶风。益、雍。兴平元年，分凉州之河西四郡置雍州，于是并司隶之京兆及凉州。

操败马超、腾子。韩遂于关西，寻定关陇。先是刘璋迎刘备，十九年，备袭璋降之，取益州，都成都。曹操降张鲁，取汉中，还为魏王，刘备遂有汉中，称汉中王。初，吴、蜀定荆州之界，以湘水为界，南郡、零陵、武陵以西属蜀，长沙、桂阳、江夏以东属吴。关羽在荆州，围襄樊，吴袭杀之，取荆州。

献帝之时，新置郡凡二十四。

汉安、中平六年，分扶风。永宁、初平元年，分巴郡。永阳、同四年，分汉阳、上郡，后废。新平、兴平元年，分扶风。西海、同二年置，在居延地，与王莽所置异。阳安、建安二年，分河南。谯、分沛郡。城阳、同三年，分琅邪。利城、昌虑、分东海，后共废。长广、五年，分东莱。汉宁、同六年，分汉中，后废。襄阳、同十三年，分南郡以北。南乡、分南阳西界。西城、分汉中西城地。上庸、分西城，后省。魏太和二年，分新城置，四年复省。景初元年，复分魏兴置。西郡、分张掖。阴平、本广汉属国，后入蜀。乐陵、分平原。西平、分金城。汉兴、分关中。新兴、灵帝末，羌胡大扰，定襄、云中、五原、朔方、上分等五郡，并流徙分散。建安二十年，始集塞下荒地，郡置一县，合为新兴郡。高凉、盖灵帝末分郁林置。带方。公孙度分乐浪置。

曹操薨，子丕受汉禅，都洛阳，与长安、许昌、邺、谯为五都。改元黄初。二年，刘备即帝位于成都，改元章武。孙权迁都武昌，本鄂，今武昌府江夏县。明年，建元黄武。元年，蜀章武二年，吴黄武元年。刘备伐吴，败归，至永安巴东郡鱼复县，备改白帝为永安，今夔州府。崩。子禅立，改元建兴。是岁西域通于魏，置戊己校尉。

六年，蜀建兴三年，吴黄武四年。蜀诸葛亮南征，至滇地，定南中四郡。益州、永昌、牂牁、越巂。明帝太和元年，蜀建兴五年，吴黄武六年。亮始伐魏。三年，蜀建兴七年，吴黄龙元年。取武都、阴平，连出兵祁山。在今巩昌府西和县。是岁，孙权称帝，迁都建业。孙皓甘露元年，迁武昌，明年复迁建业。六年，蜀建兴十年，吴嘉禾元年。魏改封诸侯王，皆以郡为国。魏制，诸侯王皆寄地空名，而无其实，王国各有老兵百余人，以为守卫，隔绝千里之外，不听朝聘，为设防辅监国之官，以伺察之，虽有王侯之号，而侪于匹夫，皆思为布衣而不能得。景初元年，蜀建兴十五年，吴嘉禾六年。辽东公孙渊自称燕王，改元绍汉。明年，司马懿击平之，以辽东、昌黎、乐浪、玄菟、带方五郡为平州。后废，合幽州。元帝景元四年，蜀炎兴元年，吴孙休永安六年。司马昭伐蜀，刘禅降。

魏地有十三州。郡国九十一。实得汉十三州之九。

司，黄初元年，改司隶。领六郡，治河南。荆，黄初三年，以江北八郡南阳、襄阳、南乡、魏兴、新城、南郡、江夏、宜都为荆州，江南诸郡零陵、桂阳、长河等为郢州。寻孙权拒命，复郢州为荆州。领八郡，治襄阳。豫，领九郡，初治谯，寻治颍川。青，领五郡，治临淄。兖，领八郡，治鄄。扬，领三郡，初治合肥，后治寿春。徐，领六郡，治彭城。凉，黄初九年复置。领八郡，治武威。秦，同年置。领六郡，治上邦。正始五年废。冀，领十三郡，治邺。幽，黄初元年复置。领十一郡，治蓟。并，同上。陉岭以北弃之。领六郡，治晋阳。雍，领六郡，治长安。

魏新置郡，凡二十一。

新城、建安初，刘表分汉中，置房陵郡。黄初元年，并房陵、上庸、西城，改新城。阳平、黄初二年，分魏郡东部。广平、分魏郡西部。魏兴、建安二十四年，刘备分汉中，置西城郡。明年，曹丕改魏兴。平昌、黄初三年，分城阳。范阳、本涿郡。燕、本广阳。昌黎、改辽东属国。弋阳、分汝南。安丰、分庐江。朝歌、分河内。京兆、本京兆尹。冯翊、本左冯翊。扶风、本右扶风。广魏、本永阳。淮南、建安初，袁术改九江，魏因之。义阳、景初元年，分南阳。锡、太和二年，分新城。景初元年，省入魏兴。汝阴、分沛国，后废。东莞、正始初，分琅邪。平阳。正始八年，分河东。

蜀地有三州。郡国二十二。实得汉十三州之一。

益，领十二郡，治成都。梁，分益置之。领十郡，治汉中。凉。分武都、阴平二郡置之。交州，以建宁太守遥领。

蜀新置郡，凡十三。

巴西、建安六年，刘璋以永宁为巴东，阆中为巴西，垫江仍为巴郡。巴东、建安二十一年，刘备分巴郡为固陵郡，章武元年，又为巴东。涪陵、分巴郡。梓潼、建安二十三年，分广汉。江阳、同五年，刘璋时分犍为。汉嘉、本蜀郡属国，章武元年改。朱提、本犍为属国，同年改。宕渠、建安中，分巴郡，寻省入巴西。宜都、建安十三年，曹操分南郡、枝江以西为临江郡，寻败还。十四年，刘备改宜都，后入吴。建宁、建兴二年，改益州郡。云南、同年，分建宁、永昌。兴古、同年，分建宁、牂牁。东广汉。同年，分广汉，蜀灭废。

吴地有五州。郡国四十三。实得汉十三州之三。

扬，领十三郡，治建业。荆，领十四郡，治南郡。郢，领郡未详。治江夏。交，黄武五年置。领七郡，治龙编。今安南东都。广，同上。分交州，俄复归。永安七年，复置。领七郡。治番禺。

吴新置郡，凡三十。

庐陵、孙策分豫章。新都、建安十三年，分丹阳。鄱阳、同十五年，分豫章。武昌、同二十五年，分江夏。蕲春、同十二年，分江夏。晋入西阳。临贺、分苍梧。高兴、分高凉。合浦北部、永安六年置，治宁浦。东安、黄武五年，分丹阳、吴、会稽，寻废。彭泽、建安十四年，分豫章、庐江。珠官、本合浦，寻废。珠厓、赤乌五年，复置。吴灭，省入合浦。湘东、太平二年，分长河东部。衡阳、长沙西部。临海、甘露元年，分零陵南部。始兴、分桂阳南部。东阳、宝鼎元年，分会稽。吴兴、分吴、丹阳。邵陵、分零陵北部。安成、同二年，分豫章、庐陵。新昌、建衡三年，分交趾。或曰本名新兴，晋太康三年，改新昌。武平、同上。九德、分九真。桂林、凤皇三年，分郁林。黔阳。分武陵。

匈奴。单于于扶罗入居平阳，久住塞内，与编户大同，而不输贡赋。弟呼厨泉嗣，建安二十一年，入朝于邺，曹操留之，使右贤王去卑监国。单于给钱谷如列侯，分其众为左、右、前、后、中五部，左部居太原范氏，右部居祁，南部居蒲子，北部居新兴，中部居太陵，各立贵人为帅，选汉人为司马监督之，帅皆称刘氏。

乌桓。有辽西、辽东属国，上谷、右北平四部。辽西大人丘居力最强，灵帝末，中山太守张纯反，依丘居力，自称弥天安定王，刘虞平之。丘居力从子蹋顿代立，有武略，助袁绍击公孙瓒，破之。建安十一年，曹操征之，破之柳城，斩蹋顿，平四部。乌桓校尉阎柔统遗落，徙居中国，率与征伐，由是乌桓为天下名骑。二十三年，代郡上谷乌桓叛，曹操子彰击，大破之。

鲜卑。建安中，曹彰伐乌桓，鲜卑大人轲比能观望强弱，乌桓败，乃请服。轲比能勇健廉平，能威制诸部，最为强盛，部落近塞，中国人多亡叛归之，数为边寇，幽、并苦之。青龙元年，杀步度根，入寇并州，与魏军战于楼顶，雁门郡。破之。三年，幽州刺史王雄杀之，种落离散，边陲稍安。初，建安中，定襄、云中故县，弃之荒外。甘露三年，索头部大人拓跋力微，徙居定襄之盛乐。力微之先，世居北荒，可汗毛始强大，统国三十六，大姓九十九。后五世至推寅，南迁大泽。又七世至邻，使其兄弟及族人分统部众，为十族。子诘汾又南迁，始居匈奴故地。子力微部众浸盛，诸部皆畏服之。

高句丽。在辽东之东千里，南与朝鲜、涉貊，东与沃沮，北与扶馀接，方可二千里，户三万，多大山深谷，人随为居，少田业力作。相传为扶馀别种，有涓奴、绝奴、顺奴、灌奴、桂娄五族。汉武帝灭朝鲜，以高句丽为县。光武建武八年，朝贡，始称王，后屡寇辽东。建安中，王伊夷模时，公孙康击破其国，焚烧邑落，伊夷模更作新国。子位宫立，有勇力，善猎射，数为侵叛。正始七年，幽州刺史毌丘俭击破之，遂屠丸都，在鸭绿江上流。位宫奔买沟。北沃沮地。玄菟太守王颀追过沃沮千余里，至肃慎南界。

第二章　中衰时代（魏晋南北朝）

第一节　读本期历史之要旨

凡国家之成立，必凭二事以为型范，一外族之逼处，二宗教之薰染是也。此盖为天下万国所公用之例，无国不然，亦无时不然。此二事明，则国家成立之根本亦明矣。本书所述，亦以发明此二事为宗旨，以上所言，想阅者已早鉴之。而本篇则尤为此二事转变之时代。盖此时以前，种族与宗教皆单简；自此以后，种族与宗教皆复杂也。种族复杂之原，由于前后汉两朝，专以并吞中国四旁之他族为务，北则鲜卑、匈奴，西则氐、羌，西南则巴、賨，几无不遭汉人之吞噬者。中国以是得成大国，而其致乱，则亦因之。盖汉人每于战胜之后，必虏掠其民，致之内地，漫不加以教养，而县官豪右，皆得奴使之，积怨既久，遂至思乱，若政府无事，尚有所畏，一旦有烽烟之警，则群思脱羁绊矣。及其事起，居腹心之地，掩不备之众，其事比御外尤难，故五胡之乱，垂三百年而后定也。其后河北之地，皆并于北魏，魏人于北边设六镇，配汉人以防边，而自与其大姓居洛阳。久之，则强弱之形，彼此易位，适与两汉时相反。于是高欢、侯景等，稍稍通显。至隋、唐间，天下之健者，无一非汉人矣。案北方汉人与非汉人，实不可分，此不过据史文言之耳。盖其时二族通婚，渐至合一，如隋之独孤皇后，唐之长孙皇后，此其证也。此本篇所详种族之大纲也。而其宗教复杂之原，则与种族相表里。两汉所用，纯乎六艺耳。至魏、晋时，乃尚老庄，其后渐变为天师道。天师道者，源起于三苗之巫风，而假合以外来之教，故尤与南方之汉族为宜，其时江左之大家，如王、谢等，莫不奉天师道。而河、洛、秦、雍诸国，其种人本从西北来，天竺佛教，早传于匈奴与西域，至此即随其种人，以入中国。佛教之高深精密，其过天师道，本不可以数记，且孙恩之乱，假天师道以惑众，其后士夫，多不喜言天师道。犹之义和团乱后，士夫不喜言鬼神符箓也。于是佛教之力，由江北以达江南，久之，与古之巫风合而为一。而儒家不过为学术之一家，士大夫用之，非民所能与也。此二者之变幻，自魏、晋以后，五代以前，大率如此。故本篇所述，必合第四篇有唐一代。观之，始知其全。及宋以后，则又为一世界，与古人如二物矣。

第二节　魏晋之际上

晋之开国者，为司马懿。懿字仲达，河内温县今河南温县西南三十里。人，其先楚汉间司马卬，为赵将，与诸侯伐秦。秦亡，立为殷王，都河内。汉以其地为郡，子孙遂家焉。自卬八世生征西将军钧，钧生豫章太守量，量生颍川太守儁，儁生京兆尹防。懿，防之第二子也，少有奇节，聪明多大略，博学洽闻，性深阻有如城府，内忍而外宽，猜忌多权变。魏尚书崔琰字季珪，河东武城人。谓懿兄朗曰："君弟聪亮明允，刚断英特，非子所及也。"魏武帝为司空，闻而辟之。懿知汉运方微，不欲屈节曹氏，辞以风痹，不能起居。魏武使人夜往密刺之，懿坚卧不动。尝曝书，遇暴雨，不觉自起收之，家惟有一婢见之。懿妻张氏，恐事泄致祸，遂手杀之以灭口，而亲自执爨。

魏武帝为丞相，辟懿为文学掾，敕行者曰："若复盘桓，便收之。"懿惧而就职。于是使与太子丕游处，累迁至主簿。魏国既建，迁太子中庶子，每与大谋，辄有奇策，为太子所信重。魏武渐察懿有雄豪志，闻懿有狼顾相，欲验之，乃召使前行，令反顾，面正向后，而身不动；又尝梦三马，同食一槽，甚恶之。因谓太子曰："司马懿，非人臣也，必预汝家事。"太子素与懿善，每相全佑，故免。懿于是勤于吏职，夜以忘寝，至于刍、牧之间，悉皆临履，由是魏武意遂安。及魏武薨，文帝即位，转丞相长史。魏受汉禅，为侍中、尚书右仆射，每有征伐，懿常居守，迁抚军大将军。魏文谓之曰："吾东，抚军当总西事；吾西，抚军当总东事。"于是懿常留镇许昌。及魏文疾笃，懿与曹真、字子丹，太祖族子，官大司马、大将军，爽之父也。陈群字长文，颍川许昌人，祖父寔，父谌，皆有盛名。群仕魏，官司空，录尚书事。等，见于崇华殿之南堂，并受顾命，辅政。诏太子叡曰："有间此三公者，慎勿疑之。"魏明即位，懿迁骠骑将军，出屯于宛，加督荆、豫二州诸军事。太和元年六月，魏主叡立之第一年。新城合房陵、上庸、西城三郡为之，在今湖北郧阳府。太守孟达，蜀宜都太守，以延康元年降魏，寻复通于蜀。潜图通蜀。懿知其谋，而恐其速发，先以书慰谕之。达得书大喜，犹豫不决。懿乃潜军进讨，八日行一千二百里，至其城下，旬有六日，克之，斩达。懿归，复屯于宛。四年，迁大将军，加大都督，假黄钺，西屯长安，都督雍、梁二州诸军事。自是与诸葛亮相距于祁山，山名，在今甘肃巩昌府西和县西北。凡五年。懿畏蜀如虎，不敢战，亮因遗懿以妇人巾帼之饰。懿表请决战，魏明不许，遣卫尉辛毗字佐治，颍川阳翟人。杖节立军门，懿乃止。亮闻之，曰："彼本无战心，所以固请者，以示武于其众耳。将在军，君命有所不受，苟能制吾，岂千里而请战耶？"青龙二年，亮卒。懿迁太尉，仍镇长安。景初二年，亮卒之五年。辽东太守公孙渊，字文懿，公孙氏自汉时，世为辽东太守。自立为燕王，置百官。魏明征懿诣洛阳，问以往还几日。对曰："往百日，还百日，攻百日，以六十日为休息，一年足矣。"是年春发京师，夏克辽东，斩公孙渊，男子年十五以上，七千余人，皆杀之，以为京观，公卿以下，皆诛戮。是年冬，魏明寝疾，以武帝子燕王宇为大将军，辅政。而刘放、字子弃，涿郡人，汉宗室，官中书监。孙资，字彦龙，太原人，官中书令。久典机任，不欲宇入，乃白魏明，宇不堪大任，而深陈宜速召懿。时曹氏惟曹爽在侧，放、资亦并荐爽，魏明从放、资言。既而中变，敕停前命，放、资复入，见魏明，魏明又从之。时魏明已困笃，不能作手诏，放、资执其手强作之，遂赍出大言曰："有诏免燕王宇等官，不得停省中。"皆流涕而去。三年春正月，懿还至河内，得手诏，昼夜兼行，四百余里一宿而至，引入卧内，升御床。魏明执懿手，涕泣曰："死乃复可忍，吾忍死待君，得相见，无所复恨。"又指齐王芳，谓懿曰："此是也。君谛视之，勿误也。"因教齐王前抱懿颈。遂与曹爽同受顾命，以懿为侍中，假节钺，都督中外诸军事，录尚书事，入殿不趋，赞拜不名，剑履上殿，子弟三人为列侯，四人为骑都尉。曹爽初以父事懿，每事谘访，不敢专行。及毕轨、邓飏、李胜、何晏、丁谧说爽，以为懿必危曹氏，爽乃白太后，转懿为太傅，外以名尊之，而实去其权。懿于是欲诛曹爽，深谋秘策，世莫得知。嘉平元年，懿与曹爽相持者，盖十年。爽亦非常人也，为晋人所丑诋耳。遂杀曹爽，与何晏等，并夷三族。乃自立为丞相，加九锡。三年春正月，王凌字彦云，太原祁人，官太尉，都督扬州诸军事。起兵讨懿，未作而觉。懿为书谕凌，赦凌罪，然后大军从水道下，九日而至百尺。镇名，在今河南淮宁县。凌计无所出，乃面缚水次，懿执凌归于京师。凌道经贾逵字道梁，河东襄陵人，豫州刺史。庙，大呼曰："贾道梁，王凌是大魏之忠臣，惟尔有神知之。"至项，晋县，今河南项城县。仰药而死。懿收其族，诛之。悉录魏诸王公置于邺，命有司监视，不得交关。懿至京师，自立为相国，封安平郡今直隶冀州。公。六月，懿寝疾，梦贾逵、王凌为祟。八月卒，年七十三。此司马懿之生平也。后明帝时，王导侍坐，帝问前世所以得天下，导乃陈懿创业之始。明帝以面覆床，曰："若如公言，晋祚安得长？"石勒与徐光论古，亦曰："大丈夫行事，当磊磊落落，如日月皎然，终不能如曹孟德、司马仲达父子，欺他孤儿寡妇，狐媚以取天下也。"此殆司马宣王之定论欤！

第三节　魏晋之际下

司马氏一家，传十八主。而未正号以前，宣王、景王、文王三主，皆枭雄也。武帝始正号，而材实平庸。武帝以后，以迄于亡，凡十四主，昏庸相继，无一能稍肖其祖宗者，亦可异矣，不得不谓家法不善，有以致之也。而其钤键，实在景、文二王。盖懿以狼顾狐媚，盗天下于孤儿寡妇之手，其猜忍为前世所未有，新莽、魏操，方之蔑如。而起自儒生，及诛曹爽，年已七十，又三年而死，营立家门，未遑外事。使非二子能继其志，晋业未可知也。而师与昭之猜忍，乃与懿略同。于是晋之代魏政，而晋之不及两汉，亦定于此矣。其机实与中国相关，岂典午一家之幸不幸哉！今略述景、文二王之事以证之。懿薨，众推师为大将军，录尚书事，斯时中外犹多魏之旧臣也。中书令李丰，太常夏侯玄，字太初，夏侯尚子。与魏主即齐王芳。谋杀师，谋泄，师收丰、玄等杀之，灭其族。魏主意愈不平。左右劝魏主俟昭时为安东将军，遣征蜀，当入辞。入辞日，因杀之，而勒兵以退师位。时为大将军。已书诏，魏主惧不敢发。师、昭知之，乃谋废魏主，使郭芝入白太后。太后曰："我欲见大将军，口有所说。"芝曰："何可见耶？但当速取玺绶。"太后意折，乃遣傍侍御取玺绶，著坐侧。芝出报师，乃迎高贵乡公髦立之。而安东将军毌丘俭，字仲恭，河东闻喜人，封安邑侯，都督扬州诸军事。素与夏侯玄、李丰善，玄等死，俭不自安，乃与其所善扬州刺史文钦反于寿春。晋县，今安徽寿州，当时为魏防吴之重镇。王凌，毌丘俭、诸葛诞，皆镇此者也。高贵乡公之二年，师自讨俭等。是夏，文钦奔吴，毌丘俭走至慎县，晋县，今安徽颍上县西北。为其民所杀。然师以是时，新割目瘤，创甚，及与文钦战，军中震扰，师惊骇，目突出，恐众知之，蒙被而卧，啮被皆破。殿中校尉尹大目，幼为曹氏家奴，忠于曹氏，知师一目已出，讽钦毋奔，钦不解其旨，卒以奔亡。未几，师病创死，众乃推昭为大将军，录尚书事。高贵乡公之四年，再有寿春之役。初，征东大将军诸葛诞，字公休，琅邪阳都人。毌丘俭败，以诞都督扬州，镇寿春。与玄、飏等至亲，又王凌、毌丘俭等，累见夷灭，惧不自安，乃以甘露二年五月，通款于吴。吴人大喜，遣全怿、全端、唐咨、王祚等率三万众，并文钦赴之，诞遂反。六月，昭督中外诸军二十六万讨之。明年二月，寿春破，吴全怿等降，斩诸葛诞。时文钦已为诞所杀。于是昭威权日盛，自进为相国、晋公，加九锡。高贵乡公不胜其忿，召侍中王沈、字处道，太原晋阳人，尚书令。尚书王经、散骑常侍王业谓曰："司马昭之心，路人所知也。吾不能坐受废辱，今日当与卿自出讨之。"经以为不可，魏主出怀中素诏，投地，曰："行之决矣。"沈、业奔走告昭，呼经与俱，经不从。魏主遂拔剑升辇，率殿中宿卫、苍头官奴，鼓噪而出。昭弟屯骑校尉伷，遇之于东止车门，左右呵之，伷众奔走。中护军贾充字公闾，平阳襄陵人，父逵，魏豫州刺史。逵晚生充，相者言后当有充闾之庆，故以为名、字。充仕晋至司空、侍中、尚书令，假黄钺，大都督，贾后之父也。自外入，遂与魏主战于南阙下。魏主自用剑，众欲退，骑督成倅弟太子舍人济问充曰："事急矣，当云何？"充曰："司马公畜养汝等，正为今日。今日之事，无所问也。"济即抽戈前刺魏主，陨于车下。昭闻之，召左仆射陈泰曰："卿何以处我？"泰曰："独有斩贾充，可以少谢天下耳！"昭久之，曰："更思其次。"泰曰："泰言惟有进于此者，不知其次。"昭乃不复更言，以太后令，罪状高贵乡公，废为庶人。收王经，夷其族。以弑逆之罪，归于成济而杀之。更立常道乡公奂。奂之四年，昭遣其将钟会、字士季，颍川长社人，官至司徒，封列侯。邓艾字士载，义阳棘阳人，官至太尉，封列侯。二人皆以灭蜀后谋叛，诛死。灭蜀。明年，昭自进为晋王。明年，卒。而子炎即位，遂于是年受魏禅矣。案司马氏宣王、景王、文王三世，皆与曹氏相持，曹氏君臣所以谋去之者，世各一次，而皆不胜，然后大权始尽归于司马氏，而禅代以成。其每次皆一内一外，迭相感应。懿诛曹爽，而王凌起兵，由内以及外也。师杀李丰、夏侯玄，而毌丘俭畔，亦由内以及外也。昭灭诸葛诞，而高贵乡公饮成济之刃，由外以及内也。先后情事如出一辙。然推此诸人之命意，则各自不同。今史虽缺略不传，传者亦不可尽信，而据其显见者以推之，犹有可近信者焉。何晏、邓飏之辅曹爽以谋诛司马懿，此忠于曹氏者也，其恶名则司马氏加之也。陈寿《三国志》，固司马氏之书也。王凌之举兵，则欲代懿而兴者也，非为曹氏也。观其举事，则先废无罪之主，事败则面缚迎于水次，直至拒单舸之谒，给棺钉之求，而后大呼王凌是大魏忠臣，情可知矣。李丰先以依违爽、懿之间，故不与爽同诛，其不与司马氏为仇可知也，徒以数与芳语，又不告师，遂至见杀。夏侯玄则一求附司马氏，而不得者耳。毌丘俭则以与丰、玄至亲，内不自安，出于万一侥幸之举，观其临发之表，专罪状司马师，而称司马懿之忠至再，故知其举事之意，在忧师之杀己，而非恨懿之盗魏也。惟诸葛诞之举，则为曹氏而发。《魏末传》（《三国志》裴松之注所引）曰："贾充与诞相见，谈说时事，因谓诞曰：'洛中诸贤，皆谓禅代，君所知也，君以为云何？'诞厉色曰：'卿非贾豫州子，世受魏恩，如何欲负国，欲以魏室输人乎？非吾所忍闻。若洛中有难，吾当死之。'充默然，遂有征诞为司徒之命。及寿春之破，诞麾下数百人，坐不降斩，皆曰：'为诸葛公死不恨。'于是数百人拱手为列，每斩一人，辄降之，竟不变至尽。人比之于田横。诞非王凌、毌丘俭之比矣。然借敌国之兵，以平内乱，其事亦作俑于诞，君子谓其功罪不相抵也。高贵乡公深于经术，自足为守成令主，而立于无可为之日，而强为之，虽不免于死，抑亦贤于齐王芳矣。然司马氏父子，其忍亦甚哉！

第四节　晋诸帝之世系

懿诛曹爽，据魏政之时，年已七十，辅政三年薨。魏齐王芳嘉平元年至嘉平三年。司马师继位辅政。师字子元，懿长子也，母张氏，名春华。师辅政凡五年薨，魏齐王芳嘉平三年至高贵乡公髦正元二年。年四十八。司马昭继位辅政，昭字子上，师之母弟也，昭辅政凡十一年薨，魏高贵乡公髦正元二年至陈留王奂咸熙二年。年五十五。昭始灭蜀，受相国、晋王之号。司马炎继位辅政，炎字安世，昭长子也，母王氏，名元姬。炎于魏咸熙二年八月嗣位，是年十二月，受魏禅，始追尊懿为宣皇帝，师为景皇帝，昭为文皇帝。帝始灭吴，全有中国。晋自帝以前凡三主，皆未及一统，且未称帝。自帝以后，凡三帝，皆大乱，不能一日安。又十一帝，皆不能保其一统，偏安江南，谓之东晋。

故晋之盛时，帝一代而已。帝在位二十六年崩，凡泰始十年，咸宁五年，太康十年，太熙一年。年五十五，是为武帝。司马衷即位，衷字正度，武帝第二子也，母杨皇后，名艳，字琼芝。帝最不慧，为古今所罕，在位时天下大乱，晋业遂衰。帝在位十七年，遇鸩而崩，凡永平九年，永康一年，永宁一年，太安二年，永兴二年，光熙一年。年四十八，是为孝惠帝。司马炽即位，炽字丰度，武帝第二十五子也，在位五年，凡永嘉五年。为匈奴刘聪所虏，使青衣行酒。又二年，遇弑于平阳，年三十，是为孝怀帝。司马邺即位，邺字彦旗，武帝孙，吴孝王晏之子也。在位五年，元年犹称永嘉，凡建兴四年。又为匈奴刘聪所虏，使帝执盖。又一年，遇弑于平阳，年十八，是为孝愍帝。怀、愍二帝，聪明皆胜惠帝，而蒙惠帝之乱，不可复止。愍帝崩，中原无复为晋有。司马睿即位于建康，自是之后，谓之东晋。睿字景文，宣帝曾孙，琅邪王觐之子也。母夏侯氏，名光姬。或谓琅邪恭王妃夏侯氏，与小吏牛氏通，而生元帝。在位六年崩，凡建武一年，大兴四年，永昌一年。年四十七，是为元帝。司马绍即位，绍字道畿，元帝长子也。母荀氏。在位三年崩，凡太宁三年。年二十七，是为明帝。帝时，有王敦之乱。司马衍即位，衍字世根，明帝长子也。母庾皇后，名文君。在位十七年崩，凡咸和九年，咸康八年。年二十二，是为成帝。帝时，有苏峻之乱。司马岳即位，岳字世同，成帝母弟也，在位二年崩，凡建元二年。年二十三，是为康帝。司马聃即位，聃字彭子，康帝子也。母庾皇后，名蒜子。在位十七年崩，凡永和十二年，升平五年。年十九，是为穆帝。司马丕即位，丕字千龄，成帝长子也，母周氏。在位四年崩，凡隆和一年，兴宁三年。年二十五，是为哀帝。司马奕即位，奕字延龄，哀帝母弟也，在位六年，凡太和六年。为桓温所废。司马昱即位，昱字道万，元帝之少子也，在位二年崩，凡咸安二年，太和六年十二月改元。年五十三，是为简文帝。司马曜即位，曜字昌明，简文帝第三子也。母王氏，名简姬。在位二十四年，凡宁康三年，太元二十一年。遇弑于清暑殿，年三十五，是为孝武帝。司马德宗即位，德宗字德宗，孝武长子也。母陈氏，名归女。在位二十二年崩，凡隆安五年，元兴三年，义熙十四年。年三十七，是为安帝。时政归刘裕，帝充位而已。司马德文即位，德文字德文，安帝母弟也，在位二年，凡元熙二年。禅位于刘裕。裕寻弑之，是为恭帝，晋亡。晋十五帝，除宣、景、文三王。一百五十六年。中朝四帝，都洛阳，五十四年；江左十一帝，都建康，一百二年。而五凉、四燕、三秦、二赵、夏、蜀十六国，皆并见于此时焉。

第五节　晋大事之纲领

晋氏一代，百余年间，祸乱相寻，穷极惨礫，中国最晦蒙否塞之时也。举其祸乱之大端，可分为六。

一、贾后之乱。

二、八王之乱。

三、五胡之乱。

四、王敦之乱。

五、苏峻之乱。

六、桓氏之乱。

第一，母后也；第二，诸侯王也；第三，异族也；第四、第五、第六，藩镇也。举古今中国之变，晋人皆备之，故曰中衰之世也。述此期之历史者，但能于以上诸端，究彻其原委，而此期之事，已昭晰无遗矣，盖东晋即南朝之代表也。

第六节　贾后之乱

初，贾充以谮诸葛诞，弑高贵乡公之功，有宠于司马昭。昭尝欲以兄子攸字大猷，后为齐王，为司马氏之贤者，攸死而大乱遂作。为嗣，群臣亦属意于攸。

惟充能观察上意，称炎宽仁，且又居长，有人君之德，宜奉社稷，乃以炎为太子。及昭寝疾，炎请后事，昭曰："知汝者，贾公闾也。"炎既代魏，任充益重，充不能正身率下，专以谄媚取容。侍中任恺，字元褒，乐安博昌人，官侍中。恺一食万钱，犹云无可下箸。中书令庾纯字谋甫，颍川鄢陵人，官中书令。等，刚直守正，咸共疾之。以充女为齐王攸妃，惧后益盛。及氐、羌反叛，武帝深以为忧。恺因进说，请充镇关中，武帝许之，而充不愿也。充将之镇，百僚饯于夕阳亭，荀勖字公曾，颍川颍阴人，官尚书令，充之党。私焉，谓与充私语。充以忧告，勖曰：独有结婚太子，不顿驾而自留矣。"充曰："然。孰可寄怀？"勖曰："勖请言之。"俄而侍宴，论太子婚姻事，勖因言充女才质令淑，宜配储宫。初，武帝欲为太子纳卫瓘字伯玉，河东安邑人，官司空。后为贾后所杀。女，而杨后杨骏女，事见后。纳贾郭亲党之说，欲婚贾氏。武帝曰："卫公女有五可，贾公女有五不可。卫家种贤而多子，美而长白；贾家种妒而少子，丑而短黑。"杨后固请，荀顗字景倩，颍川人，官侍中、太尉。亦固请，及勖言，武帝乃许之。充竟不行，太康三年卒，而充女遂为太子妃矣。贾氏名南风，时年十五，大太子二岁，妒忌多权诈，太子畏而惑之。妃性酷虐，尝手杀数人，或以戟掷孕妾，子随刃堕。武帝闻之，大怒，将废之。荀勖深救之，得不废。妃不知后之助己也，以为构己，深怨之。及武帝崩，太子即位，以杨皇后为皇太后，武帝有两杨后，前杨后讳艳，字琼芝，弘农华阴人，父文宗，惠帝母也，泰始十年崩。后杨后讳芷，字季兰，前杨后之从妹也，父骏。与贾后相终始者，皆后杨后也。后父杨骏字文长。辅政，骏无他长，徒以后父，一朝膺社稷之重。初，武帝寝疾，诏中书以汝南王亮字子翼，宣帝第四子。与骏辅政，骏藏匿其诏。信宿之间，上疾遂笃。杨后乃奏帝，以骏辅政，帝颔之。骏便召中书，口宣帝旨，以骏为太傅、大都督，假黄钺，录朝政，百官总己，为政严碎，不允众心。贾后欲专朝政，谋速诛之。永平元年杨骏执政所改元也。二月，贾后召楚王玮字彦度，武帝第五子。至京师。三月辛卯，贾后使殿中郎孟观、李肇启帝，夜作手诏，诬骏谋反，命楚王玮屯司马门，东海公繇字思玄，宣帝孙，后为成都王颖所杀。帅殿中四百人讨骏。时中外隔绝，杨太后题帛为书，射之城外，曰："救太傅者有赏。"贾后因宣言太后同反。寻而殿中兵出，烧骏府，杀骏于厩中，尽诛杨氏之党，死者数千人。壬辰，大赦改元，废太后为庶人，徙金墉城。在洛阳城西北隅。太后母庞当诛，临刑，太后抱持号叫，截发稽颡，上表诣贾后，称妾，请全母命，贾后不许。董养浚仪人。游于太学，升堂叹曰："朝廷建斯堂，将以为何乎？天人之理既灭，大乱将作矣。"遂与妻逃去。于是汝南王亮、太保卫瓘辅政，楚王玮、安东王繇，并预国事。贾后谋悉去之，先徙繇于带方。晋县，今在韩国平壤境内。夏六月，后使帝作手诏曰："太宰、太保，时亮为太宰，瓘为太保。欲行伊、霍之事。"夜使黄门赍以授玮，玮遂率本军，时玮掌北军。围亮、瓘府，皆杀之。玮舍人岐盛，劝玮宜因兵势，遂诛贾郭，以正王室，安天下，玮犹豫未决。会天明，太子少傅张华字茂先，范阳方城人。白贾后，宜并诛玮，贾后深然之，乃遣殿中将军王宫，赍驺虞幡解兵之号旗。出，麾众曰："楚王矫诏，勿听也。"众释仗散走，无复一人，乃执玮斩之。贾后于是以张华为侍中、中书监，裴頠字逸民，河东闻喜人。为侍中，裴楷字叔则，頠从叔。为侍中、中书令，王戎字濬仲，琅邪临沂人。为右仆射。华等尽忠帝室，朝野粗安者数年。时贾后淫暴日甚，后母郭槐，槐性奇妒，充子黎民年三岁，乳母抱之当阁，黎民见充入喜笑，充就而拊之。槐望见，谓充私乳母，即鞭杀之，黎民念恋，发病而死。后又生男，过朞，复为乳母所抱，充以手摩其头。郭疑乳母，又杀之，儿亦思慕而死，充遂无后。后妹午，南阳韩寿，美姿容，为司空掾。充谯僚属，午从青璅中窥见寿，大感想，发于寤寐，乃遣婢召寿而私焉。充知之，遂以嫁寿。养孙贾谧，字长深，贾午之子，充无子，养以为孙。并干预国事，权侔人主。后荒淫放恣，与太医令程据等乱，彰闻内外。往往引民间美少年入宫中，与乱，数月即杀之。有害太子之心。初，太子名遹，字熙祖，惠帝长子，母谢才人。幼而聪慧，武帝爱之，令誉流于天下。及长，性刚，不能假借贾氏。贾谧诉之于后，故后欲废之。太子右卫率刘卞东平人。知其谋，以告张华，劝华废后以立太子，华不能用。元康九年十二月，贾后诈称帝不豫，召太子入朝。既至，后不见，置于别室，使婢陈舞，以帝命赐太子酒三升，使尽饮之。太子辞以不能，舞逼迫之，太子不得已，饮尽，遂大醉。后使黄门侍郎潘岳字安仁，荥阳中牟人，贾后之嬖人也。作书草，令小婢承福，以纸笔及草，因太子醉，称诏使书之。文曰："陛下宜自了，不自了，吾当入了之。中宫又宜速自了，不自了，吾当手了之。并与谢妃共要，刻期两发，勿疑犹豫，以致后患，茹毛饮血于三辰之下，皇天许当扫除患害，立道文为王，蒋氏为内主。愿成，当以三牲祠北君。"茹毛饮血，谓盟誓也。道文，太子子虨小字也。蒋氏，虨母蒋俊也。内主，后也。北君，北帝也。太子已醉，不觉，遂依而写之，其字半不成，后补成之，以呈帝。壬戌，帝幸式乾殿，召公卿入，以太子书示之，曰："遹书如此，今赐死。"诸公莫有言者，至日西，不决。后惧事变，乃表免太子为庶人，帝许之。即日，送太子于金墉城，而杀太子母谢淑妃，及虨母蒋俊。太子既废，众情愤怒。右卫督司马雅，常从督许超，殿中中郎士猗等，谋废贾后，复太子，以张华、裴頠安常保位，难与行权，右将军赵王伦，字子彝，宣帝第九子。执兵柄，性贪冒，可假以济事。乃说孙秀伦之嬖人。以废贾后，立太子事，秀许诺，言于伦，伦纳焉。秀复言于伦曰："太子聪明刚猛，若还东宫，必不受制于人。公素党是贾后，道路皆知之。今虽建大功于太子，太子谓公特逼于百姓之望，翻覆以免罪耳。虽含忍宿忿，必不能深德明公，若有瑕衅，犹不免诛。不若迁延缓期，贾后必害太子，然后废贾后，为太子报仇，非徒免祸而已，乃更可以得志。"伦然之。秀因使人流言，言殿中人欲废皇后，立太子。后闻之，甚惧。伦、秀因劝谧早除太子，以绝众望。永康元年三月癸未，贾后使太医令程据和毒药，矫诏使黄门孙虑至许昌，毒太子。太子自废黜，恐被毒，常自煮食于前。虑乃徙太子于小坊中，绝其食，宫人犹窃于墙上过食与之。虑逼太子以药，太子不肯服，虑以药杵椎杀之。四月，赵王伦、孙秀将讨贾后，告右卫佽飞督闾和，和从之，期以癸巳丙夜一筹，以鼓声为应。及期，伦矫诏敕三部司马，前驱、由基、强弩三部司马。从讨贾后，众皆从之。又矫诏开门夜入，陈兵道南，遣翊军校尉齐王冏，字景治，齐王攸之子也。将三部百人，排阁而入，迎帝幸东堂。以诏召贾谧于殿前，将诛之。谧走入西钟下，呼曰："阿后救我。"就斩之。贾后见齐王冏，惊曰："卿何为来？"

冏曰："有诏收后。"后曰："诏当从我出，何诏也？"后至上冏，遥呼帝曰："陛下有妇，使人废之，亦行自废矣。"后问冏曰："起事者谁？"冏曰："梁、谓梁王肜，时亦与闻。赵。"后曰："系狗当系颈，反系其尾，安得不然？"恨不先灭宗室也。至宫西，见谧尸，再举声而哭，遽止。伦乃矫诏，遣尚书刘弘，赍金屑酒，赐后死。时后母郭槐已死，乃收赵粲、武帝充华。充华，女官名。贾午等，付暴室杖杀之。后短形青黑色，眉后有疵，死时年四十四。贾后虽死，而天下大乱，不可复止矣。

第七节　八王之乱

晋人鉴魏以孤立亡，乃广建宗藩，遍于天下，无不拥强兵，据广土，与西汉之初无异。其或入居端揆，外作岳牧，则汉初犹不及此。其矫魏之弊，可谓深矣。然曾不数年，机权失于上，祸乱作于下，楚、赵诸王，相仍构衅，朝为伊、周，夕为莽、卓。诏阳谓羊后也，后名献容。贾后既废，孙秀立之，寻为成都王颖所废。陈眕唱伐颖，复后位，张方入洛，又废后。惠帝幸长安，复后位，未几又为张方所废。惠帝还洛，迎后复位，后洛阳令何乔又废后，张方死，复后位。洛阳破，没于匈奴刘曜。曜僭位，以为皇后，生二子而死。自古皇后之数立数废，未有如羊后者也。兴废，有甚奕棋。乘舆幽縶，更同羑里。胡羯凌侮，宗庙丘墟，中国几不复振。自古宗室交哄，其祸未有如晋者也。故八王之乱，实为关中国盛衰之一大端。所谓八王者：晋之八王，与魏之六镇，皆中衰复盛之关键。

一、汝南王亮。字子翼，宣帝第四子。

一、楚王玮。字彦度，武帝第五子。

三、赵王伦。字子彝，宣帝第九子。

四、齐王冏。字景度，景帝子齐王攸之子。

五、长沙王乂。字士度，武帝第六子。

六、成都王颖。字章度，武帝第十六子。

七、河间王颙。字文载，宣帝弟安平王孚之孙。

八、东海王越。字元超，宣帝弟东武城侯馗之孙。

八王之中，汝南王亮，楚王玮之事，已见前节，今当论赵王伦等之事。伦既诛贾后，自为使持节，大都督，督中外诸军事，相国，侍中，王如故，一依宣文辅魏故事。文武官封侯者，至数千人，百官总已以听。伦素庸下，无智策，复受制于秀，秀之威权振于朝廷，天下皆事秀而无求于伦。秀起自琅邪小吏，以谄媚自达，狡黠小才，无深谋远略，既执机衡，遂恣其奸谋，多杀忠良，君子不乐其生矣。伦、秀乃矫作禅让之诏，使其党奉皇帝玺绶，禅位于伦。永康二年正月，是年四月，改元永宁。伦即帝位，改元建始。时齐王冏、河间王颙、成都王颖，各拥强兵，分据一方。秀知冏等必有异图，乃选亲党为三王参佐，欲以防之。而三王谋益急，齐王冏镇许昌。遣使告成都王颖、镇邺。河间王颙，镇关中。颖许之，颙初不听，执冏使以付伦，后闻二王兵盛，亦许之，咸以讨伦、秀为名。檄至，伦、秀大惧，遣其将孙辅、李严、张泓、蔡璜、闾和、司马雅、莫原以拒冏，孙会、孙秀子。士猗、许超以拒颖。夏四月，张泓等与齐王冏战于颍阴，晋县，今河南许州。不利，引退。孙会等与成都王颖战于黄桥，在朝歌西黄泽上，今河南淇县。大破之，遂不设备。寻战于溴水，水名，入河，在轵县东南，在今河南淇县北。会等大败，弃军南走，颖遂济河。由是众情疑沮，皆欲诛伦、秀以自效。辛酉，左卫将军王舆，帅所部七百余人，自南掖门入攻孙秀于中书省，斩之。乃迫伦，使为诏避位归藩，迎帝于金墉城。帝既复位，改元永宁，诏送伦及子荂于金墉城。丁卯，赐伦死，诛其诸子。是日，成都王颖至。己巳，河间王颙至。六月乙卯，齐王冏至。

冏至雒阳，居攸故宫，甲士数十万，威震京师，自为大司马，加九锡，如宣、景、文、武辅魏故事，颖、颙俱还镇。冏既辅政，于是大筑第馆，坏公私庐舍以百数，沉于酒色，不入朝见，坐见百官，识者知兵之未戢也。冏以河间王颙本与赵王伦通，不附己，心常恨之，颙亦不自安。永宁二年是年十一月，改元太安。冬，颙上表言冏罪状，与成都王颖，同伐雒阳，使长沙王乂时从三王伐赵王伦，因留京师。废冏还第，以颖代辅政。十二月丁卯，长沙王乂驰入宫，奉天子攻齐王冏。是夕，城中大战，飞矢雨集，火光烛天。连战三日，冏败，斩之。初，颙意以为长沙王乂势微弱，必为冏所杀，因以为冏罪而讨之，遂废帝立成都王颖，而己为宰相辅政，专制天下。既而乂竟杀冏，不如所谋，乃遣其党冯荪、李含、卞粹袭乂，乂并杀之。又遣刺客图乂，乂又杀之。颙遂与颖同伐京师。时朝士以颖、冏、乂本兄弟，欲和解之，皆不听。颙令张方河间人。率兵七万，颖令陆机字士龙，云间人。率兵二十余万，同伐京师。时二王军逼，金鼓闻数百里，城中疲弊，而将士同心，皆愿效死。张方以为未可克，欲还长安。而东海王越，虑事不济。太安二年是年改元永安，又改永兴。正月癸亥，越潜与殿中诸将夜收乂，置金墉城，密告张方。方取乂至营，炙而杀之，乂冤痛之声，达于左右，公卿皆诣邺谢罪。颖入京师，复还镇，张方等大掠而归。

颖形美而神昏，既克京师，自为皇太弟，都督中外诸军事，丞相，乘舆服御，皆迁于邺，一如魏故事。事无巨细，皆赴邺谘之，百度废弛，甚于冏时，大失众望。永兴元年秋七月，右卫将军陈眕，长沙故将上官已等，奉帝北讨颖，颖使其党石超拒战。己未，乘舆败绩于荡阴，晋县，今河南汤阴县。帝颊中三矢，堕于草中，遂为石超所得，执帝入邺。东海王越遁归国，平北将军王浚，字彭祖，太原晋阳人，后为石勒所杀。并州刺史东嬴公腾，越弟。皆与太弟有隙。至是，浚、腾共约鲜卑、乌桓讨颖，此为引外族之始。颖遣其将王斌、石超御之。既而皆为浚等所败，邺中大震，百僚奔走，士卒分散，颖与数十骑，奉帝奔洛阳。会河间王颙遣张方将二万骑救颖，方至洛阳，遇颖奔还，方遂挟帝拥颖，大掠洛阳，而归长安。河间王颙乃废颖归藩，更立豫章王炽为皇太弟。帝兄弟二十五人，时惟颖、炽存矣。其后三年，颖既依颙；颙败，颖为范王阳虓字武会，宣帝弟馗之孙。所因；虓死，为刘舆所杀。

河间王颙既逼帝西幸，魏、晋以来，洛阳所蓄积，遂扫地而尽。永兴二年秋七月，东海王越传檄山东，讨颙，迎天子归洛阳，王浚等皆从之，遂举兵，屡败西师。永兴三年，是年六月，改元光熙。越遣人说颙，送帝归洛阳，己与颙分主东西。颙将从之，而张方执不可，及事急，颙遣郅辅刺杀方，持方头款于越，越不许。夏四月，越遂入关，颙逃入太白山中。帝还洛阳，颙奔新野。晋县，今河南新野县。十二月，越遣南阳王模字元表，宣帝弟馗之曾孙。扼杀之。光熙元年十一月，东海王越弑帝，太弟炽即位，改元永嘉。炽亲览万机，留心庶政，越不悦，多杀帝亲故，不臣之迹，四海共知。时宗藩凋谢，戎狄内侵，上下崩离，事已不救。永嘉五年三月丙子，越忧惧而死。四月，石勒追越丧，及之于苦县，晋县，今河南鹿邑县东。大败晋兵，纵骑围而射之，十余万人，相践如山，无一免者。于是剖越棺，尽杀晋之王公，虏怀帝北去，西晋亡。

第八节　五胡之乱之缘起

西北诸游牧族，本与中国杂居，不能详其所自始。至战国之末，诸侯力征，诸戎乃为中国所灭，余类奔迸，逸出塞外。并见第二册。其后族类稍繁，又复出为中国患。两汉之世，竭天下之力，历百战之苦，仅而克之。而后乌桓、鲜卑、匈奴、氐、羌、西域之众，悉稽首汉廷称臣仆，汉之势亦可谓盛矣。然汉人之所以处置之者，其法甚异，往往于异族请降之后，即迁之内地。宣帝时纳呼韩邪，居之亭鄣，委以候望。赵充国击西羌，徙之于金城郡。光武时亦以南庭数万众，徙入西河，后亦转至五原，连延七郡。而煎当之乱，马援迁之三辅。在汉人之意，以为迁地之后，即不复为患，不知其后之患，转甚于未灭时。董卓之乱，汾晋萧然，已显大乱之象。故其时深识之士，类能知之。晋武帝时，郭钦西河人，侍御史。上疏，谓“若有风尘之警，胡骑自平阳、晋郡，今山两平阳府。上党，晋郡，今山西潞安府。不三日而至孟津，在今河南孟津县东。北地、西河、太原、冯翊、安定、上郡，今太原、汾州、同州、平凉诸府境。谓胡骑南下，则西北各郡为所隔也。尽为狄庭矣。宜尽徙内地杂胡于边地，峻四夷入出之防，此万世之长策也。”此策匈奴也。惠帝时江统字应元，陈留圉人，官太子洗马。作《徙戎论》，其略曰：“关中土沃物丰，有泾渭之流，溉其舄卤，黍稷之饶，亩号一钟，百姓谣咏其殷实。帝王之都，每以为居，未闻戎狄宜在此土。汉时，马援徙羌于三辅。魏时，又徙武都氐于秦川。故云云。而因其衰弊，迁之畿服，士庶玩习，侮其轻弱，使其怨恨之气，毒于骨髓。至于蕃育众盛，则坐生其心，以贪悍之性，挟愤怒之情，候隙乘便，辄为横逆。而居封域之内，无障塞之隔，掩不备之人，收散野之积，故能为祸滋扰，暴害不测，此必然之势矣。当今之时，宜及兵威方盛，众事未罢，徙冯翊、北地、新平、安定界内今同州、凤翔、平凉三府境。诸羌，著先零、罕并、析支之地。今甘肃西南边西。徙扶风、始平、京兆之氐，今陕西路安府境。出还陇右，著阴平、武都之界。今甘肃阶州境。廪其道路之粮，令足自致，各附本种，反其旧土，属国抚夷，就安集之。戎、晋不杂，并得其所，纵有猾夏之心，风尘之警，则绝远中国，隔阂山河，虽为寇盗，所害不广矣。”此策氐羌也。当时皆不能用。其后刘渊诸戎种族、疆域，并详后。以惠帝永兴元年据离石，称汉。后九年，此从《晋书·载记》叙之文，然案《载记》，石勒称赵在元帝太兴二年，则已十六年，而非九年矣，故其后每年皆差。石勒据襄国称赵。张氏先据河西，自石勒后三十六年，晋穆帝永和十年。张重华自称凉王。案《传》，张重华称凉公，在穆帝永和二年。后一年，永和十一年。冉闵据邺，称魏。案《载记》，冉闵称魏，在永和六年。后一年，穆帝永和十二年。苻健据长安，称秦。案《载记》，苻健称秦，在永和七年。后一年，穆帝升平元年。慕容儁据辽东，称燕。案《载记》，慕容儁称燕，在永和八年。后三十一年，孝武帝太元十二年。后燕慕容垂据邺；案《载记》，慕容垂据邺，在太元九年。后二年，太元十四年。西燕慕容冲据阿房，案《载记》，冲据阿房，在太元十年。皆称燕。是岁，乞伏国仁据枹罕，称秦。案《载记》，乞伏国仁据枹罕，在太元十年。后一年，太元十五年。慕容永据上党，称燕。案《载记》，慕容永据上党，在太元十一年。是岁，吕光据姑臧，称凉。案《载记》，吕光称凉，在太元十一年。后十二年，安帝元兴三年。慕容德据滑台，称燕。案《载记》，慕容德称燕，在安帝安隆二年。是岁，秃发乌孤据廉川，称凉。案《载记》，秃发乌孤称凉，在隆安元年。段业据张掖，称凉。案《载记》，段业称凉，在隆安元年。后三年，安帝义熙三年。李玄盛据敦煌，称凉。案《载记》，李玄盛称凉，在隆安四年。后一年，义熙四年。沮渠蒙逊杀段业，自称凉。案《载记》，沮渠蒙逊称凉，在隆安五年。后四年，义熙八年。谯纵据蜀，称成都王。案《载记》，谯纵据蜀，在义熙二年。后二年，义熙十年。赫连勃勃据朔方，称夏。案《载记》，赫连勃勃称夏，在义熙三年。后二年，义熙十二年。冯跋据和龙，称燕。案《载记》，冯跋称燕，在义熙五年。提封天下，十丧其八，莫不龙旌帝服，僭号自娱，穷兵凶于胜负，尽人命于锋镝，其为战国者一百三十六年，然后皆入于拓跋氏，是为十六国，其人皆鲜卑、匈奴、氐、羌之种也。此就《晋书·载记》叙订正之。叙中所述，不止十六国，而十六国中之成都李氏，起惠帝太安元年，终穆帝升平五年，则又不述及，不知何也？至其《载记》，则仅十六国矣。

第九节　五胡之统系

前赵，南匈奴人。本称汉，刘曜立始改称赵。史家因有后赵，故谓之前赵。

刘渊，字元海。父刘豹，仕晋为左贤王。僭位凡八年，元熙五年，永凤一年，河瑞二年。死年无考，伪谥光文皇帝。

刘聪，字元明，一名载，渊第四子。僭位九年，光兴一年，嘉平四年，建元一年，麟嘉三年。死年无考，伪谥武皇帝。

刘曜，字永明，渊之族子。僭位十二年，光初十二年。为石勒所杀，年无考，前赵亡。

右前赵三主，共二十六年。

后赵，上党武乡羯人。羯乃匈奴别部羌渠之后。

石勒，字世龙，初名訇，汲桑始命以石为姓，勒为名。父朱曷周，为部落小率。僭位十四年，赵王八年，太和二年，建平四年。死年六十，伪谥明皇帝。

石弘，字大雅，勒第三子。僭位二年，延熙二年。为石虎所杀，年二十二。

石虎，字季龙，勒之从子。僭位十五年，建武十四年，太宁一年。死年无考，伪谥武皇帝。石虎后有石世、石遵、石鉴、石祇，皆尝僭号，不久皆灭。

冉闵，字永曾，魏郡内黄人，幼为石虎所养，遂以石为姓。僭位三年，永兴三年，改号魏国。为慕容儁所杀，年无考，后赵亡。

右后赵七主，共二十五年。

前燕，徒何鲜卑人。

慕容廆，字奕洛瓌。僭位四十九年，未称号。死年六十五，儁追谥武宣皇帝。

慕容皝，字元真，廆第三子。僭位十五年，未称号。死年五十二，儁追谥文明皇帝。

慕容儁，字宣英，皝第二子。僭位十一年，燕元三年，元玺五年，光寿三年。死年四十二，伪谥景昭皇帝。

慕容暐，字景茂，儁第三子。僭位十一年，建熙十一年。为苻坚所杀，年三十五，前燕亡。

右前燕四主，共八十五年。

前秦，略阳临渭氐人。

苻洪，字广世，仕晋为广川郡公，为麻秋所鸩，年六十六，伪谥惠武帝。

苻健，字建业，洪第三子。僭位四年，皇始四年。死年三十九，伪谥明皇帝。

苻生，字长生，健第三子。僭位二年，寿光二年。为苻坚所杀，年二十三。

苻坚，字永固，一名文玉，洪子雄之子。僭位二十九年，永兴二年，甘露六年，建元二十一年。为姚苌所缢，年四十八。

苻丕，字永叔，坚之长庶子。僭位二年，太安二年。为慕容永所败，走死，年无考。

苻登，字文高，坚之族孙。僭位九年，太初九年。为姚兴所杀，年五十二，前秦亡。

右前秦六主，共四十四年。

后秦，南安赤亭羌人，烧当之后。

姚弋仲，仕晋，封高陵郡公。死年七十三，伪追谥景元皇帝。

姚襄，字景国，弋仲第五子。为苻坚所杀，年二十七。

姚苌，字景茂，弋仲第二十四子。僭位十一年，白雀二年，建初九年。死年六十四，伪谥武昭皇帝。

姚兴，字子略，苌之少子。僭位二十二年，皇初五年，宏始十八年。死年五十一，伪谥文桓皇帝。

姚泓，字元子，兴之长子。僭位二年，永和二年。为宋武帝所执，送建康，斩之，年三十，后秦亡。

右后秦三主，共三十二年。

前蜀，巴西宕渠僰人。

李特，字元林。僭位一年，建初一年。死年无考，雄追谥景皇帝。

李流，字元通，特第四子。特死，自称大将军，数月死，年五十六。

李雄，字仲嶲，特第三子。僭位三十年，建兴三十年。死年六十一，伪谥武皇帝。

李班，字世文，雄养子。立一年，为李越所杀，年四十七。

李期，字世运，雄第四子。僭位三年，玉恒三年。为李寿所废，自杀，年二十五。

李寿，字武考，雄兄骧之子。僭位五年，汉兴五年。死年四十四，伪谥昭文皇帝。

李势，字子仁，寿长子。僭位四年，太和二年，嘉宁二年。为桓温所执，送建康，斩之，年无考，前蜀亡。

右前蜀七主，共四十六年。

前凉，安定乌氏人，汉常山王张耳十七世孙。按前凉实晋之藩镇，与诸僭窃者不同。故《晋书》自为传，不列于《载记》。

张轨，字士彦。仕晋为凉州牧，卒年六十。张祚即位，谥武王。

张寔，字安逊，轨世子。嗣为凉州牧，凡四年，为刘宏所杀，年无考。张祚即位，谥成王。

张骏，字公庭，寔之世子。称凉王二十二年。太元二十二年。卒年四十，谥文王。

张重华，字泰临，骏第二子。在位十一年，永乐十一年。卒年二十七，谥桓王。

张祚，字太伯，骏之长庶子。在位三年，和平三年。为宋混所杀，年无考。

张元靖，字元安，重华少子。在位九年，太始九年。卒年十四，谥冲王。

张天锡，字纯嘏，骏少子。在位十三年，太清十三年。降于姚兴，卒年六十一，前凉亡。

右前凉七主，共七十六年。

西凉，陇西狄道人，汉前将军李广十六世孙。

李暠，字元盛。僭位十七年，庚子五年，建初十二年。卒年六十，伪谥昭武王。

李歆，字士业，暠第二子。僭位四年，嘉兴四年。为沮渠蒙逊所杀，年无考，西凉亡。

右西凉二主，共二十一年。

北凉，临松卢水胡人，匈奴左沮渠之后。

沮渠蒙逊，僭位三十三年，元始三十三年。死年六十六，伪谥武宣王。

沮渠茂虔，一作牧健，蒙逊子。僭位六年，永和六年。为拓跋氏所擒，年无考，北凉亡。

右北凉二主，共三十九年。

后凉，略阳氐人。

吕光，字世明。僭位十四年，太安三年，麟嘉七年，龙飞四年。死年六十三，伪谥武皇帝。

吕纂，字永绪，光长庶子。僭位三年，咸宁三年。为吕超所杀，年无考，伪谥灵皇帝。

吕隆，字永基，光弟宝之子。僭位三年，神鼎三年。为姚兴所执，年无考，后凉亡。

右后凉三主，共二十年。

后燕，徒何鲜卑人。

慕容垂，字道明，皝第五子。僭位十一年，建兴十一年。死年七十一，伪谥成武皇帝。

慕容宝，字道祐，垂第四子。僭位三年，永康三年。为兰汗所杀，年四十四。

慕容盛，字道运，宝长庶子。僭位三年，建平三年。死年二十九，伪谥昭武皇帝。

慕容熙，字道文，垂之少子。僭位六年，光始六年。为慕容云所杀，年二十三。

慕容云，字子雨，宝之养子，本姓高氏。僭立未几，为冯跋所杀，年无考，后燕亡。

右后燕五主，共二十四年。

南凉，河西鲜卑人。

秃发乌孤，僭位三年，太初三年。死年无考，伪谥武王。

秃发利鹿孤，乌孤弟。僭位三年，建和三年。死年无考，伪谥康王。

秃发傉檀，利鹿孤弟。僭位十三年，宏昌六年，嘉平七年。为乞伏炽磐所鸩，年五十一，南凉亡。

右南凉三主，共十九年。

南燕，徒何鲜卑人。

慕容德，字玄明，皝之少子。僭位五年，建平五年。死年七十，伪谥献武皇帝。

慕容超，字祖明，德兄纳之子。僭位六年，太上六年。为宋武帝所执，送建康，斩之，年二十六，南燕亡。

右南燕二主，共十一年。

西秦，陇西鲜卑人。

乞伏国仁，僭位四年，建义四年。死年无考，伪谥烈王。

乞伏乾归，国仁弟。在位四年，更始四年。死年无考，伪谥武元王。

乞伏炽磐，乾归长子。僭位十五年，永康八年，建宏七年。死年无考，伪谥文昭王。

乞伏慕末，炽磐子。僭位三年，永宏三年。为赫连定所杀，年无考，西秦亡。

右西秦四主，共二十六年。

北燕，长乐信都人，毕万之后。

冯跋，字文起。僭位二十三年，太平二十三年。死年无考，伪谥成皇帝。

冯弘，字交通，跋弟。僭位五年，大兴五年。为拓跋氏所灭，年无考。

右北燕二主，共二十八年。

夏，匈奴右贤王去卑之后。

赫连勃勃，僭位十九年，龙升十一年，昌武一年，真兴七年。死年四十五，伪谥烈皇帝。

赫连昌，勃勃第三子。僭位四年，永光四年。为拓跋氏所杀，年无考。

赫连定，勃勃第五子。僭位四年，胜光四年。又为拓跋氏所杀，年无考，夏亡。

右夏三主，共二十七年。

五胡十六国之乱，起于晋惠帝永兴元年甲子刘渊僭号，终于宋文帝元嘉十六年己卯沮渠牧犍为魏所灭，即魏主拓跋焘太延五年也，共一百三十六年。

第十节　前赵后赵之始末

匈奴、羯

五胡之事，至为复杂，故记述最难。分国而言，则彼此不贯；编年为纪，则凌杂无绪，皆不适于讲堂之用。今略用纪事本末之例，而加以综核，凡其国之兴亡互相连贯者，则连类及之。如此则可分十六国之起伏，为五大支派。

一、汉、前赵、后赵，此二国皆互相连贯者也。十六国实无不互相连贯，今指其甚者而言。

二、前燕、后燕、南燕、北燕，此四国，皆互相连贯者也。

三、前秦、后秦、西秦、夏，此四国，皆互相连贯者也。

四、前凉、后凉、南凉、北凉、西凉，此五国，皆互相连贯者也。

五、蜀，自为一支派。亦有后蜀，不在十六国之例。

此五大支派，今当以次及之。南匈奴自降汉后，入居于西河美稷，自以为其先曾与汉约为兄弟，遂冒姓刘氏。魏分其众为五部，皆以刘氏为部帅。太康中，改置都尉，虽分属五部，皆家于汾晋之间。刘渊于武帝时，为左部帅。惠帝时，太弟颖表渊为左贤王，监五部军事，使将兵在邺。渊长八尺，须长三尺，猿臂善射，膂力过人。每观书传，常鄙随、陆之无武，绛、灌之无文。按史家述诸人，多致美辞，核之实事，毫无左验，此最不可解者。今以古来传说如此，不能不仍之云尔，学者当知可疑也。太安中，惠帝失政，诸王迭相残废，州郡奸豪，所在蜂起。渊从祖北部都尉右贤王刘宣字士则，后为渊之丞相。等议曰："自汉亡以来，我单于徒有虚号，无复尺土，自余王侯，降同编户。今吾虽衰，犹不减二万，奈何敛首就役，奄过百年？左贤王渊，英武超世，天苟不欲兴匈奴，必不虚生此人也。今司马氏骨肉相残，四海鼎沸，复呼韩邪之业，此其时矣。"乃相与谋推渊为大单于，使其党诣邺告之。渊白颖，请归会葬，颖未许。渊乃招集五部，及杂胡，声言欲助颖，实则叛之。及王浚、东嬴公腾挟鲜卑、乌桓内寇，渊说颖曰："今二镇跋扈，众十余万，恐非宿卫及近郡士众所能御也。请为殿下还说五部，以赴国难，望殿下镇邺以待之。不然，鲜卑、乌桓，未易当也。"颖悦，拜渊为北单于。渊至左国城，在今山西介休县西南。刘宣等上大单于之号，二旬之间，有众五万，按刘宣云："今吾虽衰、犹不减二万。"何以竟得五万？知其时汉族多从匈奴内叛者矣。民心如此，此所以亘数百年而不制也。都于离石。晋县，今山西永宁州治。寻迁左国城，建国号曰汉，此与冒姓刘同意。以刘宣为丞相。时颖已南奔，渊闻之，曰："颖不用吾言，遂自溃败，真奴才也。然吾与其有言矣，不可不救。"于是命其将刘景、刘延年率步骑二万讨鲜卑。刘宣等固谏曰："晋为无道，奴隶御我。今司马氏父子兄弟，自相鱼肉，此天厌晋德，授之于我。单于当兴我邦族，复呼韩邪之业，鲜卑、乌桓，我之气类，可假以为援，奈何距之而拯仇敌？"渊曰："大丈夫当为汉高、魏武，呼韩邪何足道哉？"按刘渊既不能实力援晋，又不能结好鲜卑，其后后赵遂为鲜卑所灭。渊生平大言，大率类是。永兴元年，即汉王位。东瀛公腾使将军聂玄讨之，大败，腾东奔。渊遣刘曜寇太原诸郡，皆陷之。二年，进据河东，入蒲阪，遣王弥、东莱人。石勒略冀州诸郡，及兖、豫以东。永嘉二年，僭即皇帝位，迁都平阳，遣其子聪与王弥，进寇洛阳，刘曜与赵固为后继，为晋弘农太守桓延所袭，大败而归。是冬，复遣刘聪、刘曜、王弥寇洛阳，仍败归。四年，渊死，以子和为嗣。渊死，聪杀其太子和而自立。聪究通经史百家之言，膂力骁疾，冠绝一时。即伪位，命其党呼延晏、王弥、刘曜南寇，晋师前后十二败，长驱围洛阳，陷之，纵兵大掠，虏天子，杀太子及百官已下三万余人，于洛水北筑为京观。迁帝于平阳，聪谓帝曰："卿家骨肉相残，何其甚也？"帝曰；"此殆非人事，皇天使为陛下相驱除耳！"此与羊后对刘曜语，皆丧心之谈，可以观其时贵族之教育。聪又使帝行酒，庾珉、字子琚，颍川鄢陵人，官侍中。王隽起而大哭，聪遂弑帝，并害珉等。愍帝即位于长安，聪复使刘曜陷长安，执帝归平阳。聪欲观晋人之意，使帝行酒，洗爵，更衣，又使帝执盖，多有涕泣，或失声者。辛宾起而抱帝大哭，聪又弑帝，并害宾等。聪自是志得意满，纳其臣靳準二女为左右贵嫔，大曰月光，小曰月华，皆国色也。数月，立月光为上皇后，刘氏为左皇后，月华为右皇后，遂有三皇后。既而月光以秽行自杀，刘氏死无考。又以樊氏为上皇后。其宦官王沈养女年十四，有妙色，立为左皇后；宦官宣怀养女为中皇后，遂有四后。聪遂委政于靳準、王沈及其子粲，字士则。不复朝见群臣，或三日不醒。于是石勒鸱视赵魏，曹嶷乃青州刺史，攻陷山东者。狼顾东齐，鲜卑之众，星布燕代。齐、曹嶷。代、鲜卑拓跋氏。燕、鲜卑慕容氏。赵，石勒。皆有将大之气。西北氐、羌，叛者十余万落。匈奴之势，不复支矣。晋太兴元年，聪死，而传伪位于粲。粲昏暴愈于聪，既嗣伪位，聪皇后四人，靳氏、樊氏、宣氏、王氏，年皆未满二十，并国色也，粲晨夜烝淫于内，志不在哀。未几为靳準所杀，刘氏无少长，皆斩之于东市，发掘刘渊墓，焚烧其宗庙。準谋欲降晋，而为刘曜所攻灭。曜少孤，见养于渊，身长九尺，白眉，目赤色，须不过百余根，铁厚一寸射而洞之，曾隐于管涔山，以琴书为事。聪时，曜破长安，虏愍帝，遂留镇长安。靳準之变，曜自长安赴难，未至，靳氏之党，杀準以降曜。太兴元年，僭即伪位，以晋惠帝后羊氏为皇后。一日，曜问后曰："吾何如司马家儿？"后曰："胡可并言？陛下开基之圣主，彼亡国之暗夫。有一妇，一子，及身，三耳，不能庇之。贵为帝王，而妻子辱于凡庶之手，遣妾尔时实不思生，何图复有今日！妾生于高门，常谓世间男子皆然。自奉巾栉以来，始知天下有丈夫耳。"曜甚爱宠之，颇预朝政，生二子而死。刘渊自来国号为汉，以汉诸帝为祖，曜始改国号曰赵，祭冒顿以配天。时石勒据全赵，聪之季年，已思独立。及曜即位，勒入平阳，曜奔长安，封勒为太宰、大将军、赵王，备九锡。既而悔之，吝不予。勒大怒，曰："赵王、赵帝，孤自为之，何假于人？"咸和三年，勒使石虎攻曜，曜大败之，虎奔还。曜攻石生于金墉，石生乃石勒之守洛阳者。石勒自率大众救之。将战，曜饮酒数斗，比出，复饮酒斗余，遂昏醉，为石堪所乘，坠于冰上，被创十余，通中者三，为堪所执，送归襄国，寻遂杀之。曜子胤奔上邽，为石虎所破，坑其王公以下万余人，南匈奴遂亡。凡渊、聪、粲、曜，谓之前赵，渊、聪、粲居平阳，曜居长安。

十六国半琐细不足道，惟石勒、苻坚稍大。石勒初名訇，羯人，年十四，随人行贩洛阳，倚啸上东门。王衍字夷甫，琅邪临沂人，晋之最善清谈者。见而异之，顾左右曰："向者胡雏，吾观其声视，恐将为天下之患。"驰遣收之，会勒已去。案此殆石勒贵后，愚人之词。大安中，并州饥，刺史司马腾执诸胡于山东，卖充军实，两胡一枷，此可见晋时待诸胡之法。勒时年二十余，亦在其中。勒卖与茌平师懽为奴，懽奇而免之，勒得与马牧帅汲桑相往来，遂相率为群盗。及刘渊僭位，赵魏大乱，桑与勒皆起事，始以石为姓，勒为名。及为苟晞字道将，河内山阳人，官大将军，都督中外诸军事。所败，桑死，勒归刘渊，渊使为将，遂荼毒中原，陷州郡不可胜数。寻陷山东诸郡，南寇江汉，有久据之志。张宾字孟孙，赵都中丘人。劝之北还，遂陷许昌。遇东海王越薨，其众二十余万，以太尉王衍率之，东下，勒追及之，围而射之，相践如山，无一免者。时洛阳陷于刘曜，苟晞驻蒙城，今安徽蒙城县。勒执之，以为左司马。又袭杀王弥，而并其众。寻害苟晞，复欲南寇，为晋师所败而归。勒虽强盛，然攻城而不有其地，略地而不有其人，翕然云合，忽复兽散。张宾劝其北还，进据襄国，以规久远。勒乃进据襄国，晋县，今直隶顺德府治。而以石虎镇邺。晋郡，今河南临漳县南。乃袭王浚于幽州，浚字彭祖，太原晋阳人，官司空，幽州刺史，谋僭号，而为石勒所卖。幽州，今直隶北境及盛京境。斩之；袭刘琨于并州，琨字越石，中山魏昌人，官太尉、并州刺史，琨忠于晋者。并州，今山西省阴霍州之西南。琨奔代。今山西代州。靳凖之乱，勒入平阳，焚刘氏宫室，勒始明叛于汉矣。太兴二年，伪号赵王，始号胡人曰国人，与汉人异其法制，以称胡人为不敬，著于律令。既获刘曜，遂壹中原，以咸和五年，僭即帝位。时石虎跋扈之象，中外皆知，徐光尝请于勒曰："陛下廓平八州，而神色不悦者，何也？"勒曰："吴、蜀未平，书轨不一，司马家犹不绝于丹阳，恐后之人，将以吾为不应符箓。每一思之，不觉见于神色。"案此可以见其讳胡之意。光曰："此四支之轻患耳，中山王石虎为中山王。乃陛下心腹之患也。"勒默然，而竟不从。勒以咸和七年死，传伪位于其太子弘。

弘既即位，知石虎之将篡，使石堪出据兖州今山东南境。以为援。石虎获堪，炙而杀之，虎遂杀勒妻刘氏。时石生镇关中，石朗镇洛阳，皆起兵讨石虎。虎亲攻朗于洛阳，获朗，刖而斩之。进攻长安，生部下斩生降。虎还，石弘大惧，赍玺绶亲诣虎，谕禅位意。虎曰："天下人自当有议，何为自论此也？"弘还宫，对其母流涕曰："先帝真无复遗矣。"俄而皆为虎所杀，虎遂即伪位。

石虎，勒之从子也，幼与勒母，同依刘琨，后琨送之还勒。虎长七尺四寸，性残忍，降城陷垒，坑斩士女，少有遗类。而指挥攻讨，所向无前，勒信任之，仗以专征之任。勒即伪位，虎为太尉、尚书令，镇邺。虎自以为功高一时，勒必以己为嗣继，而勒以授其子弘。虎大怒曰："主上晏驾之后，不足复留种也。"盖篡弑之念，决于此矣。既杀石弘，尽诛勒之诸子，乃即伪位。自照镜而无头，大惧，故不敢称皇帝，而称天王。迁都于邺，以子邃为太子，总百揆。邃荒恣无人理，装饰宫人美者，斩首洗血，置于盘上传观之。又择诸比丘尼有姿色者，与之交而杀之，合牛羊肉煮而食之。而疾其弟韬如仇。尝谓左右曰："吾欲行冒顿之事，言将弑父。如何？"众莫对。虎乃收邃及其妻妾、子女二十六人，同埋于一棺之中，而立子宣为太子。宣复疾韬如仇，使其党杀韬于佛寺，旦入奏之，将俟虎临丧而杀之。虎惊哀气绝，久之方苏，将出，疑而止。于是有人告变，言其事，虎乃幽宣于库，以铁环穿其颔，而锁之。取害韬刀箭，舐其血，哀号震动宫殿。寻积薪柴以焚宣，拔其发，抽其舌，断其手足，斫眼，溃肠，如韬之丧而后焚之。虎从后宫数千，登高观之，并杀其妻子九人。虎时东与慕容皝，西与张重华构兵，皆不胜，而志在穷兵，且兴作不已，营宫观者四十万人，造甲者五十万人，船夫十七万人，皆取之于民。公侯牧宰，竞兴私利，百姓失业，十室而七。猎车千乘，养兽万里，谓圈兽之地。夺人妻女十万，盈于后宫。虎知民怨，乃立私论之条，偶语之律，人不聊生矣。而石虎乃自谓得计，尝升高见其子宣行猎，从卒十八万，乐而笑曰："我家父子如此，自非天崩地陷，当复何愁？但抱子弄孙，日为乐耳。"虎太子邃、太子宣先后死，虎不知所立。初，虎将张豺曾虏刘曜女以进虎，虎嬖之，生子世。至是豺言于虎曰："陛下再立储宫，皆出自倡贱，是以祸乱相寻。今宜择母贵子孝者，立之。”虎曰：“卿且勿言，吾知太子处矣。”乃立世为太子，时年十岁。永和四年，虎死，世即伪位，石氏遂大乱，羯族以亡。凡石勒、石弘、石虎、石世、石遵、石鉴为后赵，勒居襄国，虎以下居邺。

后赵之末，慕容燕之前，有一足纪之事焉，即冉闵之逐羯是也。观此事，可知当时各族相处之况，特述之稍详于他事。初，冉闵屡世为汉将，年十二，为石勒所获，使石虎子之。既长，骁猛多力，攻战无前。石虎末年，夺民妻女凡数万家，人心思乱。定阳郡，今陕西宜川县西北。梁犊起兵，自称晋征东大将军，众数十万，自潼关以至洛阳，名城重镇，无足制限。石虎大惧，以冉闵、姚弋仲、苻洪等讨之。闵一战平之，斩梁犊，由是功名大显，胡、夏宿将，莫不惮之。石虎死，石世立，闵平秦、洛班师，遇虎子遵，因说以举兵讨世，而自立，遵从之。张豺惧，谋拒战。耆旧羯士皆曰：“天子儿来奔丧，吾当出迎之，不能为张豺城戍也。”开门迎石遵，遵遂诛刘氏、石世、张豺，而即伪位。世立凡三十三日。石冲、虎子，时镇蓟。石苞，虎子，时镇关中。皆谋讨遵，并为闵所擒斩。遵之举兵也，谓闵曰：“努力，事成，以尔为储贰。”既而立其子衍为太子，闵大怒，始有图遵之心矣。遵亦忌闵，召石鉴等人，谋于其太后郑氏之前。鉴出，驰告闵，闵以甲士三十，执遵杀之，及其太后、太子，而立鉴。遵立凡一百八十三日。时石祗、镇襄国。石成、石启、石晖，皆谋诛闵，为闵所杀。石鉴亦自欲诛闵，使李松鉴中书令。攻闵，不克，死之。又使孙伏都鉴龙骧将军。结羯士三千，攻闵，亦不克，死之。闵乃宣令内外六夷，匈奴、羯、氐、羌、鲜卑、賨。敢称兵仗者斩之，胡人或斩关，或逾城而出者，不可胜数，赵人百里内悉入城，胡羯去者填门。闵知胡之不为已用也，班令内外赵人，斩一胡首者，文官进位三等，武悉拜牙门。一日之中，斩首数万。闵躬率赵人，诛诸胡羯，无贵贱、男女、少长，皆斩之，死者二十余万，尸诸城外，悉为野犬所食。屯据四方者，所在承闵书诛之，于时高鼻多须，至有滥死者。案此则胡羯之状，为高鼻多须而深目，此状颇类今亚洲西境诸族人，而非匈奴种也，是后此族遂亡。闵遂杀石鉴，鉴立一百三日。

并石虎孙三十八人，尽灭石氏之族，羯亡，时永和六年也。闵自立为皇帝，改国号曰魏。闵临江告晋曰："胡逆乱中原，今已诛之，若能共讨者，可遣军来也。"晋人不答。时石祗据襄国，群胡典州郡拥兵者皆归之。祗使石琨率众十万攻闵，闵大败之，斩二万八千人。闵攻祗于襄国，不能拔。石琨自冀州，慕容儁自龙城，姚弋仲自滠头，戍名，今直隶枣强县东北。皆救之，三方劲旅，合十余万，三面攻之，祗冲其后，闵师大败，与十数骑奔还邺，于是人物歼矣。石祗复使刘显攻闵，为闵所败，显归而杀石祗，称尊号于襄国。闵复伐之，入襄国，杀刘显。闵归，遇慕容恪儁之大将。于魏昌，晋县，今直隶无极县东北。恪为方阵而前，闵所乘骏马曰朱龙，日行千里，左杖双刃矛，右执钩戟，顺风击之，斩鲜卑三百余级。俄而燕骑大至，围之数周，众寡不敌，跃马溃围东走。行二十余里，马无故而死，为恪所擒，送之于蓟。儁问闵曰："何自妄称天子？"闵曰："天下大乱，尔曹乱贼，人面兽心，尚欲篡逆。我一时英雄，何不作帝王耶？"儁送闵于龙城，斩于径山，山左右七里，草木悉枯。儁乃谥之为武悼天王，而祀之，时太和八年也。闵死而鲜卑始盛。

第十一节　前燕后燕

南燕北燕亦有西燕，不在十六国之列之始末鲜卑

五胡种族，惟匈奴、羯最凶暴，无人理。羯为匈奴别种，北凉沮渠蒙逊，夏赫连勃勃，皆匈奴族也。氐、羌次之。而以鲜卑为至能规仿中国，故其气运亦视别种为长，此鲜卑之特色也。鲜卑其先，有熊氏之苗裔，此与匈奴出于淳维同义。世居北夷，邑于紫蒙之野，即大棘城。号曰东胡。其后与匈奴并盛，控弦之士二十余万。秦、汉之际，冒顿盛时。为匈奴所败，分保鲜卑山，不知何地。因号鲜卑。其俗，以季春大会，作乐水上，髡头饮宴。方匈奴盛时，未有名通

于汉。光武时，南北匈奴各相攻伐，匈奴衰耗，而鲜卑遂盛。尚有乌桓一族，亦鲜卑之类，入南北朝，其族无著名之人物焉。其族有慕容氏，慕容乃步摇之讹，其祖莫护跋，好冠汉人步摇之冠，故以为氏。有段氏，未知得氏之故。有拓跋氏，《魏书》称拓跋氏出于鲜卑，其先黄帝之后，鲜卑语谓土为拓，谓后为跋，黄帝以土德王，故以为氏。《宋书》则谓拓跋出于匈奴，为李陵之后。不知孰是。又有宇文氏。《魏书》称宇文出于匈奴，而居于辽东，其语言与鲜卑颇异，人皆翦发，而留其顶上以为首饰。《周书》自称炎帝之后，鲜卑奉之为君，其俗谓天曰宇，谓君曰文，故以为氏。二说亦不知孰是。段氏、拓跋氏、宇文氏，皆相仍而起，各有所表见，而前燕、后燕、南燕、北燕，则慕容氏也。慕容氏邑于辽东北，至涉归仕晋，拜鲜卑单于。涉归死，子廆嗣。廆长八尺，雄杰有大度，初拜鲜卑都督，太康十年，始居徒河。晋县，今盛京锦州府西北。永嘉初，自称鲜卑大单于，而仍事晋。元帝中兴，廆与刘琨合辞劝进，晋封廆大单于，昌黎公。廆刑政修明，虚怀引纳，士庶多襁负归之，廆乃遍举人望，委以政事。廆之政策，南臣事晋，而西与胡羯为敌国。永嘉八年，廆卒于徒河，子皝嗣。

皝龙颜版齿，身长七尺八寸，雄毅多权略，通经学。嗣位后，其兄仁叛，尽亡辽左之地，久乃克之。咸康三年，自称燕王。是年，石虎来伐，戎卒四十余万，皝奋击，大破之。明年，又大破之。六年，入冀州，徙都龙城，故城在今内蒙古土默特右翼西。晋封以燕王，燕、赵之兴亡，决于此矣。案刘渊尝曰："鲜卑之众，未易当也。"石勒亦尝曰："鲜卑，健国也，可引以为援。"观此知羯胡极畏鲜卑。永和四年，皝卒，子儁嗣。儁长八尺，善为辞赋，既嗣燕王位，时石氏大乱，永和八年，儁遣其辅国将军慕容恪，伐冉闵，遂擒闵，送龙城，略后赵地，皆下之，得石氏乘舆服物。是年十一月，僭即皇帝位。升平三年，迁都于邺，梦石虎啮其臂，寤而恶之，命发其墓，剖棺出尸，踏而骂之，曰："死胡安敢梦生天子！"鞭而投之漳水。是年儁死，子暐嗣。儁为慕容氏极盛之时。

暐嗣位之十年，晋大司马桓温来伐，慕容垂大败之于枋头，今河南濬县西南。垂威名大盛。慕容评大不平，谋杀垂，垂奔苻坚。明年，坚将王猛来伐，评以三十万众御之，大败，评仅以身免。猛入邺，执慕容暐送长安，坚淮南败后始杀之。燕地尽入于秦，是为前燕。居邺。燕自晋帝奕太和五年燕建熙十一年。为秦所灭，历十四年，至晋孝武帝太元九年而复兴。秦建元二十年。初，慕容垂奔秦，苻坚大悦，礼之甚重。王猛劝坚杀垂，坚不听。坚淮南之败，垂军独全，坚以千余骑奔之。垂子宝，劝垂杀坚，垂不听，仍以兵属坚。垂至渑池，乃请于坚，请辑宁朔裔，坚许之。垂至邺，会丁零翟斌，北族流寓中国者。谋逼洛阳。时苻丕坚子。镇邺，乃与垂兵二千，监以氐骑秦之同种。一千，使救洛阳。垂至河内，晋郡，今河南河内县治。悉杀氐兵，而与翟斌合，反兵攻邺，僭称燕王。晋太元十年，克邺，苻丕奔并州，垂定都中山。今直隶定州。十一年，称帝。十九年，攻灭西燕。二十年，率众伐魏，战于参合陂，在今山西阳高县北。垂大败。明年复谋伐魏，得疾而还，遂死，子宝嗣。

西燕与后燕同时，西燕起于慕容泓，暐之弟也。前燕亡，泓随暐入秦，为北地长史。秦末大乱，泓闻垂已攻邺，乃亡命奔关东，收鲜卑数千人，还屯华阴。晋县，今陕西华阴县。坚遣强永击之，为泓所败，泓遂称济北王。泓在前燕，原封济北王。坚使苻叡率姚苌讨之。时慕容冲泓弟，前燕中山王，为坚所幸，时为平阳太守。亦叛，坚使窦冲讨之。叡击泓，大败，叡死之。姚苌惧罪而叛，详下。冲击冲，大破之，冲遂奔泓。鲜卑之众，因杀泓而立冲。冲进至阿房，以暐为内应，暐伏兵将杀坚，事觉，为坚所杀。太元十年，冲乃僭即帝位，改元更始，入长安。明年，冲众因冲毒虐失人心，杀冲，立冲将段随为燕王，改元昌平。寻为慕容觊所杀，觊称燕王，改元建明，率鲜卑男女三十余万口，去长安而东。慕容永有贰志，遂杀觊，慕容恒立冲子望为帝，改元建平，众不从，悉去望奔永。永杀望而立泓之子忠为帝，改元建武。永寻杀忠而自立，称河东王，称藩于垂。永求东归，为苻丕所阻，时丕称帝于晋阳。永击丕，大败之，遂称帝，改元中兴。此皆晋太元十一年事也。永居长子，晋县，今山西蒲州府。至太元十九年，为慕容垂所灭，是为西燕，不在十六国之列，故附记于此。居长子。

宝既立，是时燕已有必为魏灭之势。太元二十一年，即宝嗣位之年。魏主拓跋珪来伐，克信都，宝大惧，率万余骑奔蓟。宝子会守龙城，闻宝败，率众赴难，逢宝于路，宝分夺其军，以授弟农。会怒，攻农，杀之，遂攻宝，宝走龙城，会追围之，为宝将高云所败。会奔中山，为慕容详所杀，详遂称帝，改元建始。未几，宝弟麟叛，率众入中山，斩详，亦称帝，改元延平。宝率众自龙城将攻中山，众惮远征，皆溃，宝还龙城，为垂舅兰汗所杀，及其子弟百余人。宝子盛，兰汗婿也，故舍之。

盛以计袭兰汗及其子穆而杀之，遂即伪位，不称皇帝，称庶人大王，寻僭号。盛惩宝以优柔失众，遂峻极威刑，纤介必问，于是人不自安，遂暗中击杀之。将死，属后事于其叔父熙。垂子。

熙即位，尽杀宝、盛之诸子，而大兴土木，筑龙腾苑、景云山、逍遥宫、甘露殿、天河渠、曲光海、清凉池，时当季夏，暍死者大半。其妻苻氏，尝季夏求冻鱼脍，不得，乃悉杀有司。苻氏死，熙斩衰徒跣，悲号躃踊，死而复苏。辆车高大，毁城门而出，冯跋闭门，执而杀之，而立高云为帝。

云本高丽族，以败慕容会功，宝封以为子，拜夕阳公。既为冯跋所立，自以非种，内怀疑惧，常养壮士，以为腹心。义熙五年，冯跋又杀之，是为后燕。居龙城。

起于后燕慕容宝之时者，为南燕。初，慕容德，皝之少子也，前燕时，与慕容垂同败桓温于枋头，威望亚于垂。燕灭入秦。及宝即位，以德为丞相，镇邺。魏师南伐，宝奔龙城，详、麟先后僭号于中山。晋安帝隆安二年，魏拔燕中山，麟南奔邺，劝德僭号，德率众去邺，南走滑台，今直隶滑县。自称燕王，徐、兖之民尽附之。德入广固，今山东青州府城西北。据以为都，遂僭号。后六年死，兄子超嗣。

超僭位六年，义熙六年，宋武帝北伐，执超归于建康，斩之，是为南燕。居广固。慕容氏僭号者，前后凡十九人，至此而亡。凡慕容廆、慕容皝，慕容儁、慕容暐、慕容垂、慕容宝、慕容盛、慕容熙、慕容云、慕容泓、慕容冲、慕容觊、慕容望、慕容忠、慕容永、慕容详、慕容麟、慕容德，慕容超十九人，总谓之燕。

据龙城之旧壤，杀高云而自立者为北燕。然冯跋实汉族，非鲜卑种也，仕燕为卫中郎将，援立高云，跋为侍中，公事一决于跋。云死，跋自称燕王，在位二十三年卒。跋寝疾，少弟宏勒兵而入，跋惊惧而死。宏杀跋子百余人，遂即位。宋元嘉十三年，为魏所灭，宏走死朝鲜，是为北燕。凡冯跋、冯宏，为北燕，仍居龙城。

第十二节　前秦后秦西秦夏之始末

氐、羌、鲜卑、匈奴

氐族不详其所自来，而与中国交通极早，《诗·商颂·殷武》称："昔有成汤，自彼氐羌。莫敢不来享，莫敢不来王。曰商是常。"是知夏、商之际，已有氐名矣。其先有扈氏之苗裔，此亦循例而有之言。至晋苻洪乃入主中夏。苻洪，略阳临渭晋县，甘肃秦安县东南。氐也，其家池生蒲长五丈，节如竹形，时咸异之，谓之蒲家，因以为氏。洪少为群氐部帅，石勒徙氐于枋头，进洪爵为侯，佐冉闵平梁犊，进略阳公。冉闵之乱，群氐奉洪为主，众至十余万，至称为大单于、三秦王，谋据关中，为麻秋所鸩死。秋，石虎旧将，降洪者。子健，初名罴。遂入长安，时京兆人杜洪据长安。走杜洪，僭称天王，俄称帝，国号秦。立五年死，子生代。生残暴，弯弓露刃，以见朝臣，锤钳锯凿，备置左右，截胫刳胎，拉胁锯颈者，动有千数，勋旧亲戚，杀害略尽。苻坚时为龙骧将军，乃因人怨而杀之。

坚即位，去皇帝之号，僭称天王。晋帝奕太和五年，坚亲代燕，克邺，擒慕容暐。宁康元年，攻克晋汉中，取成都，西南诸夷悉附之。太元元年，灭代，拓跋氏。又灭凉，张氏。又平西域诸国，幅员之大，为五胡所未有。乃大举伐晋，戎六十万，骑二十七万。苻融先进攻寿春，克之，坚顿大军于项城，率轻骑八千会融，与融登城观晋军，又望八公山山名，在今安徽寿州。草木，皆类人形，顾谓融曰："此亦勍敌也。"怃然有惧色。晋将谢石欲战，融阵逼淝水，石遣使谓融小退，融亦欲俟其半渡击之，于是麾军却阵，军遂退奔，制之不可止，融马倒，为晋军所杀，军遂大败。谢石乘胜追击，至于青冈，去寿州三十里。死者相枕。坚单骑遁还，收集离散，众十余万，行未及关，慕容垂叛去，东方皆失。未几，而慕容泓、慕容冲叛，姚苌又叛，与泓、冲合攻长安。坚命其子宏守长安，自率数百骑奔五将山，山名，在今陕西岐山县。为姚苌所得。苌求传国玺，坚曰："汝羌也，图纬符命，何所依据？五胡次序，无汝羌名。玺已送晋，不可得也。"案姚弋仲亦尝曰："自古以前，未有夷狄作天子者。"是羌于胡中为最贱，其故今不可考。苌缢杀之。

坚之出长安，其子宏即奔溃，后归晋，仕为梁州刺史。坚子丕，时守邺，慕容垂围之累年，丕奔并州。坚为姚苌所杀，丕乃僭号于晋阳，进据平阳。将讨姚苌，而慕容永请假道东归，丕勿许，使其丞相王永伐之，王永败死，丕众离散，南奔晋，为晋将冯该所杀。丕族子登，初为狄道晋县，今陕西鄜州西北四十里。长，关中大乱，奔于枹罕，晋县，今甘肃河州治。群氐推为雍、河二州牧，伐姚苌，大破之。丕死，登僭号于陇东，晋郡，今甘肃平凉府西四十里。后为姚兴所攻，战死。子崇，奔于湟中，谓湟水之滨，今甘肃西宁府。僭号，为乞伏乾归所杀，氐亡，是为前秦。苻洪、苻健、苻生、苻坚、苻丕、苻登、苻崇，坚以前在长安。丕在晋阳。登在陇。崇在湟中。

仇池氐杨氏，不在十六国之列，然实氐之大宗，附志于此。氐者，西夷之别种，号曰白马。三代之际，世一朝见。秦、汉以来，世居岐陇以南，汉川以西，自立豪帅。汉武遣中郎郭昌、卫广灭之，以其地为武都郡。晋郡，今甘肃阶州西八十里。自汧、渭抵于巴、蜀，种类实繁，或谓之白氐，或谓之故氐，各有侯王，受中国封拜。汉建安中，有杨腾者，为部落大帅，腾始徙居仇池。仇池方百顷，因以为号，四面斗绝，高七里余，羊肠蟠道，三十六回，其上有丰草、水泉，煮土成盐。腾后有名千万者，魏拜为百顷氐王，千万时，仇池渐强盛。千万无子，养外甥令狐茂搜为子。惠帝之乱，群氐推茂搜为主，关中人士，流移者多依之。茂搜死，部众分为二：子难敌为左贤王，居下辨；晋县，今陕西南郑县地。子坚头为右贤王，居河池。晋县，今陕西凤县治。难敌死，子毅立，自号下辨公；坚头死，子盘立，自号河池公，臣晋。毅兄初杀毅，并盘，而自立。毅弟宋奴，复杀初。初子国又杀宋奴，自立为仇池公。永和中，国从叔俊杀国自立。国子安复杀俊自立，仍臣晋，称仇池公。安死，子世立。世死，弟统立。安子纂，杀统自立。晋咸安元年，苻坚伐纂，灭之，徙其民于关中，空百顷之地。苻坚既败，宋奴之孙定父佛奴，苻坚婿也。率众奔陇，去仇池百二十里。复称仇池公，后有秦州之地，称陇西王。寻为乞伏炽磐所杀，失秦州。宋奴之孙盛父佛狗。复称仇池公，后有汉中之地，称藩于晋，宋封盛为仇池王。盛死，子玄立。玄死，弟难当立。玄子保宗、保显皆奔宋，宋纳之。难当遂叛宋，自称大秦王，改元，置百官。元嘉中，举兵攻宋梁州，宋将裴方明来伐，难当大败，弃仇池，奔魏。宋留其将胡崇之守仇池，魏遣将吐奚弼、拓跋齐袭崇之，崇之败没。保宗弟文德，率其旧众袭魏兵，大败之，斩拓跋齐，吐奚弼遁还，文德复称仇池公。元嘉二十五年，魏人复来，文德奔建康。时氐众在汉中者数千户，宋立保宗子元和为武都王，治白水，晋县，今四川昭化县西北。旋降魏。自是杨僧、杨文度、杨文弘、杨后起、杨集始、杨绍先相为氐王，其灭亡之年，史所不详，十六国无此长久者也。杨文德以前，在仇池；杨文德以后，在武兴。

羌在两汉，最为巨患。而十六国之乱，则羌远不及鲜卑，亦不及匈奴。其显于一时者，惟姚氏而已。羌姚弋仲者，烧当之后也，仕石虎为奋武将军，封襄平公，虎遇之甚厚，而弋仲意在事晋。永和七年，石氏衰乱，弋仲使使降晋，晋拜弋仲使持节六夷大都督，督江淮诸军事，仪同三司，大单于，封高陵郡公。明年死，子襄嗣。襄自称大将军、大单于，屯于淮南，为桓温所败，西奔关中，为苻坚所杀，弟苌率子弟降于坚，事坚，官龙骧将军。慕容泓兵起，坚遣子叡讨之，以苌为副。叡败没，苌惧罪，遂叛坚，自称万年秦王，与慕容冲联和。坚出至五将山，苌执而杀之，僭称皇帝，入据长安。梦苻坚将鬼兵刺己，遂发狂而死，子兴立。

兴嗣伪位，灭苻登，陷洛阳，灭西秦，灭后凉，国势甚盛。时魏人渐盛，兴与相持，兵屡败，而方镇四叛，国力遂弱。义熙十二年，兴死，子泓立，立一年，为宋武帝所灭，羌亡，是为后秦。凡姚苌、姚兴、姚泓，皆在长安。

鲜卑乞伏国仁事苻坚，为镇西将军，镇勇士川。在今甘肃金县东北。苻坚之败，国仁遂以陇右叛，众十余万，自称大将军、大单于。未几，国仁死。

弟乾归自立，迁于苑川，故城在今甘肃靖远县西南。为姚兴所破，遂降于秦。寻逃归苑川，自称秦王，后为兄子公府所杀。子炽磐，杀公府而自立，袭秃发傉檀于乐都，灭之，兵强地广，宋元嘉间死。

子暮末嗣位，刑政酷滥，内外崩离。又为夏赫连定所逼，知不自保，遂降于魏，是为西秦。凡乞伏国仁、乞伏乾归、乞伏炽磐、乞伏暮末，皆居苑川。

夏之先出于铁弗，铁弗者，北人谓胡匈奴。父、鲜卑母之称也。刘虎为匈奴左贤王去卑之后，而母鲜卑人，遂以为号。虎始附拓跋氏，后事刘聪，拜安北将军。虎死，子务桓嗣。务桓死，弟阏陋头嗣。务桓子悉勿祈，逐阏陋头而自立。悉勿祈死，弟卫辰嗣。自务桓以来，皆依违于拓跋氏、石氏之间，至卫辰乃导苻坚灭拓跋氏。坚分代为二部：自河以西，属之卫辰；自河以东，属之刘库仁。拓跋中兴，杀卫辰，并其众，子勃勃奔于姚兴。

勃勃事姚兴，大见信重，兴以勃勃为安北将军、五原公，镇朔方，勃勃乃僭称大夏天王。耻姓铁弗，遂改为赫连，自云徽赫与天连，又号其支庶为铁伐，言刚锐如铁，皆堪伐人。宋武之入长安，擒姚泓也，自以内患南归，留子义真守长安。勃勃大喜，伐义真，大破之，遂入长安，僭称皇帝，定都统万。故城在今陕西怀远县西。蒸土为城，铁锥刺入一寸，即杀作人，而并筑之。所造兵器，射甲不入，即斩弓人；如其入也，便斩铠匠，凡杀匠数千人。常居城上，置弓剑于侧，有所嫌忿，手自杀之，视民如草芥焉。勃勃死，子昌立。

昌立，魏师来伐，拔统万。昌奔上邽，晋县，今甘肃秦州西南。为魏所擒，后以谋反诛。

昌败，弟定奔于平凉，自称尊号。未几，为吐谷浑慕璝所袭，擒定送于魏，杀之，铁弗亡，是为夏。赫连勃勃、赫连昌、赫连定，皆居统万。

第十三节　前凉后凉南凉北凉西凉之始末

昔汉武逐匈奴，夺其休屠王、浑邪王所居之地，以断匈奴与羌通之道，遂开凉州之地，即今之甘肃省也。初置五郡：金城、今兰州府。武威、今凉州府。张掖、今甘州府。酒泉、今肃州府。敦煌。今安西州。后渐增置，至晋时成三州，十余郡。其地南俯西羌，北负匈奴，西通西域，为中国用兵之处，其民遂习于武。汉末，董卓以凉州创乱，其后乱者不绝。东晋之乱，凉州割据之事，较他国尤复杂。今称举其纲领如下，而后再言其委曲。

晋以张轨为凉州刺史，其后遂据全凉独立，后为苻坚所灭，地入于秦，是为前凉。

苻坚盛时，命其骁骑将军吕光讨西域，及光平西域，归至凉州，闻秦乱亡，遂据凉州自立。其后诸郡皆叛，吕氏不能全有凉州，仅居姑臧。县名，凉州治也，汉属武威，今甘肃武威县治。未几，为姚苌所灭，是为后凉。

秃发氏为河西鲜卑之大姓，于后凉吕光龙飞二年，秃发乌孤据金城自立。至秃发傉檀，降于姚苌，苌使守姑臧。后姑臧为沮渠蒙逊所得，傉檀奔西秦，是为南凉。

秃发傉檀据金城之年，后凉建康分张掖、酒泉所置。太守段业叛，据张掖。未几，沮渠蒙逊杀业自立，旋据姑臧，后为魏所灭，是为北凉。

段业叛时，敦煌之众，推李暠为敦煌太守，而自立，后为沮渠蒙逊所灭，是为西凉。

由是观之，可知前凉为全有凉州之国，自起至灭，与诸凉无涉。而南凉、北凉、西凉，则皆分于后凉。其后则后凉并于后秦，南凉亦并于后秦，而后同归北凉。北凉复西并西凉，于是复尽有凉州之地，其后乃为拓跋魏所灭。此十六国时凉州之大沿革也。

张轨，汉张耳之后也。少明敏好学，有器望，姿仪典则，张华甚器之。仕晋为散骑常侍，以时方多难，阴图据河西。永宁初，出为护羌校尉，凉州刺史。于时鲜卑反叛，寇盗纵横，轨到官，即讨破之，斩首万余级，遂威著河西，遂定凉州之业。轨在州十三年薨，子寔嗣。

寔即位，晋拜寔凉州刺史，西平公。及刘曜陷长安，愍帝蒙尘，寔乃自称凉州牧，承制行事。于时天下丧乱，秦、雍之民，死者十八九，唯凉独全。寔在位六年，太兴三年。为左右所弑，弟茂嗣。

茂即位，时与晋隔绝，茂自号平西将军、凉州牧，而推寔子骏为西平公。刘曜来寇，击退之。茂雅有志节，能断大事，太宁三年卒。临终，命传位于骏，遗令白帢入棺，无以朝服。

骏即位，自称凉州牧、西平公。骏始逐辛晏，陇西人，时据枹罕。克枹罕，有河南之地，今巩昌、秦、阶诸州境。于是分凉州为三州。一曰凉州，领武威、武兴、西平、张掖、酒泉、建康、西海、西郡、湟河、晋兴、广武十一郡。二曰河州，领金兴、晋城、武始、南安、永晋、大夏、武城、汉中八郡。三曰沙州，领敦煌、晋昌、高昌三郡，西域都护、戊己校尉、玉门大护军三营。州各有刺史，骏私署凉王，督摄三州。永和元年薨，子重华嗣。

重华即位，自署凉王，秦、雍、凉三州牧。石虎来寇，大败之。永和十年重华薨，子曜灵嗣立。

曜灵立，年十岁。重华兄祚，弑曜灵而自立。

祚专为奸虐，骏及重华女未嫁者，皆淫之。明年，其河州刺史张瓘起兵讨之，骁骑将军宋混，率众应瓘。军至姑臧，祚厨士徐黑杀祚，众立重华少子玄靖。又作元靓。

玄靖即位，袭凉王，张瓘辅政，欲杀宋混，而废玄靖。宋混攻张瓘杀之，遂辅政。未几，混死，混司马张邕起兵灭宋氏而辅政。骏少子天锡因民心杀邕，弑玄靖，遂即凉王位。

天锡嗣位，凶贼不仁。太元元年，苻坚遣将苟苌、毛当、梁熙、姚苌来伐，天锡败，降于秦，张氏亡，是为前凉。苻坚淝水之败，天锡奔晋，晋仍拜天锡西平郡公、卢江太守，遇之甚厚。而天锡国破家亡，形神昏丧，虽处朝列，不复齿及，资人戏弄而已。桓玄时卒，年六十一。凡张轨、张寔、张茂、张骏、张重华、张祚、张玄靖、张天锡八主，皆居姑藏。

晋哀帝兴宁三年，秦苻坚建元元年。秦灭前凉，孝武帝太元十一年，秦苻登太初元年。吕光僭号于姑臧，凉为秦有者正二十二年也。初，略阳氏与苻坚同种。吕婆楼为苻坚大将，婆楼子光，长八尺四寸，沉毅知兵，仕秦为骁骑将军。孝武太元八年，秦苻坚建元十九年。坚使光率众讨西域诸胡，所经诸国，莫不降附。至龟兹，王帛纯拒战，诸胡救帛纯者七十余万，光大败之，帛纯逃去，降者三十余国。本《载纪》云，胡厚于养生，家有葡萄酒千斛，十年不败。可以知其人之种族矣。光乃以驼二千余头，致外国珍宝、殊禽、怪兽千有余品，骏马万余匹而还。时苻坚败后，中原大乱，坚凉州刺史梁熙发兵拒光，光击之，遂入姑臧，自署凉州刺史，太元十年也。明年，称凉州牧、酒泉公。未几，称三河王，改元，寻僭号天王。光死，子绍嗣，绍兄纂杀绍而自立。纂昏虐任情，忍于杀戮，纂弟超杀纂，而立其兄隆。

隆即位，沮渠蒙逊、秃发傉檀频来攻击，乃降于姚兴，氏吕氏亡，是为后凉。凡吕光、吕绍、吕纂、吕隆，皆居姑藏。

后凉之所以不及前凉之统一者，其钤键全在段业。晋安帝隆安元年，吕光龙飞二年。其建康太守段业叛，自称凉州牧，以孟敏为沙州刺史，李暠为效谷令。今甘肃敦煌县西。敏死，众推暠领敏众，居敦煌，寻自号凉公，迁于酒泉。暠死，子歆嗣，与沮渠蒙逊战于蓼泉，为蒙逊所杀，遂入酒泉。

歆弟恂复自立于敦煌，复为蒙逊所攻灭，李氏亡，是为西凉。凡李暠、李歆、李恂，居敦煌。

鲜卑秃发氏，其先有寿阗，寿阗生于被中，乃名秃发。其俗为被覆之义，世为河西大族。至乌孤，为吕光益州牧。龙飞二年，段业叛吕光，乌孤亦以是年据金城，称武威王。后坠马而死，弟利鹿孤嗣。

利鹿孤即位，自称河西王。寻卒，弟傉檀嗣。

傉檀即位，僭号凉王，降于姚兴，兴使为凉州刺史，镇姑臧，遂有后凉地。傉檀西袭乙弗，不知其处，当去乐都不远。使文支守姑臧，子虎台守乐都。晋县，今甘肃碾伯县治。乞伏炽磐乘虚来袭，陷乐都。傉檀方大胜乙弗，将士闻之，皆逃散，傉檀乃降于炽磐，寻为炽磐所杀，秃发氏亡，或云后为吐番。是为南凉。凡秃发乌孤、秃发利鹿孤、秃发傉檀，居乐都。

凉州诸酋之至强者，沮渠蒙逊也，蒙逊为匈奴左沮渠之后，故以为氏，为河西大族。吕光龙飞二年，蒙逊二伯父罗仇、麴粥，从吕光征河南，大败，为光所杀，宗族会葬者万人。蒙逊哭谓众曰："吕王髦荒，虐民无道，君等岂可坐观成败，使二父有恨黄泉乎？"众咸称万岁，遂立盟约，一旬之间，众至万。乃推建康太守段业为凉州牧，业惮蒙逊雄武，微欲远之，蒙逊亦内不自安。蒙逊兄男成，素有恩信，部众附之，蒙逊乃密诬告男成叛逆，使业杀之。蒙逊乃泣告众，欲为男成复仇，众从之，遂攻杀业，自称凉州牧、张掖公。既克姑臧，自称河西王。复灭敦煌，遂有全凉之境。宋文帝元嘉十年，蒙逊死，子牧犍嗣立。

沮渠牧犍，尚魏公主，即位六年，魏师来伐，乃降于魏。

牧犍之败也，其弟无讳奔晋昌。魏真君时，围酒泉，克之。复围张掖，不克，遂奔西域，西域诸国拒之。三年，西域败，无讳据鄯善立国。

无讳死，弟安周代立，为蠕蠕所灭，沮渠氏亡，是为北凉。凡沮渠蒙逊、沮渠牧犍、沮渠无讳、沮渠安周，前二世居姑臧，后二世居鄯善。

第十四节　蜀之始末賨

与汉族相争，而割中国之地，以自立国者，大抵唯北族能之。若西南夷而能与中国抗者，古今一蜀李氏而已。李氏者，廪君之苗裔也。巴郡、南郡蛮，本有五姓，巴氏、樊氏、瞫氏、相氏、郑氏，皆出于武落钟离山。未详何在。其山有赤、黑二穴，巴氏之子，生于赤穴；四姓之子，皆生黑穴。未有君长，俱事鬼神，乃共掷剑于石穴，约能中者，奉以为君。巴氏之子务相，乃独中之，众皆叹。又令各乘土船，约能浮者，当以为君，余姓悉沉，唯务相独浮。因共立之，是为廪君。廪君乃乘土船，从夷水至盐阳。皆未详何地。盐水有神女，谓廪君曰："此地广大，鱼盐所出，愿留共居。"廪君不许。盐神暮辄来取宿，旦即化为虫，与诸虫群飞，掩蔽日光，天地晦冥，积十余日。廪君思其便，因射杀之，天乃开明。廪君于是君乎夷域，四姓皆臣之。廪君死，魂魄世为白虎，巴氏以虎饮人血，遂以人祠焉。以上皆《后汉书》引《世本》语，《晋书·载纪》再引之，此即西南夷自言其开国之神话也。世居于巴西宕渠。秦并天下，为黔中郡，薄赋其民，口出钱三十。巴人谓赋为賨，因为名焉。汉末大乱，自宕渠迁汉中，魏武时又迁略阳，遂与氐相习。賨人李特，生于略阳，身长八尺，沉勇有大度，曾仕州郡，为賨渠。晋惠时，关西大乱，特率流人复自略阳迁汉中，遂入巴蜀。时晋益州刺史赵钦反，特起兵诛之，晋拜特宣威将军、乐乡侯。诸流人皆刚剽，有氐、羌习也。殆盈十万，而蜀人懦弱，客主有不相制之势。而晋朝受流人贿赂，听其就食，于是散在梁、益，不可复制。寻朝廷忽下苻秦雍州，凡流人入汉川者，皆征还，于是流人大惧。晋益州刺史罗尚等，又诛求不已，流人乃推李特为主，与罗尚相攻，屡破之。太安元年，特自称益州牧，改年号。太安二年，罗尚大败之，斩特于阵。

特弟流，代统特众，时流人大衰，流将降尚。有涪陵人范长生，岩居穴处，求道养志，向为蜀人所敬信，而心愿助賨，范长生为汉族儒者，而欲助賨逐汉，其用心殆不可解。后賨人尊长生为天地太师。賨遂复盛。流寻病死。

特子雄立，逐罗尚，克成都，益有全蜀，以永兴元年，僭号成都王。范长生复劝雄称帝，雄遂以光熙元年称帝，国号成，以长生为天地太师，领丞相、西山王。雄死，兄荡子班立。

班嗣伪位，雄子期杀班而自立。

期僭号，特子骧之子寿，复杀期而自立，改国号曰汉。寿生平欣慕石虎，耻闻父兄时事，蜀民始怨矣。寿死，子势嗣，三年，为桓温所灭，賨亡，是为蜀。凡李特、李流、李雄、李班、李期、李寿、李势，皆居成都。

賨李氏在十六国中为蜀，亦称为前蜀。前蜀者，对后蜀而言之也。李氏自晋永和三年亡后，又四十八年，至义熙元年，安西府参军谯纵，巴西南充人。据涪城叛，自号梁、秦二州刺史，杀益州刺史毛璩。纵入成都，自称成都王，而称藩于姚兴。义熙十年，为宋将朱龄石所灭。此所谓后蜀也。

以上为十六国之始末，其间唯前凉张氏，西凉李氏，北燕冯氏为中国人，余皆胡人也。晋、南北朝时，胡族与中国交涉者不止此，此则皆寄居内地诸降胡所为，其事与黄巾群盗相同，而与敌国外患有别，故附记于八王之后，所以见中国之乱，当时有如此也。若夫其他边外诸族，则俟中衰时代汉族历史述毕后，再及之。

第十五节　元帝王敦之乱

贾后之乱，八王之乱，皇室也。五胡之乱，异族也。因此二衅，遂使中国几亡，黄河以北，沦为异域者数百年，其祸亦烈矣。然其时汉族之人，其幸灾乐祸者，亦正不乏。怀、愍之际，王弥乱于青兖，东莱人，为刘渊侍中，劝渊称帝，偕刘曜陷洛阳，逼辱羊后，发陵寝，死者三万人。又历陷中原各郡，后石勒袭杀之。张昌乱于江汉，平氏县吏，据江夏，专造妖言，立妖贼丘沈为天子，名之曰圣人，后为陶侃所破，伏诛。陈敏乱于淮徐，字令通，庐江人，仕晋为广陵度支。因张昌之乱，遂有吴越，后为顾荣所败，走死。王如乱于襄沔，京兆新丰人，大掠于沔汉间，与石勒结为兄弟，后为王敦所杀。杜曾乱于南郡，新野人，自称南中郎将、竟陵太守，后为陶侃、周访所杀。杜弢乱十湘中，字景文，蜀郡成都人，自称湘州刺史，后为陶侃、周访所杀。王机乱于交广。字令明，长沙人，为晋交州刺史，乘乱谋自立，后为陶侃所杀。其人或出士族，或为庶民，而皆为汉人，史所谓永嘉之乱也。愍帝年号。其后大都为王敦、陶侃所平，而后祸即基于此。终东晋之世，大半皆朝廷与藩镇，或冲突，或调停之事，今举其要者述之。

元帝本晋之庶孽，位不当立。永嘉之乱，帝为安东将军，都督扬州诸军事，镇下邳。晋县，今江苏邳州。用王导计，始移镇建康。今江苏江宁府治。以顾荣字彦先，吴国吴郡人，吴相顾雍之孙，为南土著姓，官侍中。为军司马，贺循字彦先，会稽山阴人，吴将贺齐之孙，官太常、太子太傅。为参佐，王敦、字处仲，琅琊临沂人，魏、晋之名族也，尚武帝女襄城公主，事详后。王导、字茂弘，敦从弟，事详后。周顗、字伯仁，汝南安城人，官尚书左仆射，后为王敦所杀。刁协，字玄亮，渤海饶安人，官尚书令，后为王敦所杀。并为腹心股肱，宾礼名贤，存问风俗，江东归心焉。其间以王氏之功为至多，亦以王氏之权为至大。初，元帝为琅邪王，导以世爵为尚书郎，与帝素相亲善。导知天下已乱，遂倾心潜奉，有兴复之志。及帝镇建康，吴人不附，居月余，士庶莫有至者。导乃躬造顾荣、贺循，为帝延誉，二人皆应命至，二人皆江东之望也。由是吴会风靡，君臣之分始定。俄而洛京倾覆，中州士女，避乱江左者十六七，导劝帝收其贤人君子，与之图事。时中原虽乱，而江右晏安，户口殷实。导为政，务在清静，朝野倾心，号为仲父。元帝既任王导为相，又任王敦为将。敦，导之从兄，少有奇人之目，东海王越辅政时，以敦为扬州刺史。帝初镇江东，敦与导同心翼戴。江州刺史华轶，字彦夏，平原人。不奉帝命，敦督甘卓字季思，丹阳人，吴将甘宁之孙，官梁州刺史，后为王敦所杀。击斩之。蜀贼杜弢作乱，敦遣陶侃、周访字士达，汝南安城人，官荆州刺史。击斩之。杜曾作乱，敦又遣陶侃、周访击斩之。考东晋建国之初，乱事七起，惟二杜为敦所平。其他五者，王弥败于石勒，与江东无涉；张昌平于陶侃，在刘弘都督荆州时，王敦未用事也；陈敏之溃，因江左人望不附，故于敦无与；王如以见逼于石勒而降敦，亦非敦之功；王机为陶侃所破，在敦与侃疑贰之后矣。威名日著，时人为之语曰：“王与马，共天下。”敦素有重名，又立大功于江左，专任阃外，手握强兵，遂欲专制朝廷，有问鼎之心。帝畏而恶之，遂引刘隗、字大连，彭城人，为丹阳尹，寻出镇泗口，为王敦所逼，奔石勒，病卒。刁协为心膂，导、敦等甚不平，于是嫌隙始构矣。敦每酒后，辄咏魏武《乐府歌》曰："老骥伏枥，志在千里。烈士暮年，壮心不已。"以如意打唾壶为节，壶边尽缺。永昌元年正月，敦为侍中、大将军、江州牧，遂率众内向，敦镇武昌，为建康之上游，其后六朝方镇之叛者，皆处上游之势者也。伪以诛刘隗、刁协为名，帝亦下诏讨敦。四月，敦至石头，王导、周顗、戴渊字若思，广陵人，官尚书仆射，寻出镇寿阳，后为王敦所杀。三道攻之，皆败。敦入石头，杀周顗、戴渊、刁协，惟刘隗北奔得免。敦拥兵不朝，自署丞相、江州牧、武昌郡公，还屯武昌。又杀甘卓，元帝以忧愤而崩。明帝即立，敦移姑孰，今安徽太平府治。暴慢愈甚，以沈充、字士居，湖郡武康人。钱凤字世仪，亦不知何许人。为谋主，充等并凶险骄恣，共相驱扇。敦以温峤字太真，太原祁人，少事刘琨，琨使至江左劝进，遂留江左，官骠骑将军、江州刺史。为丹阳尹，欲使觇伺朝廷。峤至，具以敦谋告帝。明帝性沉毅，久欲讨敦，尝微服至芜湖，察其营垒，既闻峤言，知众情所畏惟敦，乃伪言敦死，下诏讨之。而敦亦竟病，不能御众，以其兄含为元帅，率钱凤等内向，以诛温峤为名。太宁二年七月，帝自将与王含战于越城，在秦淮南。王氏大败。敦闻怒曰："我兄老婢耳，门户衰矣。"因作势而起，困乏复卧。敦梦刁协乘轺车导从，瞋目令左右执之，遂惊惧而死，年五十九。敦无子，以含子应为后，应不发丧，日夜淫乐。充复率众渡淮，临淮太守苏峻，进击大破之，钱凤、沈充皆死。含与应单船奔荆州刺史王舒，敦之从弟。舒使人沉之于江。惟王导历相元帝、明帝、成帝三世，以咸和五年卒，年六十四，王氏仍为江东望族。

第十六节　成帝苏峻之乱

晋之名将，王敦之外，曰甘卓，曰陶侃，曰周访，敦皆惮之，故终访之世，敦不敢动。及敦作逆，卓已耄荒，敦袭杀之。侃时为交州刺史，远在岭外。故敦一举事，天下无其敌，遂至不可收拾。而崛起而灭敦者，乃在素不知名之苏峻，峻于是以天下为莫己若，故继敦而称兵焉，此苏峻与王敦相因之理也。峻字子高，长广掖人，少为书生，永嘉之乱，百姓流亡，所在屯聚，峻纠合数千家，结垒于本县，后远近皆推以为主。青州刺史曹嶷王弥将，降晋者。疑之，峻不自安，率数百家，泛海奔晋。太宁初，历官至临淮太守。王敦内向，使人说峻，峻不从。王敦平，加冠军将军、历阳内史、邵陵公。峻以单家，聚众于扰攘之际，归顺之后，志在立功，既有功于国，威望渐著，至是有锐卒万人，器械甚精，朝廷以江外寄之，峻遂潜有异志。时明帝崩，成帝初立，年幼，皇太后庾氏临朝，政事一决于后兄亮。字元规，颍川鄢陵人，代王导为司徒。亮与峻不平，乃征峻为大司农，峻以为害己，曰："我宁山头望廷尉，不能廷尉望山头。"咸和二年，遂反，遣其将韩晃、张健袭姑孰，自率万人济江，进据覆舟山，在建康城北。因风放火，台省营寺，一时荡尽，遂陷宫城，纵兵大掠，裸剥士女，哀号之声，震动内外。峻自为骠骑领军将军，录尚书事，以祖约字士少，祖逖之弟，继逖为豫州刺史，与苏峻同反，峻败，约奔石勒，勒恶其为人，灭其族。为太尉、尚书令。明年，江州刺史温峤自寻阳，宋郡，今江西九江府。荆州刺史陶侃自武昌，晋郡，今湖北武昌府。皆起兵讨峻，峤等与峻连战皆败，峤初轻峻，及连败，亦深惮之。九月，与峻战于石头，在今江宁府西。峻舍其众，率数骑突阵，峤军投之以矛，峻坠马，遂斩之。峻司马任让等，立峻弟逸为主，未几，皆为峤等所诛。

第十七节　晋末桓氏之乱

晋自成帝咸和三年，平苏峻之乱后，至安帝元兴二年，中间七十六年，北方极石勒、石虎、冉闵、慕容暐、苻坚、慕容垂、姚苌、吕光、段业、秃发乌孤、沮渠蒙逊、李暠、乞伏国仁之乱，皆蜂起于是时，生民几将灭矣。

而江左独晏然无事，休养生息，国力渐充，遂成二次北伐之效，此桓氏之功也。使非北方混壹于拓跋氏，则光复旧物，非无望也。桓氏仕晋，始自桓彝。字茂伦，谯国龙亢人。彝少孤贫，而早得盛名，仕至宣城太守，苏峻之乱，为峻所害。彝有五子，温、云、豁、秘、冲，并知名，而与历史有关系者，则惟温。温字元子，彝之长子也，幼时为温峤所赏，故名温。既长，眼如紫石棱，须作蝟毛磔，时人谓为孙仲谋、司马宣王之流，尚帝女南康公主。永和二年，历官至荆州刺史。时李势力微弱，温率众伐之，遂灭蜀。及石虎死，永和四年。赵魏大乱，温谋北伐，自江陵晋县，今湖北江陵县。率众而下。朝廷恐其为变，乃以殷浩字深源，陈郡长平人。为扬州刺史以制之，温遂还镇。浩素负盛名，累征不就，于时拟之管、葛，伺其出处，以卜江左兴亡。王蒙、字仲祖，太原晋阳人，哀帝王皇后之父。谢尚，字仁祖，陈国阳夏人，官豫州刺史。尝相与省之，知浩有确然之志，退而相谓曰："深源不起，当如苍生何！"及是为扬州刺史，毅然以中原为己任。然温素知浩，弗之惮也，以国无他衅，遂得相持弥年。时后赵初亡，羌姚襄率众降于浩，浩因是得至洛阳，修复园陵。已而姚襄叛，浩弃军而走，器械都尽。温因朝野之怨，遂奏废浩。浩既被废，但终日书空作"咄咄怪事"而已。后温将以浩为尚书令，浩欣然许焉，将答书，虑有谬误，开闭者数十，竟达空函，大忤温意，由是遂绝。永和十二年，卒于家，子涓为温所杀。温遂统步骑四万出襄阳，以趋长安，与苻生战于蓝田。晋县，今陕西蓝田县。温奋击大破之，苻健以五千人自守。居人皆持牛酒迎温，耆老感泣曰："不图今日复见官军！"居久之，温以粮尽引还。温自以雄姿风发，自谓宣帝、即司马懿。刘琨之俦，有以其比王敦者，意甚不平。及是征于北方，得一巧作老婢，访之，乃琨伎女也。一见温，便潸然而泣。温问其故，答曰："公甚似刘司空。"温大悦，出外整理衣冠，又呼婢问。婢云："面甚似，恨薄；眼甚似，恨小；须甚似，恨赤；形甚似，恨短；声甚似，恨雌。"温于是褫衣解带，昏然而睡，不怡者数日。案此事类乎戏言，似非当时实事。然史称温自拟刘琨，人比以王敦则不乐，而又称温行经王敦墓，望之曰："可人，可人！"又常慨然曰："既不能流芳后世，不足复遗臭万年耶？"是温之用心，前后互异，恶知不为此老婢所激哉？永和十二年，温北伐，与姚襄战于伊水，水名，战处当在洛阳之南。大败之，襄遂西奔，温至洛阳而旋。还军之后，北方复陷于贼。哀帝兴宁二年，温又北伐，与慕容垂战于枋头，死者三万人。温久怀异志，欲先立功河朔，还受九锡，既逢覆败，名实顿减，于是急于废立以立威，乃诬帝哀帝弟奕。为阉，而立简文帝，温自为丞相、大司马。俄而帝疾，温意简文临终，必传位于己，及简文崩，遗诏以子曜为嗣，温怨愤。孝武即曜。征温入朝，温至，有位望者，咸震慑失色。温谒成帝陵，因而遇疾，史言温忽见成帝责之。归于姑孰，讽朝廷加己九锡。谢安、字安石，谢尚从弟，官太傅。王坦之字文度，太原晋阳人。故缓其事，锡文未成，而温死，年六十二。温弟冲，字幼子。代领其众。时谢安之御苻坚也，冲深以为忧，对众叹曰："天下事可知。吾其左衽矣！"俄而王师大捷，苻坚仅以身免。时冲已病，遂惭耻而终。盖是时北府兵强，谢安使谢玄以精兵镇北固，谓之北府，其后谢玄之败苻坚，刘裕之诛桓玄，及擒慕容超，杀卢循，灭姚弘，皆此军也。冲有所慑而不敢，非真忠于王室也。然桓氏素树威于荆楚，人乐为用，故温、冲继没，而余业遂集于玄。

淝水战后之二年，太元十年。谢安卒。帝弟会稽王道子，继安执政，道子与帝日夕以酣歌为事，朝廷无复有政治。太元二十一年，帝为张贵人弑于清暑殿，伪云因魇暴崩。太子暗弱，会稽王道子昏荒，遂不复推问。安帝既立，寒暑饥饱，亦不能辨，赖人为之节适，愚暗更甚于孝武，朝政愈坏。时帝舅王恭，字孝伯，太原晋阳人，哀王皇后之侄，孝武王皇后之兄也。自以元舅之尊，风神简贵，素与道子不协。恭镇北府，后将军王国宝，史失其字，王坦之之子，谢安之婿也。劝道子因恭入觐，杀之。恭知其谋，隆安元年，乃密结江州刺史殷仲堪，陈郡人，史失其字。前义兴太守桓玄玄仕为义兴太守，忽忽不乐，弃官就国。温封南郡公，玄袭其爵，故居荆楚，与仲堪同居，仲堪甚敬惮之，州人畏玄，甚于仲堪。为援，而己举兵内向，以诛国宝为名。道子大惧，杀国宝以说于恭，恭乃还。隆安二年，谯王尚之字伯道，宣帝弟进之玄孙。说道子，以藩伯强盛，宰相权弱，乃以其司马王愉史失其字，坦之子，国宝兄也，后为宋武所杀。为江州刺史，新立江州，非仲堪所统。割豫州所统四郡与之。时庾楷失其字，庾亮之孙。为豫州刺史，大恶之，乃说王恭、殷仲堪、桓玄同举兵内向，以诛王愉、尚之及弟休之为名，恭等并许之。道子不知所为，悉以事付其子元显，已但日饮醇酒而已。九月，尚之大破庾楷于牛渚，楷单骑奔桓玄。后复欲杀玄，应道子，谋泄被杀。王恭未发，元显使人说其司马刘牢之，字道坚，彭城人。谓杀恭，即以恭之位予之。牢之遂袭恭，恭将奔桓玄，至长塘湖，在今金坛县。为人所告，执至京师，斩之。于是北府、西府豫州刺史镇历阳，谓之西府。皆平，惟仲堪及玄，连败官军，进至石头。朝廷危逼，乃谋间殷、桓之交，诏玄为江州刺史，而出仲堪为交州刺史，玄大喜，犹豫未决。仲堪大怒，遽西归，谓诸军曰："汝辈不即散归，吾至江陵，悉诛汝家。"诸军欲散，玄大惧，追及仲堪于寻阳，相盟，以子弟交质，皆不受朝命。朝廷不得已，乃以仲堪为荆州，玄为江州，乃各还镇。时雍州刺史杨佺期，弘农华阴人，曾为仲堪司马，劝仲堪杀桓玄者。与玄有隙，玄恐终为殷、杨所灭，隆安三年，起兵攻仲堪，佺期来救，玄大败之，斩佺期。仲堪闻佺期死，将奔姚兴，为玄所追获，仲堪自杀。朝廷以玄督荆、江、司、雍、秦、梁、益、宁八州诸军事，江州刺史，玄自谓三分有二，为势运所归矣。于是中外乖违，相持者数年。元兴元年正月，以元显为大都督，刘牢之为前锋，时帝童骏，道子昏荒，国事皆元显为之。以讨桓玄。玄闻之大惊，欲完聚保江陵。玄虽必反，然为朝廷未暇讨己，猝闻之故惊。长史卞范之字敬祖，济阴宛句人，玄之谋主也。劝玄东下，玄发江陵，及过寻阳，不见官军，意甚喜。二月至姑孰，杀谯王尚之。时镇西府。时元显所仗，惟刘牢之，时镇北府。三月，牢之降于玄，牢之欲假玄以图执政，而自取之，不意竟为桓玄所卖，夺其兵柄，自缢死。玄遂至新亭，今江宁府西。元显之众遂溃。玄入建康，收会稽王道子，及元显，皆杀之，自署总百揆，都督中外诸军事，录尚书事，扬州牧，领徐、荆、江三州刺史，假黄钺，此后遂为图篡者必历之阶。还镇姑孰，迁帝于寻阳。元兴三年十一月，自称为相国、楚王，寻受安帝禅，国号大楚。以桓石康桓温子豁之子。为荆州刺史，镇江陵。郭昶之为江州刺史，镇寻阳。桓弘桓冲之子。为青州刺史，镇广陵，今江苏扬州府治。以桓脩桓冲之子。为徐、兖二州刺史，镇京口，今江苏镇江府治。刁逵刁协之孙。为豫州刺史。镇历阳，今安徽和州。此五州为南朝重镇。玄既得意，骄奢荒侈，游猎无度，性又暴急，呼召严速，朝野劳瘁，思乱者十家而至八九。元兴三年二月，刘裕、即宋武帝也，事见后。刘毅、字希乐，彭城人。何无忌东海郯人，刘牢之之甥也。等在京口，合谋起兵，使其党刘毅、刘道规、裕弟。孟昶平昌人。杀桓弘，据广陵；诸葛长民琅琊阳都人。杀刁逵，据历阳；王叡、字元德。王懿、字仲德，叡弟，二人皆苻秦臣来奔者。辛扈、陇西人。童厚之东莞人。在建康攻玄，为内应；裕与何无忌杀桓脩，据京口，刻期齐发。二月乙卯，刘裕伪称传诏，直入斩桓脩，遂据京口。刘毅亦以出猎斩桓弘，据广陵。惟王叡等谋泄，为玄所杀。诸葛长民亦事泄，为刁逵所囚，将送之玄，至途，闻玄败，送人共破槛，出长民，还趋历阳，刁逵走死。玄闻裕起，忧惧特甚，顾左右曰："刘裕足为一世之雄；刘毅家无担石之储，樗蒲一掷百万；何无忌酷似其舅。今共举大事，吾其败乎！"初，刘裕从桓脩入朝，玄妻刘氏有智鉴，谓玄曰："刘裕龙行虎步，瞻视不凡，恐终不能居人下，不如早除之。"玄曰："我方平荡中原，非裕莫可用者，俟关河平定，然后徐议之耳。"三月，裕军进至江乘，晋县，在今江苏句容县北六十里。斩玄将吴甫之、皇甫敷二人，皆玄之骁将也。卞范之悉众屯覆舟山，裕又大败之，玄遂西奔。裕入建康，自为徐州刺史。玄挟帝至江陵，桓石康纳之。五月，裕使刘毅追及玄，又败之，玄弃帝将奔汉中，就桓希，希时为梁州刺史。行至回枚洲，在江陵县南水中。益州刺史毛璩，字叔琏，荥阳阳武人。使兄孙毛祐之迎斩之。刘毅自谓大事已定，不急追蹑诸桓，桓谦、字敬祖，冲之长子，玄之扬州刺史。桓振字道全，桓豁之孙，玄之淮南太守。匿于沮泽中，聚党得二百人，袭江陵，陷之，复挟帝。何无忌攻之，大败。义熙元年正月，刘毅攻克江陵，奉帝返正，诸桓皆奔姚兴。桓氏久处江、荆，故人乐为用，至是遂亡，朝政归于刘裕，安帝端拱而已。其后又十六年，刘裕篡位，司马氏亡。此两晋之大略也。至于晋之政治、教化、风俗、艺文，均与宋、齐、梁、陈相联属，当俟下总述之。

第十八节 宋武帝之概略

二十四史中，人主得国之正，功业之高，汉高而外，当推宋武，不得以混壹偏安之异，而有所轩轾也。宋武姓刘氏，名裕，字德舆，小名寄奴，彭城人，自云汉楚元王交之后，《宋书·本纪》叙自交至裕，凡二十一世，皆记其官与名，似甚可据。而《魏书》以为本姓项氏，殆不可考。身长七尺六寸。时晋人风俗，尚门第，贵冲虚，而帝名微位薄，轻狡无行，仅识文字，樗蒲倾家，落魄不修廉隅，故盛流皆不与相知。隆安三年，孙恩作乱于会稽，恩字灵秀，琅邪人，世奉五斗米道。叔父泰，事钱塘杜子恭，子恭有秘术，泰传其法，百姓敬之如神。泰见晋祚将终，私合徒众谋为乱，谋泄，会稽王道子诛之，恩逃于海。众闻泰死，皆谓蝉蜕登仙，就海中资给恩。恩合亡命百余人，自海上攻上虞，沿海郡县，莫不响应，旬日之间，众数十万。恩据会稽，号其党曰长生人，寻为刘牢之所破，复逃入海。其后屡寇沿海及江边郡县，皆为宋武所破，穷蹙赴海自沉，妖党谓水仙。恩死，众推恩妹夫卢循为主，循字子先，卢谌之曾孙也。循改恩之旧策，不攻江浙，袭广州据之。时宋武新诛桓玄，朝廷多故，乃授循广州刺史。朝廷以刘牢之讨之，帝应募为牢之参军，帝大破孙恩，以功迁下邳太守。桓玄起兵，朝廷以会稽世子元显为都督，讨玄，以刘牢之为前锋。牢之阴持两端，帝极谏，牢之不听，乃降于玄。玄人建康，以牢之为会稽内史，牢之知被卖，私告帝，欲起兵于广陵。帝知牢之将败，自还京口，起兵讨桓玄。义熙元年，桓氏灭，安帝复位，以帝为侍中、车骑将军，都督中外诸军事，使持节，徐、青二州刺史，录尚书事，封豫章郡公，寻进扬州刺史。义熙六年二月，南燕慕容超寇宿豫，晋郡，今江苏宿迁县。大掠男女二千五百，付其太乐教之，以为优伶，帝恶之。三月，自将伐南燕，先为舟师，自淮入泗。五月，至下邳，留船舰辎重，步进，至琅邪，所过皆筑城留兵守之。众虑鲜卑塞大岘山名，在今山东沂水县境。之险，坚壁清野，大军深入，不惟无功，将不能归。帝料其必不能，既过大岘，燕兵不出。帝举手指天，喜形于色，曰："虏已入吾掌中矣。"前之料其不能坚壁清野者，知燕人退惜禾稼，进利虏获也。今之入险而喜者，知士卒有必死之志也。六月，超以步骑十万战于临朐南，晋县，今山东临朐县治。日向昃，胜负未决。帝出奇兵，出燕兵后，攻临朐，拔之，燕兵大溃，超遁还广固，帝进围之。六年正月，克广固，以其民皆衣冠旧族，先帝遗民，赦之，而诛其王公以上三千人，执超至建康，斩于市。按南燕疆域至小，且又新造，于五胡十六国中最微弱不足数，而宋武克之若甚难者，然此可以观南北之强弱矣。帝以六年二月克南燕，而卢循、徐道覆于三月至寻阳，杀江州刺史何无忌，时镇寻阳。中外震骇，朝议奉乘舆北走就帝，既而知贼未至，乃止，急征帝还。帝留韩范南燕降将，后以谋叛诛。守南燕故地，以船载辎重，自率精锐步归。至山阳，今江苏山阳县。闻何无忌死，卷甲兼行，至淮上，问行人，知朝廷未动，帝大喜。此云大喜，则前之惧可知。若卢循早至两月，则宋武大事去矣。至京口，众乃大安。四月，帝至建康。五月，循又败豫州刺史刘毅，贼连克二镇，江、豫二州。战士十余万，舟车百里不绝。而北归将士多病创，建康战士，不过数千，孟昶、诸葛长民诸宿将，皆谓必不能抗，欲奉乘舆过江，固请不已。帝曰："今若迁动，便自土崩，江北岂可得至？今兵士虽少，自足一战，若其克济，臣主同休。苟厄运必至，我当横尸庙门，不能草间偷活也。"此可见当时情势矣。昶仰药而死。料裕必败。是月，循至建康。帝策之曰："贼若于新亭直进，胜负之数未可量；若回泊西岸，此成禽耳。"徐道覆固请卢循，自新亭焚舟直上，循不从，欲待建康自溃。帝登石头望循军，初见引向新亭，顾左右失色，既而回泊西岸，乃大喜。循久无所得，乃欲还荆江，七月，西引。帝豫使孙处字季高，会稽永兴人，官南海太守。由海道袭广州，十一月，据之。十二月，帝自将与循战于大雷，今安徽望江县西。循兵大败，追至寻阳，循仅以身免，余众皆降。七年，以帝为太尉、中书监。循还广州，攻城不克，交州刺史杜慧度击循，大破之，循沉水死，徐道覆亦为刘藩毅从弟。所杀。卢、徐既灭，帝乃亟于诛异己者，于是受禅之机见矣。义熙八年，以刘毅为荆州刺史。灭桓玄后，以弟道规为荆州刺史，是年以疾告归。毅性刚猛沉断，而专肆很愎，与帝协成大业，而功居其次，深自矜伐，不相推伏。帝素不学问，而毅颇涉文学，故朝士有清望者多归之。既据上流，相图遂急，毅请从弟藩以自副，帝伪许之。藩入朝，时为兖州刺史。帝杀之，而自将讨毅。所以置毅于荆州者，欲以速成其罪也。十月，掩至江陵，振武将军王镇恶北海剧人，苻坚相王猛之孙。克其城，毅逃至城南牛牧佛寺而缢。毅投寺求庇于僧，僧曰："昔先师藏桓氏亡人，为刘卫军所杀，刘毅为卫将军，今实不敢容异人。"毅无所容，遂缢。毅既死，诸葛长民时监太尉留府事。闻而叹曰："昔年醢彭越，今年杀韩信，祸其至矣。今日欲为丹徒布衣，岂可得也？"九年，帝自江陵归，克日谓预定到日。而屡淹其期。既而轻舟潜还东府，帝所居。明旦，长民始闻之，惊而至门。帝引长民，却人闲语，凡平生于长民所不尽者，皆与及之，长民甚悦。帝已密令左右壮士丁旿等，自幔后出，拉而杀之。刘毅之后，以司马休之尚之弟。为荆州刺史，休之宗室之重，又得江汉人心，帝尤忌之。十一年，收休之子文宝，兄子文祖，皆杀之，而自将讨休之。三月，至江陵，休之奔于姚兴。秦亡，入魏卒。八月还，时内乱已平，帝仍有平定关洛之意。初，帝之伐南燕也，慕容超求救于姚兴，兴遣使告帝曰："慕容见与邻好，又以穷告急。今当遣铁骑十万，迳据洛阳，晋军若不退者，便当长驱而进。"帝答之曰："语汝姚兴，我定燕之后，息甲三年，当平关洛。今能自送，便可速来。"刘穆之字道和，东莞莒人，裕之谋主，官左仆射。驰入，尤帝曰："当日事无大小，必赐与谋之，此宜详之，云何卒尔？"帝笑曰："此是兵机，非卿所解，故不语耳。夫兵贵神速，彼若审能遣救，必畏我知，宁先遣信命？此是其见我伐燕，内已怀惧，自张之辞耳。"刘穆之所以能自全，而不为裕所忌者，裕知其不解兵机耳。然亦可见解兵机之人，无不死矣，此河关之所以终不守也。秦救卒不至。秦实以兵一万救燕，以北有赫连勃勃之警，召还。至是，朱龄石字伯儿，沛郡沛人。已平谯纵。裕平后蜀，事在九年。十二年，闻姚兴死，北伐之谋遂定。八月，发建康，留刘穆之统内外之事，以王镇恶、檀道济高平金乡人。为前锋，自淮淝以向许洛，入秦境，所向皆捷。其余王仲德、沈田子，分道而进。十月，克洛阳。十三年三月，进至潼关，诸将皆会，秦兵出战，奋击大破之，转战而前。八月，镇恶等入长安，秦主泓降。送建康斩之。九月，帝至长安。帝欲留长安，经略西北，而诸将佐久役思归，又闻刘穆之卒，根本无托，遂决计东还。乃留次子义真守长安，时年十二。以王脩、京兆人，太尉谘议参军。王镇恶、沈田子、毛脩之字敬文，荥阳阳武人。辅之。三秦父老，闻帝将还，诣门流涕，帝愍然久之。十二月，发长安。帝之灭秦也，斯时北族有大国三，而各有用意。魏之论曰："裕必克秦，归而谋篡。关中华、戎乱杂，风俗劲悍，必不能以荆、扬之化施之，终为国家有也。"夏之论曰："裕必灭泓，然不能久留。裕南归，留子弟守关中，如拾芥耳。"凉主蒙逊闻帝入秦，大怒，其臣刘祥入言事，蒙逊曰："汝闻刘裕入关，敢研研然也。"研研，喜貌。遂斩之。十四年正月，赫连勃勃率众向长安，而诸将内相猜忌，沈田子先杀王镇恶，王脩又杀沈田子，刘义真又杀王脩，无人拒战。帝乃召义真东归，而以朱龄石代义真镇关中。义真等出关，夏兵大至，段宏背负义真得免，朱龄石、毛脩之等，皆没于夏。朱龄石自杀，脩之夏亡入魏。帝登城北望，慨然流涕而已，时留彭城。自此不复用兵。明年，晋安帝崩，恭帝立。又明年入朝，受晋禅，在位三年崩，年六十七。

第十九节　宋诸帝之世系

宋武以义熙十三年北伐，年六十一矣，灭姚秦后三年而篡，又三年而殂，年六十七，在位仅三年。凡永初三年。刘义符即位，义符小字车兵，武帝长子也。母张夫人，武帝举义后所纳，名阙，不知何郡县人。帝即位后，与宰相徐羡之、傅亮、谢晦等有隙，为羡之等所废，寻弑之，在位二年，凡景平二年。年十九，是为少帝。刘义隆即位，义隆小字车儿，武帝第三子也。母胡婕妤，名道女，淮南人。帝在位三十二年，凡元嘉三十年，景平二年改元。为子劭所弑，年四十七，是为文帝。刘骏即位，骏字休龙，小字道民，文帝第三子也。母路淑媛，名惠男，丹阳建康人。帝以豫州刺史举兵诛劭，遂即帝位，在位十一年崩，凡孝建三年，大明八年。年三十五。帝昏暴无伦理，宋氏遂衰，是为孝武帝。刘子业即位，小字法师，孝武帝长子也。母王皇后，名宪嫄，琅邪人。帝昏狂，在位一年，凡景和一年。为刘彧所弑，年十七，是为前废帝。刘彧即位，彧字炳休，小字荣期，文帝第十一子，而前废帝之叔父也。母沈婕妤，名容，不知何许人。帝性猜忌，以翦落宗室为得计，宋室之亡，遂决于是。帝在位八年崩，凡泰始七年，泰豫一年，景和年内改元。年三十四，是为明帝。刘昱即位，昱字德融，小字慧震，明帝长子也。母陈贵妃，名妙登，建康屠家女。帝昏狂甚于前废帝，在位五年，凡元徽五年。为萧道成所弑，年十五，是为后废帝。道成援立刘準，準字仲谋，小字智观，明帝第三子也。母陈昭华，名法容，建康人。明帝晚年，不能御内，诸弟姬人，有怀孕者，辄取入宫，及生男，皆杀其母，而以与六宫所爱者养之。帝，桂阳王休范之子也，以昭华为母焉。帝在位三年，凡升明三年，年内改元。为萧道成所废，寻弑之，年十三，是为顺帝，宋亡。宋八帝，六十年。

第二十节　宋少帝之乱

晋时最重门阀，其名门子弟，虽祖尚玄虚，而独重孝友，与河北风俗，截然不同也。宋起自寒微，不与士类相洽，徒以智勇取天下，功业虽高，而家法则非其所喻，加以无作人之道，辅弼无人，于是抔土未干，宫庭喋血，六十年间，骨肉之祸，无日无之，至终遂以酿萧道成之篡，而刘氏之族以赤，亦云惨矣。其尤奇者，自刘宋而后，南朝代有童骏之主，其昏狂无状，为古今所无，而独在此百年中，亦事之至可怪者也。唐刘知几谓被废者，每受废之者之污辞，盖非此无以明己篡弑之不得已也，此说甚有理。然此时南北分裂，事事反对，今观《魏书》所载，与《宋书》《齐书》相同，彼岂肯为废之者讳耶？则被废者之恶，盖确矣。此种人物，起宋少帝，而迄于齐东昏侯，而少帝稍近情。初，宋武无子，晚得少帝，甚喜。武帝疾笃，以徐羡之、字宗文，东海郯人，与武帝同仕北府。永初末，官尚书令、扬州刺史，进位司空。羡之起自布衣，又无学术，直以志力局度，一旦居廊庙，朝野推服。时人论曰："观徐公言论，不复以学问为长。"其为时所重若此。死时年六十三。傅亮、字季友，北地灵州人，永初末，官尚书仆射、中书令。亮博学有文章，死时年五十四。谢晦，字宣明，陈郡阳夏人，永初末，官侍中、领军将军、中书令。晦美风仪，善言笑，眉目分明，鬓发如漆，与刘穆之不协，穆之死，乃迁官。死时年三十七。同受顾命。少帝既立，年十七，居丧无礼，好与左右狎昵，游戏无度。与谢灵运、谢玄之孙，元嘉中，官始兴太守，为文帝所杀。颜延之字延年，琅邪临沂人，官金紫光禄大夫，以老寿终。二人皆宋人之最擅文章者也。善，许以之为宰相。观此则知少帝必文人。于是羡之等恶之，而密谋废帝。案古今废立之事，未有轻忽如羡之等者。而次立者为庐陵王义真，羡之等先与有隙，乃先废之为庶人，时为南豫州刺史。徙新安。今安徽徽州府。羡之等密召檀道济、时为南兖刺史。王弘。字休元，琅邪临沂人，为江州刺史。景平元年五月，至建康，及兵众，皆伏领军府中。谢晦所居。诘旦，道济引兵居前，羡之等继其后，入云龙门，宿卫莫有御者。帝未起，扶出，收玺绶，送故太子宫。旋遣人杀之，帝多力，不即受制，突门走出，追者以门关踣而弑之，年十八。又杀义真于新安，迎宜都王义隆。时为荆州刺史。傅亮率百僚诣江陵迎义隆，义隆见傅亮，问义真及少帝薨废本末，悲哭呜咽，哀动左右。亮汗流浃背，不能对。八月，至建康，即帝位。羡之私问亮曰："王可方谁？"亮曰："晋文、景以上人。"羡之曰："必能明我赤心。"亮曰："不然。"帝以晦为荆州刺史，晦既发，顾望石头城，喜曰："今得脱矣。"帝密谋讨羡之、亮、晦，以王弘、檀道济止于胁从，可抚而用。元嘉三年正月，召道济至建康，时在广陵。乃下诏暴羡之、亮、晦之罪。傅亮入朝，至西明门外，闻变，驰出，使报羡之。羡之出郭，至新林，去建康城二十里。入陶灶中，自经死。亮亦乘马出郭门，追得杀之。晦闻之，遂举兵反。晦从武帝杀伐四方，入关十策，晦得其九，指麾处分，莫不曲尽其宜。自率众三万东下，道济与到彦之《宋书》本传阙，遂无考。合击之。初，晦以道济共事，必同祸福，自以无恐，及见道济军，乃大惧，西师无复斗志，遂不战而溃，遁还江陵，与七骑将北遁，为人所执，槛送建康，杀之。此后宋之夙将，惟有檀道济。官司空、江州刺史。时魏统一北方，势将南下，道济屡与魏战，魏不能逞。元嘉八年，文帝虑道济终不可制，遂征入杀之。道济见收，脱帻投地曰："乃复坏汝万里长城？"自是拓跋之师，至于江上，江北千里，无鸡犬之声矣。

第二十一节　宋文帝被弑之乱

南朝文化，虽杂和老庄、浮屠、天师道，不能如两汉之专用儒家，然士大夫皆知以不孝不弟为大恶，与北朝之胡化，大不同也。惟二凶弑父之事，几与胡羯无异，此亦南朝之大变，然终无以自存，则南朝之习尚，不能容之也。观其事，亦可见南人社会之情焉。按南朝诸国，孙吴、萧梁、陈陈，其开国者虽仁暴不同，然其人皆士大夫也，故家法亦较善。惟刘宋起自市井无赖，故道德最无足观。

宋文帝元嘉三年，袁皇后名齐妫，陈郡阳夏人。生皇子劭，字休远。按中国自古无人君即位后，皇后生太子者。后自详视，便驰白帝曰："此儿形貌异常，必破国亡家，不可举。"即欲杀之。帝狼狈至后殿户外，手拨幔，禁之，乃止。后潘淑妃生始兴王濬，字休明。袁皇后性妒，以淑妃有宠于上，恚恨而殂，淑妃专总内政。由是太子劭深恶淑妃及濬，濬惧为将来之祸，乃曲意事劭，劭更与之善。时女巫严道育者，吴兴人。自言能辟谷服食，役使鬼物，因东阳公主名英娥，劭之妹也。婢王鹦鹉，出入主家，主与劭、濬皆信惑之。劭、濬并多过失，数为上所诘责，使道育祈请鬼神，欲令过不上闻，号曰天师。其后遂与道育、鹦鹉，及东阳主奴陈天与，黄门陈庆国，共为巫蛊，琢玉为上形像，埋于含章殿前。东阳主卒，鹦鹉应出嫁，劭、濬虑事泄，谓巫蛊事。濬府佐沈怀远，吴兴人。素为濬所厚，遂以鹦鹉嫁之为妾。鹦鹉先与天与私通，既适怀远，恐事泄，谓私通事。白劭使密杀之。陈庆国惧曰："巫蛊事，惟我与天与宣传往来。今天与死，我其危哉！"误会以为为巫蛊事也。

乃具以其事白上，上大惊，即遣收鹦鹉，封籍其家，得劭、濬书数百纸，皆咒诅巫蛊之言。又得所埋玉人，命有司穷治其事。道育亡命，捕之不获，上惋叹弥日，谓潘淑妃曰："太子图富贵，更是一理。虎头复如此，濬之小字。非复思虑所及，汝母子岂可一日无我耶！"遣中使切责劭、濬，劭、濬惶惧无辞，唯陈谢而已。上虽怒甚，犹未忍罪。严道育之亡命也，上分遣使者搜捕甚急，道育变服为尼，匿于东宫，或出止民张旿家，旋复还东宫，而为人所告。上初不信，试使掩录，得其二婢，如果道育也。上谓劭、濬已斥遣道育，及此闻其犹与往来，惆怅惋骇，乃命京口送二婢须至检覆，乃治劭、濬罪。潘淑妃抱濬泣曰："汝前咒诅事发，犹冀能刻意思愆，何意更藏严道育？上怒甚，我叩头乞恩，不能解，今何用生为？可送药来，当先自取尽，不忍见汝祸败也。"濬奋衣起曰："天下事寻自当判。"谓将弑帝。上欲废太子劭，赐始兴王濬死，议久不决，每夜与徐湛之字孝源，东海郯人，官尚书令。屏人语，或连日累夕，常使湛之自秉烛，绕壁检行，虑有窃听者。上以其谋告潘淑妃，淑妃以告濬，濬驰报劭，劭乃密与腹心陈叔儿、张超之等谋为逆。初，上以宗室强盛，虑有内难，特加东宫兵，使与羽林相若，至有实甲万人，劭性黠而刚猛，帝深倚之。及将作乱，每夜飨将士，或亲自行酒。王僧绰琅邪临沂人，官侍中。密以启闻，上犹不决。会严道育婢将至，元嘉三十年二月癸亥夜，劭诈为上诏，云："鲁秀时典禁兵者。谋反，汝可平明守阙，率众入。"因使张超之等，集素所蓄养兵士二千余人。甲子，宫门未开，劭以朱衣加戎服上，从万春门入。旧制，东宫队不得入城，劭以伪诏示门卫曰："受敕有所收讨。"遂与张超之等数十人，驰入云龙门，及斋阁，拔刀径上合殿。帝是夜与徐湛之屏人语至旦，烛犹未灭，门阶户席，直卫兵尚寝未起。帝见超之入，举几捍之，五指皆落，遂弑之。湛之惊起趋北户，未及开，兵入，杀之。劭进至合殿中阁，闻帝已殂，出坐中堂，使人杀潘淑妃，及江湛、字徽渊，济阳考城人，官吏部尚书。王僧绰，并太祖亲信左右数十人，急召始兴王濬，使帅众屯中堂。濬时在西州府，既入见劭，劭谓濬曰："潘淑妃遂为乱兵所害。"濬曰："此是下情，由来所愿。"百官至者才数十人，劭遽即位，即位毕，亟称疾，还永福省，太子所居。不敢临丧。以白刃自守，夜则列灯，以防左右。劭密与太子步兵校尉沈庆之字弘先，吴兴武康人，官太尉。后为废帝所杀，年八十，宋之名臣也。书，令杀武陵王骏。本镇寻阳，时以讨蛮，与庆之皆在蕲州。庆之往见王，示以劭书，王泣，请入内与母诀。庆之曰："下官受先帝厚恩，今日之事，惟事是视，殿下何见疑之深？"王起，再拜曰："家国安危，皆在将军。"庆之即命内外勒兵，旬日之间，内外整办。三月庚寅，骏誓众起兵，丁未，自寻阳东下。或劝劭保石头城，劭曰："昔人所以固石头城，候诸侯勤王耳！我若守此，谁当见救？唯应力战决之，不然不克。"戊午，骏至南州，地属姑孰。降者相属。癸亥，柳元景字孝仁，河东解人，官尚书令，后亦为废帝所杀。潜至新亭，依山为垒。甲子，劭使萧斌右军长史，为劭所劫者。统步军，褚湛之濬妻叔父。统水军，与鲁秀、王罗汉、刘简之等，精兵合万人，攻新亭垒，劭自登朱雀门督战。元景宿令军中曰："鼓繁气易衰，叫数力易衰。但衔枚疾战，一听吾鼓声。"劭将士怀劭重赏，皆殊死战，劭兵势垂克，鲁秀击退鼓，劭众遽止。元景乃开垒，鼓噪以乘之，劭众大溃，坠淮死者甚众。劭更率余众，自来攻垒，元景复大破之，所杀伤过于前。劭手斩退者，不能禁，劭仅以身免，其党或死或降皆尽。己巳，骏即皇帝位。甲戌夜，劭闭守六门，于门内凿堑立栅，城中沸乱。濬劝劭载宝货逃入海，劭以人情离散，不果行。丙子，诸军克台城，劭穿西垣入武库井中，队副高禽牵出之。禽将劭至殿，臧质字含文，东莞莒人，官江州刺史。后以佐南郡王义宣举兵，兵败被诛。见之恸哭。劭曰："天地所不覆载，丈人何为见哭？"乃缚劭于马上，防送军门，斩于牙下。劭妻殷氏，殷淳之女，陈郡长平人。赐死于廷尉，临死，谓狱丞曰："汝家骨肉相残，何以枉杀无罪人？"丞曰："受拜皇后，非罪而何？"殷氏曰："此权时耳，当以鹦鹉为后也。"濬率左右数十人南奔，遇江夏王义恭，武帝子，时从骏起兵。濬下马曰："南中郎谓骏。今何所作？"义恭曰："上已俯顺群心，君临万国。"濬曰："虎头来，得无晚乎？"义恭曰："殊当恨晚。"濬又曰："故当不死耶？"义恭曰："可诣行阙请罪。"濬又曰："未审犹能赐一职自效不？"义恭曰："此未可量。”勒与俱归，于道斩首。道育、鹦鹉，并于都街鞭杀。案此事为中国自孔教通行以来，人伦至大之祸，生民得无左衽，亦为幸矣。此《宋书》语。

第二十二节　宋前废帝之乱

刘氏一代，可纪之事，自骨肉相残外，无他事焉，不独元凶劭一人也。今纪前、后二废帝之事于前，而以五王之事次之。废帝即位，时止二年，而其事有足鉴者。废帝幼而狷急，及即位，始犹难太后、大臣及戴法兴，会稽山阴人，越骑校尉。未敢自恣。太后既殂，太后疾笃，使呼废帝，帝曰：“病人间多鬼，那可往。”太后恚怒，谓侍者：“取刀来，剖我腹，那得生宁馨儿。”帝年渐长，欲有所为，法兴辄抑制之，谓帝曰：“官所为如此，欲作营阳谓少帝。邪？”帝稍不能平。永光元年八月辛酉，赐法兴死。初，世祖号猜忌，王公大臣，重足屏息，莫敢妄相过。后世祖殂，太宰义恭等皆相贺曰：“今日始免横死矣。”既杀戴法兴，诸大臣无不震慑，各不自安。于是柳元景、颜师伯字长渊，琅邪临沂人，官左仆射。密谋废帝，立义恭，日夜聚谋，而持疑不能决。元景以其谋告沈庆之，庆之与义恭素不厚，又师伯常专断朝事，不与庆之参怀，谓令史曰：“沈公爪牙耳，安得预政事？”庆之恨之，乃发其事。癸酉，帝自帅羽林兵讨义恭，杀之，并其四子，断绝义恭支体，分裂肠胃，挑取眼珠，以蜜渍之，谓之鬼目粽。并杀柳元景、颜师伯、沈庆之等，遂大诛宗室。自是公卿以下，皆被捶曳，如奴隶矣。山阴公主，名楚玉。帝姊也，适驸马都尉何戢。庐江灊人。公主尤淫恣，尝谓帝曰：“妾与陛下，男女虽殊，俱托体先帝。陛下六宫万数，而妾唯驸马一人，事大不均。”帝乃为公主置面首，左右三十人。何迈尚帝姑新蔡长公主，名英媚。帝纳公主于后宫，谓之谢贵嫔，既而杀迈。帝畏忌诸父，恐其在外为患，皆聚之建康，拘于殿内，殴捶陵夷，无复人理。湘东王彧、建安王休仁、山阳王休祐，皆肥壮，帝为竹笼，盛而称之，以彧尤肥，谓之猪王，谓休仁为杀王，休祐为贼王，东海王祎，性凡劣，谓之驴王。尝以木槽盛饭，并杂食搅之，掘地为坑，实以泥水，裸彧内坑中，使以口就槽食之，用为欢笑。彧尝忤旨，帝裸之，缚其手足，贯之以杖，使人担付太官，曰："今日屠猪。"休仁请俟皇子生，乃杀猪取心肝，帝乃释之。湘东王彧主衣阮佃夫，内监始兴王道隆，学官令临淮李道儿，与直阁将军柳光世，又帝左右琅琊淳于文祖等，阴谋弑帝。先是帝游华林园、竹林堂，使宫人裸相逐，一人不从，命斩之。夜梦在竹林堂，有女子骂曰："帝悖虐不道，明年不及熟矣。"帝于宫中，求得一人似所梦者，斩之。又梦所杀者骂曰："我已诉上帝矣。"于是巫觋言竹林堂有鬼，是日晡时，帝出华林园，建安王休仁，山阳王休祐，会稽公主并从，湘东王彧独在秘书省，不被召，益忧惧。帝素恶主衣吴兴寿寂之，见辄切齿，阮佃夫以其谋告寂之，寂之等闻之，皆响应。帝欲南巡，腹心宗越等并听出外装束，唯队主樊僧整防华林阁。其夕，帝悉屏侍卫，与群巫及采女数百人，射鬼于竹林堂。事毕，将奏乐，寿寂之抽刀前入，帝见寂之至，引弓射之，不中，采女皆奔走，帝亦走，大呼寂寂者三，寂之追而弑之，迎彧即位。

第二十三节 宋后废帝之乱

明帝在位，八年，其人稍愈于前废帝耳。及死，而子昱立，则又无异于前废帝，殆又过之，是为后废帝。初，帝在东宫，好缘漆帐竿，去地丈余，喜怒乖节，主师不能禁，太宗屡敕陈太妃痛捶之。及即帝位，内畏太后、太妃，外惮诸大臣，未敢纵逸。自加元服，内外稍无以制，数出游行。始出宫，犹整仪卫，俄而弃车骑，帅左右数人，或出郊野，或入市尘。太妃每乘青犊车，随相检摄，既自轻骑远步一二十里，太妃不复能追，仪卫亦惧祸，不敢追寻，唯整部伍，别在一处，瞻望而已。每微行自称刘统，或称李将军，常着小袴衫，营署巷陌，无不贯穿，或夜宿客舍，或昼卧道傍，排突厮养，与之交易，或遭慢辱，悦而受之。凡诸鄙事，裁衣作帽，过目则能，未尝吹篪，执管便韵。天性好杀，以此为欢，一日无事，辄惨惨不乐。每夕去晨返，晨出暮归，从者并执铤矛，行人男女，及犬马牛驴，逢无免者。民间扰惧，商贩皆息，门户昼闭，行人殆绝。针椎凿锯，不离左右，少有忤意，即加屠剖，殿省忧惶，食息不保。阮佃夫与直阁将军申伯宗等谋，因帝出江乘射雉，称太后令，唤队仗还，闭城门，遣人执帝废之，立安城王凖。事觉，帝收佃夫等，杀之。太后数训戒帝，帝不悦。会端午太后赐帝毛扇，帝嫌其不华，令太医煮药，欲鸩太后。左右止之曰："若行此事，官便应作孝子，岂复得出入狡狯？"帝曰："汝语大有理。"乃止。元徽五年即升明元年。六月甲戌，有告散骑常侍杜幼文、司徒左长史沈勃、游击将军孙超之与阮佃夫同谋者，帝登帅卫士，自掩三家，悉诛之，刳解脔割，婴孩不免。沈勃时居丧在庐，左右未至，帝挥刀独前，勃知不免，手博帝耳，唾骂之曰："汝罪逾桀、纣，屠戮无日。"遂死。是日，大赦。帝尝直入领军府，时盛热，萧道成昼卧裸袒，帝立道成于室内，画腹为的，引满将射之。道成敛板曰："老臣无罪。"左右王天恩曰："领军腹大，是佳射堋，一箭便死，后无复射，不如以髇箭射之。"帝乃更以髇箭射，正中其脐，投弓大笑曰："此手何如？"帝忌道成威名，尝自磨铤曰："明日杀萧道成。"陈太妃骂之曰："萧道成有功于国，若害之，谁得为汝尽力耶？"帝乃止。道成忧惧，密与袁粲、字景倩，陈郡阳夏人，官尚书令，以讨萧道成败死。褚渊字彦回，河阳翟人，降齐，为司徒。谋废立。秋七月丁亥夜，帝微行，至领军府门，左右曰："一府皆眠，何不缘墙入！"帝曰："我今夕欲于一处作适，宜待明夕。"员外郎桓康北兰陵承人，事齐为青、冀二州刺史。等，于道成门间听闻之。戊子，帝乘露车，与左右于台冈赌跳，仍往青园尼寺。晚至新安寺偷狗，就昙度道人煮之，饮酒醉，还仁寿殿寝。杨玉夫常得帝意，至是忽憎之，见辄切齿，曰："明日当杀此子，取肝肺。"是夜，令玉夫伺织女渡河，曰："见当报我，不见，将杀汝。”时帝出入无常，省内诸阁，夜皆不闭，厢下畏相逢值，无敢出者，宿卫并逃避，内外莫相禁摄。是夕，王敬则晋陵南河人，事齐为太尉、会稽太守，以反诛。出外，玉夫伺帝熟寝，与杨万年取帝防身刀刎之，敕厢下奏伎，陈奉伯袖其首，依常行法称敕开承明门出，以首与敬则，敬则驰诣领军府，叩门大呼。萧道成虑苍梧王诳之，不敢开门，敬则于墙上投其首，道成洗视，乃戎服乘马而出，桓康等皆从，入宫。众闻帝死，皆呼万岁。己丑旦，道成戎服出殿庭槐树下，以太后令，召袁粲、褚渊、刘秉宋之宗室，官尚书左仆射。入会议。道成谓秉曰："此使君家事，何以断之？"秉未答，道成须髯尽张，目光如电。秉曰："尚书众事，可以见付；军旅处分，一委领军。"道成次让袁粲，粲亦不敢当。王敬则拔白刃，在床侧跳跃曰："天下事皆应关萧公，敢有开一言者，血染敬则刀。"乃手取白纱帽，加道成首，令即位，曰："今日谁敢复动，事须及热。"道成正色呵之曰："卿都自不解。"粲欲有言，敬则叱之。褚渊曰："非萧公无以了此。"手取事授道成，道成曰："相与不肯，我安得辞？"遂受事，自是宋亡矣。

第二十四节　宋诸王之乱

晋八王之乱，为古今所罕；而宋诸王之乱，亦不下于晋。惟八王之乱，南北朝因之以分，其关系甚巨；而宋诸王之乱，则关系于中国者轻。故治历史者，不视之为重要耳，然固刘宋一朝之大事也，今略述之。武帝七男，少帝义符、庐陵王义真、初镇关中，后为徐羡之等所杀。文帝义隆、彭城王义康、江夏王义恭、为废帝所杀。南郡王义宣、衡阳王义季，其中考终者，惟义季一人，则以早夭之故，而义宣则叛。文帝十九男，元凶劭，始兴王濬、孝武帝骏、南平王铄、字休玄，为孝武所杀。庐陵王绍、竟陵王诞、建平王宏、字休度。东海王祎、晋熙王昶、字休文，北奔魏。武昌王浑、明帝彧、建安王休仁、为明帝所杀。晋平王休祐、为明帝所杀。海陵王休茂、鄱阳于休业、临庆王休倩、新野王夷父、桂阳王休范、巴陵王休若，为明帝所杀。除早夭数人外，余均见杀，而诞及休范皆叛。孝武二十八男，废帝子业、豫章王子尚、为前废帝所杀。晋安王子勋、安陆王子绥、子深、松滋侯子房、与子勋同死。临海王子顼、与子勋同死。始平王子鸾、为前废帝所杀。永嘉王子仁、子凤、始安王子真、为明帝所杀。子玄、邵陵王子元、为前废帝所杀。齐王子羽、子衡、淮南王子孟、为明帝所杀。子况、南平王子产、晋陵王子云、子文、庐陵王子舆、南海王子师、为前废帝所杀。淮阳王子霄、子雍、子趋、子期、东平王子嗣、为明帝所杀。子悦，其非未封即死者，大略皆为前废帝与明帝所夷灭，而子勋则反。明帝十二男，后废帝昱、法良、顺帝凖、第四子、无名。智井、晋熙王燮、字仲贤。邵陵王友、随阳王翙、字仲仪。新兴王嵩、始建王禧，字仲安。齐皆灭之。故宋四世，六十六男，而寿考令终者无一焉，亦云酷矣。其中当以义康、义宣、诞、休范、子勋五人为最著。

义康虽不叛，而两为叛者所推。少而聪察，久为荆州刺史。宋荆州刺史、恒以亲藩处之。元嘉六年，征入，以侍中辅政。义康性好吏职，锐意文案，纠剔是非，莫不精尽，凡所陈奏，入无不可，方伯以下，并委义康授用。由是朝野辐辏，势倾天下，府门每旦常有数百乘车。文帝有虚劳疾，将死者屡，义康尽心卫奉，汤药饮食，非口尝不进，或连夕不寐，连日不解衣，内外众事，皆专决施行。十六年，进位大将军。义康素无学术，暗于大体，自谓兄弟至亲，不复存君臣形迹，率心迳行，曾无猜防。文帝尝病危，朝臣多拟私奉之者，义康不知也。及文帝愈，微闻之，遂成嫌隙。十七年，解所任，改江州刺史。临发之日，文帝惟对之恸哭，余无一言。沙门惠琳此宋名僧。往送之，义康曰：弟子南北朝、隋、唐士大夫，对沙门自称如此。有还理否？”惠琳曰：“恨公不读数百卷书。”二十二年，范晔谋反，字蔚宗，顺阳人，官宣城太守，为求婚王室不得，遂谋反，被诛。事逮义康，乃削王爵，为庶人，徙赴安成郡。义康在安成，读淮南王书，乃叹曰：“前代有此，我得罪为宜也。”二十八年，豫章人胡诞世等谋反，奉戴义康。事平，赐死于安成。

因孝武以诛劭得国，以诛劭功而起者，则为义宣。义宣生而舌短涩，人材凡劣。十六为荆州刺史，义宣至镇，颇自课励。为人白皙，美须眉，身七尺五寸，腰带十围，多畜嫔御，后房千余，尼媪数百。在镇十年，值元凶弑立，义宣闻之，即时起兵。孝武即位，功居第一，以义宣为丞相，兵强财富，威名著天下。时江州刺史臧质，自谓人材为一世雄，阴有异志，以义宣凡弱，易可倾移，欲假为乱，以成其事，乃自出江陵说之。义宣亦以孝武淫其诸女，遂许之，密治舟甲，期孝建元年秋冬举兵，邀司州刺史鲁爽，字女生，扶风郡人，魏将降宋者。兖州刺史徐遗宝同反。爽素染殊俗，无复华风，粗中好饮，义宣使至，值爽大醉，失义宣旨，即日起兵。义宣及质，闻爽已动，皆狼狈反。三月，义宣帅众十万发江陵，孝武乃命柳元景、王玄谟字彦德，太原祁人，官大将军、江州刺史，死年八十一。御之。寻以沈庆之督江北诸军，爽、遗宝从北来。四月，庆之与鲁爽战于大岘。在合肥境。爽饮酒过醉，薛安都河东汾阴人，官徐州刺史，与子勋反，子勋败，奔魏。跃马直前刺之，应手而倒。爽世为将家，骁猛喜战，号万人敌，一战而死。义宣与质闻其死，皆骇惧。四月，王玄谟、柳元景与义宣、臧质等战于梁山，在芜湖境。义宣等水陆俱败，义宣单舸迸走，闭户而泣。义宣既去，质不知所为，逃至武昌，无所归，遁于南湖，在武昌城外。掇莲实啖之。追兵至，以荷覆头，自沉于水，出其鼻。众望见之，射之中心，兵刃乱下，肠胃萦于水草。义宣逃至江陵，为朱脩之字恭祖，义阳平氏人，官荆州刺史。所获，被杀。

因平义宣之功而起者，则为诞。义宣之反也，挟四州之力，威震天下，孝武欲奉乘舆法物，以迎义宣，诞固执不可，乃止。上流平定，诞之力也，孝武由此惮之，诞亦密为之备。大明元年，出为南兖州刺史。镇广陵。三年四月，孝武使兖州刺史垣阆，给事中戴明宝袭诞，至广陵，为诞所觉，皆杀之。乃抗表反，孝武使沈庆之讨之。七日，克广陵，孝武欲悉杀城中大小，庆之请自五尺以下全之，其余父子皆死，女子以为军赏，犹杀三千余口。皆先刳肠抉眼，或笞面鞭腹，苦酒灌创，然后斩之，复聚其首于石头，以为京观，孝武之虐如此。

前二皆孝武之事，其在前废帝时者，则有子勋。子勋以大明中为江州刺史，孝武崩，前废帝狂凶，遣左右朱景云送药赐子勋死。景云至湓口，停不进，遣信使报长史邓琬，字元琬，豫章南昌人。琬等因奉子勋起兵，以废立为名。会明帝已立，诏子勋罢兵，琬等不受命，传檄京邑。泰始二年，奉子勋为帝，即伪位于寻阳城，年号义嘉元年，备置百官，四方并响应，威震天下。是岁，四方贡计，并诣寻阳，朝廷所保，惟丹阳、淮南数郡。至八月，为柳元景、沈攸之、字仲达，庆之从父兄子也，官荆州刺史，以讨萧道成，兵败死。萧道成所败，子勋将张悦斩邓琬以降。沈攸之诸军至寻阳，诛子勋，及其母，同逆皆夷灭。子勋死时，年十一，皆邓琬以子勋为奇货也。

其在后废帝时者，则有休范。休范素凡讷，少知解，不为诸兄所齿遇，物情亦不向之，故明帝之末，得免于祸，久任为江州刺史。及后废帝即位，休范自谓尊亲莫二，应入为宰辅，既不如志，怨愤颇甚。元徽二年五月，遂反，惩前代之失，昼夜取道，以袭建康。丙戌，发寻阳。辛卯，即至新林，去建康二十里。壬辰，自新林舍舟步上。萧道成使黄回、竟陵人，事齐为兖州刺史，为道成所诛。张敬儿诈降，休范信之。敬儿见休范无备，即夺休范防身刀，斩休范首，左右皆散，敬儿持首驰归。然其党尚力战数日，后皆为萧道成所败。盖子勋、休范二人，天下为之骚然，而实受其益，萧道成一人而已。

第二十五节　齐诸帝之世系

南朝自宋武以后，不知作育人材，而以摧抑英才为得计，二百年间，遂至通国无一豪杰。即齐、梁、陈开国之主，考其勋业，亦不足观，皆桓玄、邓琬、崔慧景之得志者耳，较之高欢、宇文泰之流，相去固甚远也。惟为正统帝皇之所系，则其年号名字，亦为治历史者所当详。今先述齐之诸帝如下。齐起于萧道成，道成字绍伯，小名斗将，兰陵郡名，今江苏常州府。人也，为汉相国萧何二十四世孙。父承之，仕宋至南泰山太守，承之久为宋将，数与北朝相攻战。道成以将门子，亦屡与征讨。宋明帝之世，渐见信用，及平桂阳王休范之乱，威望始隆，至王敬则弑苍梧王，而内禅决矣。受禅之岁，已在暮年，在位四年殂，凡建元四年。年五十六，是为高帝。萧赜即位，赜字宣远，小讳龙儿，高帝长子也。母刘皇后，名智容，广陵人。帝在位十一年崩，凡永明十一年。年五十四，是为武帝。萧昭业即位，昭业字元尚，小字法身，武帝孙也。父惠文太子长懋。母王皇后，名宝明，临沂人。帝在位一年，凡隆昌一年。为萧鸾所弑，年二十一，是为郁林王。萧昭文即位，昭文字季尚，惠文太子第二子也。立数月，改元延兴。萧鸾又弑之，年十五，是为海陵王。萧鸾即位，鸾字景栖，小名玄度，高帝兄子也，父始安王道生。母未详。帝在位五年崩，凡建武四年，永泰一年。年四十七，是为明帝。帝杀高、武子孙无遗类，萧氏遂衰。萧宝卷即位，宝卷字智藏，明帝第二子也。母刘皇后，名惠端，彭城人。帝在位三年，凡永元三年。为萧衍所弑，年十九，是为东昏侯。萧宝融即位，宝融字智昭，明帝第八子也。母未详。帝在位二年，凡中兴二年。萧衍复弑之，年十五，齐亡。齐凡七帝，二十四年，其人物历运，在南朝中为最下。

第二十六节　齐郁林王之乱

齐高、武二代，皆起自艰难，即位之后，措置稍省。至武帝殂，郁林王立，而国事又大乱。当武帝之大渐也，诏竟陵王子良，字云英，武帝第二子，文惠太子长懋之弟，郁林王之叔父也。高帝十二王，武帝十七王，后皆为明帝所杀。甲仗入延昌殿，侍医药。子良以萧衍、梁武帝也。范云字彦龙，南乡舞阴人，后仕梁为尚书。等皆为帐内军主。子良日夜在内，太孙即郁林王。间日参承。永明十一年七月戊寅，武帝疾亟，暂绝，太孙未入，内外惶惧，百僚皆已变服。中书郎王融，字元长，琅邪临沂人。欲矫诏立子良，诏草已立。及太孙来，王融戎服绛衫，于中书省阁口，断东宫仗，不得进。顷之，上复苏，问太孙所在，因召东宫，器甲皆入。以朝事委尚书左仆射西昌侯鸾。此中当有他事在，惟史未言耳。俄而上殂，融处分以子良兵禁诸门。鸾闻之，急驰至云龙门，不得进。鸾曰："有敕召我。"排之而入，奉太孙登殿，命左右扶出子良，指挥部署，音响如钟，殿中无不从命，事乃大定。未几，子良以忧死，王融亦为郁林王所杀，而鸾揽大权矣。郁林王性辨慧，美容止，善应对，哀乐过人，武帝尤爱之。而矫情饰诈，阴怀鄙慝，与左右群小共衣食，同卧起。始为南郡王，少养于子良妃袁氏，从竟陵王子良在西州。文惠太子每禁其起居，节其用度，王密就富人求钱，无敢不与。别作钥钩，夜开西州后阁，与左右至诸营署中淫宴，所爱左右，皆逆加官爵，疏于黄纸，使囊盛带之，许南面之日，依此施行。侍太子疾，及居丧，忧容号毁，见者呜咽。裁还私室，即欢笑酣饮。常令女巫杨氏祷祀，速求天位。及太子薨，谓由杨氏之力，倍加敬信。既为太孙，武帝有疾，又令杨氏祷祀。时何妃何戢之女。犹在西州，武帝疾稍危，太孙与何妃书，纸中央作一大喜字，而作三十六小喜字绕之。侍武帝疾，言发泪下，武帝以为必能负荷大业，谓曰："五年中，一委宰相，汝勿措意；五年外，勿复委人。若自作无成，无所多恨。"临终，执其手曰："若忆翁，当好作。"遂殂。大殓始毕，悉呼世祖诸妓，备奏众乐。自山陵之后，即与左右微服，游走市里。好于崇安陵即文惠太子陵。隧中，掷涂赌跳，作诸鄙戏，极意赏赐左右，动至百数十万。每见钱曰："我昔思汝，一枚不得，今日得用汝未？"武帝聚钱上库五亿万，斋库亦出三亿万，金银布帛，不可胜计。郁林王即位未期岁，所用垂尽。入主衣库，令何后及宠姬，以诸宝器相投击，破碎之，用为笑乐。何后亦淫泆，私于帝左右杨珉，与同寝处，如伉俪。朝事大小，皆决于西昌侯鸾。鸾数谏争，帝多不从，心忌鸾，欲除之，而鸾已潜谋弑帝。隆昌元年十月改建武。七月壬辰，鸾使萧谌字彦孚，兰陵人，官中领军。先为郁林王所信，及佐鸾，弑郁林王，又劝鸾尽杀高、武诸王，后亦为鸾所杀。先入宫，鸾引兵自尚书省入云龙门，戎服加朱衣于上，比入门，三失履。王晏、字士彦，琅邪临沂人，官尚书令，后亦为鸾所杀。徐孝嗣、字始昌，东海郯人，官司空，为东昏侯所杀。萧坦之、兰陵人，官尚书左仆射，为东昏侯所杀。陈显达、南彭城人，高帝旧将，官太尉、江州刺史，讨东昏，兵败死。沈文季，字伯达，吴兴武康人，官尚书右仆射，为东昏侯所杀。皆随其后。帝在寿昌殿，闻外有变，犹密为手敕，呼萧谌，又使闭内殿诸房阁。俄而谌引兵入寿昌殿，帝走趋徐姬房，拔剑自刺不入，以帛缠颈，舆接出延德殿。谌初入殿，宿卫将士皆操弓盾欲拒战，谌谓之曰："所取自有人，卿等不须动。"宿卫素隶服于谌，皆信之。及见帝出，各欲自奋，帝竟无一言。行至西弄，杀之，舆尸出，殡徐龙驹帝之嬖人。宅，葬以王礼。鸾既弑帝，欲作太后令，徐孝嗣于袖中出而进之，鸾大悦。癸巳，以太后令，追废帝为郁林王，又废何后为王妃，迎立新安王昭义。文惠太子之子。丁酉，新安王即皇帝位，时年十五，以鸾为骠骑大将军，录尚书事，扬州刺史，宣城郡公。大赦，改元延兴。昭文在位，起居饮食，皆谘鸾而后行，寻又弑之，遂篡位。于是大诛高、武诸王，鄱阳王锵、江夏王锋、南平王锐、宣都王铿、晋熙王銶、河东王铉、以上高帝诸子。庐陵王子卿、鱼复侯子响、安陆王子敬、晋安王子懋、随郡王子隆、建安王子真、西阳王子明、南海王子罕、巴陵王子伦、邵陵王子贞、临贺王子岳、西阳王子文、衡阳王子峻、南康王子琳、湘东王子建、南郡王子夏、以上武帝诸子。巴陵王昭秀、桂阳王昭粲。以上惠文诸子。齐制，诸王虽有封地，而大权并寄典签，故杀之甚易。

第二十七节　齐末东昏侯之乱

帝为南朝昏暴主之终，其后唐、宋、明皆不复有此。帝在东宫，便好弄，不喜书学，明帝亦不以为非，但勖以家人之行。尝夜捕鼠达旦，以为笑乐。明帝之丧，每当哭，辄云喉痛。性重涩少言，不与朝，惟亲信阉人及左右御刀应敕等。明帝临崩，属以后事，以郁林王为戒，曰："作事不可在人后。"以郁林不杀萧鸾为戒，非以其暴乱为戒也。故帝遂以委任群小诛戮宰臣为务。初，明帝虽顾命群公，而多寄腹心在江祐兄弟，祐字弘业，济阳考城人，官中书令，祐妹为明帝之母。二江更直殿内，动止关之。帝稍欲行意，徐孝嗣不能夺，萧坦之时有异同，而祐执制坚确，帝深忿之。帝左右会稽茹法珍、吴兴梅虫儿等，为帝所委任，祐常裁折之，法珍等切齿。帝失德浸彰，祐议废帝，江夏王宝玄，明帝子。更欲立建安王宝寅。亦明帝子。祐密谋于始安王遥光，明帝之弟。遥光自以年长，意欲自取，以微旨动祐，祐意回惑。会事为刘暄彭城人，帝之元舅。所发，帝召祐入，杀之，并及其弟祀。帝自是无所忌惮，益得自恣，日夜与近习于后堂鼓吹戏马，常以五更就寝，至晡乃起。群臣节朔朝见，晡后方前，或际暗遣出。台阁案奏，多数十日，乃报，或不知所在，宦者用以裹鱼肉还家，并是五省黄案。帝尝习骑致适，顾谓左右曰："江祐常禁吾乘马，小子若在，吾岂能得此。"因问祐亲戚余谁。对曰："江祥今在冶。"囚所在处。帝于马上作敕，赐祥死。始安王遥光，素有异志，与其弟荆州刺史遥欣，密谋举兵据东府，使遥欣自江陵引兵急下。刻期将发，而遥欣病卒，江祐被诛。帝召遥光入殿，告以祐罪，遥光惧，还省，即佯狂号哭，遂称疾不复入台。帝既诛二江，恐遥光不自安。遥光恐见杀，永元二年秋八月乙卯晡时，收集二州部曲其弟遥欣、遥昌豫、荆二州之旧部。于东府，以讨刘暄为名，夜遣数百人破东冶出囚，于尚方取仗。天稍晓，遥光戎服出听事，命上仗，登城行赏赐。及日出，台军稍至，萧坦之帅台军讨遥光，众军围东城三面，烧司徒府，遥光遣其党垣历生从西门出战。乙未，垣历生弃稍降，遥光大怒，于床上自踊。其晚，台军以火箭烧东北角楼，至夜，城溃。遥光还小斋帐中，著衣恰坐，秉烛自照，令人反拒斋阁，皆重关，左右并逾屋散出。台军入，遥光闻外兵至，灭烛扶匐床下。军人排阁入，于暗中牵出斩之。遥光死二十余日，帝以兵围坦之宅，杀之，又杀刘暄。十月，杀徐孝嗣、沈文季，于是陈显达不自安。时为江州刺史。十一月，显达举兵寻阳，帝以护军将军崔慧景字君山，清河东武城人，事见下。御之。十二月，显达至采石，建康震恐。乙酉，显达以数千人登落星冈，石头城西。新亭诸军，闻之奔还，宫城大骇，闭门设守。显达执马矟，从步兵数百于西州前，与台军战，再合，显达大胜，手杀数人，矟折。台军继至，显达不能抗，退至西州后。骑官赵潭注刺显达，坠马，斩之。帝既诛显达，益自骄恣，渐出游走。又不欲人见之，每出，先驱斥所过人家，惟置空宅。尉司击鼓蹋围，鼓声所闻，便应奔走，不暇衣屦，犯禁者应手格杀。一月凡二十余出，出辄不言定所，东西南北，无处不驱。常以三四更中，鼓声四起，火光照天，幡戟横路，士民喧走相随，老小震惊，啼号塞道，处处禁断，不知所过。四民废业，樵苏路断，吉凶失时，乳妇寄产，或舆病弃尸，不得殡葬。巷陌悬幔为高鄣，置仗人防守，谓之屏除，亦谓之长围。尝至沈公城，有一妇人临产不去，因剖腹视其男女。又尝至定林寺，有沙门老病不能去，藏草间，命左右射之，百箭俱发。帝有膂力，牵弓至三斛五斗，又好担幢，白虎幢高七丈五尺，于齿上担之，折齿不倦。自制担幢校具，使衣饰以金玉，侍卫满侧，逞诸变态，曾无愧色。学乘马于东冶营兵俞灵韵，常著织成裤褶，金薄帽，执七宝矟，急装缚袴，凌冒雨雪，不避坑阱。驰骋渴乏，辄下马，解取腰边蠡器，酌水饮之，复上马驰去。又选无赖小人善走者，为逐马左右，五百人，常以自随。或于市侧过亲幸家，环回宛转，周遍城邑。或出郊射雉，置射雉场，凡二百九十六处，奔走往来，略不暇息。二年三月，帝欲杀裴叔业。河东闻喜人，豫州刺史。三月，遣崔慧景将水军讨之。时叔业已卒，其众以豫州降齐。慧景过广陵数十里，召会诸军，告以讨帝，众皆响应，乃还军向广陵。慧景停广陵二日，即收众济江，奉宝玄为主。甲子，慧景入乐游苑，在玄武湖南。遂围宫门，称太后令，废帝为吴王。陈显达之反也，帝召诸王侯入宫，将杀之。巴陵王昭胄，子良之子。与弟永兴侯昭颖，诈为沙门，逃于江西。及慧景举兵，昭、胄兄弟出赴之，慧景意更向昭、胄，犹豫未知所立。慧景性好谈义，兼解佛理，顿法轮寺，对客高谈。时豫州刺史萧懿梁武之兄。将兵在小岘，帝遣密使告之，懿方食，投箸而起，帅军主胡松、李居士等数千人，自采石济江，顿越城，举火，台城中鼓叫称庆。慧景遣崔觉慧景之子。将精卒数千人，渡南岸，懿军昧旦进战，数合，士皆致死，觉大败，赴淮死者二千余人，觉单骑奔还。崔恭祖慧景兄子。本与觉不平，至是与慧景骁将刘灵运诣城降，众心离坏。夏四月，慧景余众皆走。慧景围城，凡十二日而败，从者于道稍散，单骑至蟹浦，为渔人所斩，以头内鳝篮，担送建康，其党皆死。八月甲辰夜，后宫火，时帝出未还，宫内人不得出，外人不敢辄开，比及开，死者相枕，烧三千余间。时嬖幸之徒，皆号为鬼，有赵鬼者，能读《西京赋》，言于帝曰："柏梁既灾，建章是营。"帝乃大启芳乐、玉寿等诸殿，以麝香涂壁，刻装画饰，穷极绮丽。役者自夜达晓，犹不副速。后宫服御，极选珍奇，府库旧物，不复周用，贵市民间，金宝价皆数倍。建康酒租，皆折使输金，犹不能足。凿金为莲花，以帖地，令潘妃行其上，曰："此步步生莲花也。"此是以佛教菩萨比潘妃，非缠足也，唐以前妇人无缠足者。又订出雉头、鹤氅、白鹭缞，嬖幸因缘为奸利，课一输十，百姓困尽，号泣道路。作芳乐苑，山石皆涂以五采，望民家有好树美竹，则毁墙折屋而徙之。时方盛暑，随即枯萎，朝暮相继。又于苑中立市，使宫人、宦者，共为裨贩，以潘贵妃为市令，帝自为市录事，小有得失，妃则与杖。又开渠立埭，身自引船，或坐而屠肉。又好巫觋，左右朱光尚诈云见鬼，帝入乐游苑，人马忽惊，以问光尚，对曰："向见先帝大嗔，不许数出。"帝大怒，拔刀与光尚寻之，既不见，乃缚菰为明帝形，北向斩之，悬首苑门。萧懿之平崔慧景也，入为尚书令，其弟衍时为雍州刺史，镇襄阳。劝懿行伊、霍之事，懿不从。十月，帝赐懿死。十一月乙巳，衍举兵襄阳，数帝罪恶，立南康王宝融。明帝子，时为荆州刺史。三年即中兴元年。正月，发襄阳，所至皆捷。而是年七月，建安王宝寅明帝子，后奔齐。谋自立，不成。十一月，萧衍进至建康，帝出战大败。十二月丙寅夜，台城人引外兵入殿，御刀丰勇之为内应。帝在含德殿，作笙歌，寝未熟，闻兵入，趋出北户，欲还后宫，门已闭。宦者黄泰平刀伤其膝，仆地，张齐斩之，令百僚署笺，以黄绸裹帝首，降于萧衍。萧衍以太后令，追废帝为东昏侯。宝融即位，改元中兴，是为和帝，守府而已。次年，禅于梁。

第二十八节　梁诸帝之世系

萧衍字叔达，小字练儿，兰陵人，齐之同族也。齐明帝时，为雍州刺史，镇襄阳，知天下将乱，潜造器械，密为之备。及兄懿被杀，齐司徒。遂起兵，以至受禅，事前已述。及受禅，在位四十八年，凡天监十八年，普通八年，大通三年，中大通六年，大同十二年，中大同二年，太清三年，中多年内改元者。为侯景所弑，年八十六，是为武帝。萧纲即位，纲字世缵，小字六通，武帝第三子也。母丁贵嫔，名令光，谯国人。帝在位二年，凡太宝二年。又为侯景所弑，年四十九，是为简文帝。萧绎即位，绎字世诚，小字七符，武帝第七子也。母阮修容，名令嬴，会稽余姚人。本东昏侯宫人。帝在位三年，凡承圣三年。为周人所执，遂杀之，年四十七，是为元帝。武帝、简文帝、元帝，皆擅文章，为后世所美。萧方智即位，方智字慧相，小字法真，简文第九子也。母未详。帝在位三年，绍泰一年，太平二年。为陈霸先所弑，梁亡。梁四帝，凡五十六年。

梁元帝之见杀，其故由于梁詧。詧字理孙，梁武帝孙也。父昭明太子统。大同时，詧封岳阳王，为雍州刺史，镇襄阳。时元帝为荆州刺史，镇江陵。詧以正嫡，不得立，素怨望，又与元帝有隙。及元帝建号，詧与元帝，遂治兵相攻。詧累败，势将不振，乃降于宇文黑獭。即周太祖也，事见后。承圣三年十一月，黑獭遣于忠攻江陵，陷之。乃立詧为帝，在位八年，殂，号大定。年四十四。子岿嗣位，字仁远。在位二十三年，殂，号天保。年四十四。子琮嗣位，字温文，年号广运。琮入朝于隋，隋收其国。自詧至琮亡，凡三十三年，皆称藩于北朝，世谓之西梁。

第二十九节　北魏拓跋氏之世系

自五胡之乱后，未曾言及北朝之事，非无事也，与南朝无大交涉而已。至梁而北朝与南朝，又有大交涉，遂不能不补述北朝之事于此。晋惠帝永兴之初，李特、刘渊创乱，而十六国次第建立，纷扰一百数十年。至宋文帝元嘉间，而次第归并于魏。五胡之乱，实与司马氏相终始。魏既全有北土，有宋一代，当其最盛之时。至齐稍衰，至梁而分为东魏、西魏，东魏篡于齐，西魏篡于周。周又灭齐，而篡于隋。隋再灭陈，南北再合为一。经三十年，天下复乱，而定于唐。隋之杨氏，唐之李氏，其先皆北周之臣也。故隋、唐之风俗、政教，皆衍于北朝，而与南朝无涉。其详至述唐代时当言之。大约孙吴与东晋、宋、齐、梁、陈，自成一种风俗、政教，前不知其所从来，其后则至陈灭而绝，惟五代之南唐差近之，此亦汉族之一特色也。魏既为隋、唐之原，则其源流，不可不陈其略。案拓跋氏世居北荒，其地有大鲜卑山，因以为号，畜牧迁徙，射猎为业。魏人自谓昌意少子，受封北土，为鲜卑君长。黄帝以土德王，种人谓土为拓，谓后为跋，其得姓之原如此。而中国人则谓汉将李陵降匈奴，其后为索头部，姓话跋氏。两说互异如此，然皆谓为汉族之裔，殆皆非也。其祖始均，当尧时曾入中国，以下均据《魏书》。积六十六世，未通中国，名亦无考，至第六十七世以后，乃可考。

毛，追谥成帝。

贷，追谥节帝。

观，追谥庄帝。

楼，追谥明帝。

越，追谥安帝。

寅，追谥宣帝。始南迁大泽。

利，追谥景帝。

俟，追谥元帝。

肆，追谥和帝。

机，追谥定帝。

盖，追谥僖帝。

侩，追谥威帝。

邻，追谥献帝。

诘汾，邻子。追谥圣武帝。始居匈奴之故地。

力微，诘汾子。追谥神元皇帝。尊为始祖，相传帝为神女所生，始居定襄之盛乐。故城在山西归化城南。始朝贡于魏、晋。在位五十八年，年一百四岁。

悉鹿，力微子。追谥章帝。在位九年。

绰，悉鹿少弟。追谥平帝。在位七年。

弗，力微孙，沙漠汗子。追谥思帝。在位一年。

禄官，力微子。追谥昭帝。分国为三部，自以一部居东，在上谷东北，接宇文部。以猗㐌沙漠汗子。统一部，居代之参合陂北。以猗卢猗㐌弟。统一部，居定襄之盛乐。在位十三年。时刘渊自称汉皇帝。

猗卢，晋太尉刘琨失并州，来依代。三部复合为一，始受晋封为代王，以平城为南都。今山西大同府治。在位九年，为子六修所弑。

郁律，弗子。追谥平文帝。时石勒自称赵王。在位五年，为猗㐌妻所杀。

贺傉，猗㐌子。追谥惠帝。太后临朝，时人谓之女国。

纥那，贺傉弟。追谥炀帝。时前赵为后赵所灭。在位五年，奔于宇文部。

翳槐，郁律子。追谥烈帝。在位七年，纥那复入，翳槐奔石虎。

纥那，在位三年，石虎以兵纳翳槐，纥那奔慕容部。

翳槐，复立一年而死。

什翼犍，翳槐弟。追谥昭成帝。时张骏自称凉王。晋灭蜀。苻健自称大秦王。慕容儁灭赵，自称燕皇帝。秦苻坚灭燕慕容暐。秦苻坚灭凉张天锡。在位三十九年，秦王苻坚使苻洛来伐，什翼犍大败，遁至云中今土默特界内。

而死，年五十七。种落离散。坚使刘库仁、刘卫辰分摄其众。

珪，什翼犍孙。珪幼依刘库仁。时苻坚败亡，姚苌自称秦皇帝。慕容垂、慕容冲，皆自称燕皇帝。乞伏国仁自称秦王。吕光自称凉王。后燕慕容垂灭西燕慕容永。秃发乌孤自称西平王。慕容德自称燕王。李暠自称凉公。沮渠蒙逊自称河西王。赫连勃勃自称夏天王。秦姚兴灭后凉吕纂。珪光复旧物，自称魏王，继称帝。大败后燕慕容宝，宝东北遁，后为北燕。珪遂有中原，初建台省，置百官。在位二十四年，凡登国十年，皇始二年，天兴六年，天赐六年。为爱妾万人名万人也。所弑，年三十九，是为道武帝。珪颇有学问，此语出于《宋书·索虏传》，故知非诬。而性残忍。有神巫劝珪当杀万人，乃可以免，珪遂日手杀人。尝乘小辇，手自执剑，击担辇人脑，一人死，一人代，每一行，死者数十，欲令其数满万，而不知乃其妾也。

嗣，珪长子。时宋武帝灭南燕慕容超。西秦乞伏炽磐灭南凉秃发傉檀。宋武帝灭后秦姚泓。北凉沮渠蒙逊灭西凉李歆。晋禅于宋。在位十五年，凡永兴五年，神瑞二年，泰常八年。年三十二，是为明元帝。

焘，嗣长子。时夏赫连昌灭西秦乞伏暮末。魏灭夏赫连昌。魏灭北燕冯文通。魏灭北燕沮渠牧犍。焘始一统北方，频与宋构兵，然终不敢渡江。在位二十八年，凡始光四年，神䴥四年，延和三年，太延五年，太平真君十一年，正平二年。年四十五，是为太武帝。

濬，焘孙，父晃。在位十四年，凡兴安二年，兴光一年，太安五年，和平六年。年二十六，是为文成帝。

弘，濬子。在位六年，凡天安一年，皇兴五年。传位于太子，称太上皇。又六年，为母冯氏所杀，年二十三，是为献文帝。

宏，弘子。时宋禅于齐。在位二十九年，年三十三，凡延兴五年，承明一年，太和二十三年。是为孝文帝。宏始迁都洛阳，又改姓为元氏，为魏之令主，求之汉、唐、宋、明诸帝，亦不多见。

恪，宏子。时齐禅于梁。在位十六年，凡景明四年，正始四年，永平四年，延昌四年。年三十三，是为宣武帝。恪时魏渐衰乱。

诩，恪子。在位十三年，凡熙平二年，神龟二年，正光五年，孝昌三年，武泰一年。年十九，为母胡太后所杀，是为孝明帝。

子攸，献文帝孙，父彭城王勰。子攸为尔朱荣所立，复诛荣，遂为尔朱兆所杀。在位三年，凡永安三年。年二十四，是为孝庄帝。

晔，献文孙，父咸阳王禧。晔为尔朱兆等所推，在位一年，凡建明一年。让位于恭。

恭，献文帝孙，父广陵王羽。恭为尔朱氏所立，在位二年，凡普泰二年。尔朱氏败，恭为齐神武所弑，年三十五，是为前废帝。

朗，字仲哲，晃玄孙，父章武王融。朗为高氏所立，在位二年，凡中兴二年。为高欢所弑，年二十，是为后废帝。前后二废帝，同时并立。

脩，字孝则，孝文帝孙，父广平王怀。脩为高欢所立，复欲图欢，不胜，奔于宇文泰，于是魏分东、西。修在位三年，凡永熙三年。出奔。是年，为泰所弑，年二十五，是为孝武帝。

善见，父清河王亶。善见为高氏所立，在位十七年，凡天平四年，元象一年，兴和四年，武定八年。禅位于高洋，寻为所弑，是为孝静帝，东魏亡。

宝炬，孝文帝孙，父京兆王愉。宝炬为宇文氏所立，在位十七年，凡大统十七年。殂，是为文帝。

钦，宝炬子。在位二年，无年号。为宇文泰所废。

廓，在位四年，无年号。禅位于宇文觉，是为恭帝，西魏亡。

魏起拓跋珪，十七帝，一百七十余年。

第三十节　拓跋氏之衰乱

魏自道武被清河王绍，太武之子。及爱妾万人所弑之后，历百有余年，皆父子相承，骨肉之争绝少，南朝视之，有愧色焉。魏之乱亡，皆起于胡灵后一人。临泾人，父名国珍。初，道武立子嗣为太子，其母刘贵人，即赐死。道武告太子曰："昔汉武帝将立其子而杀其母，不令妇人，后与国政，使外家为乱。汝当继统，故吾远同汉武，为长久之计。"自是以后，遂为家法，历代无母后临朝者。及宣武帝时，胡充华女官名。生皇子诩，数年立为太子，始不杀其母。延昌四年，梁天监十四年。宣武殂，子诩立，是为孝明帝。孝明之初立也，高后宣武后，司徒高肇之妹，自云勃海蓨人，或云高丽人。欲杀胡贵嫔，女官名。崔光、字长仁，东河鄃人，官太保。于忠、字思贤，代人。官仪同三司。侯刚、字乾之，代人，官仪同三司。刘腾字青龙，平原人，少为宦者，官大长秋卿、中侍中。崔光等四人，皆胡后之嬖人，亡魏者也。然皆以寿考，终于家。四人，置贵嫔于别所，严加守卫，由是得免，故太后深德四人。胡后初入宫，同列以故事祝之，愿生诸王、公主，勿生太子。胡后曰："妾之志，异于诸人，奈何畏一身之死，而使国家无嗣乎？"及有娠，同列劝去之，胡后不可，自誓曰："若幸而生男，次第当长男生，身死所不憾也。"观此可知，后已早畜自免之成算矣。未几，逼高后为尼，自立为皇太后。寻弑高后，后临朝称制。太后性聪悟，颇好读书属文，射能中针孔，政事皆手笔自决。而光等四人贵用事，权倾天下，政治混乱。正光元年，即梁普通元年，胡后临朝四年矣。将军元乂字伯儁，小字夜叉，道武之孙，太后之妹夫也。与刘腾，怨清河王怿，字宣仁，孝文之子。而杀之，怿亦得幸于太后者也。二人遂乘乱势，幽太后于别宫，服膳俱废，不免饥寒。孝昌元年，梁普通六年。刘腾死，乂亦自宽。夏四月，太后复临朝，诛元乂。元乂之执政也，予夺任情，纪纲乱坏，牧守令长，人人贪污，由是百姓困穷，人思为乱。及太后复临朝，淫乱肆情，为天下所恶。宠任郑俨、字季然，荥阳人，官中书舍人，领尝食，后为尔朱荣所杀。李神轨、顿丘人，为员外常侍，亦为尔朱荣所杀。神轨与俨，皆得幸于太后。徐纥字武伯，乐安博昌人，官黄门舍人，胡后败，奔梁。等，手握王爵，轻重在心，文武解体，所在乱逆，土崩鱼烂，不可止矣，于是六镇皆叛。六镇者，怀朔镇、高平镇、御夷镇、怀荒镇、柔玄镇、沃野镇也。六镇并在马邑、云中单于界。盖起于魏都平城时，以北边为重，盛简亲贤，配以高门子弟，其人蕃、夏皆有。以捍朔方，当时人物，忻慕为之。中叶以后，役同厮养，一生推迁，不过军主，而其同族，留京师者，皆为清途。镇人或多逃亡，乃制镇人不得浮游在外，由是积久生怨，一时蜂起，转相攻剽，朝廷不能制。永安三年，梁大通二年，太后再临朝三年矣。时事日非，天下云扰。太后以帝年日长，自以所为不谨，恐为帝所闻，凡帝所亲爱者，辄去之，遂与帝不平，帝意不自安。时车骑将军、仪同三司、并、肆、汾、广、恒、云六州大都督尔朱荣，北秀容契胡也，世为秀容部酋长，世臣于魏。兵势强盛，帝乃密诏荣诛郑俨等。会高欢即北齐神武帝也，事见后。亦劝荣举兵，荣遂以欢为前锋，至上党。太后惧，二月，鸩帝而杀之。四月，荣至洛阳，执太后，沉之于河。立长乐王子攸为帝，是为孝庄帝，杀王公以下二千余人。高欢又劝荣称帝，荣乃铸金为像卜之，不成而止。荣又欲迁都晋阳，久之亦止。乃自立为天柱大将军，五月，还晋阳。荣性严暴，喜愠无常，刀槊弓矢，不离于手，左右恒有死忧，孝庄遂决意除之。永安二年四月，梁中大通元年。梁使将军陈庆之，字子云，义兴国山人，官司州刺史。以兵纳元颢字子明，魏献文帝之孙，封北海王。颢见魏乱，阴图自立，乞师于梁。盖北朝之萧詧也。于洛阳，称帝。孝庄出走，寻以荣之力，复洛阳，庆之败，南还，颢走死。荣威权愈重，自加大丞相、太原王，纳其女为皇后。建明元年梁中大通元年。九月，荣朝于洛阳，孝庄即欲杀之，以荣党元天穆魏之宗室，而尔朱氏之党也，官太宰。在并州，恐为后患，故并召天穆。戊戌，孝庄伏兵于明光殿东序，声言皇后生子，遣骑至荣第告之，荣信之，与天穆俱入朝。孝庄闻荣来，不觉失色，遂连索酒饮之。荣、天穆入，与孝庄俱坐。荣见光禄少卿鲁安，典御李侃晞等，抽刀从东户入，即起趋御座。孝庄先横刀膝下，遂手刃之，安等乱斫，荣与天穆，同时俱死。荣子菩提，及从者三十余人从荣入宫者，亦为伏兵所杀，于是内外喜噪，声满洛阳。是夜，荣妻及尔朱世隆，荣从弟。率荣部曲焚西阳门出，屯河阴。己亥，攻河桥，孝庄与屡战，不克。汾州刺史尔朱兆，荣从子。闻荣死，据晋阳，奉长广王晔为帝，魏人不以之为帝。以兆为大将军，世隆为尚书令，荣从弟度律为太尉，世隆兄彦伯为侍中，仲远为车骑将军，及尔朱天光，荣从子。皆起兵向洛阳。十二月，兆等入洛阳，锁孝庄帝于永宁寺楼上。尔朱兆以北边有警，挟孝庄还晋阳，留世隆、度律、彦伯等镇洛阳。甲子，尔朱兆缢孝庄帝于晋阳三级佛寺。建明二年梁中大通三年。二月，兆等又以为长广王晔疏远，又无人望，欲更立近亲，乃立广陵王恭为帝，是为前废帝。又谓之节闵帝。是时高欢亦立渤海太守朗于信都，是为后废帝。至尔朱氏败，高氏得志，欢弑前废帝，同时又弑后废帝，而立平阳王脩，是为孝武帝，即图欢不成，而奔宇文泰者，事见下节。

第三十一节　北齐神武帝之概略

魏六镇之叛也，后渐并于杜洛周。柔玄镇人。既而葛荣怀朔镇人。灭杜洛周，并其众。及尔朱荣灭葛荣，其部众流入并、肆者，二十余万人，为契胡所凌暴，皆不聊生，大小二十六反，诛夷者半，犹谋乱不止。兆患之，问计于欢，欢曰："六镇反残，不可尽杀，宜选腹心大将以统之，则乱自平矣。"兆即以命欢，时兆方醉，欢知其醒必悔，遂出，宣言受委统州镇兵，可集汾东受号令，乃建牙阳曲川，陈部分。军士素恶兆而乐属欢，莫不皆至。居无何，欢又请于兆，言并、汾荒旱，请率其众就食山东，兆亦听之。欢自发晋阳，道逢北乡长公主，尔朱荣之妻，盖非公主，而受公主之封者。自洛阳来，有马三百匹，尽夺而易之。兆始悔，自追之，至漳水，隔水召欢，欢不赴，兆亦无如欢何。欢至山东，约勒士卒，丝毫无所犯，每过麦地，欢辄步牵马，于是远近归心。魏后废帝中兴元年六月，即梁中大通三年。高欢将起兵讨尔朱氏，时尔朱世隆为太保，镇洛阳，尔朱仲远为徐州刺史，镇东郡，尔朱天光为雍州刺史，镇关中，并为大将军。尔朱兆为并州刺史，镇晋阳，为天柱大将军，封太原王。高欢为冀州刺史，镇信都，封渤海王。先诈为书，称尔朱兆将以六镇人配契胡为部曲，众皆忧惧。又伪为并州符，尔朱兆之符也。征兵讨步落稽，即稽胡。发万人遣之，欢亲送之郊，雪涕执别，众皆号恸，声震原野。欢乃谕之曰："与尔俱为失乡客，义同一家，不意在上征发乃尔。今直西向已当死，后军期，又当死，配国人，谓契胡为国人。又当死，奈何？”众曰：“惟有反耳！”欢曰：“反乃急计，然当推一人为主，谁可者？”众共推欢，欢曰：“尔乡里难制，谓己与六镇人为乡里。不见葛荣乎？虽有百万之众，曾无法度，终自败灭。今以吾为主，当与前异，毋得凌犯汉人。犯军令，生死任吾，则可。不然，不能为天下笑。”欢此数语为复盛时代之根源。众皆顿颡曰：“死生惟命。”欢乃椎牛飨士，庚申，起兵于信都。中兴二年正月，梁中大通四年。欢克邺，擒相州刺史刘诞。契胡人。闰三月，天光自长安，兆自晋阳，度律自洛阳，仲远自东郡，皆会于邺，众二十万，夹洹水而军。而欢之兵，不满三万，众寡不敌。乃于韩陵山名，在邺。置圆阵，连系牛驴，以度归路，志在必死。既战，兆等大败，兆奔还晋阳，仲远奔还东郡。度律、天光将奔洛阳，而洛阳之人，已尽诛尔朱氏之党，于是执世隆、天光、彦伯，献于高欢，欢俱斩之。尔朱仲远奔梁，欢遂入洛阳。太昌元年，梁中大通四年。欢以岁首掩尔朱兆于秀容，兆逃于穷山，自缢而死，尔朱氏亡。欢遂自立为大丞相，齐王，而专魏政，其实魏主也。自曹魏至元魏，宅中原者皆以邺为重地，至欢乃移于晋阳，自此历唐、五代未改。永熙二年梁中大通五年。正月，魏侍中斛斯椿，字法寿，广牧富昌人。与南阳王宝炬，武卫将军王思政，字思政，太原祁人，官都官尚书。密劝孝武图高欢。孝武遂置阁内都督部曲，又增武直人数，自直阁以下，员列数百，皆选四方骁勇者充之。帝数出巡幸，椿自部勒，别为行阵，由是朝政军谋，帝专与椿决之。帝以关中大行台贺拔岳字阿斗，泥尖山人，岳与悦皆乘尔朱氏之败，逐尔朱显专，而据关中。拥重兵，密与相结，又出侍中贺拔胜岳之兄，后兵败，奔梁。为都督三荆二郢七州诸军事，荆州刺史，欲倚胜兄弟以敌欢，欢不悦。侍中、司空高乾字乾邕，神武同族。之在信都也，遭父丧，不暇终服，及孝武即位，表请解职行丧，诏听解侍中，司空如故。乾虽求退，不谓遽见许，既去内侍，朝政多不关豫，居常怏怏。帝既贰于欢，冀乾为己用，尝于华林园宴罢，独留乾，谓之曰：“司空奕世忠良，今复建殊效，相与虽则君臣，义同兄弟，今宜共立盟约，以敦情契。”殷勤逼之。乾对曰：“臣以身许国，何敢有贰？”时事出仓猝，且不谓帝有异图，遂不固辞，亦不以启高欢。及帝始置部曲，乾乃私谓所亲曰：“主上不亲勋贤，而招集群小，数遣王思政等，往来关西，与贺拔岳计议。又出贺拔胜为荆州，外示疏忌，内实树党，令其兄弟相近，冀据有西方。祸难将作，必及于我。”乃密启欢。欢召乾诣并州，面论时事，乾因劝欢受魏禅。欢乃以袖掩其口，曰：“勿妄言。今令司空复为侍中，门下之事，一以相委。”欢屡启请，帝不许。乾知变难将起，密启欢，求为徐州。二月辛酉，以乾为骠骑大将军，开府仪同三司，徐州刺史。三月，高乾将之徐州，魏主闻其漏泄机事，乃诏丞相欢曰：“乾邕与朕私有盟约，今乃反覆两端。”欢闻其与帝盟，亦恶之，即取乾前后数启论时事者遣使封上。帝召乾对欢，使责之。乾曰：“陛下自立异图，乃谓臣为反覆，人主加罪，其可辞乎？”遂赐死。帝又密敕东徐州刺史潘绍业，杀其弟敖曹。名昂，以字行，官司徒，齐之骁将。敖曹先闻乾死，伏壮士于路，执绍业，得敕书于袍领，遂将十余骑奔晋阳。欢抱其首，哭曰：“天子枉害司空。”敖曹兄仲密名慎，亦以字行。为光州刺史，孝武敕青州断其归路，仲密亦间行奔晋阳。初，贺拔岳遣行台郎冯景诣晋阳，高欢闻岳使至，甚喜，曰：“贺拔公讵忆吾耶？”与景歃血，约与岳为兄弟。景还，言于岳曰：“欢奸诈有余，不可信也。”府司马宇文泰，字黑獭，鲜卑人，即北周文帝也，事见后。自请使晋阳，以观欢之为人。既至，欢奇其状貌，曰：“此儿视瞻非常。”将留之。泰固求覆命，欢既遣而悔之，发驿急追，至关，不及而返。泰至长安，谓岳曰：“高欢所以未篡者，正惮公兄弟耳。侯莫陈悦代人，为渭州刺史。之徒，非所忌也。公但潜为之备，图欢不难。”因劝岳西辑氐羌，北抚沙塞，还军长安，时岳在秦陇。匡辅魏室，泰意正与欢劝尔朱荣同。岳大悦。复遣泰诣洛阳请事，密陈其状，孝武喜，加泰武卫将军，使还报。以岳为都督雍等十二州诸军事，雍州刺史。又割心前血，遣使者赍以赐之。岳遂引兵西屯平凉，以牧马为名，诸部落等，皆附于岳。岳以夏州被边要重，欲求贤良刺史以镇之，众举宇文泰，岳曰：“宇文左丞，吾左右手，何可废也？”沈吟累日，卒表用之。永熙三年梁中大通六年。正月，岳召悦，共讨灵州刺史曹泥，会于高平，悦乃谋取岳。岳使悦先行，至河曲，悦诱岳入营，坐论军事，悦阳称腹痛而起，其婿元洪景拔刀斩岳，岳左右皆散走，乃还入陇，屯水洛城。在渭州。岳众散还平凉，未有所属，乃召宇文泰于夏州，泰与帐下轻骑，驰赴平凉，令杜朔周岳之旧将也，后更名赫连达。帅众先据弹筝峡。在渭州。泰至平凉，哭岳甚恸，将士皆悲喜。孝武闻岳死，遣武卫将军元毗慰劳岳军，召还洛阳，并召侯莫陈悦。毗至平凉，军中已奉宇文泰为主，悦乃附高欢，不肯应召。泰因元毗上表称臣，孝武乃以泰为大都督，即统岳兵。泰与悦书，责以岳事。三月，泰引兵击悦，至原州，众军毕集。夏四月，宇文泰引兵上陇，泰军令严肃，秋毫无犯，百姓大悦。军出木峡关，雪深二尺，泰倍道兼行，出其不意。悦闻之，退保略阳，留万人守水洛，即降。泰遣轻骑数百趣略阳，悦退保上邦，寻弃州城，南保山险，弃军迸走，数日之中，盘桓往来，不知所趣。左右劝向灵州，依曹泥，悦从之，自乘骡，令左右皆步从，欲自山中趣灵州。宇文泰使原州都督贺拔颖追之，悦望见追骑，缢死于野。泰入上邦，以次定关中之地，入长安，据之。孝武以泰为侍中，骠骑大将军，开府仪同三司，关西大都督，略阳县公，承制封拜。侍中封隆之字祖裔，渤海蓨人，官齐州刺史。言于欢曰："斛斯椿等今在京师，必构祸乱。"隆之与仆射孙腾，字龙雀，咸阳石安人，官太保。争尚魏主妹平原公主，公主归隆之，腾泄其言于椿，椿以白帝。隆之惧，逃还乡里。欢召隆之诣晋阳。会腾带仗入省，擅杀御使，惧罪，亦逃就欢，领军娄昭欢之妻弟。辞疾归晋阳。帝以斛斯椿兼领军，改置都督，及河南、关西诸刺史。五月丙子，孝武增置勋府庶子厢六百人，又增骑官厢别二百人。孝武欲伐晋阳，辛卯，下诏戒严，云欲自将伐梁，发河南诸州兵大阅于洛阳，南临洛水，北际邙山，孝武戎服，与斛斯椿临观之。六月丁巳，魏主密诏高欢，称宇文黑獭、贺拔胜颇有异志，故假称南伐，潜为之备，王亦宜共为形援，读讫燔之。欢表以为，荆、雍将有逆谋，臣今潜勒兵十万，伏听处分。帝知欢觉其变，乃出欢表，命群臣议之，欲止欢军。欢亦集并州僚佐共议，还以表闻，仍云："臣为嬖佞所间，陛下一旦赐疑，臣若敢负陛下，使身受天殃，子孙殄绝。陛下若垂信赤心，使干戈不动，佞臣一二人，愿斟量废出。”中军将军王思政言于孝武曰：“高欢之心，昭然可知。洛阳非用武之地，宇文泰乃心王室，今往就之，还复旧京，何虑不克？”帝深然之，遣散骑常侍河东柳庆见泰于高平，共论时事。泰请奉迎舆驾，庆覆命，帝复私谓庆曰：“朕欲向荆州何如？”庆曰：“关中形势，宇文泰才略可依，荆州地非要害，南迫梁寇，臣愚未见其可。”帝又问阁内都宇文显和，显和亦劝帝西幸。陈郡太守、河东裴侠，帅所部诣洛阳，王思政问曰：“今权臣擅命，王室日卑，奈何？”侠曰：“宇文泰为三军所推，居百二之地，所谓已操戈矛，宁肯授人以柄？虽欲投之，恐无异避汤入火也。”思政曰：“然则如何而可？”侠曰：“图欢有立至之忧，西巡有将来之虑。且至关右，徐思其宜耳。”思政然之，乃进侠于孝武，授左中郎将。初，欢以为洛阳久经丧乱，欲迁都于邺，孝武曰：“高祖定鼎河洛，为万世之基。王既功存社稷，宜遵太和旧事。”欢乃止。至是复谋迁都，孝武不乐，遂下制书，数欢罪恶。孝武以宇文泰兼尚书仆射，为关西大行台，许妻以冯翊长公主。谓泰帐内都督秦郡杨荐曰：“卿归语行台，遣骑迎我。”以荐为直阁将军。泰以前秦州刺史骆超为大都督，将轻骑一千赴洛，又遣荐与长史宇文侧，出关候接。欢召其弟定州刺史琛，使守晋阳，勒兵南出，以高敖曹为前锋。宇文泰亦移檄州郡，数欢罪恶，自将大军发高平，前军屯弘农，贺拔胜军于汝水。秋七月己丑，魏主亲勒兵十余万，屯河桥，以斛斯椿为前驱，陈于邙山之北。椿请帅精骑二千，夜渡河，掩其劳弊。帝始然之，黄门侍郎杨宽说帝曰：“高欢以臣伐君，何所不至？今假兵于人，恐生他变。椿若渡河，万一有功，是灭一高欢，生一高欢矣。”帝遂敕椿停行，椿叹曰：“顷荧惑入南斗，今上信左右间构，不用吾计，岂天道乎？”宇文泰闻之，谓左右曰：“高欢数日行八九百里，此兵家所忌，当乘便击之。而主上以万乘之重，不能渡河决战，方缘津据守。且长河万里，捍御为难，若一处得渡，大事去矣。”欢至河北十余里，再遣使，口申诚款，帝不报。丙午，欢引军渡河，帝遣使召椿还，遂帅南阳王宝炬，清河王亶，广阳王湛，以五千骑宿于瀍西南阳王别舍，沙门惠臻负玺，持千牛刀以从。众知帝将西出，其夜亡者过半。戊申，帝西奔长安。已酉，欢入洛阳，会于永宁寺，遣领军娄昭等追帝，请帝东还。高敖曹帅精骑追帝至陕西，不及。帝鞭马长骛，粮糗乏绝，三二日间，从官惟饮涧水。宇文泰使赵贵、字元贵，天水南安人，官太保，后为宇文护所杀。梁御字善通，安定人，官上柱国。帅甲骑二千奉迎，循河西行。孝武谓御曰："此水东流，而朕西上，若得复见洛阳，亲谒陵庙，卿等功也。"帝及左右皆流涕。泰备仪卫迎帝，谒见于东阳驿，都入长安，以雍州廨舍为宫。大赦，以泰为大将军，雍州刺史，兼尚书令，军国之政，咸取决焉。别置二尚书，分掌机事。辛酉，欢自追迎魏主，至弘农。九月乙巳，使行台仆射元子思魏之宗室。帅侍官迎帝。已酉，攻潼关，克之，进屯华阴。欢自发晋阳，至是凡四十启，魏主皆不报，欢乃东还。冬十月，欢至洛阳，又遣僧道荣奉表于孝武帝，曰："陛下若远赐一制，许还京洛，臣当帅勒文武，式清宫禁。若返正无日，则七庙不可无主，万国须有所归，臣宁负陛下，不负社稷。"帝亦不答。欢遂立清河世子善见为帝，是为孝静帝。欢以洛阳西逼西魏，南近梁境，乃议迁邺。书下三日，即行。丙子，孝静帝发洛阳，十一月庚寅，至邺，居城北相州之廨。魏孝武帝复与丞相泰有隙，十二月，帝饮酒遇鸩而殂。泰奉太宰、南阳王宝炬而立之，是为文帝。大统元年即梁大同元年，而东魏天平二年也。春正月，欢始闻孝武帝之丧，为之举哀制服。大统三年梁大同三年，东魏天平四年。闰九月，高欢将兵二十万，自壶口趋蒲津，使高敖曹将兵三万，出河南。关中饥，宇文泰所将将士不满万人。冬十月壬辰，泰至沙苑。冯翊县。泰背水东而为陈，李弼字景和，辽东襄平人，官司空。为右拒，赵贵为左拒，命将士皆偃戈于苇中，约闻鼓声而起。晡时，东魏兵至渭曲，都督太安斛律羌举曰："黑獭举国而来，欲一死决，譬如猘狗，或能噬人。且渭曲苇深土泞，无所用力，不如缓以相持，密分精锐，径掩长安，巢穴既倾，则黑獭不战成擒矣。"欢曰："纵火焚之，何如？"侯景字万景，雁门人，事见后。曰："当生擒黑獭，以示百姓。若众中烧死，谁复信之？"彭乐盛气请斗，曰："我众贼寡，百人擒一，何忧不克？"欢从之。东魏兵望见魏兵少，争进击之，无复行列。兵将交，泰鸣鼓，士皆奋起，于谨字思敬，洛阳人，官雍州牧。等六军与之合战，李弼等帅铁骑横击之，东魏兵中截为二，遂大破之。明日，欢欲复战，竟无应者，丧甲士八万人，弃铠甲十有八万。泰追欢至河上，都督李穆曰："高欢破胆矣，速追之，可获。"泰不听，还军渭南，乃于战所，人种柳一株，以旌武功。侯景言于欢曰："黑獭新胜而骄，必不为备，愿得精骑二万，径往取之。"欢以告娄妃，妃曰："设如其言，景岂有还理。得黑獭而失景，何利之有？"欢乃止。大统四年梁大同四年，东魏元象元年。春二月，东魏大行台侯景等，治兵于虎牢，将复河南诸州，魏韦孝宽名叔裕，以字行，京兆杜陵人，官太尉。等皆弃城西归。于是南汾、颍、豫、广四州，复入东魏。秋七月，侯景、高敖曹等，围魏独孤信云中人，官太保。于金墉，欢帅大军继之。景悉烧洛阳官寺、民居，存者什二三。文帝将如洛阳拜园陵，会信等告急，遂与泰俱东。八月庚寅，泰至谷城，侯景等欲整阵以待其至，仪同三司莫多娄贷文不从，进战败死。泰进军瀍东，侯景等夜解围去。辛卯，泰帅轻骑追景，至河上，景为陈，北据河桥，南据邙山，与泰合战，泰马中流矢，惊逸，遂失所之，泰坠地，东魏兵追及之，左右皆散。都督李穆下马，以策扶泰背，骂曰："笼东军士，尔曹主何在，而独留此？"追者不疑其贵人，舍之而过。穆以马授泰，与之俱逸，魏兵复振，击东魏兵，大破之，东魏兵北走。高敖曹意轻泰，建旗盖以临陈，魏人尽锐攻之，一军皆没。欢闻之，如丧肝胆。魏又杀东魏西兖州刺史宋显等，虏甲士万五千人，赴河死者以万数。是日，东、西魏置阵既大，首尾悬远，从旦至未，战数十合，氛雾四塞，莫能相知，魏将不知魏主及泰所在，皆弃其卒先归，泰由是烧营而归。于是自襄、广以西城镇，复为魏有。大统九年梁大同九年，东魏武定元年。三月，高欢将兵十万，至河北。泰退军瀍上，纵火船于上流，以烧河桥。斛律金字阿六敦，敕勒部人，官太尉。使行台郎中张亮，以小艇百余，载长锁，伺火船将至，以钉钉之，引锁向岸，桥遂获全。欢渡河，据邙山为陈，不进者数日。泰留辎重于瀍曲，夜登邙山以袭欢，候骑白欢曰："贼距此四十余里，蓐食干饭而来。"欢曰："自当渴死。"乃正陈以待之。戊申黎明，泰军与欢军遇，东魏彭乐以数千骑，冲魏军之北垂，所向奔溃，遂驰入魏营。人告彭乐叛，欢怒甚。俄而西北尘起，乐使来告捷，虏魏督将僚佐四十八人，诸将乘胜击魏，大破之，斩首三万余。欢使彭乐追泰，泰窘，谓乐曰："汝非彭乐耶？痴男子，今日无我，明日岂有汝耶？何不急还营，收汝金宝。"乐从其言，获泰金带一囊以归，言于欢曰："黑獭漏刃，破胆矣。"欢虽喜其胜，而怒其失泰，令伏诸地，亲捽其头，连顿之，并数以沙苑之败，举刃将下者三，噤龂良久。乐曰："乞五千骑复为王取之。"欢曰："汝纵之何意，而复言取耶？"命取绢三千匹压乐背，因以赐之。明日复战，泰悉俘其步卒，欢失马，赫连阳顺下马以授欢，欢上马走，从者步骑七人。追兵至，亲信都督尉兴庆曰："王速去，兴庆腰有百箭，足杀百人。"欢曰："事济，以尔为怀州刺史；若死，用尔子。"兴庆曰："儿少，愿用兄。"欢许之。兴庆拒战，矢尽而死。东魏兵士有逃奔魏者，告以欢所在，泰募勇敢三千人，配执短兵，配大都督贺拔胜以攻之。胜识欢于行间，执槊与十三骑逐之，驰数里，槊刃垂及，因字之曰："贺六浑，贺拔破胡胜字。必杀汝。"欢气殆绝，河州刺史刘洪徽从旁射胜，中其二骑，武卫将军段韶射胜马，毙之，比副马至，欢已逸去。胜叹曰："今日不执弓矢，天也。"顷之，东魏兵复振，泰与战又不利。会日暮，魏兵遂遁，东魏兵追之，独孤信、于谨收散卒，自后击之，追兵惊扰，魏诸军由是得全。案自刘渊创乱以来，中原之纷扰，至于不可纪极。而高欢与宇文泰之竞争，则其蜕化之时也。隋、唐之局，于此开矣。故述高欢之事，不得不稍详焉。

第三十二节　梁末侯景之乱

高欢与侯景幼同乡里，及得志，任景若己之半体。侯景右足偏短，弓马非其长，而多谋算。诸将高敖曹、彭乐等，皆勇冠一时，景常轻之。曰：

“此属皆如豕突，势何所至？”景常言于高欢，愿得兵三万，横行天下，要须济江，缚取萧衍老公，以为太平寺主。景素轻高澄，尝谓司马子如字遵业，河内温人，官太尉。曰：“高王在，吾不敢有异。王没，吾不能与鲜卑小儿共事。”子如掩其口。及欢疾笃，澄诈为欢书以召景。先是，景与欢约，曰：“今握兵在远，人易为诈，所赐书，皆请加微点。”欢从之。景得书无点，辞不至。又闻欢疾笃，用其行台郎颍川王伟计，遂拥兵自固。欢谓澄曰：“我虽病，汝面更有余忧，何也？”澄未及对，欢曰：“岂非忧侯景叛耶？”对曰：“然。”欢曰：“景专制河南，十有四年矣，尝有飞扬跋扈之志。顾我能畜养，非汝所能驾御也。堪敌侯景者，惟有慕容绍宗，慕容恪之后，官南道大行台。我故不贵之，留以遗汝。”梁太清元年东魏武定五年。春正月丙午，东魏渤海献武王高欢薨，侯景自念己与高氏有隙，内不自安。辛亥，据河南叛，归于魏。高澄遣司空韩轨督诸军讨景。庚辰，景遣其行台郎中丁和来上表，言：“臣与高澄有隙，请举函谷以东，瑕丘以西，豫、广、颍、荆、襄、兖、南兖、济、东豫、洛阳、北荆、北扬、扬十三州内附，惟青、徐数州，仅须折简。且黄河以南，皆臣所职，易如反掌。若齐、宋一平，徐事燕、赵。”是岁正月乙卯，帝梦中原牧守皆以地来降，举朝称庆。旦见中书舍人朱异，告之，字彦和，吴郡钱塘人，官中领军。且曰：“吾为人少梦，若有梦，必实。”异曰：“此乃宇内混一之兆也。”及丁和至，称景定计，以正月乙卯，上愈神之，然意犹未决。尝独言：“我国家如金瓯，无伤缺。今忽受景地，讵是事宜？脱致纷纭，悔之何及！”壬午，以景为大将军，封河南王，都督河南北诸军事，大行台。泰乃召景入朝，景因谋叛魏，事计未成，至是果辞不入朝，遗丞相泰书曰：“吾耻与高澄雁行，安能比肩大弟？”遂决意来降。八日乙丑，下诏，大举伐东魏，遣南豫州刺史贞阳侯渊明等。高澄数遣将伐侯景，皆大败。冬十一月，高澄使以慕容绍宗为东南道行台，伐侯景。初，景闻他将来，曰：“啖猪肠儿，何能为？”又曰：“兵精人凡。”诸将无不为所轻者。及闻绍宗来，叩鞍有惧色，曰：“谁教鲜卑儿解遣绍宗来？若然，高王定未死邪？”绍宗帅众十万出韩山，攻潼州刺史郭凤营，矢下如雨，渊明醉不能起，命诸将救之，皆不敢出。初，侯景常戒梁人曰："逐北不过二里。"绍宗将战，以梁人轻悍，恐其众不能支，一一引将卒，谓之曰："我当阳退，诱吴儿使前，尔击其背。"东魏兵实败走，梁人不用景言，乘胜深入。魏将卒以绍宗之言为信，争共掩击之，梁兵大败。贞阳侯渊明，及胡贵孙、赵伯超等，皆为东魏所虏，失亡士卒数万人。帝方昼寝，宦者张僧胤白朱异启事，上骇之，遽起，升舆至文德殿阁。异曰："韩山失律。"上闻之，恍然将坠床，僧胤扶而就坐，乃叹曰："吾得无复为晋家乎？"郭凤退保潼州，慕容绍宗进围之，十二月甲子朔，凤弃城走。慕容绍宗引军击侯景，景辎重数千两，马数千匹，士卒四万人，退保涡阳。绍宗士卒十万，旗甲耀日，鸣鼓长驱而进。景使谓之曰："公等为欲送客，为欲定雌雄耶？"绍宗曰："欲与公决胜负。"遂顺风布陈。景闭垒，俟风止，乃出。绍宗曰："侯景多诡计，好乘人背。"使备之，果如其言。景命战士身披短甲，执短刀，入东魏陈，但低视，斫人胫马足，东魏兵遂败。绍宗坠马，仪同三司刘丰生被伤，显州刺史张遵业为景所擒。绍宗、丰生俱奔谯城，裨将斛律光、字明月，金之子，官至丞相，为废帝所杀，光死而齐亡。张恃显尤之。绍宗曰："吾战多矣，未见如景之难克者也，君辈试犯之。"光等被甲将出，绍宗戒之曰："勿度涡水。"二人军于水北，光轻骑射之。景临涡水，谓光曰："尔求勋而来，我惧死而去。我，汝之父友，何为射我？汝岂自解不度水南，慕容绍宗教汝也。"光无以应。景使其徒田迁射光马，洞胸，光易马隐树，又中之，退入于军。景擒恃显，既而舍之。光走入谯城，绍宗曰："今定何如，而尤我也？"侯景与慕容绍宗相持数月，景食尽。太清二年东魏武定六年。春正月己亥，慕容绍宗以铁骑五千，夹击侯景。景诳其众曰："汝辈家属，已为高澄所杀。"众信之。绍宗遥呼曰："汝辈家属并完，若归，官勋如旧。"被发向北斗而誓。景士卒不乐南渡，其将暴显等，各帅所部降于绍宗，景众大溃，争赴涡水，水为之不流。景与腹心数骑，自硖石济淮，稍收散卒，得步骑八百人，昼夜兼行，追兵不敢逼。使谓绍宗曰："景若就擒，公复何用？"绍宗乃纵之。侯景既败，不知所适。壬子，景夜至寿阳城下，袭而据之。魏高澄既逐侯景，数遣书移，复求通好。欲令侯景自疑也。帝亦厌用兵，乃从之。景不自信，上书力争其事，帝不从。景又致书于朱异，饷金三百两，异纳金而不通其启。景乃诈为邺中书，求以贞阳侯易景，帝从之，复书曰："贞阳旦至，侯景夕返。"景谓左右曰："我固知吴老公薄心肠。"王伟说景曰："今坐听，亦死；举大事，亦死；唯王图之。"于是始为反计，属城居民，悉召募为军士，辄停责市估及田租，百姓子女，悉以配将士。秋八月，侯景自至寿阳，征求无已，朝廷未尝拒绝。景请娶于王、谢，帝曰："王、谢门高非偶，可于朱、张以下访之。"景恚曰："会将吴儿女配奴。"又启求锦万匹，为军人作袍，中领军朱异议以青布给之。又以台所给仗，多不能精，启请东冶锻工，欲更营造。敕并给之。帝既不用景言，与东魏和亲，是后景表疏，稍稍悖慢。又闻徐陵字孝穆，后入周。等使魏，反谋益甚。有人告者，时帝以边事专委朱异，动静皆关之，异以为必无此理。戊戌，景反于寿阳，以诛中领军朱异为名。己酉，自横江济采石，有马数百匹，兵八千人。是夕，朝廷始命戒严。景分兵袭姑孰，执淮南太守文成侯宁，南津校尉江子一。字元贞，济阳考城人。己酉，景至慈湖，建康大骇，御街人更相劫掠，不复通行。景启言异等弄权，乞带甲入朝，除君侧之恶。是时梁兴四十七年，境内无事，公卿在位，及闾里士大夫，罕见甲兵。贼至猝迫，公私骇震，宿将已尽，后进少年，并出在外，军旅指扔，决于羊侃。字祖忻，泰山梁甫人，官侍中。侃胆力俱壮，太子深仗之。十二日，侃发病卒，贼乃得逞。辛亥，景至朱雀桁南。太子以景乘胜至阙下，城中恟恟，壬子，景列兵绕台城，幡旗皆遍，绕城既匝，百道俱攻，鸣鼓吹脣，喧声震地。遣其将任约、于子悦，至城下拜表求和，乞复先镇。太子以城中穷困，白上请许之。上怒曰："和不如死。"太子固请，上迟回久之，乃叹曰："汝自图之，勿令取笑千载。"遂报许之。上常蔬食，及围城日久，上厨蔬茹皆绝，乃食鸡子。太清三年东魏武定七年。三月，景入台城，帝安卧不动，叹曰："自我得之，自我失之，亦复何恨？"上问左右景何在，可召来。景入见于太极东堂，以甲士五百人自卫。景稽颡殿下，典仪引就三公榻，帝神色不变，问曰："卿在军中日久，无乃为劳！"景不敢仰视，汗流被面。又曰："卿何州人，而敢至此，妻子犹在北邪？"景皆不能对。任约从旁代对曰："臣景妻子，皆为高氏所屠，惟以一身归陛下。"上又问："初渡江有几人？"景曰："千人。""围台城几人？"曰："十万。""今有几人？"曰："率土之内，莫非己有。"上俛首不言。景复至永福省，见太子。太子亦无惧容，侍卫皆惊散。景拜太子，太子与言，景不能对。景退谓人曰："吾尝跨鞍对陈，矢刃交下，而意气安缓，了无怖心。今见萧公，使人自慑，岂非天威难犯！吾不可以再见之。"景使其军士入直省中，或驱驴马，带弓刀，出入宫庭。帝怪而问之，直阁将军周石珍对曰："侯丞相甲士。"上大怒，叱石珍曰："是侯景，何谓丞相？"左右皆惧。是后帝所求，多不遂志，饮膳亦为所裁节，忧愤成疾。五月丙辰，帝卧净居殿，口苦索蜜，不得，再曰："荷！荷！"遂殂，年八十六。迎太子即位，是为简文帝。时四方皆起兵讨景，景号令所行，惟吴郡以西，南陵以北而已。景性残酷，于石头立大碓，有犯法者捣杀之。常戒诸将曰："破栅平城，当尽杀之，使天下知吾威名。"故诸将每战胜，专以焚掠为事，斩刈人如草芥，以资戏笑。由是百姓虽死，终不附景。冬十月乙未，景自加宇宙大将军，都督六合诸军事。初，景既克建康，常言吴儿怯弱，易以掩取，当须拓定中原，然后为帝。及陈霸先、陈武帝也，事见后。王僧辩字君才，太原祁人，官大司马，为霸先所袭杀。讨侯景，景自巴陵败归，猛将多死，自恐不能久存，欲早登大位。大宝二年齐天保二年。七月，废帝为晋安王，寻杀之，并杀太子，迎豫章王栋，立之。十一月，又废之，自立为帝，还登太极殿，其党数万，皆吹唇鼓噪而上。元帝承圣元年齐天保三年。春正月，湘东王命王僧辩等，东击侯景。二月庚子，诸军发寻阳，舳舻数百里，陈霸先帅甲士三万，舟舰二千，自南江出湓口，会僧辩于白茅湾，筑坛歃血，共读盟文，流涕慷慨。癸酉，王僧辩至芜湖，侯景守将张黑弃城走。景闻之，甚惧。三月己巳朔，景下诏，欲自至姑孰。僧辨等至芜湖，停十余日，景党大喜，告景曰："西帅畏吾之强，势将遁矣，不击且失之。"丁丑，僧辩至姑孰，合战中江，侯子鉴景党守姑孰者。大败，士卒赴水死者数千人，子鉴仅以身免，收散卒走还建康。景闻子鉴败，大惧，涕下覆面，引衾而卧。良久，方起，叹曰："误杀乃公。"庚辰，僧辩督诸军至张公洲。辛巳，乘潮入淮，进至禅灵寺前。丁亥，王僧辩进军招提寺北，侯景帅众万余人，铁骑八百余匹，陈于西州之西。景与霸先殊死战，景帅百余骑弃矟执刀，左右冲陈，陈不动，众遂大溃，诸军逐北，至西明门。景至阙下，不敢入台，召王伟责之曰："尔令我为帝，今日误我。"伟不能对，绕阙而藏。景欲走，伟执鞚谏曰："自古岂有叛天子耶！宫中卫士，犹足一战，弃此将欲安之？"景曰："我昔败贺拔胜，破葛荣，扬名河朔，渡江平台城，如反掌，今日天亡我也！"因仰观石阙叹息久之，以皮囊盛江东所生二子，挂之鞍后，与房世贵等百余骑东走。进至嘉兴，腹心数十人。单舸走，推堕二子于水，将入海，欲向蒙山。己卯，景昼寝，其党遂直向京口，至胡豆洲，景觉大惊，未及言，白刃交下，景走入船中，以佩刀抉船底，众以矟刺杀之，纳盐腹中，送于建康。僧辩传首江陵，截其手，使谢葳蕤送于齐，暴景尸于市，民争取食之，并骨皆尽。

第三十三节　陈诸帝之世系

陈霸先，字兴国，小字法生，吴兴郡名，今浙江湖州府。人，汉太丘长陈寔之后也。初事梁，为广州刺史萧暎中直兵参军，以高要太守，起兵讨侯景，与王僧辩同有大功。既而袭杀王僧辩，遂专朝政，寻受梁禅。在位三年崩，凡永定三年。年五十七，是为武帝。陈茜即位，茜字子华，武帝兄子也。父始兴昭烈王道谈。母未详。在位七年崩，凡天嘉六年，天康一年。年未详，是为文帝，帝为陈之令主。陈伯宗即位，伯宗字奉业，小字药王，文帝长子也。母沈皇后，讳妙容，吴兴武康人。在位二年，凡光大二年。为陈顼所废，寻弑之，年十九，是为废帝。陈顼即位，顼字绍世，小字师利，文帝之母弟也。在位十四年崩，凡太建十四年。年五十三，是为宣帝。帝无道，江左之亡，遂决于是。陈叔宝即位，叔宝字元秀，小字黄奴，宣帝长子也。母柳皇后，名敬言，河东解人。帝在位七年，至德四年，祯明三年。为隋所灭，帝降于隋。仁寿四年，陈灭后之十六年。为隋所杀，年五十二。陈五帝，三十三年。

第三十四节　北齐高氏之世系

高欢，字贺六浑，渤海蓨人。六世祖隐，晋玄菟太守。后世事慕容氏，慕容氏亡，归魏。既累世北边，故习其俗，遂同鲜卑。欢深沉有大度，轻财重士，为豪侠所宗。目有精光，长头高颧，齿白如玉。始见尔朱荣，荣以其憔悴，未之奇也。因随荣之厩，厩有恶马，荣命翦之，欢乃不加羁绊而翦，竟不蹄啮。已而起曰："御恶人，亦如此马矣。"荣遂坐欢于床下，而访时事，语自日中至夜半，乃出，自是渐显。及灭尔朱氏，专魏政者十七年，殂，自魏普泰元年至武定五年。年五十二。终身未称尊号，但号齐王。时河朔经五胡之乱，几二百年，无汉族为君长者。自欢之后，杨氏继起，至唐李氏，遂篡汉业，而欢发其始，真人杰也。欢后追尊神武帝。高澄袭齐王位，澄字子惠，神武长子也。母娄太后，名昭君，代郡平城人。此人不能决其为何族。澄执政三年，武定五年至七年。为梁降人兰京所刺，年二十九，谥文襄。高洋立，洋字子进，神武第二子也。母娄太后。武定八年，受东魏禅，在位十年殂，凡天保十年。年三十一，是为文宣帝。帝狂暴极天下之恶，为暴君之极则焉。然能委任杨愔，民得休息。帝之暴恶，盖所以挫鲜卑，而非以仇百姓也。高殷即位，殷字正道，文宣长子也。母李皇后。在位一年，凡乾明一年。为高演所弑，年十七，是为废帝。高演即位，演字延安，神武第六子也。母娄太后。在位二年殂，凡皇建二年。年二十七，是为孝昭帝，帝兄弟中差为和平。高湛即位，字未详。神武第九子也。母娄太后。在位五年殂，凡太宁一年，河清四年。年三十三，是为武成帝，帝昏悖亚于文宣。高纬即位，纬字仁纲，武成长子也。母胡皇后，失其名，安定人。帝与胡后皆昏淫狂乱，恣其所为，在位十二年，凡天统五年，武平六年，隆化一年。为宇文氏所逼，传位于太子恒，而自号太上皇，改元承光。是年，为宇文氏所灭，帝降于周。入周后三年，为周所杀。北齐七帝，四十九年。从神武起。

第三十五节　北周宇文氏之世系

宇文泰，字黑獭，代武川人。其先为鲜卑大姓，事慕容氏，慕容氏灭，归拓跋氏。泰长八尺，方颡广额，美须髯，发长委地，面有紫光，人望而敬畏之。以步兵校尉从贺拔岳在关中，时尔朱显寿镇长安，岳逐之，自为关西大行台，而以泰为左丞，岳旋以泰为夏州刺史。未几，岳为侯莫陈悦所杀，泰闻，率轻骑赴之，泰遂有关中。永熙三年，魏主脩与神武不协，奔关中，泰纳之。欢更立善见为魏主，自是魏分东、西。泰执朝政凡二十三年，殂，自魏永熙三年至恭帝三年。年五十二。与欢同寿，而少于欢十岁。亦终身未称尊号，但称太师、大冢宰，后追尊文帝。宇文觉袭太师、大冢宰位，觉字陁罗尼，文帝第三子。母元太后，魏孝武妹。是年受魏禅，在位一年，未改元。为叔父宇文护所杀，年十六，是为孝闵帝。宇文毓即位，毓小名统万突，文帝长子也。母姚夫人。在位四年，前二年无号，又武成二年。复为宇文护所弑，年二十七，是为明帝。宇文邕即位，邕字祢罗突，文帝第四子也。母叱奴太后。在位十八年殂，凡保定五年，天和六年，建德七年。年三十六，是为武帝。帝沉毅有智谋，克己励精，听览不倦，凡布怀立行，皆欲逾越古人。身衣布袍，寝布被，土阶数尺，不施栌棋。后宫嫔御，不过十余人。劳谦接下，自强不息。以海内未安，锐情教习，至于校兵阅武，步行山谷，履涉勤苦，皆人所不堪。每宴会将士，必自执杯劝酒。至于征伐之处，躬在行阵。性又果决，能断大事，故能内诛宇文护，外灭高纬。时混一之势已成，杨氏特蒙其业耳。宇文赟即位，赟字乾伯，武帝长子也。母曰李太后，名娥，江南人。在位二年殂，凡大象二年。年二十二，是为宣帝。帝穷侈极奢，适与武帝反，国政遂为后父杨坚所盗。宇文衍即位，宣帝长子也。母朱皇后。在位一年，凡大定一年。禅位于隋，帝遇弑，年九岁，周亡。凡六帝，共四十八年。从文帝起。

第三十六节 隋诸帝之世系

自晋惠帝末年之乱，神洲板荡，分为数十国，起灭无恒，不能自靖，扰攘三百余年。至隋而后，又成一统，故隋者，亦古今之关键也。然隋人事业，非杨氏自创之，其实皆藉宇文氏之遗业，此与宋艺祖藉周世宗之遗，义正同。初无过人之智，栉沐之劳，拱手而得天下，不可谓不幸。乃曾几何时，天下又复大乱，于是神器遗之唐人，而杨氏不啻为李氏之先导，此与嬴氏为刘氏之先导正同。又何其不幸也。而其间至要之事，则此时汉族渐强，蕃族渐弱，一变自永嘉以来之习气。然汉族虽强，而其所用之习俗、如衣绯绿，著靴，用椅垂脚坐之类。宗教、如佛教。官制、望族，如崔、卢、裴、韦、郑、窦之类。皆上承宇文，遥接拓跋，与宋、齐、梁、陈之脉，固不相接，而与两汉、魏、晋，亦自异也。此风至唐代而大昌，隋不过其过渡耳，然亦学者所不可不知也。隋高祖姓杨氏，名坚，弘农华阴人，汉太尉杨震之后，世仕北朝。至杨忠，字奴奴。为宇文泰之元勋，位上柱国、大司空、隋国公，赐姓普六茹氏。坚，忠之子也，母吕氏。为人龙颔，额上有玉柱入顶，目光外射。有文在手曰“王”，长上短下，沉深严重，虽至亲昵，不敢狎也。幼以父荫官散骑常侍，屡从征伐，至定州总管。周齐王宪武帝之弟。屡欲除之，武帝不信。

宣帝即位，以后父迁大前疑，宣帝亦深疑之，欲杀而不果。周大象二年五月，宣帝崩，静帝幼冲，内史上大夫郑译，字正义，荥阳开封人，仕隋为上柱国。御正大夫刘昉，博陵望都人，仕隋为上柱国，后为文帝所杀。矫诏引坚入总朝政，都督内外诸军事。周氏诸王在藩者，坚恐其生变，称赵王招将嫁女于突厥为词，以征之。既至，皆杀之。自为丞相。六月，相州总管尉迟迥，字薄居罗，代人，由大前疑出为相州总管，周之宿将也。举兵讨坚，东夏赵魏之士，从者若流，旬日之间，众至十余万。坚使韦孝宽讨之，十月，杀迥，关东悉平，孝宽班师。十一月，孝宽卒。时郧州总管司马消难，字道融，河南温人，子如之子，静帝后父也。亦起兵应迥，坚使王谊字宜君，河南洛阳人，官大司徒，后为隋文帝所杀。讨之，消难奔陈，郧州平。益州总管王谦，字敕万，太原人。亦起兵讨坚，坚使梁睿字恃德，安定乌氏人，亦周之旧将也。入隋，为益州总管，后征还，终于家。讨之，斩王谦，益州平。当三方之起也，坚大惧，忘寝与食。及皆平，坚乃谋篡。十二月，自称为隋王，备殊礼。明年二月，遂受周禅，复姓杨氏，改元开皇。开皇八年，命杨素、字处道，弘农华阴人，官尚书令，楚国公，隋之权臣也。王世积、字阐熙，新国人，官凉州总管，为炀帝所杀。韩擒虎、字子通，河南东垣人，官代州总管。贺若弼字辅臣，河南洛阳人，官领军大将军，为炀帝所杀。等，伐陈。九年，平陈，中国再为一统。仁寿四年七月丁未，为太子广所弑，在位二十四年，凡开皇二十年，仁寿四年。年六十四，是为文帝。帝外质木而内明敏，性好节俭，勤于吏治。开皇、仁寿之际，中国得以粗安。然性沉猜，素无学术，好为小数，不达大体。元勋宿将，诛夷罪退，罕有存者。又不悦诗书，除废学校。惟妇言是用，废黜太子。名勇，帝长子。逮于暮年，持法尤急，喜怒不常，过于杀戮，隋业遂不得长。文帝崩，杨广即位，广一名英，小字阿麽，文帝第二子也。母独孤皇后。周独孤信之女。既弑父而自立，在位十三年，凡大业十三年。为侍臣宇文化及所弑，年五十。炀帝初年，自以藩王，次不当立，每矫情饰行，以钓虚名，阴为夺宗之计。时文帝最信独孤皇后，后性忌妾媵，皇太子勇内多嬖幸，以此失爱。帝后庭有子，皆不育之，示无私宠，取媚于后。大臣用事者，倾心与交。中使至第，无贵贱皆曲承颜色，申以厚礼。婢仆往来者，无不称其仁孝。又常私入宫掖，密谋于独孤后，杨素等因机构煽，遂成废立。自文帝大渐，暨谅暗之中，烝淫无度。山陵始就，即事巡游，所至劳费，天下为之骚然。以天下承平日久，士马全盛，慨然慕秦皇、汉武之事，乃盛治宫室，穷极侈靡。召募行人，分使绝域，诸蕃至者，厚加礼赐，有不恭命，以兵击之，盛兴屯田于玉门柳城之外。课天下富室，益市武马，匹直十余万，冻馁者十家而九。帝性多诡谲，所幸之处，不欲人知，每至一所，辄数道置顿。四海珍羞殊味，水陆必备焉，求市者无远不至。郡县官人，竞为献食，丰厚者进擢，疏俭者获罪。奸吏侵渔，内外虚竭，头会箕敛，人不聊生。于时军国多务，日不暇给，帝方骄怠，恶闻政事，冤屈不治，奏请罕决。又猜忌臣下，无所专任，朝臣有不合意者，必构其罪而族灭之。无罪横受夷戮者，不可胜纪。政刑弛紊，贿货公行，莫敢正言，道路以目。六军不息，百役繁兴，行者不归，居者失业，人饥相食，邑落为墟，帝不之恤也。东西游幸，靡有定居，每以供费不给，逆收数年之赋。所至后宫，留连沈湎，惟日不足。招迎姥媪，共肆丑言。又引少年，令与宫人秽乱，不轨不逊，以为娱乐。区宇之内，盗贼蜂起，劫掠从官，屠陷城邑，近臣互相掩蔽，隐贼数，不以实对，或有言贼多者，辄大被诘责，各求苟免，上下相蒙。每出师徒，败亡相继，战士尽力，并不加赏。百姓无辜，咸受屠戮，黎庶愤怨，天下土崩。至于就擒，而犹未之悟也。

第三十七节　晋南北朝隋之行政机关

中国之宗教、政治、学术、民风，自古及今，凡经数变。自三代至秦为一变，自秦至赵宋为一变，自赵宋至今日为一变，此治历史者之所共知也。然论古今行政之机关，则其分别与前说稍异。中国行政机关之组织，古今只分二类，春秋、战国、秦、汉为一类，曹魏至今日为一类，而其关键实皆由于魏武一人，此故治历史者罕言之，今不得不述其梗概于此。三代之世用人，出于世官，与国君或同族，或不同族，亦无一定。七国、两汉用人，出于特起，其登进之途虽殊，而其设官分职之法，则原理无贰。大约各官皆有其固有之权限，其权非窃君主之权以为之者，执政大臣之职任，无异君主之副贰，君主必不能以厮役畜之。此义在两汉以前，历历可见。自东汉中叶以后，母后临朝，相继不绝，于是不能不委政于外戚与宦官，非母后之必信此二者，因中国男女隔绝，为母后者，不得不依倚此二者，则宗教为之也。而此二者，其势又必不相容。历观汉时宦官、外戚之争，以理言之，则外戚近正，而宦官至逆；以势言之，则宦官至近，而外戚已远。远必不足以敌近，故宦官常胜，而外戚常败。唐与明本无外戚，乃欲以疏远之廷臣图宦官，遂百无一胜。至何进与张让之构难，其时宦官稔恶，已为溥海所切齿。亦以何进先杀蹇硕，而夺禁兵，故进虽死，而宦官亦尽。然外戚与宦官之隙，则终古不可解矣。魏武为宦官养子，固尝受宦官之家庭教育者也。综其生平，纵刑杀《志》注引《曹瞒传》，极言操之惨核寡恩。而薄廉耻，史载操求盗嫂、受金之士之令，又《曹瞒传》极言操轻佻无威仪。轻经术而尚辞章，辞赋之习，出于桓、灵嬖人阉尹之徒，见《后汉书·杨秉传》。无一非宦官之习。而其至大者，则在改古来行政机关之体，尽去三公、卿校之实权，而举天下之实权，一一归之中官之手。自是以来，大臣拥虚位，而散秩握政柄。夫以奔走之官，而寄赏罚之实，名无可图，惟利是竞，此中国之政治所以经千百年，江河日下，而永无澄清之望也。嗟乎！宦官之流毒，亦远矣哉？今请举东晋以来，行政机关实征之，以晋为主，因魏无《职官志》，而晋制即魏制也。其晋后南北朝、隋，与魏、晋同者十之九也。

第一品：分品用《宋书·百官志》，《魏书·官氏志》分九品，各有上、中、下，与宋略同。隋分正、从，亦与宋无大异。

太宰一人，即古之太师。

太傅一人。

太保一人。

此古三公，晋后则为优礼大臣之虚号。

相国一人。

丞相一人。

此古之当国者，晋后则为奸雄图篡者所历之阶，平时不置。

太尉一人，掌兵。

司徒一人，职如丞相。

司空一人，职如御史大夫。

大司马一人，职如太尉。

大将军一人，掌征伐。

此诸职，皆汉时执政之官，晋后则为之者必兼他官，如或兼尚书令、仆，或兼督某军事，或兼某牧、某刺史之类，犹清之大学士之必有兼官也。于是此诸官，亦不过为大臣虚号。

第二品：

骠骑、车骑、卫将军各一人。

诸持节都督，无定员。

此皆临时置设，盖亦号之类。

第三品：

尚书令一人，任总机衡。

左仆射一人，领殿中、主客二曹。各曹之说，见《隋书·百官志》。

吏部尚书一人，领吏部、删定、三公、比部四曹。

祠部尚书一人，领祠部、仪曹二曹。此部尚书，例与右仆射兼职，故或谓之右仆射。

度支尚书一人，领度支、金部、仓部、起部四曹。

左民尚书一人，领左民、驾部二曹。

都官尚书一人，领都官、水部、库部、功部四曹。

五兵尚书一人，领中兵、外兵、骑兵、别兵、都兵五曹。

令一人，仆射二人，尚书五人，统谓八座，此魏晋后政权之所寄也。考尚书本秦官，官有四人，主在殿中发书，属少府，其职甚微。汉承秦置，及汉武帝游晏后庭，始用宦者主中书，以司马迁为之。成帝时，罢中书宦者，而置尚书五人，一人为仆射，四人分四曹，此为尚书省之滥觞。然终汉之世，不为显秩。至魏以荀彧为尚书令，始为真宰相矣。此魏武以中官代三公之征一也。

侍中四人，掌奏事，直侍左右。

给事黄门侍郎四人，职与侍中同。

侍中秦官，分掌乘舆服物，下至亵器、虎子之属，与宦官俱止禁中。黄门侍郎亦秦官，掌宫门。汉承秦置，皆以中人为之。魏后乃为宰相，所谓门下省是也。此魏武以中官代三公之征二也。

中书令一人，掌诏命。或为中书监，或为秘书监。

亦秦官。汉承秦置，亦以宦者为之。魏后乃又为宰相，所谓中书省是也。此魏武以中官代三公之征三也。

案尚书、门下、中书三官，益以僚佐，谓之三省，魏、晋以来中国之政府也。而在秦、汉，则皆以宦官为之，其职与公卿绝异。且即以魏、晋所定三省之权限论，亦不过通奏事、掌诏命之员而已，而其后实权，乃至于此。识者当知政体之所由来矣。

诸征镇将军，无定员，亦不常置。

光禄大夫，左右二人。

大长秋一人，职与秦、汉同。

太子詹事一人，职与秦、汉同。

诸卿尹。

第四品：

屯骑、步兵、越骑、长水、射声五校尉，每官一人。后省。

左、右、五官、虎责四中郎将，每官一人。

南蛮、西戎、南夷三校府，每官一人。

诸州刺史领兵者。州一人。

御史中丞二人。

都水使者一人。

第五品：

给事黄门散骑，无定员。

中书侍郎四人。

二官为中书、门下两省之次官。

谒者仆射一人。

太子中庶子四人。

詹事之次官。

诸杂将军，无定员。

诸州刺史不领兵者。州一人。

郡国太守内史相。郡一人。

第六品：

尚书丞郎二十五人。

尚书省之次官。

侍御史。多时八人，少时二人。

都尉，无定员。

博士十六人。不复分掌一经。

各持节都督、领护、长史、司马。以下皆未详其员数。

公府从事中郎将。

廷尉正监评。

秘书著作、丞郎。

王国公、三卿师友、文子。

诸县令千石者。

太子门大夫。

殿中将军司马督。

杂号护军。

第七品：

谒者。

殿中监。

诸卿、尹、丞。

太子詹事、率、丞。

诸军长史、司马六百石者。

诸府参军。

戎蛮府长史、司马。

公府掾属。

太子洗马、舍人、食官令。

诸县令六百石者。

第八品：

内台正令史。

郡丞。

诸县署长。

杂号宣威将军以下。

第九品：

内台书令史。

外台正令史。

诸县署丞尉。

魏、晋、南北朝、隋唐亦同。之官，大略从同，若持此以较汉官，则见有一大异处。汉之公、孤，执实权者，至此皆为虚设，或仅为奸雄僭窃之阶，寻常人臣，不以相处。汉诸卿中，有独立专治一事者，至此大半并省，归入尚书各曹中。而任事之官，则惟尚书、中书、门下三省，而此三省诸官，则皆秦、汉时少府所属之宦者也；至此则省去少府，而改以士人充之。盖汉之丞相，对于国家负责任，与今之各国同。但其策免之法，则因天变而不因议会，此所以与今日有虚实之别耳，而其理一也。至魏后，则宰相不过为皇帝之私人，与国家无涉，实即汉宦者之易名，非古之大臣也。二者因历史不同，故果效亦不同，而国家遂大受其影响，古人之治，遂不可复矣。汉时丞相位尊，而十二州之刺史，皆丞相之史，其制与今各国之中央集权同。魏后宰相位卑，而方镇皆大将，位与宰相埒，故无所谓统一之治矣。

至于外官之改变，其轻重适与内职相反。内职改而趣轻，外官则改而趣重。内职之趣轻者，所以便专制；外官之趣重者，所以便用兵。二者之理一也。然其后遂有方镇之祸，自南北朝至唐，内哄无虚日，至赵宋始息，而国力遂一弱而不可复矣。溯外官之缘起，春秋时有邑宰，官最微。七国时有郡守，权颇重矣，秦、汉皆因之不改。汉又于每州置刺史，秩卑于太守，而可以制太守。后汉病其太轻，乃改刺史为州牧，位在太守上。于是以州辖郡，州有刺史；以郡辖县，郡有太守；以县辖乡亭，县有令，小者称长；略如今制矣。顾其时之人，喜增置州、郡以自侈大，置州益多，则刺史、太守之辖境益小。从始置刺史时之十二州，至隋乃有二百余州，唐不得不以州为郡，而于刺史上再置节度使焉。此外官之大略也。

第三十八节　晋南北朝隋之风俗

世人皆知唐人极重氏族之学，然氏族之学，不始于唐，唐特氏族之习之余响耳。氏族之习，盖萌芽于魏之九品中正，而殄灭于隋之进士科。其始也，行乎其所不得不行；其终也，止乎其所不得不止。皆出于其政治上必然之果效，非空言所能为也。溯中国自黄帝以来，以贵族为立国之基，直至春秋，其制未改。至于战国，则因社会进化，贵族之制不足以自存，于是乎易世守之法，而为游说之法，上书求见，抵掌前席者，二百余年，其势顾不可以久。汉兴，则用征辟之法，其士大夫，大率先受业于国学之博士，卒业后，就公卿、方岳之聘，试为其掾属，久之，累官而上。其制独与今欧、美诸国相近。汉行之四百年，其人才最盛，其流弊亦最少，非幸致也。使循其途而不改，则中国今日，其现象必不若是。而改之者，则亦由于曹魏。魏之于中国，其关系亦大矣。案魏文延康元年，以陈群之议，立九品官人之法。其法于州郡县，俱置大、小中正，各取本处人，在诸府公卿及台省郎吏，有才德者充之，区别所管人物，定为九等，吏部不复审定，但委中正，铨第等级，凭之授受。其弊也，惟能知其阀阅，非复辨其贤愚，所谓“下品无高门，上品无寒士”也。南朝至于梁、陈，北朝至于周、隋，选举之法，虽互相损益，而九品及中正，终为定制。至开皇中罢之，而制科立矣，于是氏族废。又因其时匈奴、羯胡、鲜卑、氐、羌诸族，深入禹域，与诸夏杂处，婚嫁不禁，种族混淆，衣冠之族，不能不自标异，积此诸因，遂不得不由征辟之世，倒演而归于门阀之世，其所以与三代不同者，三代与政治相连，此不必与政治相连耳。然其时士庶之见，望族为士，平民为庶，此二字屡见南北朝人口中，盖当时之名词也。深入人心，若天经地义然。今所间见于史传者，事实甚显。大抵其时士、庶，不得通婚，故司马休之之数宋武曰：“裕以庶孽，与德文嫡婚，致兹非偶，实由威逼。”指宋少帝为公子时，尚晋恭帝女事言。沈约字休文，吴兴武康人。之弹王源琅邪临沂人。曰：“风闻东海王源，嫁女与富阳满氏，王、满联姻，实骇物听，此风勿翦，其源遂开，点世尘家，将被比屋。宜置以明科，黜之流伍。”可以见其界之严矣。其有不幸而通婚者，则为士族之玷。如杨佺期弘农华阴人。自以杨震之后，门户承藉，江表莫比。有以其门第比王珣琅邪临沂人。者，犹恚恨。而时人以其过江晚，婚宦失类，每排抑之。然其庶族之求俪于士族者，则仍不已，不必其通婚也，一起居动作之微，亦以偕偶士族为荣幸，而终不能得。如纪僧真丹阳建康人。尝启齐武曰：“臣小人，出自本州武吏，他无所须，惟就陛下，乞作士大夫。”帝曰：“此事由江斅、字叔文，济阳考城人。谢瀹，字义洁，陈郡阳夏人。我不得措意，可自诣之。”僧真承旨诣斅，登榻坐定，斅命左右：“移吾床，让客。”僧真丧气而退，告帝曰：“士大夫固非天子所命也。”其有幸而得者，则以为毕生之庆。如王敬则晋陵南沙人。与王俭字仲宝，琅邪临沂人。同拜开府仪同，曰：“我南州小吏，徼幸得与王卫军同拜三公，夫复何恨！”甚至以极凶狡之夫，乘百战之势，亦不能力求。如侯景请娶于王、谢，梁武曰：“王、谢高门非偶，当朱、张以下访之。”积此诸端观之，则当时士、庶界限之严，可以想见。此外类此者，史中屡见，随检可得，此举其一二耳。然此皆南朝之例耳，若夫北朝，则其例更严。南朝之望族，曰琅邪王氏，陈国谢氏；北朝之望族，曰范阳卢氏，荥阳郑氏，清河、博陵二崔氏。南北朝著姓不仅此，此其尤著耳。南朝之望族，皆与皇族联姻，其皇族如彭城之刘，兰陵之二萧，吴兴之陈，不必本属清门，惟既为天子，则望族即与联姻，亦不为耻。王、谢二家之在南朝，女为皇后，男尚公主，其事殆数十见也。而北朝大姓，则与皇室联姻者绝少。案魏朝共二十五皇后，汉人居十一，而无一士族焉，其人曰平文王皇后，广宁人。曰明元杜皇后，魏郡邺人。曰文成李皇后，梁国蒙县人。曰献文李皇后，中山闻喜人。曰孝文林皇后，平原人。曰孝文两冯皇后，长乐信都人。曰孝文高皇后，渤海蓨人。曰宣武胡皇后，安定临泾人。曰孝明胡皇后，前胡后兄女。曰孝静高皇后。渤海蓨人。案此则齐高隆之、高德正谓文宣曰：“汉妇人不可为天下母，非惟自蔑其族，抑亦不谙朝章国故之甚矣。此殆由种族之观念而成，故惟庶族乃有与别族联姻者。隋文之独孤皇后，唐太之长孙皇后，皆鲜卑人也。长孙之远祖，亦汉人。而斛律明月称公主满家，则皆渤海高氏之女，皆可为此事之证。此风直至唐时，其势犹盛。厥后忽然而衰，其故述唐人历史时，当详之，本篇不及也。

其时尚有一大事，为吾人所当留意者，则北朝鲜卑人，与汉相待之情状是也。案其时大约鲜卑人事争战，而汉人事耕稼，有古秦人待三晋人之风，而汉人亦谨事鲜卑人，争学鲜卑语，以求自媚。《隋书·经籍志》所载学国语之书即鲜卑语。至夥，几如今之学东西文也。此事观《北齐书·神武纪》及颜之推《家训》，即知其详。二族之界，至北齐始平，至唐始泯，自唐中叶，而鲜卑之语言、氏族，无一存矣。然其习俗与血统，则已与汉人糅杂，而不可分也。

此外尚有晋、南北朝、隋人之宗教，其时变化极繁，始有儒、释、道三教之名。因其局必兼唐而言，原委始尽，故俟述唐历史时再详之。至于食货、兵刑等事，在今日皆成专科，而在当时，则率由一二人之私臆行之，殆无机关之可言也。

第三十九节　两晋疆域沿革

此从日本重野安泽《支那疆域沿革图略说》录出，取其简明，若欲知其详，当参考清徐文范《东晋南北朝舆地表》

晋武帝司马炎。受魏禅，都洛阳，置秦、泰始五年，分雍、凉、梁三州之七郡，太康五年废，七年复置。宁、泰始七年，分益州、南中四郡，太康五年废，惠帝复置。平、泰始十年，分幽州五郡。三州。灭吴，取扬、荆、合郢。交、广四州，改置司州。魏置于邺，今迁河南。于是有十九州，郡国百七十三。

司，治洛阳。兖，治廪丘。今东昌府濮州范县东南。豫，治项城。今开封府陈州项城县。冀，治房子。今正定府赵州高邑县西南。并，治晋阳。青，治临淄。徐，治彭城。荆，治襄阳，后迁江陵。扬，治寿春，后迁建业。凉，治武威。雍，治京兆。秦，治冀城，今陕西府伏羌县。后迁上邦。益，治成都。梁，治南郑。宁，治云南。幽，治涿。平，治昌黎。今属承德府。交，治龙编。广，治番禺。

有户二百四十五万九千八百四十，口千六百十六万三千八百六十三。惠帝置江州，元康元年，分扬、荆二州之十郡。治豫章，后迁武昌。康帝之时，寄治半洲。今九江府西。简文帝之时，迁寻阳。怀帝置湘州，永嘉元年，分荆、广二州之八郡。治长沙。成帝废，安帝复置，寻废。有二十一州。

初，武帝革魏孤立之弊，大封宗室。晋制，王不之国，官于京师，或登三公，或镇要地。惠帝暗弱，贾后擅政，八王乱起，骨肉相残。

汝南、司马亮。楚、司马玮。赵、司马伦。齐、司马冏，镇许昌。长沙、司马乂。成都、司马颖，镇邺。河间、司马颙，镇长安。东海。司马越。

遂致胡羯陵侮，中原沦没之祸，汉、燕等诸僭国并起。惟晋王浚守幽州，刘琨守并州。汉将刘曜、石勒等陷洛阳、长安，执怀帝、愍帝。

汉。匈奴单于于扶罗子刘豹，为左部帅，居太原。子渊嗣，匈奴推为大单于，都西河郡离石，称汉王。进取河东，称帝，迁都平阳，定冀州。子和立，刘聪杀之代立。子粲立，靳準杀之。準死，子明降刘曜。

西晋新置郡国凡五十。

章武、分河间，渤海，魏置，寻废，晋复置。荥阳、分河南。上洛、分京兆。汲、旧朝歌。顿丘、分东郡。襄城、分颍川，成帝废。汝阴、分汝南，魏置，寻废，晋复置。濮阳、分东南。始平、分京兆、扶风。广宁、分上谷。新都、分广汉。略阳、旧广魏。天水、旧汉阳。临淮、分下邳在淮南者。建平、吴、晋各有建平，并之。顺阳、旧南乡，寻废，后又为顺阳。南平、旧吴南郡。宣城、分丹阳。毗陵、分吴郡. 后改晋陵。新安、旧吴新都。晋安、分建安。南康、分庐陵。建昌、分长沙，宋改巴陵。西阳、分弋阳。南广、分朱提。新蔡、分汝阴。陈、武帝置陈郡于梁国，惠帝复置。南顿、分汝南。秦国、旧扶风。晋昌、分敦煌、酒泉。狄道、分陇西。宁浦、旧吴合浦北部。宕渠、分巴西。晋宁、分建宁为益州郡，后改。高密、分城阳。兰陵、分东海。东安、分琅邪，魏置，寻废，晋复置。淮陵、分临淮。堂邑、分临淮、淮陵，安帝改秦郡。义兴、分吴兴、丹阳。随、分义阳。新野、分南阳。竟陵、分江夏。寻阳、分庐江、武昌，太康初废彭泽，永兴初复置之。成都、分南郡，后复之。历阳、分淮南。平夷、分牂牁、朱提、建宁，复改平蛮。夜郎、同上。西平、分兴古。河阳。分永昌、云南。

元帝司马叡。在江东即帝位，都建康，即建业，愍帝改。有扬、荆、江、湘、交、广六州。寻有王敦、苏峻之乱，皆平之。

时割据者，有赵、后赵、燕、成、凉、代六国。

赵。刘曜属汉，屡有战功。刘粲见杀，曜称帝号赵，都长安，有雍、秦、陇右，降氐羌及凉。后为石勒所杀，子熙等据上邽，石虎灭之。

后赵。石勒，羯人也，属汉。刘粲死，称赵王，都襄国，遂称帝，以洛阳为南都。石虎嗣，徙都邺，定辽西。虎卒，子遵杀弟世，石鉴杀遵，冉闵又杀鉴，称帝号魏，燕遂灭之。

燕。鲜卑慕容部，魏末入居辽西，涉归迁辽东。子廆徙居昌黎郡徒河，又迁大棘城，称大单于。子皝立，弟仁叛据辽东。皝破乌桓、鲜卑，杀仁，称燕王，迁都龙城，旧柳城，皝改。号新宫曰和龙。又破高句丽，并宇文部。子儁取幽州，迁蓟，灭魏，徙都邺。子暐取许昌、洛阳。及苻坚来攻，遂降。时有郡百五十七，户二百四十六万，口九百九十九万。

成。李特据广汉，称益州牧，攻罗尚败死。子雄取成都据之，称帝号成。有益、凉、宁三州。子期立，李寿废期，改号汉。晋伐取宁州。子势立，桓温灭之。

凉。张轨为凉州刺史，居姑臧，据河西，晋封西平公。子寔时，关陇乱，凉州独安。寔弟茂，子骏，皆称藩于赵，民富兵强，伐龟兹、鄯善、焉耆，降之，西域朝贡。子重华破后赵，称凉王。庶兄祚篡立被杀，玄靓又称藩于秦。天锡立，遂降秦。

代。鲜卑拓跋力微子悉鹿立，诸部离散，至禄官，分国为三部。禄官居上谷，猗㐌居代郡，猗卢居定襄。猗㐌西略漠北，降二十余国。猗卢立，并三部为一。刘琨致句注、陉北之地，方数百里，城盛乐为北都，修平城为南都，晋封代王。郁律时，西兼乌孙故地，东吞勿吉即靺鞨。以西。贺傉迁都东木根山。及什翼犍，东自濊貊，西及破洛那，莫不款附，徙都盛乐。伐高车，大破之。匈奴刘卫辰叛，乃还云中。为庶子寔君所弑，国中大乱。

石勒最强盛，杀王浚、段匹磾，据辽西。执刘曜，尽有冀、并、幽、司、豫、兖、青、徐、雍、秦十州。慕容廆取辽东，破夫馀、高句丽。穆帝之时，晋桓温取蜀，下青、徐、兖、豫等州，复洛阳。石虎卒，赵乱，慕容儁遂灭之，并其地，而秦起于关中。

秦。略阳氐苻洪，属刘曜、石虎。赵乱，自称三秦王。子健嗣，据长安，定关中。至苻坚立，益雄大。桓温伐燕，败于枋头，在今大名府濬县西南。苻坚遂灭燕及凉，击代走什翼犍，氐、羌降附者八万三千余落，东夷、西域入贡者六十二国，大江以北率属于秦。孝武帝太元八年，坚侵晋，谢玄大破之于淝水，在今凤阳府寿州东北。复兖、青、益等州。坚败归，秦大乱，后燕、后秦、西燕、后凉、西秦等起。坚为姚苌所杀，子丕据晋阳，为后燕所灭。族子苻登据陇右，称帝，与后秦战败死。

后燕。慕容皝子垂奔秦，及苻坚败，起兵，都中山称帝，定冀、并、幽、平、青、兖、徐诸州，灭匈奴刘显，伐魏拔平城。子宝立，魏来伐，败奔龙城，保平州。子盛伐高句丽，开境七百余里。高云弑熙自立，寻被杀。

后秦。南安羌姚弋仲，仕刘曜、石虎。赵乱，子襄据许昌，与秦战败死，弟苌降秦。苻坚败，苌据安定称秦王，取长安都之。子兴陷洛阳，淮汉以北多降，河湟诸国皆服事之。至子泓，晋刘裕灭。

西燕。苻坚败，慕容時弟泓起兵华阴，弟冲取长安。冲被杀，慕容永去，据上党称帝，慕容垂灭之。

后凉。吕婆楼为苻坚功臣，子光伐西域，降焉耆，破龟兹，抚宁诸国，威恩甚著，远方诸国前世如不能服者皆来附，还据姑臧，称凉王。光卒，国乱，至隆降于西秦。

西秦。鲜卑乞伏部，泰始初迁夏，至司繁降于苻坚。坚败，司繁子国仁据陇西，称苑川王。子乾归徙金城，称秦王，徙都苑川。子炽盘迁抱罕，灭南凉，降旁近诸羌。至暮末，夏灭之。

先是代中衰，拓跋珪起于贺兰部，更称魏王，破库莫奚、高车、柔然等，灭匈奴刘卫辰。慕容垂卒，伐燕并其地，都平城，称帝。

魏。什翼犍被弑，孙珪幼，秦分诸部为二，河东属刘库仁，河西属刘卫辰。珪奔贺兰部，遂起兵都盛乐，更号魏，定后燕，徙都平城，正封畿，标道里，置八部帅以拟八座。珪被弑，子嗣立。

南燕、北燕、南凉、北凉、西凉、夏又起。

南燕。慕容德，垂弟也。魏伐燕，德守邺，南徙滑台，后定青、兖二州，都广固，称帝。兄子超嗣，刘裕灭之。

北燕。冯跋仕慕容宝，高云被杀，跋自立，都龙城。至子泓，魏灭之。

南凉。鲜卑迁河西，称秃发氏。树机能泰始中取凉州，晋杀之。至思复犍，部众稍盛。子乌孤据广武，定岭南五郡，称武威王，迁乐都。弟利鹿孤迁西平，称河西王。弟傉檀称凉王，秦徙之镇姑臧，西秦灭之。

北凉。匈奴沮渠王之后沮渠蒙逊，起兵据金山，推段业为建康公，徙治张掖，遂杀业，称张掖王，取姑臧据之，称河西王，灭西凉并其地，西域诸国来贡。至子牧犍，魏灭之。

西凉。李暠叛北凉，据敦煌称凉公，击玉门以西，皆下之，徙酒泉。至子歆，北凉灭之。

夏。刘卫辰子赫连勃勃，据朔方称夏天王，筑统万城居之，下岭北诸夷。后秦亡，进据安定，遂取长安称帝。至定，灭西秦，为吐谷浑所擒亡。

安帝之时，桓玄篡位，刘裕诛玄，寻灭南燕、后秦。

西晋之乱，中原沦陷，元帝以后，侨置诸州郡。

徐、淮南。兖、京口，后或徙江北，或徙江南，后常治广陵。豫、江淮间。青、治广陵。幽、冀、并、皆治于扬州之域，后幽、冀入徐，青、并入兖。雍。荆州南阳郡，治鄭，寻废，孝武置于襄阳。

刘裕取南燕地，有北徐、旧徐州，淮北地。北青、镇东阳。北兖旧兖州。等州。

又有弘农、河东数郡，以处西北流入，无实土。哀帝兴宁二年，桓温以西北士民侨寓东南者无定本，以土著为断，令一其业，谓之土断。刘裕又申其令，诸流寓郡县并省者多。

东晋新置郡凡二十七：

汝阳、分汝南。钟离、分淮南。马头、同上。盱眙、分临淮。海陵、分广陵。山阳、同上。晋熙、分庐江。武宁、分南郡。长宁、同上。宋改永宁。义成、分襄阳。营阳、分零陵。华山、分弘农、京兆、扶风。梁水、分古兴。兴宁、分云南。西河、同上。晋寿、分梓潼。金山、分巴西、梓潼。建都、分建宁。晋兴、分郁林。永嘉、分临海。东官、分南海。新会、同上。晋康、分苍梧。新宁、同上。永平、同上。遂宁、分广汉。义安。分东官。

其他纷纷改易，及侨立州郡，不可悉记。

僭伪诸国亦各置州郡，其系新称者：

朔州、刘曜治高平，赫连勃勃治三城。洛州、苻健镇宜城，苻坚治陕城，后徙丰阳。河州、苻坚治武始，张骏分兴晋等八郡，治抱罕。晋州、苻坚置于晋兴郡。中州、慕容儁改赵司州。定州河间王颙改秦州为定州，寻废，计茂分武兴等四郡，复置。沙州张骏分敦煌等三郡。之类是也。张凉开西境，新置郡最多。

吐谷浑。吐谷浑，慕容廆庶兄也。永嘉之乱，度陇而西，据洮水之西，极于白兰，地方数千里。孙叶延，以祖名为国号。至乌纥堤，为乞伏乾归所破，保南凉。侄树洛干奔莫河川称王，沙强杂种莫归附，弟阿柴嗣。

仇池。西夷别种，号白马氐。汉灭之，置武都郡。建安中，杨腾为部落大帅，徙居仇池。仇池方百顷，四面斗绝，高七里余，蟠道三十六回，上有丰水，煮土成盐。至杨初自立称仇池公，世袭之，属石虎，又称藩于晋。至杨纂，苻坚破之，徙其民于关中。坚死，杨定奔陇右，治历城，遂有秦州，称陇西王，乞伏乾归击杀之。杨盛嗣，分诸氐、羌为二十部护军，据汉中。

高句丽。高钊时，慕容皝来伐，自南道进入丸都，获钊母妻还，钊称臣于燕，朝贡。

第四十节　南北朝疆域沿革

晋末僭国俱败，魏都远在平城，刘裕直取关洛，关中寻没于夏。受晋禅，国号宋，都建康，台城，在今上元县东北五里。晋成帝作新宫，宋、齐、梁、陈皆仍之。州郡概仍晋旧。永初中，除北字，寓立于南者加南字。晋时州郡，本无加南字者，《晋书》误据《宋志》追书加南字。三年，淮西为豫州，淮东为南豫州，汉豫州，本治谯。晋元帝时，祖约退治寿春。成帝侨立，后或治芜湖、邾成、武昌、牛渚、历阳、马头、姑熟等，至是豫治汝南。南豫治历阳。此为南北必争之地，得失无常，分合不定。汉扬州治，变为豫州治，又南之豫州治，或变为北之扬州治。又分荆州，置湘州。

魏明元帝侵宋入青州，明年陷洛阳，取司、兖、豫诸郡，司州尽入魏，兖州自湖陆，豫州自项城以南属宋。筑长城，自赤城西至五原二千余里。太武帝度漠伐柔然，所搜讨东西五千里，南北三千里，柔然远遁，置武川、抚冥、怀朔、怀荒、柔玄、御夷六镇，自平城北塞东至濡源水千里。伐夏取统万城，禽赫连昌，昌弟定灭西秦，乞伏暮末。既为吐谷浑所虏，夏亡。魏又灭北燕、冯弘。北凉，沮渠牧犍。其地皆入于魏。西域久不朝，降鄯善，比其地于郡县，败焉耆、龟兹，西域复通。又大败吐谷浑，可汗遁入于阗。宋文帝伐魏大败，魏主临江而还。

文帝置冀、分青州。雍、晋孝武侨立，至是分荆州。二州，孝武帝置东扬、分扬州，又以扬州为王畿，东扬为扬州，寻复，大明八年废。郢、分荆、襄、江、豫。二州。

宋大明八年，魏文成帝和平五年。有二十州。郡二百五十四，县千三百四十九。扬，治建康，京都。领郡十。南徐，东晋淮北为北徐，淮南为徐州。宋武加徐以南，淮北但曰徐。文帝以江北为南兖，江南为徐。治京口，丹徒。郡十七。京都水二百四十，陆二百里。徐，初治彭城，泰始失淮北，侨立治钟离，旧领郡十二，后领郡三。京都水千三百六十，陆千。南兖，东晋时寄治京口，宋文分江淮间治广陵，后移盱眙，又省之。其后复立，治广陵，郡十一。京都水二百五十，陆百八十。兖，宋武平河南，治滑台。文帝移邹山，又寄治彭城，遂省之。后复立，治瑕丘，郡六。泰始失淮北，寄治淮阴。里数阙。南豫，文帝省，寻分扬州置，治姑熟，淮东自永安初至大明，为南豫。明帝屡分合，初治历阳，后治宣城，自失淮西后，于淮东分立两豫，仍治历阳，郡十九。京都水百六十。豫，泰始退治寿阳，即寿春，晋简文改。郡十。京都水千七百，陆七百。终宋世，二豫并立。然南豫是实土，北豫是虚名。江，治寻阳，郡十。京都水千四百。青，初治东阳，孝武徙历城，大明八年还东阳，郡九。京都陆二千。泰始后侨立于郁州，郁州在海中，周数百里，虚治郡县，荒民无几。冀，治历城，郡九。皆侨立河济间。京都陆二千四百。泰始寄治郁州，但名存耳。荆，治江陵，郡十二。京都水三千三百八十四。郢，治江夏，郡六。京都水二千百。湘，文帝废置不一，孝武再置。治临湘，郡十。京都水三千三百。雍，文帝时侨郡犹寄寓，孝武分实土为侨郡境。治襄阳，郡十七。京都水四千四百，陆二千百。梁，初治南城，汉中苞县。文帝徙南郑，郡二十。里数阙。秦，寄治南郑，郡十四。里数阙。益，治成都，郡二十九。京都水九千九百七十。宁，治建宁，郡十五。京都水一万三千三百。广，治番禺，郡十八。京都水五千二百。交，治龙编，郡七。京都水一万。

户七十一万五千七百四十二，口五百十九万八千九百九十八。郡县中有后置者，人口亦缺，宁、交二州，今姑据《宋书·郡县志》，举其大略。

明帝泰始二年，置司州，宋初，司州治虎牢，领三郡，景平初沦没。文帝侨立于汝南，寻废。至是复分南豫置。治义阳，郡四，县二十。户一万八千六百七十四，一郡阙。口六万六千六百八十一。二郡阙。京都水二千七百，陆千七百。四年，置东徐州、东青州二州，不详，盖寻废。七年置越州，分交、广。治临漳，旧领郡三。新立郡六，户口不详。共为二十二州。时伐魏大败，淮北四州青、冀、徐、兖。及淮西，豫州诸郡。皆入于魏。

齐高帝仍宋旧。建元二年，置巴州，宋泰始五年，入荆、益四郡，置三巴校尉，治白帝，盖以其地为巴州，武帝初省。

有二十三州。郡三百九十，县千四百八十五。郡县之建置虽多，名存实亡，境土蹙于宋大明之时。

魏孝文帝太和十年，齐武帝永明四年。改置州郡，共为三十九州。

司，道武置，太和中改恒州，孝昌中陷。治平城，东魏寄治肆州。相，道武置，东魏迁都，改司州。治邺。汾，明元置。治蒲子，孝昌中陷，徙西河。怀，献文置。治河内。并，治晋阳。东雍，太武置。治邵。肆，明元置。治九原。定，道武置安州，寻改。治中山。瀛，孝文分定，冀。治赵都军城。朔，治盛乐，后陷，永熙中改云州，寄治并州。冀，治信都。幽，治蓟。平，治肥如。营，太平真君五年置。治和龙。以上十四州在河北。雍，治长安。凉，治陇。秦，治上邽。夏，太武为统万镇，孝文改。治大夏。泾，治临泾。华，孝文分秦州。治华阴。岐，同上。治雍。河，太武为镇，后改。治袍罕。班，献文置华州，孝文改，寻改邠州。治彭阳。渠，太武置仇池镇，孝文改，宣武又改南秦州。治洛谷。

沙，治敦煌。陕，孝文置。治陕。洛，明元置，孝文迁都，改司州。治洛阳。荆，太武时治上洛，孝文徙穰。郢，孝文置。治安阳。北豫，治虎牢。东荆，东魏改淮州。治淮阴。南豫，治悬瓠。兖，治瑕丘。南徐，治彭城。东徐，献文置，太和末改南青。治莒。青，治东阳。齐，宋冀州，献文取之改。治历城。济，明元置。治济北碻磝。光，献文分青。治掖。以上二十五州在河南。

寻迁都洛阳，观兵齐境。宣武帝立，陷淮南，又取梁州。十四郡，东西七百里，南北千里。

梁武帝略魏荆州，置宛州。不详，盖宛地也。天监十年，有二十三州。仍齐旧，但巴州既省，盖以宛州足之，郡三百五十，县千二十二。

魏孝明帝立，胡太后擅政，六镇、邠、凉等乱，杜洛周叛上谷，葛荣叛恒州，号齐，定、相、殷、孝昌三年分定、相置。冀等皆陷。梁乘其乱，复淮北诸州，郢、北青、南荆、南兖、胶东、徐、东益、巴等。沈庆之入洛阳。寻失。

是后梁州名浸多，大同中有百七州，郡县称此，以小大不伦，分为五品，其下品徒有州名而无土地，或因荒徼置州，职贡罕通，废置离合，不可胜纪，州郡虽多，户口日耗。魏亦然。《魏书·地形志》录武定之世所列百十三州，其有郡县名无户口数者，大抵他国地而虚言之。西魏元平三年，宇文泰改州四十六，置一，改郡百六，改县二百三十。齐亦天保七年，并省三州百五十三郡。

魏高欢据冀州，平乱，孝武帝立，寻奔长安，依宇文泰，魏分为西、孝武。东。孝静，迁邺。泰破欢于沙苑，取河南。欢又破泰于邙山，复之。

侯景叛魏，取梁淮北。寻降于梁，复叛，陷建康，称汉帝。于是东魏取淮南，西魏取汉东、梁、益。梁元帝诛景，都江陵，州郡大半入两魏，自巴陵以下至建康，以江为限，荆州界北尽武宁，西距硖口、岭南，复为萧勃所据，诏令所行，千里而近。西魏陷之，立萧詧后梁。为梁主，镇江陵。梁雍州皆属西魏，梁别立敬帝。

高洋篡东魏，国号齐，破库莫奚、柔然，修长城。齐筑长城凡三次，天保三年，自黄栌岭北至社平戍四百余里（盖起唐石州，北抵武州）。六年，自幽州夏口（即居庸夏口）西至恒州九百余里。七年，自西河东至海。前后所筑东西凡三千余里。柔然终衰，而突厥方强。宇文觉亦篡西魏，国号周，平宕昌、越嶲，河南自洛阳，河北自平阳，以东属齐，以西属周。周遂灭齐，得州五十，郡百六十二，县三百八十。户三百三十万二千五百二十八，口二千万六千六百八十六。静帝大象二年，有二百十一州。郡五百八，县千百二十四。明年传位于隋。

陈武帝承梁末，威力所加，不出荆、扬，虽平萧勃，惟有四十二州，郡百九，县四百三十八。户六十万耳。及亡，州四十，郡百，县四百。文帝归鲁山今汉口地。于周，江北尽入于周。宣帝伐齐，暂有淮南，寻失之。至后主，隋灭后梁，萧琮。伐陈降之。

大抵疆土，南朝伸于宋，绌于齐，赢于梁，缩于陈。北朝太和为极盛，至孝昌而衰。东西分立，与梁三分天下。周终有其八分，并于隋。其间地理参差，其详难举，实由名号骤易，境土屡分，展转改更，迷其本末。故今此图，以宋大明、魏太和为据，其前后改置，惟记紧要者。

高句丽。魏太武时，王谈德子高琏入贡，后虽交通南北，贡献不绝。外结柔然，相共唇齿，其势方强。

百济。出自夫馀，其地北去高丽千余里，处小海之南，古马韩也。汉初，朝鲜王箕準为卫满所逐，来居称王，后亡。前魏时，马韩攻乐浪、带方二郡，灭之。晋乱。南夫馀来据此地，建国号百济，都汉城，今京城。自晋末常入贡。南北与高丽战，斩其王钊，兵交不解。魏孝文时，王余庆请发兵伐高丽，不许。寻失汉城，徙熊川。今忠清道公州。王明礼时又失之，徙泗沘，今忠清道夫馀。改号南夫馀，寻复。

新罗。本辰韩种也。传言秦世，亡人避役来马韩，割其东界居之，故亦曰秦韩。地在高丽东南，东滨大海，晋末建国日新罗。梁普通二年，随百济贡方物。

仇池。宋以杨盛为武都王，后属南北，反覆无常。盛次子难当，自立称大秦王。宋击取仇池，难当奔上邽，属魏，至曾孙文熙亡。侄文德自汉中入，有武兴、阴平，为宋所杀。其族集始，魏孝文以为武兴王。后叛，魏灭之，以其地为武兴镇。

吐谷浑。阿柴并氐、羌，地方数千里，号为强国，部内有黄沙，周数百里，因号沙州。兄子慕璝嗣，众至五六百落，南通蜀汉，北交凉州。魏太武时，虏赫连定送之，魏封西秦王，与陇西之地。又通宋。弟慕利延立，魏伐之，走白兰，遂入于阗，杀其王，南征罽宾，后还旧土。拾寅立，始邑伏罗川，复降魏岁贡。及秦贼莫折念生反，伏连筹亦叛，子夸吕始称可汗，居伏俟城，在西海西十五里。其地兼鄯善、且末，东西三千里，南北千余里，复朝贡于东魏。

柔然。东胡苗裔也。拓跋力微之末，有木骨闾，收合逋逃，子车鹿会，始有部众，号柔然。后魏太武改号蠕蠕。车鹿会之后数世，分为二部。道武时，击社仑破之，社仑遁入高车，遂并诸部，北徙弱洛水，自号可汗，号为强盛。其地西焉耆，东朝鲜，北渡沙漠，南临大碛。魏屡伐之，或和或叛，常为边患。阿那瑰时国乱，遂服。至魏末颇骄，复叛。后累为突厥所破，奔西魏，遂亡。

第四十一节　隋疆域沿革

隋文帝造新都于龙首山，在长安，长六十里，首入渭水，尾达樊川。名大兴城，迁都之，悉罢诸郡为州。

杨尚希见天下州郡过多，上表曰："今郡县倍多于古，或地无百里，数县并置，或户不满千，二郡分领，民少官多，十羊九牧。今存要去闲，并小为大。"云云。文帝从之。

时突厥分为东、沙钵略。西，阿波。隋援东部以破西部。后其国大乱，又援启民东部。以破达头。西部。遂灭梁、陈，并天下，南平宁羌。高丽寇辽西，命汉王谅伐之，遇饥疫归，高丽寻降。

炀帝好远略，以洛阳为东京，后改东都。营新宫。东去故都十八里。疏通济渠，自东京西苑引谷、洛水达于河，凿运河。自板渚在虎牢东。引河历荥泽，在荥阳。入汴。又自大梁之东，引汴水入泗达于淮。又开邗沟，自山阳至扬子入于江，沟广四十步，旁皆筑御道，树以柳。自长安至江都，置离宫四十余所，遂幸江都。又通永济渠，引沁水，出上党。达于河，通涿郡，即御河也。开江南河，自京口至余杭八百余里，广十余丈。后曰浙西运河。

文帝之末，析置州县滋多，文帝之初，民户不满四百万，末年，逾八百九十万。炀帝并省之。大业三年，悉改州为郡。具见《隋书·地理志》。置司隶刺史，分部巡察。

唐虞九州、十二州，历秦、汉、魏、晋、南北朝，其名尚存，至隋始革去州名。盖后魏每州所管郡，有少至二三郡者，并有不领郡之州，其州名新制者，共有五六十。隋承魏，其分析亦多，事势古今不同，万不能更为沿袭，故革之也。

裴矩奏《西域图记》，三卷，合四十四国。别造地图，穷其要害，从西倾在陇西。以去，纵横所亘将二万里，发自敦煌至西海，在条支西，地中海也。凡为三道。北道从伊吾，中道从高昌，南道从鄯善，总凑敦煌。因击吐谷浑破之，尽有其故地。东西四千里，南北二千里。伊吾又献地数千里，并置郡县。五年，凡有百九十郡，县千二百五十五。户八百九十万七千五百四十，口四千六百一万九千九百五十。垦田五千五百八十五万四千四十一顷。东西九千三百里，南北一万四千八百十五里。隋之盛极于此。

帝北巡，凿太行山达于并州，以通驰道，过雁门、榆林，出塞至涿郡。开御道，长三千里，幸突厥之庭。复筑长城。大业三年，西距榆林，东至紫河（在定襄）。四年，自榆谷而东。又西巡，出临津关，在枹罕界。经浩亹川在西平郡。至燕支山，在武威郡。高昌王及西域二十七国，谒于道左。

刘方等伐林邑，破之。常骏等使赤土，扶南别种，在南海中，水行百余日而达。朱宽至流求，盖今台湾欤。遂击斩其王。裴矩又劝伐高丽。八年，发左右各十二军，帝亲度辽，围辽东城。汉襄平城。久不下，别遣水军泛海入浿水，大同江。攻平壤败还，宇文述等诸军，度鸭绿水，逼平壤，士卒饥毙，为高丽所败。初，兵三十万五千，还至辽者，二千七百人。帝大怒，引还。是役唯拔辽水之西武厉逻，高丽置逻于水西者。置辽东郡而已。明年复伐之，闻杨玄感反，弃军资器械而还。明年复伐之，高丽困弊，乞降，乃还。

巡幸、征讨、转输巨亿万计，民夫冻馁疲顿，死者相枕，加以饥馑，于是所在盗起，其尤雄桀者：

杨玄感反黎阳，攻洛阳败死。杜伏威据历阳，有淮南，后降于唐。林士弘据豫章，号楚，自九江南及番禺有之。窦建德据乐寿，后都洺州，号夏，有河北诸郡。徐圆朗据东平，自琅邪西北至东平有之。梁师都据朔方，号梁。刘武周据汾阳宫，号定扬。李密据洛口，号魏，赵魏以南，江淮以北归之。薛举据天水，号秦，有陇西，子仁杲嗣。李轨据武威，号凉，有河西五郡。萧铣据江陵，号梁，东自九江，西抵三峡，南尽交阯，北距汉川，皆有之。沈法兴据毗陵，号梁，有江表十余郡。李子通据海陵，后取江都，号吴。

李渊起兵太原，定长安，立代王侑，寻受禅，是为唐高祖。炀帝在江都，宇文化及弑之。越王侗即位洛阳，王世充拥侗破李密，密降于唐，世充遂篡立，号郑，有李密故地。化及北上，保聊城，魏州。号许，窦建德击斩之。

唐秦王世民，西灭薛仁杲，北平李轨、刘武周。时世充、建德最强，世民伐世充，建德援之，世民禽建德，降世充，定诸贼。建德将刘黑闼又起据洺州，号汉，东略建德故地，太子建成等击灭之。赵郡王孝恭、李靖等灭萧铣，定江南，天下归一。

高丽。琏六世孙阳成，开皇初入贡，平陈后，惧修守备。子元时，高祖讨之。炀帝怒其缺藩礼，三讨之，败绩。元遂降，征入朝，会大乱，遂不复行。

百济。明礼子昌，高祖伐高丽，请为军导。事平，高丽知之，侵掠其境。至曾孙璋，又入贡。炀帝伐高丽。来请军期，严兵于境。然内与高丽通，持两端，寻有隙，每相战争。

新罗。王金伯净，开皇十四年，始入贡。时百济人多归之者，遂致强盛，大业以来，岁通朝贡。

林邑。古越裳界也，在日南南四百余里，北接九德郡，纵广可六百里。马援开置象林县，建铜柱。汉末区连称王，范熊及其子逸代立，无嗣，日南人范文自立。后数世屡犯日南。宋文帝征服之，历齐、梁贡献。炀帝闻其多奇宝，伐之，王梵志败入海，后复其地。

吐谷浑。夸吕，开皇中屡入寇，击破之。子世伏立，称藩，寻国乱，弟伏允立。炀帝讽铁勒击之，隋亦掩击之，伏允南遁雪山，其地入隋。伏允客党项，大业末复其故地，屡寇河西。

突厥。平凉杂胡也。后魏灭沮渠氏，阿史那奔然居金山，号突厥。至大叶护渐强盛，后有伊利可汗，始通西魏，大破铁勒、柔然。子木杆，勇而多智，遂灭柔然而破挹怛，大月氏种类。东走契丹，北并契骨，古坚昆。威服塞外诸国。其地东自辽海，西至西海，长万里，南自沙漠以北五六千里皆属之。侄沙钵略立，治都斤山。木杆子阿波，别领所部浸强，东距都斤，西越金山，龟兹、铁勒、伊吾，及西域悉附之，号西突厥。共有隙，沙钵略来漠南居白道川，请援于隋，弟莫何立，击阿波擒之，侄都蓝立。沙钵略子突利居北方，尚隋公主，南徙度斤，锡赉优渥。都蓝怒，叛隋攻突利，突利奔归隋，以为启民可汗，迁在夏、胜二州间。都蓝死，达头立，国大乱。隋伐之，奔吐谷浑，启民遂有其众，朝贡甚谨。子始毕立，复叛，围炀帝于雁门。隋乱。遂大强盛，诸僭国皆称臣请援。

西突厥阿波被执，国人立泥利，死，子处罗立，居乌孙故地。大业初，其国多叛，炀帝遣使谕之，处罗朝贡。隋又立酋长射匮为可汗击之，处罗大败东走，遂入朝，从征高丽。江都之乱，奔归京师，为北蕃所杀。

第一篇第一章引用书目

第三节：译英文《图书集成》。巴比伦古事。

第六节：（一）《春秋繁露·三代改制质文篇》。贬极为民。（二）《周礼·春官·外史》。三皇、五帝。（三）《淮南·原道训》。泰古二皇。（四）《史记·始皇本纪》。泰皇最贵。（五）应劭《风俗通义》一引《礼含文嘉》。伏羲、燧人、神农为三皇。（六）《文选》班孟坚《东都赋》注引《春秋元命苞》。伏羲、女娲、神农为三皇。（七）《玉函山房辑佚书》引《礼稽命征》。伏羲、神农、黄帝为三皇。（八）《白虎通义》。伏羲、神农、祝融为三皇。（九）《礼记·月令篇》。五帝配五人神。（十）《周礼·春官·大宗伯》贾公彦疏引《春秋文耀钩》。五感生帝。

第七节：（一）《御览》七十八引《帝王世纪》。蛇身。（二）《御览》七十八引《孝经钩命诀》。华胥履迹。（三）《易·系辞下》。为网罟。（四）《礼记·月令》孔颖达疏引《世本》。俪皮。（五）《汉书·律历志》。木德。（六）《易·系辞下》。八卦。（七）《左》昭十七年。龙纪官。（八）《御览》七十八引《帝王世纪》。在位年。

第八节：（一）《御览》七十八引《帝王世纪》。人首蛇身。（二）《御览》七十八引《风俗通》。黄土作人。（三）《御览》七十八引《帝王世纪》。共工氏。（四）《左》昭十七年。水纪官。（五）《楚辞·天问》王逸注。康回。（六）《淮南子·览冥训》。补天。（七）《御览》七十八引《遁甲开山图》。大庭、无怀等。

第九节：（一）《御览》七十八引《帝王世纪》。任姒。（二）《御览》七十八引《孝经钩命诀》。帝魁。（三）《左》昭十七年。火纪官。（四）《易·系辞下》。为耒耜。（五）《淮南子·修务训》。尝水草。（六）《补史记三皇本纪》。听诐。（七）《史记·五帝本纪》。为黄帝所灭。

第十二节：（一）《史记·五帝本纪》。姓姬氏。（二）《史记·五帝本纪》。少典。（三）《御览》七十九引《河图握拒》。附宝。（四）《汉书·律历志》。土德。（五）《左》昭十七年。以云纪官。（六）《史记·五帝本纪》。阪泉。（七）《御览》七十八引《帝王世纪》。炎帝。（八）《史记·五帝本纪》。诸侯相侵伐。（九）《史记·五帝本纪》。侵陵诸侯。（十）《御览》七十八引《文子》。为火灾。（十一）《史记·五帝本纪》。三战。

第十三节：（一）《书·吕刑》郑注。九黎之君。（二）《逸周书·尝麦解》。字少昊。（三）《越绝书·计倪内经》。主金。（四）《管子·五行》。当时。（五）《越绝书·计倪内经》。佐少昊。（六）《史记·五帝本纪》。神农衰。（七）《山海经》，又《管子·地数篇》。作兵。（八）《路史·后纪四》。号炎帝。（九）《御览》七十九引《归藏》。黄神。（十）《史记·五帝本纪》。分为二。（十一）《路史·后纪四》。逐炎帝。（十二）《史记·五帝本纪》《索隐》引皇甫谧说。应龙。（十三）《山海经》。女魃。（十四）《黄帝本行纪》。玄女。（十五）《吕览·荡兵篇》。剥木以战。（十六）《御览》三百四十九引《世本》。挥作弓。（十七）《书·顾命》。倕。（十八）《玉篇》。倕。（十九）《书·禹贡》。石砮。（二十）《史记·五帝本纪》《正义》引《鱼龙河图》。铜头。（二十一）《山海经》。风伯。（二十二）《黄帝本行纪》。木械。（二十三）《书·吕刑》郑注。民。（二十四）《国语》。百姓。（二十五）《书·吕刑》郑注。冥也。（二十六）《说文》。天之所生。（二十七）《书·尧典》。民、百姓。

第十四节：（一）《御览》七十九引《河图挺左辅》。河图。（二）《史记·历书》《索隐》。容成。（三）《后汉书·郡国志》注。分野。

（四）《通典·食货》。井田。（五）《说文》。造字。（六）《易·系辞下》。垂衣。（七）《通典·嘉礼》引《世本》。作冕。（八）《后汉书·律历志》注。甲子。（九）《吕览·古乐篇》。律吕。（十）《黄帝龙首经》。六壬。（十一）《史记·封禅书》。神仙。（十二）《灵枢》《素问》。医。（十三）《说文》。天之所生。（十四）《御览》七十八引《孝经钩命诀》宋均注。灵威仰。（十五）《礼记·祭法篇》郑注。大禘。（十六）《国语》。百姓。（十七）《书·吕刑》郑注。民。（十八）《说文》。羊虫种。（十九）《礼记·曲礼篇》。庶人、大夫。

第十五节：（一）《史记·五帝本纪》。帝子。（二）《史记·五帝本纪》《索隐》。十二姓。（三）《史记·五帝本纪》《索隐》引宋衷说。青阳。（四）《史记·五帝本纪》。高阳。（五）《御览》七十九引《帝王世纪》。女节。（六）《御览》七十九引《古史考》。嬴姓。（七）《汉书·律历志》。金德。（八）《左》昭十七年。鸟纪官。（九）《史记·五帝本纪》。昌仆。（十）《御览》七十九引《河图》。女枢。（十一）《御览》七十九引《古史考》。妘姓。（十二）《汉书·律历志》。水德。（十三）《左》昭十七年。不能纪远。（十四）《国语》。绝地天通。（十五）《史记·历书》。畴人分散。

第十六节：（一）《史记·五帝本纪》。玄嚣。（二）《御览》八十引《帝王世纪》。姬姓。（三）《汉书·律历志》。木德。（四）《史记·五帝本纪》。陈锋氏。（五）《礼记·祭法篇》孔疏引《春秋历命序》以申郑义。黄帝传十世。

第十七节：（一）《御览》八十引《春秋合诚图》。庆都。（二）《御览》八十引《帝王世纪》。平阳。（三）《汉书·律历志》。火德。（四）《御览》八十引《尚书中候》。河图。（五）《史记·历书》。重黎。（六）《书·尧典》。共工。（七）《书·尧典》。七十载。（八）《史记·五帝本纪》。颛顼。（九）《御览》八十一引《诗含神雾》。握登。（十）《御览》八十一引《帝王世纪》。姚姓。（十一）《汉书·律历志》。土德。（十二）

《御览》八十一引《论语考比谶》。河图。（十三）《书·尧典》。二十二人。

第十九节：（一）《史记·夏本纪》。文命。（二）《御览》八十二引《孝经钩命诀》。修己。（三）《史记·夏本纪》。九州。（四）《左》哀七年。涂山。（五）《史记·夏本纪》。在位年。

第二十节：（一）《史记·历书》。历数失序。（二）《吕览·召类篇》。丹浦。（三）《书·尧典》。三危。（四）《书·禹贡》。丕叙。（五）《史记·五帝本纪》《正义》。洞庭。（六）《淮南子·览冥训》。洪水。（七）《淮南子·本经训》。赴树木。（八）《旧约·创世记》。那亚。（九）日本鸟居龙藏引西书。猓猓。

第二十一节：（一）《史记·夏本纪》。母涂山氏女。（二）《左》襄四年。羿、浞。（三）《楚辞·天问》。覆舟。（四）《左》哀元年。少康。（五）《史记·夏本纪》。夏亡。

第二十三节：（一）《吕览·音初篇》。二女。（二）《诗·商颂》。玄鸟。（三）《史记·殷本纪》。列王。（四）《吕览·本味篇》。伊尹。（五）《孟子》。五就。（六）《淮南子·修务训》。历山。（七）《史记·殷本纪》。践位。（八）《史记·殷本纪》《集解》引皇甫谧说。在位年。

第二十八节：（一）《诗·大雅·文王》疏。赤雀。（二）《史记·周本纪》。列王。（三）《史记·周本纪》。管蔡。（四）《史记·周本纪》。列王。（五）《尚书·吕刑》。吕刑。（六）《列子·周穆王篇》。昆仑。（七）《穆天子传》。西王母。（八）《史记·秦本纪》。造父。（九）《史记·周本纪》列王。（十）《礼记·檀弓篇》。下堂。（十一）《史记·周本纪》。厉王。（十二）《史记·周本纪》。共和。（十三）《史记·周本纪》《正义》引《鲁连子》。共和。（十四）《庄子·□□篇》。共和。（十五）《史记·周本纪》。列王。

第二十九节：（一）《书·甘誓》。五。（二）《史记·夏本纪》。孔甲。（三）《书·微子》。纣。（四）《周礼·春官》。鬼神。（五）《汉书·艺文志》。术数。

第一篇第二章引用书目

第二节：（一）《山海经》。天穆。（二）《御览》八十二引《帝王世纪》。历山。

第五节：（一）《史记·老子列传》。守藏。（二）《周礼·春官》。史职。（三）《史记·老子传》。终。

第七节：（一）《史记·孔子世家》。宋人。（二）《史记·孔子世家》《索隐》。先世。（三）《史记·孔子世家》《索隐》引王肃《家语》。颜氏。（四）《史记·孔子世家》《正义》引王肃《家语》。叔梁纥。（五）《御览》三百六十一引《春秋演孔图》。徵在。（六）《史记·孔子世家》。圩首。（七）《史记·孔子世家》《索隐》。中低，旁高。（八）《史记·孔子世家》。长人。（九）《玉函山房辑佚书》引《礼含文嘉》。反宇。（十）《御览》三百七十一引《春秋演孔图》。胸文。（十一）《御览》三百七十七引《春秋演孔图》。坐立。（十二）《御览》三百六十七引《孝经援神契》。口文。（十三）《御览》三百六十七引《孝经钩命诀》。舌文。（十四）《御览》三百七十引《孝经钩命诀》。掌文。（十五）《御览》三百七十一引《孝经钩命诀》。胸文。（十六）《御览》三百七十一引《孝经钩命诀》。脊文。（十七）《御览》三百六十八引《孝经钩命诀》。喉文。（十八）《御览》三百六十八引《孝经钩命诀》。齿文。（十九）《荀子·非相篇》。面文。（二十）《史记·孔子世家》。似尧等。

第九节：（一）《公羊》哀十四年解诂引《春秋演孔图》。赤鸟、白书。（二）《御览》五百四十二引《孝经右契》。天降黄玉。（三）《汉书·律历志》。木德王。（四）《礼记·中庸》《正义》引《孝经援神契》。制法主。（五）《公羊》隐元年解诂。文王。（六）《北堂书钞》五十二引《论语摘辅象》。素王。（七）《史记·高祖本纪》。赤帝子。

第十一节：（一）《淮南子·要略》。孔子弟。（二）《吕览·当染篇》。史角弟子。（三）《淮南子·要略》。厚葬。

附 录

以见于本书之先后为次

李斯。楚上蔡人，荀卿弟子，秦丞相，封侯。

张良。字子房，韩人，汉封留侯。

蒙恬。其先齐人，祖蒙骜，父蒙武，皆仕秦，秦之世卿也。

赵高。秦宦者，二世即位，为丞相。或云赵人，自宫，以亡秦报赵也。

蒙毅。蒙恬弟。

陈胜。字涉，阳城人，自立为楚王。

吴广。字叔，阳夏人。

张耳。大梁人，楚封常山王，汉封赵王。

陈馀。大梁人，赵封代王。

项梁。楚人，项燕子，项羽叔父也。

项籍。字羽，自立为西楚霸王。《史记》为立《本纪》，比于天子。

萧何。沛丰人，汉丞相，封酂侯。

曹参。沛人，汉丞相，封平阳侯。

黥布。六人，姓英氏，以黥，故号黥布，汉封九江王。

范增。居巢人，项羽封之为亚父。

楚怀王。名心，故楚怀王孙。怀王入秦不返，楚人怜之，故立孙心，即袭怀王号。

樊哙。沛人，汉封舞阳侯。

彭越。字仲，昌邑人，汉封梁王。

韩信。淮阴人，汉封三齐王，徙楚王，后为淮阴侯。

陈平。阳武户牖乡人，汉丞相，封户牖侯。

郦食其。陈留高阳人，汉之辨士。《史记》《汉书》称之曰“郦生”，生即先生也。

蒯彻。范阳人，楚汉间之辨士。

灌婴。沛人，汉封汝阴侯。

武涉。盱眙人，楚之辨士。

季布、丁公。皆楚人，兄弟也。

卢绾。丰人，汉封燕王。

叔孙通。薛人。

陈豨。宛朐人。

周勃。沛人，汉丞相，封绛侯。

陆贾。楚人，太中大夫。

贾谊。雒阳人，汉长沙王傅。

晁错。颍川人，汉御史大夫。

董仲舒。广川人，汉江都王相。

李广。陇西成纪人，未央卫尉。

程不识。长乐卫尉。

李少君。齐人。

司马相如。字长卿，蜀郡成都人，汉中郎将。

路博德。平州人，汉封符离侯。

江充。字次倩，赵国邯郸人，汉绣衣直指。

刘屈氂。武帝庶兄，中山靖王子也，汉丞相。

霍光。字子孟，河东平阳人，骠骑将军霍去病之弟，汉大将军，封博陆侯。

丙吉。字少卿，鲁国人，汉丞相。

魏相。字弱翁，滨南定陶人，汉丞相。

霍禹。光子，右将军。

霍山。光兄去病孙，奉车都尉，领尚书事，封乐平侯。

霍云。光兄孙，中郎将，封冠阳侯。

范明友。光女婿，度辽将军，未央卫尉，封平陵侯。

邓广汉。光女婿，长乐卫尉。

萧望之。字长倩，兰陵人，汉太傅。

周堪。字少卿，齐人，汉光禄大夫。

石显。字君房，济南人，汉宦者。

弘恭。沛人。

刘更生。名向，字予政，楚元王交后。

刘歆。字予骏，刘向子，后改名秀，仕新莽，封红休侯。

王章。字仲卿，泰山巨平人。

刘辅。河间人，宗室。

孔光。字子夏，孔子十四世孙，仕新莽。

何武。子君公，蜀郡郫县入，仕新莽。

董贤。字圣卿，云阳人，哀帝嬖人，官大司马。

马武。字子张，南阳湖阳人，汉捕虏将军，封杨虚侯。

王常。字颜卿，颍川舞阳人，汉横野大将军，封山桑侯。

刘玄。字圣公，光武族兄。

李通。字元次，南阳宛人。

李轶。通弟。

朱鲔。下江人。

邓禹。字仲华，南阳新野人，太傅，封高密侯。

任光。字伯卿，南阳宛人，信都太守，封阿陵侯。

邳彤。字伟君，信都人，太常，封灵寿侯。

耿植。字伯先，巨鹿宋子人，骁骑将军，封昌成侯。

耿纯。字伯山，巨鹿宋子人，东都太守，封东光侯。

耿况。字侠游，扶风茂陵人，上谷太守。

彭宠。字伯通，南阳宛人，渔阳太守。

吴汉。字子颜，南阳宛人，大司马，封广平侯。

寇恂。字子翼，上谷昌平人，执金吾，封雍奴侯。

刘永。梁孝王八世孙。

公孙述。字子阳，扶风茂陵人。

李宪。颍川许昌人。

张步。字文公，琅邪不其人。

延岑。字叔牙，南阳人。

田戎。汝南人。

岑彭。字君然，南阳棘阳人，征南大将军，封舞阳侯。

冯异。字公孙，颍川城父人，征西大将军，封阳夏侯。

盖延。字巨卿，渔阳要阳人，虎牙大将军，封安平侯。

耿弇。字伯昭，建威大将军，封好畤侯。

朱祜。字仲先，南阳宛人，建义大将军，封鬲侯。

马成。字君迁，南阳棘阳人，中山太守，封全椒侯。

窦融。字周公，扶风平陵人，大司空，封安丰侯。

隗嚣。字季孟，天水成纪人。

来歙。字君叔，南阳新野人，大中大夫。

祭遵。字弟孙，颍川颍阳人，征虏将军，封颍阳侯。

马援。字文渊，扶风茂陵人，伏波将军，封新息侯。

臧宫。字君翁，颍川郏乡人，城门校尉，封朗陵侯。

贾复。字君文，南阳冠军人，左将军，封胶东侯。

桓谭。字君山，沛国相人，汉议郎，给事中，后汉之反对谶纬者。

严光。一名遵，字子陵，会稽余姚人。

杜笃。字季雅，京兆杜陵人，从事中郎，马氏之客。

班固。字孟坚，扶风平陵人，兰台令史，窦氏之客，著《汉书》百卷。

傅毅。字武仲，扶风茂陵人，兰台令史。

郑众。汉宦者，字季产，南阳犨人，大长秋，封鄛乡侯。

蔡伦。汉宦者，字敬仲，桂阳人，长乐太仆，封龙亭侯。

杜根。字伯坚，颍川定陵人，汉尚书。

杨震。字伯起，弘农华阴人，汉太尉。

翟酺。字子超，广汉雒人，汉将作大匠。

孙程。汉宦者，字稚卿，涿郡新城人，骑都尉，封济阳侯。

李固。字子坚，汉中南郑人，太尉。

曹腾。汉宦者，字兴季，沛国谯人，大长秋，封费亭侯。

唐衡。汉宦者，颍川郾人，中黄门，封汝阳侯。

杜乔。字叔荣，河内林卢人，大司农。

单超。汉宦者，河南人，中常侍，封新丰侯。

左悺。汉宦者，河南平阴人，中黄门，封上蔡侯。

徐璜。汉宦者，下邳良城人，中常侍，封武原侯。

具瑗。汉宦者，魏郡元城人，中常侍，封东武阳侯。

郭太。字林宗，介休人。

贾彪。字伟节，颍川定陵人。

李膺。字元礼，颍川襄城人，长乐少府。

陈蕃。字仲举，汝南平舆人，太傅。

侯览。汉宦者，山阳防东人，中常侍，封高乡侯。

杜密。字周甫，颍川阳城人，太仆。

陈翔。字子麟，汝南邵陵人，御史中丞。

陈寔。字仲弓，颍川许人，太丘长。

范滂。字孟博，汝南征羌人，太守功曹。

曹节。汉宦者，字汉丰，南阳新野人，大长秋。

王甫。汉宦者，黄门令，封冠军侯。

朱瑀。汉宦者，五官长乐史，封华容侯。

张奂。字然明，敦煌酒泉人，大司农。

段颍。字纪明，武威姑臧人，太尉，封新丰侯。

卢植。字子幹，涿郡涿人，北中郎将。

皇甫嵩。字义真，安定朝那人，太尉，封都乡侯。

朱儁。字公伟，会稽上虞人，太尉，封钱唐侯。

吕强。汉宦者，字汉盛，河南成皋人，中常侍，封都乡侯。

卫青。字仲卿，河东平阳人，大将军，封长平侯。

霍去病。卫青姊子，骠骑将军，封冠军侯。

苏武。字子卿，杜陵人，属国都尉。

甘延寿。字君况，北地郁郅人，西域都护，封义成侯。

陈汤。字子公，山阳瑕丘人，射声校尉，封破胡侯。

何熙。字孟孙，陈国人，司隶校尉。

耿夔。字定公，耿弇弟，国子，度辽将军，封粟邑侯。

梁慬。字伯威，北地弋居人，度辽将军。

张骞。汉中人，中郎将，封博望侯。

李广利。李夫人之兄，贰师将军。

傅介子。北地人，封义阳侯。

郑吉。会稽人，西域都护。

窦固。字孟孙，窦融弟子，卫尉，封显亲侯。

班超。字仲升，班固弟，射声校尉，封定远侯。

耿秉。字伯初，耿弇弟，国子，度辽将军，封美阳侯。

耿恭。字伯宗，耿弇弟，广子，长水校尉。

班勇。字宜僚，班超子，西域长史。

李息。郁郅人，大行。

赵充国。字翁孙，陇西上邽人，后将军，卫尉，封营平侯。

冯奉世。字子明，上党潞人，左将军，关内侯。

马防。字江平，马援子，车骑将军，封颍阳侯。

庞参。字仲达，河南缑氏人，太尉。

虞诩。字升卿，陈国武平人，尚书令。

皇甫规。字威明，安定朝那人，护羌校尉，寿成亭侯。规与张奂、段颎，世谓之凉州三明。